HISTOIRE
DE LA
PSYCHOLOGIE
DES GRECS

PAR

A.-Ed. CHAIGNET

RECTEUR DE L'ACADÉMIE DE POITIERS, CORRESPONDANT DE L'INSTITUT

Ψυχῆς πείρατα οὐκ ἂν ἐξεύροιο πᾶσαν
ἐπιπορευόμενος ὁδόν· οὕτω βαθὺν λόγον
ἔχει. — Heraclit., ap. Diog. Laërt., IX, 7.

TOME PREMIER
HISTOIRE DE LA PSYCHOLOGIE DES GRECS
AVANT ET APRÈS ARISTOTE

PARIS
LIBRAIRIE HACHETTE ET Cie
79, BOULEVARD SAINT-GERMAIN, 79
1887

Droits de propriété et de traduction réservés

et le plus essentiellement aux lois et aux faits de la vie réelle et pratique. Les problèmes les plus graves de l'ordre politique et social, et par exemple le problème de l'éducation, dont la solution contient peut être la solution de tous les autres, ne peuvent être ni agités ni résolus, sans une connaissance quelconque de la nature et de la destinée de l'homme et par conséquent sans une connaissance de son âme, quand bien même on ne voudrait voir dans ce mot qu'un nom collectif, groupant, sous une notion unique subjective et pour les seuls besoins de l'esprit, un ensemble de faits d'un certain ordre. Je suis loin de vouloir dire que le législateur, l'homme d'État, le politique, l'économiste doivent être des psychologues de profession : mais je suis persuadé que la science prépare pour eux tous et élabore un certain nombre de vérités ou de principes qui éclairent leur sens pratique, et leur donnent une conscience plus précise et plus claire des questions qu'ils ont à résoudre et à transformer en actes. Il ne faut donc pas s'étonner, et l'on pourrait en donner d'autres explications encore, de l'intérêt très général et passionné qu'excitent les questions psychologiques, et dont l'état actuel de la science donne une double preuve et manifeste.

D'une part elle a singulièrement élargi son domaine, et pour le mieux étudier, a senti la nécessité d'appliquer à ses recherches, pour en circonscrire nettement le champ, la méthode de la division du travail qui est aussi une méthode philosophique : c'est ainsi qu'on a vu se constituer de nos jours, avec quelque luxe et peut-être quelque excès, comme branches distinctes sinon séparées, la psychologie des races et des nations, la psychologie comparée, la psychologie des animaux, la psychologie du sauvage et du barbare, la psychologie de la femme, la psychologie de l'enfant, et même j'allais dire la psychologie ou du moins la physiologie du fœtus, ce qui pour certaines écoles est tout un.

Ce n'est pas seulement en surface c'est encore et surtout en profondeur que s'est développée la science psychologique, et c'est par là qu'on peut dire qu'elle a éprouvé un vrai renouvellement et une sorte de rajeunissement. Reprenant des questions qu'avait écartées une méthode trop circonspecte et plus politique que scientifique, on s'est demandé si l'esprit humain, tel que l'observation de conscience nous le fait connaître aujourd'hui, avait toujours été ce qu'il est; s'il n'était pas, dans sa constitution actuelle, sinon le terme, du moins un stade du développement, et même le produit de l'histoire de la race humaine; quelle influence la vie sociale a-t-elle exercée sur l'organisme intellectuel et moral de l'individu? Le moi n'est-il qu'un phénomène psychique qui se fait et n'est pas donné? Comment l'esprit, à l'essence duquel il doit appartenir de se savoir lui-même, peut-il demeurer le même et se savoir comme un autre, se dédoubler en sujet et en objet dans un même acte? Les catégories de l'esprit humain sont-elles données, ou au contraire sont-elles un produit et le résultat du travail de l'esprit sur lui-même dans le cours de son développement; car tandis que les forces naturelles agissent exclusivement les unes sur les autres, il y a en nous une force ou des forces qui réagissent sur elles-mêmes. Ce que nous pouvons saisir de ce passé psychique qui vit en chacun de nous, ne pourrait-il pas nous donner quelques pressentiments, encore qu'obscurs, sur ce que l'esprit peut devenir, sur ce qu'il doit être, sur les limites que rencontrent le développement de son activité et le progrès de son essence? La connaissance est-elle possible et comment est-elle possible? qu'est-elle en soi? un fait d'assimilation, d'appropriation ou un fait de création, puisque c'est nous qui produisons nos idées dans notre conscience, et qu'à cause de cela nous disons : nos idées? ou bien cette appropriation et cette production ne sont-elles que deux dénominations ou deux faces d'un même acte psychique? Comment se forment nos idées, comment s'organisent nos facultés, s'il y a lieu d'en reconnaître dans l'esprit, et dans ce cas y a-t-il entr'elles un lien causal, ou un rapport essentiel, et quel est-il? Est-ce un mécanisme qui combine, associe ou dissocie les représentations et les élève à la forme du jugement, et alors quel est le moteur de ce mécanisme, quelle en est la structure, quel en est l'auteur, quelle en est la loi? Y a-t-il lieu d'admettre une transmission héréditaire des facultés constitutives de l'essence actuelle de l'âme, c'est-à-dire qui ne dérivent pas de son principe même, et qu'elle n'a acquises que sous l'influence de causes externes? Comment se représenter cette hérédité même, sur laquelle repose l'hypothèse de Darwin, hypothèse obscure et qu'aucun fait ne confirme, si l'on n'admet pas que la cellule qui contient le germe de l'acte physique contient également le germe de la vie spirituelle, et les transmet l'une et l'autre de génération en génération, à travers toute la série des siècles, par un transport réel d'une partie de sa substance même[1]. Cette cellule elle-même, quelles en sont les formes essentielles? quel est le principe qui dirige son développement et lui en fait parcourir tous les stades successifs et progressifs?

La gravité de ces questions en fait comprendre aussi l'intérêt et explique le développement de la science qui ne se résigne pas à les considérer toutes comme insolubles, bien que plusieurs d'entr'elles semblent nous avertir, comme le vieil Héraclite, que la notion de l'âme est si étendue et si complexe que c'est en vain que l'esprit humain espère en atteindre les limites et en mesurer la profondeur.

Quoi qu'il en soit de ces tentatives hardies, c'est un fait qu'elles témoignent d'un mouvement général et d'un attrait puissant vers les questions psychologiques. Il n'en est pas de même de l'histoire de cette science qui, depuis l'ouvrage de F.-A. Carus[2], n'a été, que je sache, l'objet d'aucun travail spécial, ni en France ni à l'étranger. On en a même contesté l'utilité pour les progrès de la psychologie même. Le seul avantage, dit Herm. Fichte[3], que la connaissance et l'examen critique des opinions antérieures offrent à la science psychologique est de déterminer les problèmes principaux qu'elle soulève, et d'attirer l'attention sur les difficultés spéciales que rencontre leur solution. Herbart, tout en rendant justice aux recherches de Carus, exprime l'idée qu'une critique de la psychologie, traitée dans l'esprit de la *Critique de la*

---

[1] C'est l'hypothèse de M. Weismann (*Die Continuitaet des Keimplasmas.*, Jena., 1885.
[2] *Gesch. d. Psychologie*, Leips., 1808.
[3] *Théorie de l'âme humaine*, p. 19.

morale de Schleiermacher, rendrait beaucoup plus de services à la science que son histoire [1].

Ce jugement sévère et presque dédaigneux ne me semble pas justifié : j'ai à peine besoin de le dire, au moment où, poursuivant des travaux depuis longtemps commencés, je publie une *Histoire de la Psychologie des Grecs*. Mais j'ai besoin de montrer en quoi il n'est pas justifié, et de prouver que, sans avoir la prétention d'égaler en importance et en dignité les conceptions psychologiques systématiques et originales, l'histoire de la psychologie, dans sa sphère modeste et dans une mesure restreinte mais encore appréciable, peut rendre d'utiles services à la science, et des services qu'elle seule lui peut rendre.

D'abord, et on l'avoue en passant, c'est son office de déterminer avec précision et d'énumérer complètement les questions qui composent tout problème scientifique et dans lesquelles il se divise, de rappeler les formules diverses sous lesquelles elles ont été posées, discutées et résolues, d'examiner la nature des difficultés spéciales qu'elles ont rencontrées : c'est là une partie du travail scientifique, travail préliminaire, sans doute, mais dont on ne peut guère contester l'utilité, je dirai même la nécessité. Descartes fait de ces opérations la seconde et la quatrième règle de la méthode, qui prescrivent, l'une, de diviser chaque difficulté d'un problème philosophique en autant de parcelles qu'il se peut pour les mieux résoudre ; l'autre, de faire de ces difficultés et questions particulières des dénombrements si entiers et des revues

---

[1] *Psychol. als Wissenschaft*, § 17, 5ᵉ vol., p. 231.

si générales qu'on soit assuré de ne rien omettre. L'histoire de la psychologie fait pour tous ce travail préalable de synthèse et d'analyse, et jamais on ne le pourra bien faire sans elle. Jamais, sur aucun point de la science, le plus vaste et le plus profond génie livré à lui-même ne peut être assuré de ne rien omettre ni dans la division ni dans le dénombrement des questions partielles qui composent le problème scientifique qu'il s'efforce de résoudre, ou des objections qui s'opposent aux solutions qu'il présente. C'est donc une loi de méthode philosophique, reconnue et pratiquée déjà par Aristote, qui recommande ou plutôt qui commande, pour la psychologie et toute autre science philosophique, comme condition d'une recherche méthodique, la connaissance préalable de son histoire.

Ce n'est pas le seul profit que la science en doive espérer. Si la loi du temps gouverne le développement de l'âme même, comment croire que la science dont l'âme est l'objet, considérée aussi bien dans sa forme que dans son contenu, dans ses principes aussi bien que dans sa méthode, puisse se dérober à cette même loi ? Comment admettre que la connaissance de ce long passé ne contienne aucun enseignement sur son avenir, et ne nous éclaire pas sur son état actuel ?

Sans doute les sciences de raisonnement pur et les sciences exclusivement expérimentales ont peu besoin, pour se développer, de s'appuyer sur leur passé; l'histoire des mathématiques, encore qu'elle ne soit pas, j'imagine, sans intérêt pour le mathématicien, n'est pas indispensable à l'intelligence des problèmes et au progrès des sciences mathématiques. La connaissance des méthodes inexactes, des solutions fausses, résultats d'arguments vicieux ou expression de faits mal observés, n'a peut-être plus qu'une valeur de curiosité, et l'on peut soutenir que ces sciences n'ont aucune place à faire dans leur constitution même à cette sorte de curiosité. En est-il de même de la psychologie ? Dans les sciences qui ont pour objet le monde physique, les moyens dont l'observateur dispose sont si précis, l'expérience peut être si facilement répétée, les phénomènes qu'il mesure et détermine sont relativement si fixes et si constants qu'on peut être à peu près assuré, sous certaines conditions réalisables, qu'il n'y a plus à revenir sur des observations une fois faites et vérifiées et qu'on a le droit de considérer comme l'expression exacte de faits réels. L'observation psychologique ne peut prétendre à une semblable sûreté : elle a un objet trop mobile et trop changeant, un instrument trop délicat et trop imparfait pour qu'elle n'ait plus à revenir sur les résultats des recherches antérieures ni à consulter les opinions des grands penseurs du passé. Il y aura toujours pour la psychologie une nécessité de le faire, et par suite un profit certain. Si cela est vrai de la psychologie de l'entendement, combien n'est-il pas plus clair qu'il en est de même de la psychologie morale, où la certitude même ne peut guère avoir qu'une valeur relative. Pour tous ces problèmes de la vie morale est-ce un argument qu'on puisse négliger que le témoignage unanime, s'il se rencontre, des observateurs de l'homme qui se sont succédé à travers les lieux et à travers le temps.

Je prends par exemple l'idée de l'âme : en faire une

histoire complète, assister à la naissance, à la génération de cette notion, la suivre dans son évolution historique, la voir se développer peu à peu, s'organiser successivement, à travers les mouvements divers, multiples, parfois contradictoires des opinions psychologiques, n'est-ce pas écrire la préface nécessaire d'une théorie de l'âme?

Il est manifeste, et M. Renouvier l'a prouvé avec une clarté et une force irrésistibles, que c'est une vaine tentative de vouloir construire le système des faits psychologiques sur un fait unique, et absolument premier, que rien ne conditionne. Quiconque aborde cette science ne le fait et ne le peut faire qu'avec des idées générales antérieures, sans lesquelles aucune pensée, aucun raisonnement, aucune parole même ne sont possibles. L'histoire de la psychologie nous transmet ces antécédents synthétiques, parmi lesquels notre esprit fait un choix, après les avoir soumis à la vérification et à un examen critique. Le langage à lui seul est non seulement un instrument d'analyse : il contient déjà tout faits les résultats des analyses antérieures, des classifications établies, des spécifications appuyées sur les observations d'un long passé. Il y a là comme une psychologie provisoire que l'histoire nous enseigne, et pour quelque temps au moins nous impose : car il ne faut pas oublier que ce travail historique, tout individu, s'il veut seulement le comprendre, doit le refaire pour lui-même. Savoir c'est construire.

Il semble d'ailleurs qu'on doive admettre entre les productions de l'esprit, entre les idées qu'il se forme des choses et qu'il formule, quelque chose d'analogue à cette loi de concurrence vitale, de combat pour l'existence que nous rencontrons dans le monde des êtres vivants. Les systèmes philosophiques, ou du moins le groupe de notions qui leur sert de principes, sont aussi des espèces d'organismes qui prétendent à vivre, à se conserver, à se développer. Seulement au lieu d'une sélection naturelle et fatale, hypothèse qui d'ailleurs reste à démontrer, c'est le travail intelligent et réfléchi de l'esprit humain, qui, du milieu de la mêlée confuse et des luttes incertaines, opère le choix entre la vérité et l'erreur, entre les idées destinées à survivre au combat pour l'existence et celles qui doivent succomber, c'est-à-dire se modifier et se transformer plutôt que réellement disparaître : car ce n'est pas l'enseignement le moins instructif que nous donne l'histoire de la psychologie que de voir, aux plus lointaines origines de la spéculation philosophique, apparaître dans leurs lignes principales et dans leurs principes caractéristiques des systèmes de psychologie qui passent encore aujourd'hui pour originaux et nouveaux, et dont l'originalité prétendue étonne et parfois scandalise.

Ce passé lointain qui tient une si grande place dans le présent le plus récent, nous permet de le mieux comprendre, quand on en peut suivre à travers l'histoire le mouvement et le développement. Que d'idées on croyait mortes et qu'on retrouve avec étonnement vivantes et agissantes ! Que d'idées on croyait nouvelles et qu'on retrouve avec plus d'étonnement encore vieilles de tant de siècles! Ce n'est pas sans une certaine émotion, qui n'est pas sans profit, qu'on s'aperçoit que les morts, comme on l'a dit, mènent les vivants, et qu'on mesure la part que les pensées de tous les hommes et de tous les temps, ξυνὸς λόγος, prennent dans la pensée individuelle des génies les plus puissants. Je crois donc que l'histoire de la psychologie accomplit, dans une mesure modeste, une œuvre utile et, je dis plus, nécessaire aux progrès et à l'intelligence de la science même.

Maintenant que doit comprendre cette histoire ? Sans doute les matières qui sont l'objet de la psychologie ; mais quel est l'objet de la psychologie ? Quelques écoles modernes en ont voulu rétrécir le terrain : la spéculation psychologique devrait se borner « à l'étude de la représentation et de ses lois, sous les conditions de l'expérience possible, ensuite aux postulats, aux inductions qu'une telle méthode autorise [1] ». Il faudrait ainsi exclure de la psychologie non seulement la métaphysique, ce qui serait légitime, puisque c'est là une partie distincte et reconnue telle de la philosophie, mais même toute notion métaphysique, celle de force comme celle de substance, et par exemple s'interdire de rechercher si l'âme est une substance ou une fonction, ou si les facultés [2] sont des forces réelles, ou des dénominations générales purement logiques et servant uniquement à la classification des phénomènes, vides par conséquent de contenu propre. Pour rester fidèle à l'esprit scientifique, tel qu'on le conçoit, il est interdit de se hasarder dans ce domaine des substances, des forces, des causes, région de

---

[1] Renouvier, *Ess. de Psych.*, t. III, p. 158.
[2] C'est surtout contre cette théorie que s'est élevée l'école d'Herbart ; Volkmann les définit : « Les idées abstraites des rapports par lesquels les éléments différents, existant simultanément dans le même individu, sont séparés les uns des autres, et qui, par suite, ne peuvent distinguer ni les individus ni les périodes de la vie individuelle. »

l'inconnaissable et vrai royaume des ténèbres. La matière de la psychologie est donc simplement le système des représentations opérées et liées par des lois et suivant des lois.

Je ne pouvais, sans mutiler toute l'histoire de la psychologie, en réduire ainsi arbitrairement l'objet. Les Grecs qui l'ont fondée la définissaient la science de l'âme. Il n'y a peut être pas un seul d'entre leurs philosophes qui n'ait écrit un traité spécial intitulé : περὶ ψυχῆς, dans lequel étaient expliqués non seulement la connaissance, ses modes et ses lois, mais l'origine, l'essence, la destinée de l'âme, la vie, l'être même, dont l'âme leur paraissait le principe ou le type. Comment par exemple exposer la théorie de la connaissance de Platon, sans faire connaître la théorie des Idées, qui, pour lui, loin d'être purement formelles, sont le principe de la réalité et le contenu de l'essence des choses? Comment faire comprendre la théorie de la raison pure et la définition même de l'âme, dans Aristote, sans la rattacher, comme le système le fait, aux idées de l'acte, de la puissance, de la forme, de la fin, qui sont manifestement d'ordre métaphysique. On peut dire que c'est un trait caractéristique de la psychologie des anciens, non pas de l'avoir confondue avec les autres parties de la science métaphysique et morale, mais d'en avoir fait comprendre les rapports intimes et d'avoir ainsi constitué l'unité du tout de la philosophie. Ainsi *La République* de Platon n'est autre chose qu'une application à la constitution de la société politique des faits et des lois de la psychologie. Qu'est-ce que l'État, pour Aristote, sinon un organisme et un organisme psychique? Il ne m'était pas possible de séparer absolument la psychologie de la métaphysique, même quand j'aurais considéré comme fondées les critiques qu'on élève contre la psychologie ainsi conçue : mais il est loin d'en être ainsi.

Les représentations, dont la théorie doit constituer le seul objet de la psychologie, ne sont et ne peuvent être que les représentations de quelqu'objet à quelque sujet, c'est-à-dire des états de conscience. Les états de conscience et les représentations nous mettent manifestement en face d'un sujet auquel les choses sont représentées : c'est ce qu'on appelle la conscience.

Qu'est-ce maintenant que la conscience ? N'est-elle plus, elle aussi, qu'un nom vide, l'idée abstraite d'un rapport, une entité, une idole métaphysique ? L'analyse du fait de la représentation ne permet pas de la concevoir ainsi.

L'état de conscience, suivant M. Herbert Spencer, est la face subjective d'un état objectivement nerveux [1]. Si l'on s'en tenait aux termes même de cette formule, qui d'ailleurs n'est qu'une métaphore, on pourrait croire que M. Spencer laisse à la conscience et peut-être même à l'âme une sorte de réalité objective ; car une médaille qui présente à l'observateur deux faces est bien quelque chose, et chacune des faces opposées qui la constituent par leur unité n'est pas sans réalité. Mais malgré cette équivoque de langage, peut-être voulue, au fond M. Spencer n'admet pas l'existence de la conscience, même comme un phénomène psychique ; elle n'est pas pour lui une des deux faces réelles d'une réalité vivante : elle n'est qu'une fonction et un effet

---

[1] *Princip. de Psych.*, p. 127.

du système nerveux, système qui est seul la cause en même temps que le siège de nos représentations, de nos états de conscience.

Dans cette conception, que ce n'est pas ici le lieu d'examiner à fond, la psychologie s'évanouit tout entière dans la physiologie [1], comme elle s'était autrefois, chez les pythagoriciens et chez les successeurs immédiats de Platon, évanouie dans les mathématiques. On pourrait supposer qu'on est enfin, dans cet asile, délivré des fantômes et des visions de la métaphysique : il n'en n'est rien.

La notion de cause qui subsiste dans cette théorie est une idée métaphysique au premier chef, quand bien même on la réduirait à l'idée de succession habituelle, qui cependant en diffère essentiellement [2]. Il faut bien que la transformation d'un processus nerveux en une idée consciente ait une cause, et cette cause est une hypothèse d'ordre métaphysique ; car ce n'est certes pas un fait d'observation et d'expérimentation externes ; c'est encore moins un fait d'observation et d'expérience internes, un fait de conscience. M. Bain le reconnaît lui même : la conscience, phénomène unique en son genre, ne nous dit rien d'une pareille transformation.

---

[1] La psychologie, dit Herbart, t. I, p. 234, fournit à la physiologie beaucoup plus de lumière qu'elle n'en a jamais reçu et qu'elle n'en peut recevoir d'elle.

[2] Elle en diffère, car, d'une part, la succession ne se répète jamais, comme le dit Herbart ; elle est toujours la même pour tout ce qui commence et qui cesse en même temps ; d'autre part, l'habitude est dans l'esprit : elle peut lier les idées, elle ne lie pas les choses. Les choses ne sont alors que des séries ou possibilités de représentations ; mais ces séries ont leur unité, ces représentations ont leur lien : bien plus, cette suite de représentations se sent, se sait, se dit unité. Elle dit *moi* : mais τί τὸ ἓν ποιοῦν, quel est le principe qui crée cette unité? et nous retombons dans la métaphysique.

Si à l'idée de mouvement mécanique ou chimique dont toutes les expériences n'ont jamais tiré une sensation ni une pensée, on ajoute, pour expliquer la transformation, celle d'un mouvement vital; si les nerfs sont considérés comme autre chose que des cordes plus ou moins tendues, s'ils contiennent un principe que la physique ne connaît pas et par suite n'explique pas, nous nous trouvons en présence d'un fait mystérieux et à coup sûr métaphysique, la vie. En effet ce n'est que dans l'être organisé, vivant, sensible qu'on observe ces contractions dans les troncs nerveux, et ces mouvements comme ces sons convulsifs, à la suite de blessures profondes dans les centres nerveux, phénomènes dans lesquels on veut voir le passage de l'état physique à l'état conscient.

Mais la vie est inexplicable elle-même par les seules lois de la quantité, de la figure et du mouvement[1] : « On n'a pas encore pu surprendre le moindre fait propre à mettre sur la voie des origines et du développement de la nature vivante[2]. » « Quand la terre s'est détachée du soleil, la vie, comme nous la comprenons, ne pouvait y exister. Comment donc y est elle venue[3]. » « Le principe inconnu, que nous appelons la vie, prépare, d'une manière à nous incompréhensible, des conditions variées qui servent au développement de l'affinité des éléments[4]. » Et au fond M. Berthelot ne nie pas ces faits qui sont constants. « Les effets *chimiques*

---

[1] Et le mouvement lui-même, d'où vient-il ? Y a-t-il un mouvement possible sans une direction? et y a-t-il une direction possible sans un but? y a-t-il un but possible sans une pensée, sans une raison.
[2] M. de Quatrefages, *Journal des Savants*, mars 1877.
[3] Tyndall. *Réun. de l'Assoc. Britann. à Norwich*, 1868.
[4] Berzélius.

de la vie sont dus au jeu des forces chimiques ordinaires, au même titre que les effets *physiques et mécaniques* ». Sans doute, mais il n'est question que des effets chimiques de la vie : n'y en a-t-il pas d'autres ? M. Berthelot ne le dit pas, mais il ne le nie pas, pas plus que Preyer. « Il n'y a aucune raison d'admettre que dans les corps vivants les forces de la nature inorganique agissent autrement que dans le reste du monde [1] ». Personne ne le conteste : mais cela ne prouve nullement que ces forces, tout en gardant leur mode propre d'action, ne se trouvent pas dans les corps organisés en concurrence ou en conflit avec d'autres forces qui les limitent. La vie n'est pas le résultat d'un seul processus, mais d'un nombre illimité de processus, liés par un but et dirigés vers un but.

Si l'on veut considérer la vie elle-même comme la cause organisatrice des corps vivants, on n'en arrive pas moins à une idée métaphysique, c'est-à-dire à une idée dont l'origine ne peut être cherchée dans les lois de la physique. Son mode de manifestation, dit Claude Bernard, est une évolution dirigée vers un but par une idée, et quand bien même il faudrait renoncer à l'espoir d'en découvrir l'origine, on peut être assuré qu'elle n'a pas son commencement et son principe dans le milieu organique. « Le système vivant forme, à l'encontre de l'inorganique, un groupe distinct dans lequel des phénomènes propres et spontanés se produisent et suivent un cours tranché, jusqu'à ce qu'il se décompose [2] ».

---

[1] *Élém. de Phys. gén.*, trad. Soury.
[2] Renouv., *Ess. de Psych.*, t. I, p. 55.

Ceux mêmes qui refusent d'attribuer à la vie un principe spécial et veulent combler la distance qui sépare l'inorganique de l'organique n'ont rien trouvé de mieux, pour faire disparaître la contradiction essentielle, qu'ils ne peuvent nier, entre les faits de la biologie et les lois de la physique et de la chimie, que d'étendre le concept de l'énergie potentielle de manière que la faculté de sentir, pour la matière, rentrât aussi dans ce concept : « Il est nécessaire, dit l'un d'eux, d'attribuer à toute matière une sorte de mémoire [1] ». La sensation et la mémoire ne se laissent pas réduire à des associations empiriques dont l'habitude, si tant est que l'habitude puisse être une propriété de la matière, serait l'unique agent. Qu'est-ce alors que les attribuer à la matière, sinon lui donner une âme, ou plutôt en faire une âme [2], comme Héraclite l'avait pressenti, et comme Aristote l'avait reconnu, sous certaines réserves et dans certaines limites : « Il y a, dit Berckley, dans tout ce qui existe, de la vie ; dans tout ce qui vit, du sentiment ; dans tout ce qui sent, de la pensée ». L'âme en un sens, est dans tout : bien plus, l'âme en un sens est tout : Ἡ ψυχὴ τὰ ὄντα πώς ἐστι πάντα [3], et Bacon reproduit en d'autres termes la pensée d'Aristote : *ubique denique est perceptio*, c'est-à-dire il y a partout affection vague et représentation confuse.

Mais voilà, par là même, la psychologie rejetée ou

---

[1] Ewald Hering : *Ueber das Gedaechtniss als eine allgemeine Function der organisirten Materie.*

[2] Lotze. *Psych. Physiol.*, trad. Penjon, p. 75 : « Nous faisons de la matière une âme ou une substance essentiellement de même nature. »

[3] Ar., *de An.*, III, 8.

ramenée dans la région des idées métaphysiques, comme il est nécessaire d'ailleurs, puisque le monde physique, si l'on veut en scruter sévèrement l'essence, ne peut pas plus exister que s'expliquer par lui-même. La psychologie matérialiste repose sur un concept métaphysique, sur un dogme, lui aussi entouré de mystères. La notion de matière, si on la presse, se résout en des atomes ou en des forces qui ne sont atteints, ni les uns ni les autres, par les sens ni par la conscience et ne peuvent pas l'être [1]. C'est un pur concept.

La psychologie critique de M. Renouvier proclame l'axiome : il faut bien que quelque chose commence; mais n'est-ce pas là un axiome métaphysique, dont nous ne prenons connaissance que dans l'analyse des principes et des lois de la psychologie ? La psychologie de l'évolution repose également sur un concept d'ordre métaphysique ; car l'évolution n'est que cela, une hypothèse, légitime d'ailleurs, et que l'expérience vérifiera, contredira, ou limitera.

La représentation n'est pas seulement, comme semble l'avoir surtout envisagée Leibniz, dont la théorie, sur ce point, n'est exempte ni d'obscurité ni d'équivoque, la représentation n'est pas seulement une expression des choses, par laquelle leur être invisible, latent, pour ainsi dire absent, est rendu présent, comme lorsqu'il nous dit que le corps est une repré-

---

[1] Hartmann, *Philos. de l'Inconscient*, t. I, p. 153 : « Il n'y a que deux manières d'envisager les choses : ou l'âme est absolument le dernier résultat des phénomènes matériels qui constituent la vie du cerveau, — et il faut alors nier l'existence des fins, — ou l'âme est présente au fond de tous les processus nerveux de la matière : elle est le principe qui les dirige et les produit, et la conscience n'est qu'une manifestation phénoménale de ce principe, laquelle résulte des processus nerveux. »

sentation de l'âme qui lui est propre. Le mot a un sens plus étendu et plus profond. C'est celui par lequel on entend un être qui se rend lui-même présent à lui-même, un sujet qui se représente soi-même à soi-même, c'est-à-dire un moi. Le caractère propre et mystérieux de cet acte est de se doubler soi-même dans l'être; c'est de contenir et de manifester la dualité dans l'unité de l'être, l'unité synthétique de l'objectif et du subjectif. Le monde extérieur lui-même y est donné, ainsi que les idées de substance, de cause, de force, de relation, d'espace, de temps, en un mot toutes les catégories et fonctions de la pensée, les formes générales des phénomènes.

Que sont donc ces concepts sinon des concepts métaphysiques, et comment les chasser de la psychologie qui nous les fait connaître, sinon comprendre. Quand bien même on admettrait que la recherche et l'analyse des principes psychologiques appartiennent à la métaphysique[1], il faut bien reconnaître qu'ils sont fournis par la perception interne. Tous les problèmes de la métaphysique sont des produits psychiques, et même la pensée métaphysique est un processus psychique.

Il est vrai que sans nier l'existence de ces concepts dans l'esprit ou de leur objet dans les phénomènes, on peut les reléguer dans le monde de l'inconnu et même de l'inconnaissable[2]. Mais outre que le but de

---

[1] Herbart, *Psych. als Wissensch.*, p. 223. *Einleit. s. Philos.*, p. 50 : « Sans métaphysique il n'y a pas de psychologie possible. »

[2] H. Spencer, *Princip. de Psych.*, t. II, p. 146 : « Il est impossible de connaître la substance de l'esprit ». Renouv., t. I p 132 : « Nous devons renoncer aux simplifications forcées de la métaphysique substantialiste. L'existence propre et concrète de

la science, personne ne le conteste, est de reculer indéfiniment les bornes inconnues du connaissable et que par conséquent il y a au moins inconvénient à vouloir les déterminer et les fixer *a priori*, est-il donc possible de le faire? Comment fixer ces bornes sans les connaître, alors qu'on accorde précisément qu'elles sont inconnues? La notion même de la limite prouve que l'esprit l'a déjà franchie, et qu'il ne peut la poser sans la détruire.

Il n'est pas, pour cela, nécessaire d'admettre, avec Hegel, que l'esprit, comme la nature, est une essence universelle et infinie, et qu'il embrasse et épuise l'infini et l'universel; mais il est certain que cela prouve qu'il y a de l'infinité dans notre esprit, des désirs de connaître et d'aimer infinis [1], qui ne se laissent pas enfermer dans des bornes, d'ailleurs arbitraires et indéfiniment mobiles. Encore une fois comment, où poser cette limite sans connaître à la fois l'au delà et l'en deçà qu'on veut qu'elle sépare? son essence est précisément d'appartenir aux deux domaines : elle fait donc partie à la fois de l'inconnaissable et du connaissable, et ce système engendre la contradiction que l'esprit, s'il pose la limite, connait l'inconnaissable. La connaissance est relative; mais la relativité de la connaissance exprime seulement ce fait que la connaissance de l'homme est humaine, et qu'il a conscience que son esprit ne peut épuiser l'absolu. Mais s'il ne peut l'épuiser, c'est-à-dire le comprendre,

l'âme devient aussi inutile à la psychologie que l'est à la physique l'existence de ce qu'on nomme le calorique. »

[1] Déclarer l'esprit humain infini, en puissance, sinon en acte, n'effrayait pas S. Thomas, le hardi et profond interprète d'Aristote : « Nec est inconveniens intellectum esse infinitum in potentia. » *Summ. Theol.*, p. 1 qu., 87; Art., I, 4.

peut-il s'en séparer ? n'est-ce pas en lui qu'il a ses racines? n'est-ce pas en lui qu'il est édifié et comme bâti ? La pensée comme l'être de l'homme sont pénétrés de l'absolu. Il ne peut, quoiqu'il fasse, se contenter du monde donné, et d'ailleurs l'absolu est un monde à lui donné dans la conscience. Il ne peut pas plus se passer de métaphysique que d'air respirable, a dit Kant.

La psychologie enveloppe la métaphysique comme elle en est enveloppée [1]. Il n'est aucune partie de la philosophie qui ne soit accompagnée de questions psychologiques [2]. On comprendra donc que dans ces conditions de pénétration intime et réciproque, aussi bien que par des raisons spéciales tirées de la période dont j'expose l'histoire, j'ai dû, dans l'ouvrage que je publie, ne pas me borner à l'histoire des théories de la représentation, chez les philosophes grecs, mais étendre mes recherches aux questions métaphysiques qui s'y lient essentiellement, d'autant plus que c'est là un des traits caractéristiques de la psychologie des Grecs.

Ce volume contient deux parties distinctes : la première expose la psychologie des philosophes qui ont précédé Aristote ; la seconde commence l'histoire des théories psychologiques de ceux qui l'ont suivi. Par l'influence considérable qu'elle a exercée et qui est loin d'être épuisée, la psychologie d'Aristote a dû être

---

[1] Trendelenburg., *Hist. Beitrag.*, III, p. 97 : « Fliesst die metaphysik zu *aller zeit* in die Auffassungen der psychologie. »

[2] La logique a ses racines dans l'idée métaphysique de la nécessité, qui est le point central de l'une et de l'autre, et c'est la psychologie qui découvre dans l'esprit cette idée ; c'est dans la psychologie qu'Herbart traite des catégories, qui sont le point de départ de la psychologie de M. Renouvier.

l'objet d'un ouvrage spécial, qui peut être considéré comme le centre autour duquel s'ordonnent les deux parties de celui que je publie aujourd'hui, et le point de départ de celui ou de ceux qui le *compléteront*, si le temps et les forces me permettent de continuer cet effort. Car c'est véritablement à Aristote que commence la psychologie en tant que science systématisée et organisée, et par conséquent son histoire.

Poitiers, 3 juin 1887.

HISTOIRE
DE LA
PSYCHOLOGIE DES GRECS

PREMIÈRE PARTIE

LA PSYCHOLOGIE DES GRECS AVANT ARISTOTE

CHAPITRE PREMIER

LA PSYCHOLOGIE DES POÈTES

L'homme est naturellement désireux de savoir [1]; quand cette curiosité naturelle est devenue un besoin, un tourment de la pensée, lorsque l'intelligence a pris une claire conscience de ce désir, et qu'elle cherche par des moyens méthodiques et réfléchis à le satisfaire, la philosophie commence. De quelque manière qu'on l'envisage, de questions en questions, la philosophie en vient toujours, et il faut toujours qu'elle en vienne à la question essentielle, fondamentale : qu'est-ce que l'Être? mystère qui contient tous les autres mystères et vis-à-vis duquel l'homme se sent dans cette situation étrange et contradictoire d'être dans l'éternel désespoir et l'espoir éternel de parvenir à le connaître.

Le problème général que se propose la philosophie est donc de savoir ce que c'est que l'être; mais où l'homme qui veut

---

[1] Arist., *Met.*, I, 1.

surprendre l'essence de l'être pourra-t-il l'étudier si ce n'est dans son propre être? Car c'est le seul dont l'existence et les actes lui soient attestés par la conscience, c'est-à-dire soient révélés à l'homme par lui-même, avec une telle force et une telle clarté qu'il ne puisse pas en douter.

L'être, dans l'homme, se manifeste comme vie, et dès l'origine de la philosophie, sous une forme plus ou moins claire, les Grecs [1] ont conçu le principe de la vie, comme distinct du corps, sous un nom particulier, l'âme, ψυχή. Il semble donc que la philosophie ait dû commencer ses spéculations par l'étude de cette âme, principe de la vie, c'est-à-dire principe de cet être, dans la connaissance certaine duquel l'homme pouvait espérer trouver le secret de la connaissance de l'être même, en tant qu'être.

L'histoire nous montre cependant la philosophie suivant une route différente, et au lieu d'étudier l'essence et les fonctions de cet être intérieur qu'il porte en soi, l'esprit grec tout d'abord s'élance hardiment et souvent se perd dans l'étude de la nature et des phénomènes du monde extérieur [2].

Mais l'écart de la vraie méthode est moins grand qu'on ne le suppose, et la contradiction plus apparente que réelle. C'est encore lui-même, c'est encore l'énigme de son propre être et

---

[1] Et l'on pourrait dire tous les peuples jusqu'ici connus. Comment, avant toute recherche scientifique, la notion plus ou moins confuse, obscure, mais forte de cette distinction de l'âme, du corps, et de l'être vivant comme composé nécessairement de ces deux facteurs unis, s'est-elle révélée à la conscience et imprimée dans le langage de tous les peuples, c'est ce que l'on ne peut se représenter que par des conjectures. En général, on pourrait dire sans paradoxe que les faits psychiques sont connus, dénommés, classés, bien antérieurement à toute psychologie et à toute philosophie. La science ne les trouve pas: elle les retrouve, les contrôle, les analyse, les coordonne, les relie, en cherche l'origine, en suit le développement, en détermine le sens et les expose dans une forme systématique et suivant une méthode logique. A quelle époque de l'histoire, et de quelle manière, l'homme qui pense, et dont l'essence est de penser, a-t-il remarqué qu'il pensait, et fixé dans son langage qu'il pensait, qui le saura jamais?

[2] Les premiers essais de spéculation philosophique remontent en Grèce, au milieu du VIIe siècle, et c'est Platon, le premier, qui, deux siècles plus tard, donnera aux recherches psychologiques une forme systématique, et constituera la psychologie comme science distincte.

de sa propre vie, que l'homme cherche à deviner en étudiant la nature, ses phénomènes et ses lois. La vie est un rapport; l'être vivant ne vit pas de lui-même, il vit des autres êtres; il ne se conserve, il ne se développe que par une adaptation continuelle, une correspondance constante entre les actions du principe interne de la vie, et ses objets externes. La vie sensible est la forme primitive de la vie, et toutes les formes de la sensibilité ont pour conditions des stimulus et des objets externes, sans lesquels la vie reste en puissance, c'est-à-dire comme si elle n'existait pas, et sans la connaissance desquels il serait chimérique d'en vouloir connaître la nature et les fonctions. Le monde extérieur est dans un rapport intime, constant et nécessaire avec notre être propre, dont il stimule les énergies, dont il provoque les mouvements, dont il satisfait les besoins, dont il remplit les vides pour ainsi dire. La connaissance du monde extérieur qui lui fournit ses objets au moins les plus immédiats est donc intimement liée à la connaissance de l'âme considérée comme principe de la vie.

Je n'insiste pas sur ce fait que l'ordre et la méthode sont les fruits tardifs de l'expérience dans la science comme dans la vie morale; car je suis persuadé que, considérés dans de grands ensembles, les efforts de l'esprit humain à la recherche de la vérité suivent en général la vraie route et la plus rationnelle. Il y a là une force des choses qui nous ramène secrètement, doucement, à l'ordre dont nous paraissons nous écarter. Aussi la psychologie est moins étrangère qu'on ne le dit aux premiers essais de la science qui commence, et la philosophie à son origine est déjà ce qu'elle est par essence, l'union de la psychologie et de la métaphysique [1]. Il n'est pas difficile d'apercevoir,

---

[1] Herbart, *Einleit.*, § 13, p. 55, croit que la métaphysique précède, dans l'histoire de la philosophie, la psychologie, et il en donne pour preuves que des systèmes de métaphysiques ingénieux se sont produits en Grèce, quand la psychologie n'avait encore qu'une forme grossière, telle que les εἴδωλα de Démocrite. Je ne partage pas le sentiment de ce penseur, malgré le respect que m'inspire un esprit si profond et si sincère. Je voudrais espérer que cette histoire de la psychologie montrera l'union inséparable des deux sciences, qui s'accompagnent et se conditionnent

sous la philosophie de la nature des anciens, la psychologie[1], c'est-à-dire, comme l'appelle Platon, la philosophie de l'âme.

Ainsi il est bien vrai que l'École ionienne a réduit toute la philosophie à la physique, parce que la nature est l'être unique et universel; mais comment est-elle arrivée à cette conclusion, et ne peut-on soutenir avec vraisemblance qu'elle est déduite d'une analyse déjà profonde, quoiqu'incomplète et imparfaite, des phénomènes de l'esprit? Si la pensée n'est qu'une sensation, comme l'ont cru tous les philosophes de cette école, même Diogène d'Apollonie[2], la conclusion nécessaire est que l'être est nature.

Il est un principe qui gouverne toute la physique et toute la métaphysique des anciens, c'est le principe de l'attraction du semblable vers le semblable: quelle en est la source? et n'en doit-on pas attribuer l'origine à l'analyse psychologique par laquelle on a cru pouvoir démontrer que l'essence de la pensée est dans l'assimilation du sujet qui pense, et de l'objet qui est pensé, quelque soit d'ailleurs le mode selon lequel s'opère cette assimilation.

Quelle que soit la notion que nous nous fassions de l'être en soi, de l'être universel, que nous le concevions comme force ou substance, comme esprit ou matière, la racine de cette conception universelle et objective ne peut-être que dans la notion que nous nous faisons de nous-mêmes soit comme substance ou force, comme matière ou esprit[3]. Toutes les choses que

---

mutuellement dans leurs origines comme dans leurs développements. On pourrait même dire qu'une psychologie, inconsciente sans doute, mais déjà une psychologie, préside à toutes les conceptions philosophiques, d'ordre moral, physique ou métaphysique.

[1] Ce n'est pas, comme on pourrait le croire, un mot grec. C'est un Allemand, Rudolph Goekel, qui paraît l'avoir le premier introduit et créé, sous sa forme grecque, ψυχολογία, en le donnant pour titre à un de ses ouvrages, dont il développe comme il suit le sujet : « ψυχολογία : hoc est, de hominis perfectione, anima, ortu », in-8°, Marburg, 1590. Ce livre n'est qu'une collection de mémoires de divers auteurs, qui se rapportent au débat alors fort vif sur le traducianisme. Mélanchton paraît également avoir usé de ce nom pour désigner le sujet de ses leçons académiques.

[2] Simplic., in Phys., f. 33.

[3] Leibn., Externa non cognoscit (mens) nisi per ea quæ sunt in semetipsa.

nous cherchons à connaître sont éloignées de nous, toutes, excepté nous-mêmes, qui sommes assurément toujours présents à nous-mêmes.

Nous croyons que ces considérations générales recevront leur preuve de l'histoire de la psychologie grecque dans laquelle nous allons immédiatement entrer.

De quelque côté qu'on envisage la civilisation grecque, on voit éclater dans toutes ses formes, dans la poésie et dans l'art, dans la religion et dans la politique, la prédominance, tempérée par la proportion et l'harmonie, de l'esprit sur la matière. En toutes choses les Grecs ont conçu, poursuivi, et dans une certaine mesure, réalisé un idéal, c'est-à-dire au fond une idée. Leur conception théologique, toute grossière quelle puisse aujourd'hui nous paraître, est encore une conception idéaliste et même spiritualiste. « C'est à tes passions, ô homme, que tu as emprunté l'essence de tes dieux, » disait un ancien, auquel Hegel répond qu'il serait plus exact de dire que c'est de ses pensées, de son esprit, que l'homme a emprunté cette notion encore imparfaite du monde divin. Tandis que les mythologies orientales sont en général les représentations des grandes forces de la nature physique, la mythologie grecque est la personnification divinisée des forces morales et intellectuelles de la nature humaine, une sorte de psychologie vivante et divine.

Il serait bien extraordinaire que ce grand caractère idéaliste et spiritualiste, qui marque d'un trait si frappant et si beau toutes les créations du génie grec, ne se manifestât pas également dans les premiers essais de la philosophie naissante, dont les principales doctrines apparaissent déjà dans la mythologie. Les dieux sont des êtres personnels, vivants, spirituels : ce sont des esprits sinon immatériels, du moins immortels : la matière dont ils s'enveloppent, est si subtile qu'elle semble s'évaporer et s'évanouir; ce n'est qu'une apparence et comme une apparition dont l'esprit est la réalité substantielle. Telle est déjà l'idée que nous en présentent, plus ou moins obscurcie,

Homère et Hésiode, qui ont fait aux Grecs leur théogonie, c'est-à-dire leur théologie [1].

Et qu'est-ce que l'homme ? Un fils des dieux, qui a conscience du lien substantiel qui unit sa nature à la nature divine dont il tire son origine : « Les hommes et les Dieux ne forment qu'une seule espèce : eux et nous nous devons à une même mère le souffle de la vie [2] ». Sans doute une faculté distingue les Dieux de nous et nous sépare d'eux ; tandis que nous sommes des êtres éphémères, et que notre vie passe et se dissipe comme le rêve d'une ombre [3], les Dieux demeurent et sont éternels : et cependant, malgré notre ignorance de la fin suprême où nous tendons, « nous sommes semblables aux Dieux, par notre essence, par notre nature, à savoir, par l'esprit », notre vraie grandeur [4].

La conscience de la distinction de l'esprit et du corps, et de la supériorité de l'âme sur la matière a pénétré tout l'esprit grec, et l'a de bonne heure profondément pénétré. « Les anciens théologiens, disait déjà Philolaüs [5], nous enseignent que l'âme a été unie au corps en expiation et en punition de ses fautes, et qu'elle a été ensevelie dans cette chair périssable comme dans un tombeau. »

Dans chacune des trois périodes de développement que distingue, dans la vie de la nature, la Théogonie d'Hésiode, à côté des êtres monstrueux et informes qui représentent les forces et les phénomènes physiques, on en rencontre déjà qui person-

---

[1] Herod., II, 53.
[2] Pind., Nem., VI, 1.

> Ἔν ἀνδρῶν, ἓν θεῶν γένος· ἐκ
> μιᾶς δὲ πνέομεν
> ματρὸς ἀμφότεροι.

Pausan., VIII, 2. ξένοι καὶ ὁμοτράπεζοι θεοῖς.

[3] Pind., Pyth., VIII, 95.
[4] Id., Nem., VI, 8.

> ἀλλά τι προσφέρομεν
> ἔμπαν, ἢ μέγαν νόον, ἤ
> τοι φύσιν, ἀθανάτοις.

[5] Boeckh, Philol., p. 181.

nifient l'esprit, la raison, l'âme et ses attributs essentiels. Si le Chaos est le premier des êtres, c'est un être stérile, qui est impuissant à produire, ou du moins qui ne produit rien de vivant et de beau [1], et ne semble représenter que la puissance nue et pure : au contraire, l'Amour, qui lui succède sans être né de lui, est un principe de vie indépendant et existant par lui-même; c'est une force spirituelle et psychique, active et féconde qui s'unit à la Terre, principe matériel, pour lui donner la forme et la vie, l'ordre et la beauté. Nous voyons également apparaître l'Émulation, ζῆλος, et la Victoire, Thémis ou la Justice, Mnémosyne ou la Mémoire, Prométhée et Épiméthée, la Prévision et la Réflexion, le Temps (Kronos) et le mouvement incessant, le Devenir mobile et comme fluide (Rhéa); enfin arrive avec Jupiter, le Père de la lumière, la domination d'un esprit qui soumet à la loi de l'ordre et de la raison, de la beauté et de la justice, les forces aveugles, violentes, désordonnées de la nature, et qui gouverne le monde, le renouvelle et le crée pour ainsi dire une seconde fois, d'après des fins conçues par un esprit souverainement sage.

Non seulement on aperçoit clairement percer, malgré l'obscurité naturelle de la forme mythique et la confusion des pensées contre laquelle lutte péniblement le poète, non seulement on voit clairement percer la grande doctrine du dualisme de l'esprit et de la matière, mais encore les doctrines non moins fécondes d'un mouvement de l'humanité et des choses, d'un progrès par ce mouvement, qui conduit le monde entier des ténèbres du chaos, de la violence et du désordre, à la lumière de l'ordre, de la raison et de la justice. Le fait seul de ramener les phénomènes de la nature, les faits de l'histoire, les événements de la vie humaine, à des causes intelligentes, libres, puissantes, personnelles, à des Dieux, en un mot, atteste la tendance de l'esprit grec vers ce spiritualisme, vers cet

---

[1] Il ne produit que l'Érèbe et la Nuit, c'est-à-dire le vide infini et presque le néant de l'être, ou du moins sa forme la plus basse et la plus indéterminée.

idéalisme sensé et tempéré qu'il n'a jamais cessé de professer, et qu'on remarque pendant tout le développement de la civilisation comme de la philosophie grecques.

Homère contient même une sorte d'analyse ébauchée des facultés de l'âme [1]. La ψυχή est le souffle vital, le sujet de la fonction respiratoire, la vie, *spiritus*, *anima* : elle est le principe de la vie animale. Les esprits animaux, placés dans la poitrine et le diaphragme, φρένες, sont le principe de la vie intellectuelle, tandis que le θυμός est une sorte de conscience morale : ces deux dernières parties de l'organisme psychique sont les véhicules de la sensation, de la sensibilité, de la pensée et de la volonté, et forment comme l'opposé de l'être corporel et vivant [2]. Mais néanmoins avec la ψυχή et avec le corps qu'elle anime et vivifie, les autres facultés disparaissent. Le corps vivant seul est la personne humaine, αὐτός [3], le vrai moi. Μένος est l'expression ordinaire pour le sentiment passionné de la colère, qui se manifeste dans la bataille ; ἦτορ, le cœur dans son état calme ; κραδίη, le cœur plus volontiers pris dans le sens intellectuel. Ἦτορ, κραδίη, κῆρ sont tous et chacun la faculté d'éprouver des sentiments moraux. Les expressions πέπνυσαι νόῳ [4], et πεπνυμένα πάντα νοῆσαι montrent le lien qu'établissait le poète entre les fonctions du πνεῦμα et les fonctions de l'intelligence, Νόος [5].

Quel est l'état de cette âme après la mort? Dans la conception homérique, la mort ne la sépare pas absolument et com-

---

[1] Conf. Halbcarl, *Psychologia Homerica*, 1796. Hammel, *Commentatio de Psychologia Homerica*, Paris, 1833, Velcker : *Ueber die Bedeutung* ψυχή *und* εἴδωλον *in der Ilias*. Giessen., 1825 ; Friedreich *Die Realien in d. Ilias*. Erlang., 1851, et surtout Naegelsbach : *Homerische Theologie*. Nürb., 1840.

[2] Grotemeyer (*Homers Grundansicht von der Seele*, 1854, p. 38), conteste cette opposition et croit que la ψυχή représente, non-seulement la force vitale, mais encore la conscience et les autres fonctions psychiques.

[3] *Od.*, XI, 601.

[4] *Il.*, XXIV, 377.

[5] Le Νόος, comme le μένος, semble la faculté de connaissance inhérente au θυμός : νοῦς ἐνὶ θυμῷ, ἐν φρεσίν, θυμῷ νοεῖν, φρεσὶ νοεῖν. Mais, parfois, le θυμός semble s'identifier avec la ψυχή, de sorte qu'il n'y a plus d'autre différence dans les faits psychiques que celle qui résulte de la vie de l'âme agitée par la passion et le désir, et de la vie du Νόος, source des pensées calmes et pures.

plètement du corps Il reste une image de l'un comme de l'autre, la vaine apparence d'un corps qui n'a qu'une vaine apparence de vie et de pensée. Cependant la personnalité, l'identité personnelle demeure. Achille mort non seulement parle et pense encore : mais il reste lui-même, Achille.

Les morts ne sont à proprement parler ni des âmes ni des corps : ce sont des fantômes, des ombres, εἴδωλα, σκιαί, des crânes vides, ἀμενηνὰ κάρηνα, sans pensée, sans conscience, sans cœur, ἀφραδέες, ἀκήριοι, sans voix et n'ayant plus qu'un cri aigu et faible, comme le cri perçant de la chauve-souris, τρίζειν [1]. Ces êtres étranges, dont la vie est un rêve, qui n'ont plus de corps et n'en gardent que l'ombre, qui flottent à la limite indécise de l'être et du non être, sont cependant éternels. Ils ont, dans cet état mystérieux, εἴδωλον ζωῆς, quelque chose de divin : ce sont les héros, les démons, les Dieux Mânes, *divi Manes*. Ils habitent l'invisible Hadès, placé par les Grecs tantôt dans les profondeurs sombres de la terre, ὑπὸ κεύθεσι γαίης, où ne pénètrent jamais les clairs et doux rayons du soleil, tantôt dans la région vague et lointaine de l'Ouest, dans un pays également sans soleil, au-delà du fleuve Océan, qui enveloppe la terre. Ils peuvent, il est vrai, momentanément retrouver plus de vie réelle, et avec la vie la pensée, la conscience, la parole : mais c'est à condition de retrouver le principe de la vie, le sang. De là l'empressement des ombres évoquées par Ulysse pour venir boire le sang des victimes égorgées ; de là les sacrifices sanglants faits aux morts pour prolonger ou leur rendre pour quelques moments la vie [2].

---

[1] Il est manifeste que les visions des songes ont fourni la première donnée à cette conception des âmes dans l'Hadès.

[2] Hom., *Od.*, VII, 556; X, 495; XI, 220-222-601. *Il.*, IX, 245; XVIII, 419; XXIII, 100-103; 65. Conf. Naegelsbach, *Homer. Theologie*. M. Ravaisson (Acad. des Inscript. Mém. lu le 30 avril 1875) prétend que, dès le temps d'Homère, les Grecs croyaient universellement à une vie future, qui ne doit point finir, et qui implique même un certain degré de béatitude. Cette croyance confuse et grossière lui paraît même remonter au-delà d'Homère. La plus ancienne divinité des Grecs est la terre, qui recèle le feu, père des astres, source de la chaleur, de la lumière et de la vie, matière et substance de l'âme. Le culte des morts, le premier des cultes qui se lie au

Il est difficile de voir dans cette conception autre chose qu'un pressentiment vague et obscur de l'immortalité de l'âme, doctrine qui pousse à ses conséquences extrêmes la distinction de l'âme et du corps, la distinction d'essence, bien entendu. On prétend que cette opinion a été clairement formulée pour la première fois par Phérécyde ou par Pythagore. Il est plus conforme à la nature des choses, et aussi plus en accord avec les témoignages de l'antiquité, d'y voir une tradition, παλαιὸς μὲν οὖν ἔστι τις λόγος[1], qui se dérobe, par son ancienneté même, à la recherche et à la vue de l'histoire. Dans les monuments postérieurs à Homère, elle prend une forme plus précise et plus philosophique. L'Hymne homérique à Cérès [2] ouvre aux initiés des mystères d'Éleusis la perspective et l'espoir d'une vie plus heureuse au-delà de la vie présente, et c'est un écho de cette tradition conservée dans les mystères et la théologie orphique que répètent Pindare et Sophocle, ce dernier disant que les initiés seuls, après la mort, auront le privilège de vivre [3], et l'autre, que l'initié seul peut savoir que la fin de cette vie est le commencement d'une autre vie, d'une vie divine [4]. La puissance de la mort triomphe du corps et le détruit : mais l'âme reste vivante [5]; l'expression trahit ici l'incertitude de la pensée : l'âme est désignée dans ce passage comme *une image vivante de la vie*, ζῶν αἰῶνος εἴδωλον, mais qui, en opposition avec le corps qui se dissout et périt, persiste et demeure, λείπεται.

culte de la terre et du feu, atteste, dit le savant académicien, la croyance à la persistance de la force vitale, dans une vie d'au-delà.

[1] Plat., *Phæd.*, 70, C.
[2] V. 480.
[3] Fragm. 750.
    τοῖς δὲ γὰρ μόνοις ἐκεῖ
    ζῆν ἔστι.
[4] Pind., *Fr. thr.*, 8.
    οἶδεν μὲν βιότου τελευτάν,
    οἶδεν δὲ Διόςδοτον ἀρχάν.
[5] *Id., Id.*, 31.
    σῶμα μὲν πάντων ἕπεται
    θανάτῳ περισθένει, ζῶν
    δὲ λείπεται αἰῶνος εἴδωλον.

Les philosophes ont donc reçu ces notions psychologiques ou métaphysiques sur l'âme des croyances religieuses : elles font partie de la conscience morale des Grecs, comme peut-être de tous les hommes, sans avoir pris partout le même degré de force et de clarté. Je n'insisterai pas sur les éléments psychologiques que contient la théologie des poésies orphiques. Malgré les parties plus anciennes qui s'y peuvent rencontrer, ces poèmes sont certainement au moins dans leur forme l'œuvre d'un faussaire, Onomacrite [1]. Dans cette conception, de tendances panthéistiques, on retrouve encore l'opposition de la matière représentée par le Temps, condition nécessaire et forme universelle de tous les phénomènes, et par le Chaos [2], l'espace, et de l'esprit représenté par le divin Éther, dans le sein duquel le Temps engendre l'œuf du monde [3], et qui devient le père de Phanès Éros, appelé aussi Métis. C'est lui qui donne à toutes choses le mouvement, la forme, l'ordre, κόσμον, c'est de lui que l'âme humaine tire son origine [4].

[1] Onomacrite, d'Athènes, vivait au temps de Pisistrate et de ses fils (561-510). Il avait recueilli et révisé les textes des poésies orphiques, et il s'y permit de telles interpolations et altérations qu'il fut banni par Hipparque.

[2] Le Chaos ne semble se distinguer du Temps que comme le plein se distingue du vide. C'est la réalisation matérielle du temps. La durée est la plus vide des abstractions, tant qu'on n'y ajoute pas la notion d'une chose qui dure. Sans l'âme, dit Aristote, c'est-à-dire sans la Vie, point de Temps. M. Renouvier, Logiq., t. III, p. 142, trouve entre ce système et celui de M. Herb. Spencer des rapports singuliers : « Ses véritables analogies (de la philosophie de M. Spencer) sont dans telle Cosmogonie de la haute Antiquité : Du Chaos naquirent l'Érèbe et la Nuit ; de l'Érèbe et de la Nuit l'Éther, l'Amour et l'Entendement. C'est bien le Chaos, en effet, c'est bien l'Érèbe et la Nuit qui sont représentés par le sujet primitif de l'*hypothèse nébulaire*, ainsi que M. Spencer l'appelle, c'est-à-dire par la matière composant le système solaire à l'état diffus. Le soleil lumineux est bien l'Éther, dont les vibrations engendrent la lumière, et l'Amour et l'Entendement répondent bien aux sentiments et aux idées, ramenés par la conversion des forces aux ondulations de la nébuleuse condensée, qui est le soleil ».

On sait en effet que la philosophie de M. Spencer repose sur la transformation et l'équivalence des forces, qui ont toutes leur origine commune dans les vibrations solaires communiquées de proche en proche à certaines particules élastiques des corps, et qui deviennent tour à tour chaleur, force vitale, force nerveuse et enfin force sensitive, intellective et volontaire.

Le rapprochement me paraît quelque peu forcé, puisque les Orphiques posent à l'origine des choses, non pas une force unique, mais un dualisme de forces.

[3] L'œuf est ainsi l'image de l'union de la matière et de l'esprit.

[4] Lobeck, *Aglaoph.*, p. 497.

Nous retrouverons d'ailleurs presque les mêmes spéculations dans Phérécyde, qui en a peut-être fourni les traits principaux.

Entre la théologie des poètes et la philosophie proprement dite, Aristote place comme une phase intermédiaire, comme une forme mixte, les spéculations de quelques penseurs qui cherchent à se faire une conception générale des choses, et tentent un effort quoique impuissant pour sortir du vague et de l'arbitraire des mythes poétiques [1]. Aristote nomme Phérécyde et fait allusion, sans les nommer, à quelques autres. Le caractère commun qu'Aristote établit entre les idées de ces écrivains, et qui les distingue des doctrines des Orphiques, c'est de poser comme premier, comme principe, le parfait, τὸ ἄριστον. Il faut se souvenir de ce jugement d'Aristote pour bien entendre et exactement interpréter le peu que nous avons conservé des écrits de Phérécyde.

Phérécyde de Syros était un contemporain de Thalès, du roi de Lydie, Alyatte, et a dû naître, d'après Suidas, vers la XLVᵉ Olympiade (600 ans av. J.-Ch.), et mourir vers la LVIIIᵉ (548 av. J.-Ch.). Comme l'historien Cadmus de Milet, il passe pour être le premier écrivain grec en prose [2]. Son ouvrage, intitulé Ἑπτάμυχος, était une théologie, qui posait à l'origine des choses, et comme principes premiers trois êtres éternels : Jupiter, le Temps, la Terre. La Terre, et peut-être aussi le Temps [3], doit être considérée comme l'élément vague et informe, mais préexistant éternellement, de la matière ; tandis que Jupiter, qui pour former le monde, lui donner l'unité, l'identité, l'harmonie, se transforme en l'Amour, représente évidemment une force motrice, intelligente, sage, et dont la bonté, l'amour, constitue un attribut essentiel. Le dualisme grec se montre encore ici, mais plus clair et plus pur, puisque la Pensée, le Parfait, τὸ ἄριστον, est, suivant Aristote, pour Phérécyde, le vrai

---

[1] *Met.*, XIV, 1091, b. 8, οἵ γε μεμιγμένοι αὐτῶν (καὶ) τῷ μὴ μυθικῶς ἅπαντα λέγειν.
[2] Suid., V.
[3] Puisqu'il fait naître du temps, l'eau, l'air (τὸ πνεῦμα) et le feu.

Premier. Que pensait-il de l'âme même de l'homme, c'est ce qu'il est assez difficile de savoir et de dire ; Porphyre nous apprend que par des noms symboliques, tels que ceux d'*abimes*, de *fosses*, d'*antres*, de *portes* [1], il désignait les générations et les disparitions, c'est-à-dire les transformations et migrations des âmes [2], ce qui prouve du moins que l'âme humaine était, pour lui, un principe distinct et séparable du corps, survivant à la corruption qui atteint nécessairement celui-ci, et peut-être éternel [3]. Nous retrouvons, dans les Cosmogonies théologiques d'Épiménide et d'Acusilaüs, qui nous sont d'ailleurs très imparfaitement connues, la même tendance, d'opposer au principe sans forme de la matière, un principe supérieur, qui se présente tour à tour ou à la fois comme une forme du temps, comme un moteur, et sous le nom de l'Amour comme une loi de la production de l'ordre et de la beauté des choses de la nature. D'après Damascius [4] : « Épiménide avait imaginé deux principes, l'Air et la Nuit ; mais il est évident qu'il plaçait tacitement un principe unique antérieur et supérieur [5] aux deux autres, qui engendrent le Tartare... De ces deux principes [6] naît encore (outre le Tartare) ce qu'il appelle *le moyen intellectuel*, ἡ νοητὴ μεσότης, parce qu'il se porte également aux deux extrêmes, τότε ἄκρον καὶ τὸ πέρας. Acusilaüs pose un premier principe qu'il déclare absolument inconnaissable [7]. Deux principes inférieurs, μετὰ τὴν μίαν, dont l'un, la Nuit, joue le rôle de l'illimité, de l'informe, ἀπειρία ; l'autre, l'Érèbe, celui de la

---

[1] Porphyr., *de Antr. Nymph.*, c. 31. μυχοὺς καὶ βόθρους καὶ ἄντρα καὶ θύρας καὶ πύλας.
[2] Porphyr., *de Antr. Nymph.*, c. 31. διὰ τούτων αἰνιττομένου τὰς τῶν ψυχῶν γενέσεις καὶ ἀπογενέσεις.
[3] Cic., *Tuscul.*, I, 16.
[4] *De Princ.*, p. 383.
[5] *De Princ.*, σιγῇ τιμήσαντα τὴν μίαν πρὸ τῶν δυοῖν.
[6] Le texte, probablement mutilé, ne permet pas de déterminer avec certitude si l'intelligence, considérée comme un milieu, une limite, un point central, où se rencontrent et se pénètrent les extrêmes des choses, est née de l'air et de la nuit, ou de deux autres principes. On ne sait, en un mot, à quoi rapporter : ἐξ ὧν δύο τινάς.
[7] Et qui doit être *Le Parfait*, suivant l'observation d'Aristote, qui donne pour caractère à toute cette catégorie de penseurs de concevoir la perfection comme cause absolument première.

limito, πέρας. De ces deux principes naissent trois êtres, trois personnes intellectuelles, τρεῖς νοητὰς ὑποστάσεις : l'Éther, l'Amour, la Raison (Μῆτις). »

Le sentiment grave, moral et religieux qui inspire les poésies des Élégiaques, des Gnomiques, et les maximes des Sept Sages [1], a un caractère beaucoup trop, sinon exclusivement pratique, pour qu'il nous soit permis de nous y arrêter. Dicéarque disait avec raison de ces derniers qu'ils n'avaient été ni des σοφοί ni des φιλόσοφοι, car ils n'avaient pas recherché la science pour elle-même, et ce n'étaient que des gens avisés, d'un grand bon sens, συνετούς, qui s'étaient surtout appliqués à donner de bonnes et sages lois à leurs concitoyens, νομοθετικοί [2]. Il est vrai que ces législateurs, ces hommes d'État, suivant la notion à peu près universelle qu'on se faisait alors de la politique, se sont crus tenus de fonder dans la pratique et à l'aide de la loi, la vie morale, et ont été par conséquent obligés de réfléchir sur les principes de la vie morale : mais ces réflexions, ces conceptions, issues d'un intérêt pratique, toujours appliquées à des cas concrets et particuliers, n'affectent dans aucun de ces sages le caractère général, systématique et spéculatif qui constitue la science, et quoi qu'on rencontre dans ces maximes des pensées que la philosophie relèvera plus tard, par exemple : *Connais-toi toi-même; Prends pour guide la raison*, ce serait en méconnaître le sens et la portée que de leur attribuer une valeur philosophique. On peut signaler ce progrès des idées morales, ce développement de la conscience religieuse, comme une préparation à la science philosophique, et particulièrement comme un prélude poétique ou pratique de la psychologie; mais nous croyons que c'est une exagération de le considérer comme une partie intégrante de cette science, et de lui donner une place dans son histoire.

[1] Démétrius de Phalère pose le commencement de cette série sous l'Archontat de Damasios (Ol. 43, 3 = 605 av. J.-Ch.). Le nombre est loin d'en être constant. Ce sont : Thalès, Solon, Bias de Priène, Pittacus Æsymnète de Mitylène, Périandre, tyran de Corinthe, Chilon de Lacédémone, Cléobule de Lindus.
[2] Diog. L. I, 40.

CHAPITRE DEUXIÈME

THALÈS

On distingue ordinairement, comme on sait, dans la période philosophique qui précède Socrate, outre les atomistes, quatre écoles, l'école Ionienne [1], l'école Italique ou Pythagoricienne, l'école Eléatique et l'école des Sophistes.

Le nom d'école conviendrait assez peu à la première d'entre elles, si l'on voulait qu'il exprimât l'idée d'une transmission continue de doctrines identiques, par le moyen d'un enseignement direct et personnel, comme le prétendent les critiques Alexandrins, qui ne comprenant pas et ne pouvant expliquer l'analogie et l'affinité des opinions philosophiques, que par des rapports personnels, faisaient d'Anaximandre le disciple de Thalès, d'Anaximène le disciple d'Anaximandre, de Diogène d'Apollonie et d'Anaxagore, les disciples d'Anaximène, etc. La Chronologie n'autoriserait cette filiation directe qu'en ce qui concerne les trois premiers, Thalès, Anaximandre, Anaximène [2], tous de Milet et presque contemporains.

Par école nous ne pourrons entendre ici qu'une affinité dans la tendance philosophique, qui lie entr'eux les membres d'un certain groupe de penseurs et les distingue d'autres groupes

---

[1] Aristote ne connaît pas ce nom, et il appelle ces philosophes les physiciens ou les physiologues.
[2] Thalès de 639 à 516.
Anaximandre de 611 à 517.
Anaximène de 560 à 548.
Diogène vivait au temps d'Anaxagore à Athènes, c'est-à-dire de 501-497 à 429-425.

tels que ceux qu'on appelle les Éléates et les Pythagoriciens

Le trait qui est propre à tous les philosophes ioniens est moins d'avoir exclusivement cherché une explication des êtres, des choses et des phénomènes de la nature, car c'est une tendance commune à tous les philososophes avant Socrate, que d'avoir cru que le dernier principe de toutes choses était une matière vivante, d'avoir supposé que la nature s'expliquait par elle-même, et de n'avoir pas soupçonné que, soumise à un changement incessant, elle ne peut s'expliquer que par un principe qui la dépasse et la domine : vérité dont assurément avant Socrate, qui en a eu la claire conscience, les Pythagoriciens et les Éléates ont eu un pressentiment puissant quoiqu'obscur.

En se renfermant ainsi et en renfermant la science dans la limite de la nature, conçue comme l'universalité des choses soumises au devenir, les philosophes d'Ionie méritent par excellence le nom, qu'Aristote leur donne constamment, de physiciens et de physiologues.

Thalès, dit Aristote [1], fut le fondateur, ἀρχηγός, de cette première forme de la philosophie, considérée comme une science de la nature, et on peut le nommer ainsi le fondateur de la philosophie. Il était, d'après Hérodote [2], d'origine phénicienne [3]; mais il était né à Milet [4], la ville la plus considérable de l'Ionie, qui avait envoyé plus de 80 colonies sur les rivages de toute la Méditerranée, et qui eut la gloire d'être le berceau de la poésie et le berceau de la philosophie.

On ne peut fixer que d'une manière approximative l'époque de sa vie : il a été certainement contemporain de Crésus et de Cyrus, c'est-à-dire qu'on doit le placer entre les années 639 et 546 avant J.-Ch. On ne sait rien de plus certain sur sa personne;

---

[1] *Met.*, I, 983, b. 20.
[2] Herod., I, 75 et 170.
[3] Le fait est remarquable.
[4] De la famille des Thélides (Diog. L., I, 22 et 25), qui prétendaient descendre du phénicien Cadmus et avaient émigré de Thèbes en Ionie.

ses voyages en Égypte, son amour de la science, ses découvertes astronomiques et industrielles, paraissent appartenir à la légende plus qu'à l'histoire. Il n'avait rien écrit : Diogène [1] nous le dit expressément, et Aristote nous l'indique par les termes [2] dont il se sert en exposant ses doctrines. On ignore d'ailleurs sur quels documents Aristote et Eudème s'appuyaient dans cette exposition. Aristote considérait certainement Thalès comme un philosophe, quoique ce mot n'ait été inventé que plus tard par Pythagore, et même comme le premier des philosophes; car il ne se borne pas à un récit purement mythique [3]; il ne mêle pas la fable poétique aux recherches scientifiques, comme Phérécyde [4], mais il cherche à prouver et à démontrer [5] : ce qui est le caractère de la science philosophique.

On sait que pour Thalès l'eau est le principe, l'élément primitif et ultime de tout; c'est-à-dire, car il n'est pas probable que Thalès se servit de ces expressions techniques, que l'eau est ce dont proviennent tous les êtres, et ce en quoi ils se résolvent quand ils sont détruits et périssent [6]. L'eau est ainsi une substance qui demeure, qui garde éternellement sa nature et dont les formes et propriétés seules changent [7].

Mais Aristote croit deviner quel est le fait expérimental, la vérité universelle d'observation qui a conduit Thalès à cette conclusion et à cette doctrine : c'est sans doute, dit-il, parce qu'il a vu que toute nourriture est humide; que la chaleur même

---

[1] I, 23. Alex., *in Met.*, p. 21. Bon. — Scholl. Bekk, p. 534, a. 2. οὐδὲν γὰρ προςφέρεται αὐτοῦ σύγγραμμα. Joh. Philopon. in l. de An., I, 2. ὅτι οὐκ ἐφέροντο αὐτοῦ συγγράμματα, ἀλλ' ἀπομνημονεύματα. Simplic., *in Phys.*, 6. λέγεται δὲ ἐν γραφαῖς μηδὲν καταλιπεῖν, à l'exception d'une astronomie nautique, que Lobon d'Argos mit en vers, et que d'autres attribuaient au samien Phocas. Diog. L., I, 23. Plut., *de Pyth. Orac.*, 402, attribue ce poème à Thalès même.
[2] λέγεται. *Met.*, I, 3, 984, a. 2; de An., I, 2, ἐξ ὧν ἀπομνημονεύουσι, d'après ce qu'on a conservé de lui d'après la tradition.
[3] Ar., *Met.*, III, 4, 1000, a. 18, μυθικῶς σοφιζόμενοι.
[4] Id., XIV, 4, 1091, b. 8.
[5] Id., id., III, 4, l. l., οἱ δι' ἀποδείξεως λέγοντες.
[6] Hippolyt., *Ref. Hær.*, I, 1.
[7] Ar., *Met.*, I, 3, l. l., τῆς μὲν οὐσίας ὑπομενούσης, τοῖς δὲ πάθεσι μεταβαλλούσης ὡς τῆς τοιαύτης... φύσεως ἀεὶ σωζομένης.

vient de l'humide, même la chaleur vitale, et que tous les germes vivants ont une nature humide [1]. Or, ce qui fait que l'humide est humide, c'est l'eau. Simplicius se fondant sans doute uniquement sur des raisonnements, croit qu'il est arrivé à cette proposition « parce qu'il a vu dans l'eau un principe de génération, de nutrition, d'unité, de vie [2] ». Je ne vois aucun motif de ne pas croire que ces hypothèses sont fondées. Thalès a sans doute eu une raison pour admettre l'eau comme principe de tout ; et pourquoi cette raison ne serait-elle pas celle qu'Aristote suppose qu'il a eue : à savoir l'étude des phénomènes de la génération, de la nutrition, de la vie, qui se confond avec l'unité. Ce serait ainsi l'observation des phénomènes psychiques, ce serait une analyse psychologique, en prenant ce dernier mot dans le sens large que les anciens donnaient à la science ou à l'étude de l'âme, qui lui aurait inspiré le principe de son système: l'eau est le principe universel parce qu'elle est, ou contient en soi le principe de la vie et de tous les phénomènes de la vie.

L'eau ou l'humide c'est l'âme même[3]. Tertullien[4] et Philopon[5], attribuent à Thalès l'opinion que l'âme humaine est faite d'eau. Ce doit être inexact, l'eau étant plutôt le principe primitif un, l'unité du psychique et du corporel, l'âme universelle, l'âme du monde, et le monde même ou Dieu. Cette force divine, subtile, mobile et motrice, pénètre à travers la matière des choses auxquelles elle donne le mouvement et la vie [6]. Par elle tout est vivant, tout est plein de Dieux. La plante est vivante et

---

[1] Ar., *Met.*, 1, 3, l. 1.
[2] Simplic., *in Phys.*, f. 8, a. b.
[3] Ce que sera le feu pour les Stoïciens, qui ne le séparent pas non plus du monde. J'admettrais plus volontiers la première alternative, parce qu'Aristote (*Met.*, 1, 3, l. 1,) nous dit positivement que les anciens philosophes n'ont connu d'autres principes des choses que des principes matériels.
[4] *De An.*, 5. c. *Marc.*, 1. 13. Thales aquam Deum pronuntiavit.
[5] *De An.*, 7.
[6] Stob., *Eclog.*, 1, 56, Θαλῆς νοῦν τοῦ κόσμου τὸν θεόν... τὸ δὲ πᾶν ἔμψυχον ἅμα καὶ δαιμόνων πλῆρες· διήκειν δὲ καὶ διὰ τοῦ στοιχειώδους ὑγροῦ δύναμιν θείαν κινητικὴν αὐτοῦ. Je traduis : « La force divine de l'humide pénètre à travers l'élément matériel primitif et le meut ».

a une âme ; la pierre elle-même n'en est pas dépourvue : et cette âme de la pierre a la puissance de produire un mouvement ; car pourquoi l'aimant attire-t-il le fer, si ce n'est pas parce qu'il a une âme. A plus forte raison le monde, le tout a une âme [1]. C'est là un hylozoïsme radical : toute matière possède la vie, toute vie est nécessairement attachée, liée à une matière. Si l'on croit que les textes ne permettent pas toute cette identification du principe de la vie et de l'humide, et que, d'après Cicéron [2], il faille au contraire les séparer, on aura dans Thalès une philosophie d'un caractère dualiste marqué : d'un côté la matière représentée par l'eau, de l'autre, l'esprit, l'âme, qui lui donne la forme de l'unité, le mouvement, la vie et la puissance de se développer par l'alimentation et de se multiplier par la génération.

En tout cas il semble démontré par l'une comme par l'autre de ces interprétations que Thalès a conçu toutes les choses comme des forces, ou comme un système de forces vivantes et actives, d'après l'analogie de l'âme humaine, fidèle en cela à cette psychologie instinctive et sensée que nous avons déjà aperçue percer sous les mythes des poèmes grecs. Toutes deux enferment si naturellement la conséquence que l'âme est éternelle et principe d'un mouvement éternel et spontané, que je ne vois aucune raison de mettre en doute les témoignages qui attribuent expressément à Thalès ces deux doctrines de l'immortalité de l'âme [3], et de son mouvement automoteur [4].

---

[1] Arist., de An., 1, 2, 405, a. 19 ; κινητικόν τι τὴν ψυχήν, id., 1, 5, 411, a. 7. Stob., Ecl., 1, 758. Θαλῆς καὶ τὰ φυτὰ ἔμψυχα ζῶα. Diog., l. 1, 27, τὸν κόσμον ἔμψυχον, id., l. 24, αὐτὸν (Thalès) καὶ τοῖς ἀψύχοις διδόναι ψυχάς. Cic., de Leg., II, 11.

[2] De Nat. D., 1, 10. Thales aquam dixit esse initium rerum, Deum autem eam mentem, quæ ex aqua cuncta fingeret. Diog., l. 1, 35. L'âme est immortelle, et la mort ne se distingue pas de la vie ; elle n'est qu'un autre état d'une force impérissable par nature. Toute matière possède la vie, toute vie est nécessairement attachée, liée à une matière.

[3] Diog. L., 1, 24.

[4] Plut., Placit. Phil., IV, 2, 1. Nemes., de Nat. hom., c. 2, p. 28. φύσις ἀεικίνητος ἢ αὐτοκίνητος. C'est sans doute par une erreur de copiste qu'on lit dans Theodor., Græc. Affect. Cur., V, 18, p. 72. ἀκίνητος pour ἀεικίνητος.

Après avoir cité les opinions de Thalès, de Diogène, d'Héraclite, d'Alcméon, d'Hippon sur l'âme, Aristote ajoute : « tous ils définissent l'âme par trois caractères : le mouvement, la sensation, l'incorporéité, » et de plus « tous soutiennent également le principe, que le semblable est connu par le semblable [1] ». Nous sommes donc en droit de conclure que cette eau, principe de tous les êtres, et de l'âme par conséquent, était pour Thalès une matière sans doute, un élément matériel στοιχειῶδες [2], mais incorporel, ἀσώματον, et douée de mouvement [3], et sans nous renseigner sur la nature de la différence que pouvaient avoir ces deux expressions, il implique du contexte d'Aristote que Thalès en affirmait une, et en outre que c'est par l'incorporéité qu'il expliquait le phénomène psychologique de la connaissance.

Les Grecs ne pouvaient comprendre ce fait mystérieux que par un rapprochement, une pénétration de l'objet et du sujet, dont l'un comprend, reçoit l'autre. Mais pour que ce contact, cette fusion puisse s'opérer, il faut nécessairement qu'entre les deux termes il y ait identité, ou du moins analogie de nature : et voilà pourquoi Thalès et tous les Ioniens ont admis l'unité de substance des choses et de toutes choses : c'était le seul moyen de rendre intelligible le fait de la sensation. Le principe de l'objet à connaître peut pénétrer dans l'âme qui le doit connaître, parce qu'au fond l'âme et l'objet ont un même principe, et que ce principe tout matériel qu'il est, est cependant par sa nature incorporelle, si subtil et si mobile qu'il peut se mêler à tout [4]. On peut donc dire que dans Thalès se dégagent quelques vérités psychologiques d'une importance

---

[1] Ar., De An., I. 2, 405, a. 10-15. φασὶν γὰρ γινώσκεσθαι τὸ ὅμοιον τῷ ὁμοίῳ.
[2] Matériel sans doute, car Aristote nous le dit expressément (Met., 1, 3) : les anciens philosophes ont tous conçu les principes sous la forme, sous la notion de la matière, ἐν ὕλης εἴδει.
[3] Ar., de Cœlo., III, 3. Simpl., in Phys., f° 39. οἱ ἐν δὲ καὶ κινούμενον τὴν ἀρχὴν ὑποθέμενοι, ὡς Θαλῆς. Ainsi cette matière a une propriété, le mouvement, contraire à l'essence de la matière qui est l'inertie.
[4] De An., I, 5, 411, a. 7. ἐν τῷ ὅλῳ δέ τινες αὐτὴν (l'âme) μεμίχθαί φασιν, ὅθεν ἴσως καὶ Θαλῆς, etc.

considérable. La connaissance est un acte dans lequel sont assimilés le sujet et l'objet, ou qui suppose leur similitude ; l'âme est une substance incorporelle, quoique matérielle ; elle se meut elle-même ; elle est par essence immortelle [1].

[1] D'après Hegel, t. XIV, p. 195, le sens de la proposition de Thalès est que l'essence des choses est l'informe ; que la fluidité est, dans son idée, vie, et que, par conséquent, l'eau est conçue comme esprit : « Thales fasst das Wesen als Formloses. Die Flüssigkeit ist ihrem Begriffe nach, Leben, und *somit* das Wasser selbst nach Geistes Weise gesetzt.

CHAPITRE TROISIÈME

ANAXIMANDRE

Quelqu'importance et quelque valeur qu'ait pu avoir dans le progrès de la science philosophique la doctrine d'Anaximandre [1], le disciple, le successeur, le compatriote de Thalès, il ne nous est rien resté de ses opinions sur l'âme, si ce n'est un renseignement que nous a transmis Théodoret [2], sans nous dire quelle en est l'origine et l'autorité. Anaximandre aurait considéré l'âme comme une substance aériforme. Cela ne nous apprend pas grand chose sur la psychologie de ce philosophe, et nous ne savons absolument rien sur la manière dont il concevait les rapports de l'âme avec cet infini [3], un, éternel, impérissable, embrassant tout et gouvernant tout, qui, d'après lui, était le principe universel des choses et des êtres, qu'il appelait *le Divin*, τὸ Θεῖον [4], et auquel il attribuait un mouvement spontané et éternel [5].

Ce principe incorporel [6] d'un mouvement éternel, qui sépare

---

[1] D'après la chronologie d'Apollodore, il serait né Ol. 42, 2 (611 av. J.-Ch.), et mort Ol. 58, 2 (517 av. J.-Ch.). On le cite comme l'auteur du premier ouvrage philosophique en prose : περὶ φύσεως. Ce qui n'est vrai que si on considère celui de Phérécyde comme à moitié mythique et poétique par son contenu.

[2] *Græc. Affect. Cur.*, V, 18, 8, 72. Ἀναξιμένης et Ἀναξίμανδρος ἀερώδη τῆς ψυχῆς τὴν φύσιν εἰρήκασιν.

[3] Arist., *Phys.*, III, 4, 203, b. 10. περιέχειν ἅπαντα καὶ πάντα κυβερνᾶν.

[4] Arist., *Phys.*, III, 4, 203, b. 13. καὶ τοῦτ'εἶναι τὸ θεῖον. Simplic., in. l. l. οὐδὲν ἄτοπον εἰ θεῖον ἐκάλει.

[5] Herm., *Irris.*, c. 4... ἀρχὴν εἶναι λέγει τὴν ἀΐδιον κίνησιν. Orig., *Philos.*, I, p. 11. πρὸς δὲ τούτῳ κίνησιν ἀΐδιον εἶναι... Simplic., *Phys.*, η. b. o.

[6] Simplic., *Phys.*, 32, b. o. ἐνούσας τὰς ἐναντιότητας ἐν τῷ ὑποκειμένῳ ἀπείρῳ ὄντι ἀσωμάτῳ ἐγκρίνεσθαί φησιν Ἀναξίμ.

et dégage par une sorte d'évolution les oppositions primitives qu'il renferme confondues pour produire les réalités concrètes et finies [1], ce principe était-il une âme pour Anaximandre ? Nous n'en savons rien et nous osons d'autant moins l'affirmer, malgré la vraisemblance de la déduction logique, qu'Aristote ne mentionne même pas le nom de ce philosophe parmi ceux qui se sont occupés de l'âme, et que les deux premières oppositions qui se développent de l'infini sont le froid et le chaud, ou l'air et le feu. Ce principe, qui tient alors comme une sorte de milieu entre les deux extrêmes qu'il contient, ressemble moins à une âme qu'à un élément matériel, à la matière primitive, un μίγμα, infini de grandeur et indéfini d'espèce, sans aucune détermination quelconque, mais d'où proviennent les éléments déterminés de l'eau, du feu, etc. [2].

Une chose très singulière, cependant, c'est de voir dans Anaximandre l'origine des choses expliquée par une raison morale : « Ce dont toutes les choses ont tiré leur origine doit nécessairement les recevoir quand elles périssent, car elles doivent expier les unes envers les autres l'injustice (d'être nées), et en être châtiées dans la succession du temps [3] ». Il n'est pas facile de se rendre compte de cette faute primitive, dont tous les êtres se sont rendus coupables par le seul désir d'arriver à l'existence individuelle, désir insensé et injuste, parce que, en sortant du sein immense de l'infini qui les contenait à l'état de possibilités pures, ils entrent dans le fini, se

---

[1] Pour Anaximandre, dit Aristote (*Phys.*, 1, 5), toute détermination qualitative, c'est-à-dire constitutive de l'essence, du *quoi* des choses, est une altération, un devenir autre, ἀλλοιοῦσθαι.

Simplic., *in Phys.*, III, a. λέγουσιν οἱ περὶ Ἀναξ. (τὸ ἄπειρον εἶναι) τὸ παρὰ τὰ στοιχεῖα ἐξ οὗ τὰ στοιχεῖα γεννῶσιν; b. a. in. λέγει δ'αὐτὴν τὴν ἀρχὴν μήτε ὕδωρ μήτε ἄλλο τῶν καλουμένων στοιχείων, ἀλλ' ἑτέραν τινὰ φύσιν ἄπειρον. On peut croire que cette indétermination était telle que la nature de l'infini excluait la distinction de l'esprit et de la matière, et confondait en soi l'essence de la matière et de la vie. Iren., c. *Har.*, II, 14, 2. Anaximander autem hoc quod immensum est omnium initium subjecit, seminaliter habens in semetipso omnium genesin : ex quo immensos mundos constare ait.

[3] Simpl., *in Phys.*, 6... διδόναι γὰρ αὐτὰ δίκην καὶ τίσιν ἀλλήλοις τῆς ἀδικίας κατὰ τὴν τοῦ χρόνου τάξιν.

limitent par conséquent réciproquement, se nuisent et se font tort les uns aux autres. La vie de l'individu est comme la négation de la vie de tous les autres et de la vie universelle. C'est un égoïsme coupable [1] : leur imperfection, attribut nécessaire du fini, est cause de leur mort. L'infini seul a le droit d'être, parce qu'il est parfait; le fini n'a pas ce droit, parce qu'il est imparfait. C'est un mal que d'être, dans la condition d'être fini. Ce mal que punit la mort ne cesse que lorsque l'infini a fait rentrer dans son sein éternel tous ces êtres imparfaits qui ont aspiré à l'existence, l'ont obtenue et ont expié le désir coupable de l'avoir désirée et le faux bonheur de l'obtenir.

La vie se développe sous l'influence de la chaleur de l'élément humide. Les premiers organismes vivants naissent dans l'eau et sont enveloppés de peaux épineuses. Avec le progrès de l'âge, ils se laissent porter sur un terrain plus sec; ils brisent leur peau, et en peu de temps changent de vie, ἐπ' ὀλίγον χρόνον μεταβιῶναι [2]. Le changement des conditions d'existence modifie les espèces et les transforme; les poissons deviennent des animaux terrestres. L'homme lui-même tire son origine d'un animal d'une autre espèce, ἐξ ἀλλοειδῶν ζώων ὁ ἄνθρωπος ἐγεννήθη [3]. Le moment où cette transformation se produit, c'est lorsque ces êtres ichthyoformes, sont arrivés à un développement plus grand, et sont devenus capables de soutenir leur existence dans ces conditions nouvelles [4]. Nous rencontrons ici,

---

[1] Il y aurait donc eu déjà le pressentiment de la grande maxime morale des Stoïciens: *insere te toti mundo*, dont le germe est dans Platon : εἰς τὸ πᾶν ἀεὶ βλέπειν. *Theæt.*, 21.

[2] Plut., *Plac. Phil.*, v. 19.

[3] Euseb., *Præp. Ev.*, 1, 8, 2. Hipp., *Phil.*, 6, 7. τὸν δὲ ἄνθρωπον ἑτέρῳ ζώῳ γεγονέναι, τουτέστιν ἰχθύι, παραπλήσιον κατ' ἀρχάς.

[4] « Les Prêtres de Poseidon (Plut., *Symp.*, VIII, 8, 4), appelés Hiéromnémons, ne mangent pas de poisson parce que le Dieu passe pour être leur père Les descendants d'Hellen l'ancien font des sacrifices à Poseidon, père de leur race, parce qu'ils croient, comme les Syriens, que l'homme est né de la substance humide, ἐκ τῆς ὑγρᾶς τὸν ἄνθρωπον φῦναι, et c'est pour cela qu'ils adorent le poisson comme de la même race et de la même substance, ὁμογενῆ καὶ σύστροφον : plus philosophes en cela qu'Anaximandre qui croit non pas que les hommes et les poissons ont la

à l'origine de la spéculation philosophique, le germe de la théorie de Darwin sur l'évolution et l'origine des espèces animales [1], et même sur la lutte pour l'existence [2].

même origine, mais que l'homme a été primitivement engendré par les poissons. ἐν ἰχθύσι ἐγγίνεσθαι. » Hipp , *Philos.*, 6, 6. « Anaximandre croit que les animaux sont nés de l'évaporation produite par le soleil, et que l'homme est né d'un autre animal, le poisson, auquel il était, à l'origine, tout à fait semblable. »

[1] Plut , *Symp* , VIII, 8. ἰχάνους ἑαυτοῖς βοηθεῖν.

[2] « Nous croyons, dit Treviranus (Biolog. III° vol., p. 225), que les Encrinites, les Pentacrinites, les Ammonites et les autres Zoophytes du monde primitif, sont les formes primordiales d'où sont sortis par un développement successif tous les organismes des classes supérieures. » C'est Anaximandre, qui le premier, à Milet, créa ou développa l'art de dessiner la terre, et fit entrer dans l'étude scientifique de la géographie le tracé des cartes. Une carte du monde fut ainsi dressée. Cf. Müllerhoff : *Die Altherthuemer*, p. 237.

CHAPITRE QUATRIÈME

ANAXIMÈNE

Anaximène est de Milet, comme ses deux prédécesseurs. La plupart des écrivains postérieurs font de lui un disciple et un contemporain d'Anaximandre, tandis que d'autres le mettent à l'époque de Parménide dont il aurait été l'auditeur. La Chronologie d'Apollodore contient manifestement une erreur qu'on ne peut pas rectifier : car en plaçant sa naissance dans l'Ol. LXIII (529-525), et sa mort à la prise de Sardes, elle lui donne à peine 24 ans d'existence [1].

Ce philosophe se rattache clairement aux théories d'Anaximandre; mais il les fonde plus visiblement que ce dernier sur un principe psychologique : « Notre âme est de l'air, disait-il, et cette âme est le principe de notre vie et de l'unité de notre être; c'est ainsi que le monde entier a pour principe d'unité et d'existence l'esprit, l'air [2]. »

C'est donc en généralisant une observation toute psychologique, c'est par la considération de la vie et de son principe, à savoir que la vie consiste dans la respiration de l'air,

---

[1] Encore faut-il pour cela entendre la prise de Sardes par Darius, fils d'Hystaspe, qui eut lieu en 502 ; car la conquête de cette ville par Cyrus, qui arriva dans l'Ol. 58, mettrait la mort avant la naissance. Peut-être y a-t-il confusion, dans Apollodore, entre le temps où Anaximène a fleuri, et la date où il est né. D'après Suidas, il vivait et florissait Ol. 55, au temps de Cyrus et de Crésus.

[2] Stob., *Eclog.*, I, 296. οἷον ἡ ψυχὴ ἡ ἡμετέρα ἀὴρ οὖσα συγκρατεῖ ἡμᾶς, καὶ ὅλον τὸν κόσμον πνεῦμα καὶ ἀὴρ περιέχει. *Id.*, p. 790. ἀερώδη (τὴν ψυχήν). Conf. Theodor., *Serm.*, v. 18, p. 515. Tertull., 9. « Non ut aer sit ipsa substantia ejus (animæ), etsi hoc Ænesidemo visum est et Anaximeni. » Macrob., *Somn. Scip.*, I, 14,19. Anaximenes (dixit animam) aera. Philopon., in l. *De Anim.*, S. A., p. 4. οἱ δὲ (τὴν ψυχὴν) ἀερίαν, ὡς Ἀναξ. καί τινες τῶν Στωϊκῶν.

qu'Anaximène est arrivé à sa thèse cosmologique : l'air est le principe universel des choses, conçues ainsi sous la notion de la vie. Le monde est un être vivant. Cet air qui meut tout et produit tout est une substance invisible, infinie, toujours en mouvement. C'est Dieu même [1].

Mais ce Dieu invisible se distingue mal ou plutôt ne se distingue pas du tout de la matière, puisque c'est par les phénomènes de la condensation et de la raréfaction que se développent de lui les corps élémentaires déterminés, et toutes choses par une évolution et une série de changements qui supposent comme condition nécessaire le mouvement [2]. Simplicius l'appelle nettement l'Un matériel [3].

Il est à croire que, dans la pensée d'Anaximène, l'opposition des deux natures était encore incertaine et confuse, et qu'il se représentait cet être primitif comme l'identité, la substance commune de la matière comme de l'esprit, de la cause matérielle et de la cause motrice et finale. Nous ignorons absolument comment il expliquait à l'aide de ce principe les phénomènes de la vie, de l'âme, de la pensée.

---

[1] Origen., *Philos.*, I, 12. ἀέρα ἄπειρον ἔφη τὴν ἀρχὴν εἶναι... ὄψει ἄδηλον... κινεῖσθαι δὲ ἀεί... Cic., *De Nat. D.*, I, 10. Aera Deum statuit.

[2] Orig., *Phil.*, 7. οὐ γὰρ μεταβάλλει ὅσα μεταβάλλει εἰ μὴ κινοῖτο.

[3] Simpl., *in Phys.*, f. 32. ἐκ τοῦ ὑλικοῦ ἑνὸς γεννῶσι τὰ ἄλλα μανότητι καὶ πυκνότητι ὡς Ἀναξιμένης.

CHAPITRE CINQUIÈME

HIPPON

A cette tendance dynamique de l'école ionienne [1], il faut rattacher un philosophe, Hippon, séparé des précédents par un long espace de temps, mais que nous leur rattachons parce qu'il ne semble avoir subi que leur influence. Hippon, de Mélos, d'après Clément d'Alexandrie [2], de Rhêges, suivant Origène [3] et Sextus Empiricus [4], de Samos, si l'on en croit Aristoxène [5], a vécu probablement longtemps à Athènes, à l'époque de Périclès [6]. Aristote en fait bien peu de cas [7], et cependant toute sa philosophie, qui porte la marque d'un développement et d'un progrès sérieux de la science, semble s'appuyer sur l'expérience et l'observation, méthodes chères à Aristote ; telles sont ses recherches sur la production et le développement du fœtus [8], et en général sur les phénomènes de la vie organique. C'est en cela même qu'il se distingue des premiers penseurs de son

---

[1] Iamblique (*Vit. Pyth.*, 267), en fait avec une impardonnable légèreté un Pythagoricien.

[2] *Cohort. ad. Gent.*, p. 15.

[3] Orig., *Philosoph.*, c. 16.

[4] Pyrrh., *Hyp*, III, 30.

[5] Censor., *De Die Nat.*, c. 5. Iambl., *Vit. Pyth.*, 267.

[6] Scholl. Aristoph., Nub., v. 96. Cratinus, dans ses Πάνοπται, s'était moqué de lui. Bergk, *Reliq. com. Attic.*, p. 161-181.

[7] *Met.*, I, 3, 984, a. 5. διὰ τὴν εὐτέλειαν αὐτοῦ τῆς διανοίας.

[8] Censorin., *De Die Nat.*, ch. 5-7, 9. Plut., *de Placit. Philos.*, v. 5, 3 ; 7, 3.

école, dont les conceptions ont un caractère plus abstrait et plus métaphysique : il semble que là spécialisation scientifique commence; et la philosophie devient, surtout entre les mains d'Hippon, une biologie, une psychologie ou du moins une physiologie de l'âme.

Sans doute, comme Thalès, il cherche le principe universel des choses et le trouve dans l'eau, ou plutôt comme le dit Alexandre d'Aphrodisée, dans l'humide, τὸ ὑγρόν [1]; mais le germe logique de cette conception générale, c'était, comme le remarque expressément Simplicius [2], que toute chose étant vivante, et le monde même étant vivant, le principe de la vie organique doit être le principe universel. Or le principe de la vie, c'est la semence, c'est le sperme, c'est le germe, dont l'essence est d'être humide. Donc l'âme est la substance humide, est de l'eau, et l'eau est le principe de tout ce qui est. Ce philosophe, « qu'on ose à peine nommer après Thalès, Anaximène et Diogène, à cause de la puérilité par trop naïve de ses doctrines [3] », est un de « ceux dont les conceptions grossières ont fait l'âme d'eau : ils semblent avoir été conduits à cette conclusion par la considération que le sperme de tous les animaux est humide. Hippon réfutait l'opinion de ceux qui soutiennent que l'âme est du sang, par la raison que la semence n'est pas du sang : pour lui l'âme dans sa forme primitive et première [4], c'est le sperme [5] ». La semence n'est pas du sang : elle est un écoulement de la moelle, comme Hippon prétendait le démontrer dans des recherches expérimentales sur les animaux [6]. L'âme est une eau qui a la vertu essentielle de produire la semence, ὕδωρ γονόποιον [7]. Elle naît de l'humide [8].

[1] Scholl. ad Met., 1, 3, 984, a. 5.
[2] De Cœl., 151. Scholl. Arist., 514, a. 26.
[3] Arist., Met., 1, 3, 1. l.
[4] τὴν πρώτην ψυχήν.
[5] De An., 1, 2, 405, b. 1.
[6] Censorin., De Die Nat., c. 5.
[7] Herm., Irr. Gent., c. 1, Inst. Cohort., c. 7.
[8] Orig., Philos., 1, 19. ἐξ ὑγροῦ ἐξ οὗ φησι ψυχὴν γίνεσθαι. Conf. Stob., Eclog., 1, 798. Tertull., De Anim., c. 5.

C'est une simple conjecture qui fait supposer à Alexandre [1] que ce matérialisme psychologique fut le motif de l'accusation d'athéisme portée contre lui, comme elle l'a été si souvent contre les philosophes, dont la grande faute, la faute inexpiable est en tout temps une indépendance, une révolte de l'esprit contre les opinions reçues et communes.

[1] *In Met.*, XII, 1, 643, 24. Bonitz. Plut. *adv. Stoic. Rep.*, c. 31, 4. Conf. Zeller, I. 1, p. 189, n° 1.

CHAPITRE SIXIÈME

HÉRACLITE

En reprenant l'ordre des temps, nous rencontrons maintenant le *vraiment grand* Héraclite, avec lequel la philosophie émigre de Milet à Éphèse : il doit avoir fleuri vers la soixante-neuvième olympiade [1] et a vécu, d'après Aristote [2], soixante ans. Nature mélancolique et chagrine [3], dédaigneux de la science des livres [4], ayant la prétention de ne rien devoir qu'à lui-même [5], il n'écrivit qu'un seul ouvrage, incomplet, dont les idées étaient parfois contradictoires [6], et dont le style, obscur jusqu'à être inintelligible, lui valut le surnom mérité de σκότεινος, *le ténébreux* [7].

Cet ouvrage, cité sous deux titres: *Les Muses* et *De la Nature*, fut divisé par les disciples ou les commentateurs [8], en trois traités, λόγους, intitulés : le premier, *du Tout* ; le second, *la Politique* ; le troisième, *la Théologie* [9].

---

[1] 504-500 av. J.-Ch., né vers 520-516.
[2] Diog. L., VIII, 52.
[3] *Id.*, IX, 6, ὑπὸ μελαγχολίας.
[4] *Id.*, IX, 1 et VIII, 6. πολυμαθίη νόον οὐ διδάσκει. Clem. Alex., *Strom.* I, p. 315. Athen. XIII, 610. Procl., *in Tim.*, f. 31.
[5] D., l. IX, 5, Suid., v.
[6] *Id.*, IX, 6. τὰ μὲν ἡμιτελῆ, τὰ δὲ ἄλλοτε ἄλλως ἔχοντα γράψαι.
[7] Arist., *de Mundo*, c. 5. Cic., *De Nat. D.*, 1, 20. « Dicis occulte, tanquam Heraclitus, id., III, 14. Qui quoniam quid diceret intelligi noluit, omittamus ». Clarus ob obscuram linguam, dit avec quelque préciosité. Lucrèce, I, 639.
[8] Ils étaient fort nombreux. Diogène (IX, 15), cite Antisthène, Héraclide, Cléanthe, le grammairien Diodote.
[9] Diog. L., IX, 5 et 12.

Tout le monde s'accorde à placer le point central de la doctrine d'Héraclite dans la proposition que l'être est le devenir, que l'essence de l'être est le mouvement [1]. Tout ce qui est change sans cesse, et rien ne demeure ; la vie même, et la vie de l'homme également, est soumise à ce changement perpétuel et éternel ; pour l'être vivant, l'immobilité, le repos, la permanence, c'est la mort [2]. Ce n'est pas seulement le fleuve qui, coulant sans cesse, change sans cesse ; nous aussi qui y entrons, nous changeons ; en sorte qu'on peut dire que nous entrons et que nous n'entrons pas, que nous sommes et que nous ne sommes pas dans le même fleuve ; car ni nous ni les eaux du fleuve ne sommes restés les mêmes. Les contradictoires sont donc vraies [3]. Non-seulement tout change, mais tout change en son contraire, ἐναντία ῥοή. La vie et la mort, la veille et le sommeil, l'Être et le Non être sont identiques. L'idée fondamentale de la doctrine semble être l'identité absolue [4].

Il est donc tout à fait nécessaire que l'homme ne puisse jamais arriver à connaître la vraie essence, la vraie raison des choses [5] : son esprit est la proie du même mouvement, du même changement qui les entraine [6]. Il n'y a pas de science d'un objet qui change sans cesse ; il n'y a pas de science pour un sujet qui change sans cesse.

Mais cependant ce changement constant est dominé par une loi supérieure, par un principe dernier, inconditionné, qui y

---

[1] Arist., de An., 1, 2, 405, 28. ἐν κινήσει δ'εἶναι τὰ ὄντα ; id., Met., 1, 6. ὡς ἁπάντων τῶν αἰσθητῶν ἀεὶ ῥεόντων καὶ ἐπιστήμης περὶ αὐτοῦ οὐκ οὔσης. Diog. L., IX, 8 ; πάντα ῥεῖν ποταμοῦ δίκην. Conf. Sext. Emp., Hyp., III, 115. Plat., Crat., 402 a.

[2] Plut., de Placit. Phil., 1, 23. ἠρεμίαν καὶ στάσιν ἐκ τῶν ὅλων ἀνήρει· ἔστι γὰρ τοῦτο τῶν νεκρῶν.

[3] Heracl., Alleg. Hom., c. 24, f. 72. ποταμοῖς τοῖς αὐτοῖς ἐμβαίνομέν τε καὶ οὐκ ἐμβαίνομεν. Plut., de Ei, p. 392. οὐδὲ θνητῆς οὐσίας δὶς ἄψασθαι κατὰ ἕξιν.

[4] Plut., Consol. ad Apoll., c. 10. ταὐτό τ'ἔνι ζῶν καὶ τεθνηκὸς, καὶ τὸ ἐγρηγορὸς καὶ τὸ καθεύδειν, καὶ νέον καὶ γηραιόν. Etym. Magn., v. βίος· τῷ οὖν βίῳ ὄνομα μὲν βίος, ἔργον δὲ θάνατος.

[5] Arist., Rhet., III, 5. τοῦ λόγου τοῦ δ'ἐόντος ἀεὶ, ἀξύνετοι ἄνθρωποι γίγνονται.

[6] Hippocrat., περὶ διαίτης, I, c. 4. τὸ δ'αὐτὸ καὶ φύσις ἀνθρώπων.

échappe, cause consciente de l'ordre du monde et qui peut-être, malgré le nom qu'on lui donne quelquefois, είμαρμένη, est une cause finale [1] ; s'il ne s'élève pas à la notion claire d'un esprit, d'une raison qui ordonne le monde d'après des fins, du moins Héraclite commence à élever le principe de l'ordre au-dessus d'une loi aveugle et inconsciente dans son action souveraine.

La matière est une force, ou du moins la force est l'essence de la matière C'est cette force à la fois immanente et transcendante qui explique et règle le mouvement, mouvement qui est la loi universelle de la vie et la loi de la vie universelle. Mais cette force, essence de la matière, semble être une pensée, et l'on entend, non sans surprise et sans admiration, cette grande parole que répétera Anaxagore : C'est la pensée qui gouverne le monde, ἐκ τοῦ φρονοῦντος ὅπως κυβερνᾶται τὸ σύμπαν [2].

La doctrine de l'unité universelle apparaît chez Héraclite avant d'apparaître chez Xénophane, mais sans y supprimer, comme chez ce dernier, la réalité des choses et des êtres individuels. Tout est un, et savoir que tout est un, c'est la science même [3]. Cette unité ne va pas jusqu'à effacer la distinction de l'esprit et de la matière, dont il n'a pas sans doute une pleine conscience et que trouble certainement son système, en la maintenant. Les choses phénoménales changent, mais le mouvement qui les entraine est éternel ; et puisque le mouvement c'est la force, nous tenons ici dans son germe, obscur mais réel, le principe de la conservation, de la persistance de la force : et à cette opposition de la persistance de la force et de la mobilité changeante des phénomènes, correspond l'opposition de la science ou connaissance vraie et de l'apparence sensible ou connaissance trompeuse.

---

[1] Il l'appelle aussi λόγος, δίκαιον, πόλεμος, παλίντροπος ἁρμονίη, γνώμη, τὸ περιέχον ἡμᾶς λογικόν τε ὂν καὶ φρενῆρες, ὁ Ζεύς.

[2] Plut., de Isid., 75.

[3] Hippolyt., c. IX-9, 280. σοφόν ἐστιν ἓν πάντα εἰδέναι. C'est là sans doute ce qui explique que quelques auteurs en font un disciple de Xénophane. Diog. L., IX, 5, Suid., V.

Nous avons voulu présenter cet aperçu de l'ensemble de la doctrine d'Héraclite avant d'entrer dans le détail de sa psychologie que nous allons maintenant exposer. Remarquons d'abord le principe et comme la racine profonde de tout le système : comment Héraclite est-il arrivé à cette pensée que toute chose change et change sans cesse, et ne possède de la permanence constitutive de l'être que l'apparence ? Où a-t-il saisi, comment a-t-il surpris ce fait de la perpétuelle mobilité de l'être phénoménal ? C'est en lui-même qu'il l'a observé, et par l'observation de lui-même : il s'est examiné, étudié, observé lui-même, et c'est ainsi qu'il a vu, qu'il a su qu'il n'était rien de réel, du moins rien de permanent, d'identique, de fixe : ἐδιζησάμην ἐμεωυτόν [1]..... ᾔδει ἑωυτὸν μηδὲν ὄντα [2]. Puisque son esprit, comme son essence entière, change à chaque instant, et change de pensée et d'objet, l'homme ne sait véritablement rien [3]. Les yeux et les oreilles, qui sont cependant les deux sens les plus nobles et les moins imparfaits [4], ne sont encore que des témoins grossiers et infidèles de la vérité [5], quand l'âme qui les possède est barbare, c'est-à-dire n'entend pas, ne comprend pas leur langage. La sensation changeante, qui ne saisit qu'une mobile apparence, ne mérite aucune confiance. Or comme tout enseignement communiqué par autrui ne peut nous arriver que par les yeux et les oreilles, ce ne sont pas là des maîtres qu'il faille écouter et croire. On n'apprend rien dans les livres qui encombrent l'esprit et le corrompent, sans l'élever ni le nourrir [6]. Il faut s'interroger, s'écouter, s'observer soi-même.

---

[1] Plut., *adv. Col.*, 1118, fr. 73. Diog. L., IX, 5. μαθεῖν πάντα παρ' ἑαυτοῦ.

[2] Stob., *Serm.*, XXI, p. 176.

[3] μηδὲν εἰδότα, comme le porte une leçon du passage de Plutarque, cité not. 1. Il n'y a pas de méthode pour arriver à connaître les limites et par conséquent l'essence propre de l'âme : tant cette essence est profonde, οὕτω βαθὺν λόγον ἔχει. Diog. L., IX, 7.

[4] Origen., *Philos.*, IX, 9... La vue, toute menteuse qu'elle est (Diog. L., IX, 7. τὴν ὄψιν ψεύδεσθαι), est supérieure à l'ouïe. Polyb., XII (x) 27.

[5] Sext. Emp., *adv. Math.*, VII, 126. κακοὶ μάρτυρες ἀνθρώποισι ὀφθαλμοὶ καὶ ὦτα βαρβάρους ψυχὰς ἐχόντων.

[6] V. p. 31, not. 4. Procl., *in Tim.*, f. 31. πολυμαθίη νόον οὐ φύει.. Diog. L., VIII, 6. πολυμαθίην κακοτεχνίην.

Qui peut méconnaître dans cette proposition le principe même de la méthode psychologique, l'observation de conscience, considérée comme la source de toute connaissance vraie? Comme Socrate et comme Descartes, Héraclite renvoie l'homme qui veut savoir quelque chose à lui-même, à sa propre pensée, à l'examen de son propre esprit; il prépare donc l'avènement de leur philosophie critique, s'il ne l'inaugure pas [1].

Cette analyse de la pensée par elle-même lui révèle, en opposition avec la sensation, et la dominant, une faculté supérieure, la raison, qui, se portant vers le général, donne seule une valeur à la connaissance [2]. Tous les hommes l'ont en partage : mais en réalité bien peu en ont la possession pleine et actuelle ; la plupart préfèrent suivre les trompeuses indications de leurs sens : en sorte que l'on peut dire que l'homme ne possède vraiment pas la pensée, la raison, la science qui n'appartient qu'aux Dieux [3]. L'homme, par rapport à Dieu, est ce qu'un petit enfant qui ne sait pas encore parler est par rapport à l'homme fait [4].

Toute imparfaite qu'elle soit, c'est en consultant lui-même cette raison supérieure à la sensation, c'est en étudiant sa propre nature qui est mouvement et vie, que la nature entière des choses lui a apparu comme une vie [5], comme une vie éternelle et universelle, et obéissant dans ses mouvements alternés, dans ses alternatives de progrès et de réaction, à une règle, à une mesure, à un rhythme. Le feu de la vie s'allume et s'éteint

---

[1] Kuno Fischer. *Gesch. d. Neuern Philos.*, t. I, p. 292. « Ihm (Descartes) erscheint die Vielwisserei, wie einst dem Sokrates die Gelehrsamkeit der Sophisten erschienen war, als Tand im Vergleich mit dem wirklichen Erkennen ».

[2] Stob., *Serm.*, III, 84. ξυνόν ἐστι πᾶσι τὸ φρονεῖν. Diog. L., IX, 7, τὸν δὲ λόγον ὑποτίθεται κριτήριον.

[3] Orig., *c. Cels.*, VI, ἔθνος γὰρ ἀνθρώπειον μὲν οὐκ ἔχει γνώμην, θεῖον δ'ἔχει.

[4] Id., id., ἀνὴρ νήπιος ἤκουσε πρὸς δαίμονος ὁκώσπερ παῖς πρὸς ἀνδρός.

[5] Notre moi est la seule cause, comme la seule substance que nous connaissions directement, et la notion que nous nous faisons de nous-même devient le modèle, le type d'après lequel nous concevons, nous nous représentons toutes les forces de la nature. C'est un fait ; mais il reste à l'expliquer. Cette analogie, ce rapport entre le moi et le non moi, nous serait-il possible de l'affirmer et même de le concevoir, s'il ne s'appuyait sur la réalité, sur quelqu'analogie dans les choses?

en suivant une loi [1]. Tout vit : toute fonction de l'être est une fonction vitale. La mort n'est qu'une fonction, un mode de la vie. La mort d'un être est la vie d'un autre. La mort de la terre fait la vie du feu, la mort du feu fait la vie de l'air ; la mort de l'air fait la vie de l'eau, la mort de l'eau fait la vie de la terre [2]. La mort de l'homme fait vivre les dieux ; la mort des dieux c'est la vie des hommes [3]. Les formes et les modes de la vie changent et passent : la vie demeure [4]. Cette vie est un feu : ce feu c'est une âme, c'est le feu éternel de la vie, πῦρ ἀειζῶον, dont tous les êtres phénoménaux ne sont que des degrés divers, des formes changeantes et passagères [5]. Ce feu ne paraît pas avoir été pour Héraclite une substance matérielle fixe, déterminée et identique à elle-même, semblable à l'un des quatre éléments de la physique d'Empédocle et d'Anaxagore. C'est le substrat immédiat, incorporel [6] sinon immatériel, du mouvement et de la vie. Le principe de la vie est le feu, ou l'âme, qui est dans sa substance une sorte d'évaporation chaude, légère et sèche, une vapeur qui se porte en haut [7]. Le feu engendre la vie, et est en même temps le principe de l'ordre, de l'harmonie, de la beauté. C'est le feu artiste [8]. Il est ou l'âme même ou la substance quasi immatérielle de l'âme. Aussi pour l'âme, mourir, c'est devenir de l'eau ; naître, c'est passer, par un mouvement opposé [9],

---

[1] Clem. Alex., *Strom.*, v. p. 559, fr. πῦρ ἀειζῶον, ἀπτόμενον μέτρῳ καὶ ἀποσβεννύμενον μέτρῳ.
[2] Max. Tyr., *Diss.*, XXV, p. 260.
[3] Luc., *Auct. vit.*, 14.
[4] Diog. L., IX, 8, πυρὸς ἀμοιβὴν τὰ πάντα.
[5] Plut., *de Ei*, p. 388, f. 41. πυρὸς ἀνταμείβεσθαι πάντα.
[6] Arist., *de An.*, I, 2, 405, ἀσωματώτατον.
[7] Arist., *id., id.*, τὴν ἀρχὴν εἶναί φησι ψυχὴν εἴπερ τὴν ἀναθυμίασιν ἐξ ἧς τἆλλα συνίστησιν... Philop., in l.l., C. S., 8. πῦρ ἔλεγε τὴν ξηρὰν ἀναθυμίασιν· ἐκ ταύτης οὖν εἶναι καὶ τὴν ψυχήν.
[8] Simplic., *in Phys.*, 8, a. n. Ἡράκλειτος δὲ εἰς τὸ ζωογόνον καὶ δημιουργικὸν τοῦ πυρός.
[9] Le changement s'opère de l'un à l'autre contraire, et ce mouvement d'aller et de retour alternatif, qui construit le monde, s'appelle dans la langue symbolique d'Héraclite *l'aller en haut et l'aller en bas*, ὁδὸν ἀνωτάτω τόντε κόσμον γίγνεσθαι κατὰ ταύτην, Fragm. 32 et 91. L'un de ces mouvements, celui de la production, γένεσις, c'est la lutte, c'est la division ; l'autre, celui qui les dissout par le feu,

de l'état d'eau à celui de vapeur sèche et de flamme brillante [1].

L'âme humide est une âme imparfaite et grossière; l'âme sage et bonne est une âme sèche, et comme un rayonnement pur de toute humidité [2]. C'est pour cela que les climats secs et chauds sont favorables au développement de l'intelligence, et au perfectionnement moral de l'âme [3]. Plus le feu divin qui l'alimente est chaud et sec, plus l'âme est sage et parfaite. L'âme est comme l'éclair; de même que celui-ci illumine le nuage qu'il fend, de même l'âme rayonne et étincelle pour ainsi dire à travers le corps qu'elle pénètre et traverse [4]. Toutes les manifestations de la vie ne sont ainsi que des rayonnements et pour ainsi dire des fulgurations de l'âme se faisant jour à travers le corps. Cette flamme de la vie et de la raison s'alimente du feu extérieur, de l'âme universelle qui enveloppe et contient tous les êtres individuels, et qui possède seule la vie, la raison et l'intelligence [5]. Ce feu éternel, substrat du mouvement éternel, donne la vie à tous les êtres qui l'ont en partage; en se répandant et en se divisant, il crée les individus, et il les vivifie, les développe, les alimente. C'est ainsi que le souffle unique qui sort de la bouche du musicien, en pénétrant et en se divisant entre les divers trous du chalumeau, crée autant de sons distincts et individuels [6]. De plus en se répartissant dans les

---

ἐκπύρωσις, c'est la paix qui réconcilie les oppositions, ὁμολογίαν καὶ εἰρήνην. Diog. L., IX, 8 (fragm. 28, h,) mais ces mouvements n'en sont qu'un, circulaire et éternel.

[1] Clem. Alex., Strom., VI, 2, 624. ψυχῇσι θάνατος ὕδωρ γενέσθαι... ἐξ ὕδατος δὲ ψυχή (γίγνεται). Conf. Phil., de Mund. incorrup., p. 958.

[2] Stob., Serm., V. p 74. αὔη ψυχή (et une autre leçon donne αὐγὴ ξηρὴ) σοφωτάτη καὶ ἀρίστη... Galen., « Quand l'âme devient humide, elle perd la raison, et voilà comment s'explique la perte de la raison chez l'homme qui a trop bu : le vin a trop humecté son âme (fr. 59), et c'est ainsi que le Dieu du Vin est le Dieu de la Mort; car devenir humide, pour l'âme, c'est mourir (frag. 70). »

[3] Euseb., Præp. Ev., VIII, 14. C'est pour cela, dit Philon, que la Grèce seule enfante de véritables hommes, ἀψευδῶς ἀνθρωπογονεῖ.

[4] Plut., Vit. Rom., c. 28, ὥσπερ ἀστραπὴ νέφους διαπταμένης τοῦ σώματος.

[5] Sext. Emp., adv Math., VII, 127. τὸ περιέχον ἡμᾶς λογικόν τε ὂν καὶ φρήνερες.

[6] Tertull., de An., c. 14. In totum corpus diffusa, et ubique ipsa, velut flatus in calamo per cavernas, ita per sensualia variis modis emicet.

diverses parties de l'organisme humain, cette âme du Tout [1] crée et développe dans l'individu autant de facultés distinctes et particulières.

Héraclite est le premier qui semble avoir conçu nettement et mis en relief la distinction des facultés de l'âme, et reconnu dans l'intelligence une faculté par laquelle elle atteint l'universel. Cette faculté qu'il nomme la raison, ὁ λόγος, est déterminée avec plus de précision par le terme de ὁ ξυνός, c'est-à-dire la pensée de tous, ce que reconnaissent d'un commun accord tous [2] les hommes, et qui constitue comme le fond commun de leur essence intellectuelle. C'est cette raison générale qu'il faut suivre, comme dans un État on suit la loi qui s'impose à tous, parce qu'elle est l'expression de la pensée et de la volonté de tous [3].

Il semble que cette raison soit celle qui, venue de l'âme universelle qui nous enveloppe, principe vivant et intelligent du tout, contenant en soi les raisons universelles des choses, pénètre en nous avec l'air extérieur par l'appareil respiratoire [4], mais ne se divise point entre les organes, ne s'y localise point, ne s'y particularise point, et au contraire garde, autant que cela est possible à l'individu, la plus grande généralité possible. C'est par là que l'individu reste en communication avec l'universel, c'est-à-dire avec Dieu, avec le vrai, avec le bien [5]; c'est par là que l'âme individuelle même reste infinie,

---

[1] Nemes., *de Nat. hom.*, c. 2, p 28. τὴν μὲν τοῦ παντὸς ψυχήν.

[2] *Tous*, et non pas seulement le grand nombre; « car le grand nombre est inintelligent; il entend, et cependant il est comme un sourd; il assiste aux choses, et c'est comme s'il n'y était pas (Clem., *Strom.*, v. 604, a ἀκούσαντες κωφοῖς ἐοίκασι... παρεόντας ἀπεῖναι. Quelle est la raison, quelle est l'intelligence du grand nombre? Ils suivent les chants des poètes qui les trompent; les méchants sont très nombreux, et il y a un bien petit nombre de bons » (id., id., 576 a), τίς γὰρ αὐτῶν νόος ἢ φρήν; δήμων ἀοιδοῖσι ἕπονται .. πολλοὶ κακοί, ὀλίγοι δὲ ἀγαθοί).

[3] Stob., *Serm.*, IV, 48. Sext. Emp., *Math.*, VII, 133. δεῖ ἕπεσθαι τῷ ξυνῷ· ξυνὸς γὰρ ὁ κοινὸς (λόγος).

[4] Sext. Emp., II. 129, τοῦτον δὴ τὸν θεῖον λόγον καθ' Ἡράκλειτον δι' ἀναπνοῆς σπάσαντες νοεροὶ γινόμεθα.

[5] Sext. Emp , II 126 : « L'homme, d'après Héraclite, est pourvu de deux instruments pour connaître la vérité : la Sensation et la Raison. La Sensation, qui lui paraît, comme aux physiciens dont nous avons parlé antérieurement, très peu sûre, tandis qu'il pose la Raison comme le critérium, comme le juge infaillible de la vérité.

et garde l'immensité de son essence rationnelle : c'est en vain qu'on voudrait chercher à poser des limites à l'âme [1].

Mais comme le seul fait d'entrer dans un être individuel, divise, partage et par conséquent affaiblit, éteint cette raison universelle, les hommes n'en ont qu'une étincelle obscure [2], et ils écoutent leur sens propre, ἰδία φρόνησις, leur pensée individuelle et leur volonté personnelle, οἴησις, qui les égare, et qui, semblable aux fureurs de l'épilepsie, les pousse à l'erreur et au mal. C'est une déviation de la direction et du mode d'action de cette âme qui meut et ordonne tout [3].

Le corps est cause de cette déviation du mouvement, essence et pour ainsi dire substance de notre âme ; le corps non seulement affaiblit cette force motrice et diminue notre vie : on peut même dire qu'il la tue ; et comme notre vie actuelle est précisément liée fatalement à un corps, on peut dire que cette vie est la mort de l'âme, que le corps est un tombeau où elle est ensevelie ; ce n'est que lorsque nous en serons délivrés que l'âme retrouvera véritablement et reprendra sa force et son mouvement [4], c'est-à-dire sa vie.

Mais cette Raison n'est pas la Raison de n'importe qui : c'est la Raison commune, la Raison divine ».

[1] Diog. L., IX, 7. ψυχῆς πείρατα οὐκ ἂν ἐξεύροιο πᾶσαν ἐπιπορευόμενος ὁδόν· οὕτω βαθὺν λόγον ἔχει.

[2] Id., l. l., 129, sqq. « De même que des charbons qu'on rapproche les uns des autres et du feu s'embrasent, et que si on les écarte ils s'éteignent, de même cette faculté de la Raison, λογικὴ δύναμις, qui a pénétré en nous par les canaux des sens, séparée de la Raison universelle qui nous enveloppe, et de qui elle tient sa nature, (χωρίζεται τῆς πρὸς τὸ περιέχον συμφυΐας ὁ ἐν ἡμῖν νοῦς), n'ayant dans notre corps qu'une demeure passagère, comme un hôte inconstant, devient par cette séparation même, presque sans raison, οὕτω καὶ ἡ ἐπικενωθεῖσα ταῖς ἡμετέραις σώμασιν ἀπὸ τοῦ περιέχοντος μοῖρα, κατὰ μὲν χωρισμὸν σχεδὸν ἄλογος γίνεται. Mais cependant, par suite de la communauté, de l'identité de nature et d'essence qu'elle a avec le tout, cette Raison commune et divine, devient le critérium de la Vérité, et Héraclite dit : ce qui vient à l'esprit de tous est certain, car il est saisi par la Raison commune et divine, tandis que, par la raison contraire, ce qui ne se montre qu'à l'esprit d'une partie est douteux et faux ».

[3] Sext. Emp., l. l., 133, τοῦ λόγου δὲ ἐόντος ξυνοῦ, ζώουσιν οἱ πολλοὶ ὡς ἰδίαν ἔχοντες φρόνησιν· ἢ δ'ἔστιν οὐκ ἄλλο τι ἀλλ'ἐξήγησις τοῦ τρόπου τῆς τοῦ παντὸς διοικήσεως.

[4] Sext. Emp., Hypot., III, 230 ὅτε μὲν γὰρ ἡμεῖς ζῶμεν, τὰς ψυχὰς ἡμῶν τεθνάναι καὶ ἐν ἡμῖν τεθάφθαι· ὅτε δὲ ἡμεῖς ἀποθνήσκομεν, τὰς ψυχὰς ἀναβιοῦν καὶ ζῆν. Philo. Allegor. Leg., I, p. 60.

Le sommeil augmente encore l'influence funeste du corps sur l'âme. Nous avons vu que c'est par l'appareil respiratoire et par l'activité de tout le système organique des sens que la vie s'alimente, que la flamme intérieure se nourrit du feu extérieur qui l'enveloppe et l'environne. Le sommeil en arrêtant ou en diminuant l'activité de cette communication avec le réservoir de la vie et de l'âme universelle [1], diminue pour ainsi dire la quantité de vie de l'être individuel; le feu intérieur baisse, pâlit, semble s'éteindre pour ne se rallumer qu'avec le réveil, qui rouvre les canaux de cette transmission fermés par le sommeil.

Tant que l'échange alternatif, le renouvellement périodique de sa substance continue de s'opérer, l'âme, malgré le changement incessant qu'elle éprouve, comme toutes les choses de ce monde, l'âme se conserve dans sa forme et dans son identité. Quand le corps meurt, l'âme individuelle qui l'animait et qu'il animait, meurt également [2]; ce qui veut dire simplement que la particule de feu qui s'était séparée du tout pour vivifier cette matière, retourne au feu universel d'où elle était sortie, et en accroît l'intensité comme la quantité. C'est ainsi, comme nous l'avons déjà dit, que la mort d'un être particulier alimente et augmente la vie générale, et que la naissance et la vie de l'individu semble comme une mort ou plus exactement une diminution de la vie universelle, du feu et de l'être divin. Il n'y a donc pas de différence de nature entre l'homme et les dieux : c'est une même substance qui passe par différents états, dont

---

[1] Sext. Emp., *adv. Math.*, VII, 127 : « Dans le sommeil, tous les canaux de la sensation étant fermés, πόρων, notre raison est séparée de ce rapport naturel avec le milieu qui enveloppe, χωρίζεται τῆς πρὸς τὸ περιέχον συμφυίας, et il ne reste plus de communication que par la respiration, qui est pour ainsi dire la seule racine, οἱονεί τινος ῥίζης, par où nous sommes rattachés à la vie ». Héraclite appelle plus loin notre âme ὁμοειδὴς τῷ ὅλῳ. Conf., frag. 64.

[2] Par une contradiction que je ne me charge pas d'expliquer, Héraclite maintenait peut-être, au moins dans les termes, l'existence individuelle après la mort. Mais les fragments dont on tire cette conséquence ne paraissent avoir qu'une signification morale, pratique, et non une valeur philosophique, à l'exception d'un seul où il est dit que les âmes dans l'Hadès ne conservent qu'un sens, celui de la respiration. Plut., *de fac. Lun.*, c. 28.

le mouvement incessant du devenir fait tour à tour un homme et un dieu : de sorte qu'à le bien entendre on peut dire que les dieux sont mortels, puisqu'ils deviennent des hommes, et que les hommes sont immortels, puisqu'ils deviennent des dieux [1], ou, ce qui est plus exact, toute vie est divine, toute âme est un Dieu, et comme l'avait déjà avancé Thalès, tout, dans l'univers, est plein de dieux, parce que tout y est plein d'êtres, plein de vies, plein d'âmes [2].

C'est à l'aide de ces principes qu'il faut expliquer la distinction de la connaissance sensible et de la connaissance rationnelle, et la contradiction apparente par laquelle Héraclite soutient à la fois l'infaillibilité de la raison, ce feu, cette lumière qui ne peut pas ne pas nous éclairer [3], et l'impuissance de l'homme à connaître la vérité et à posséder la science [4]. La raison est la faculté de comprendre l'universel, et l'universel seul a cette faculté absolue et complète. L'individu ne la possède qu'en tant qu'il participe et dans la mesure où il participe à ce feu universel, et c'est le privilège de l'homme de pouvoir établir, c'est la gloire de l'homme de génie de maintenir pleine et vive cette communication avec l'universel qui constitue la raison et la vie rationnelle [5] et morale, la sagesse et la science.

La morale d'Héraclite [6] est intimement liée à sa doctrine métaphysique. Cet être infini qui nourrit de sa flamme, éternellement en mouvement, la vie des êtres individuels, qui, absorbé

---

[1] Max. Tyr., *Dissert.*, XXI, p. 304. θεοὶ θνητοί, ἄνθρωποι ἀθάνατοι Heraclit, *Alleg. Homer.*, c. 24. Clem. Alex., *Pædagog.* III, p. 215.

[2] Diog. L., IX, 7. πάντα ψυχῶν εἶναι καὶ δαιμόνων πλήρη.

[3] Clem., *Pædag.*, II-10, p. 196, λήσεται μὲν γὰρ ἴσως τὸ αἰσθητὸν φῶς τις· τὸ δὲ νοητὸν, ἀδύνατόν ἐστιν ἤ, ὥς φησιν Ἡρακλ. τὸ μὴ δῦνόν ποτε, πῶς ἄν τις λάθοι.

[4] Conf. plus haut p. 35, n. 3.

[5] Sext. Emp., *Math.* VII, 132.... κατὰ μετοχὴν τοῦ θείου λόγου πάντα πράττομέν τε καὶ νοοῦμεν.

[6] Malgré sa misanthropie souvent amère, ce κοκκυστὴς ὀχλολοίδορος, (Diog. L., IX, 1, 20) avait encore le sentiment de la dignité humaine : le mot que traduit d'une façon si vive et si humoristique le moraliste anglais Stuart Mill (*Utilitarism.*, II, 11) : « Mieux vaut un homme mécontent qu'un cochon satisfait » est d'Héraclite : ἑτέρα γὰρ ἵππου ἡδονὴ καὶ κυνὸς καὶ ἀνθρώπου.

par la respiration, répare les pertes incessantes de l'âme, cette substance qui est la raison universelle est nécessairement aussi le vrai bien, la vraie loi morale. On la reconnaît à cette marque : elle se trouve la même en tous, ξυνός. La sagesse consiste donc à ne pas se mettre en opposition, à ne pas entrer en lutte avec la raison commune, avec la volonté raisonnable de tous [1]. C'est là la loi morale, à savoir la loi qui est en tous et qui commande à tous. Sa puissance n'a d'autres bornes que sa volonté : cette loi suffit à tous, et domine tout [2]. Toutes les lois humaines découlent de cette loi unique et divine. Aussi tout peuple doit-il défendre ses lois, comme il défend les remparts de sa ville [3].

Mais l'orgueil qui ne veut écouter que son sens propre, qui se révolte contre cette discipline morale, est un vice qu'il faut éteindre avec plus d'empressement qu'on éteint un incendie [4], et qu'il est plus difficile d'éteindre encore ; car l'homme consent parfois à payer au prix de sa vie la satisfaction de sa passion propre, de son désir personnel, de son plaisir ou de sa colère [5], de son orgueil, en un mot. Craindre la loi, c'est déjà la justice ; c'en est du moins le principe. Les hommes n'en connaîtraient pas même le nom, s'ils n'éprouvaient cet effroi mêlé au respect qu'inspire la loi [6]. La soumission de la volonté individuelle et de la raison personnelle à la raison et à la volonté de tous, cause à l'âme une satisfaction douce qu'Héraclite ne voulait pas appeler un plaisir et qu'il qualifiait d'εὐαρέστησις, la bonne joie [7]. Car il n'est pas vrai que ce soit un bien pour l'homme

---

[1] Cette loi est une pour tous, et l'art de conduire sa vie, suivant l'ordre, est la même pour tous les hommes. C'est ce qu'expriment les titres que Diodote et d'autres donnaient par interprétation à l'ouvrage d'Héraclite : Ἀκριβὲς οἰάκισμα πρὸς σταθμὴν βίου, ἄλλοι Γνώμην ἠθῶν ἢ, τρόπου κόσμον ἑνὸς τῶν ξυμπάντων. Diog. L., IX, 12.

[2] Stob., Serm., IV, p. 48. τρέφονται γὰρ πάντες οἱ ἀνθρώπινοι νόμοι ὑπὸ ἑνὸς τοῦ θείου... ἐξαρκεῖ πᾶσι καὶ περιγίνεται.

[3] Diog. L., IX, 2.

[4] Id. id., 16.

[5] Aristot., Polit., V, 11, 1315 à 27. Ethic. Nic., II, 2, 1105 à 7. Iambl., Protrept., p. 110. Plut., Coriol, p. 224 ; de Ira, 457 ; Amator., 755.

[6] Clem., Strom., IV, 479. Δίκης ὄνομα, φησίν, οὐκ ἂν ᾔδεσαν, εἰ ταῦτα μὴ ἦν (la loi et la crainte ou plutôt la crainte de la loi).

[7] Theodoret., IV, 98 f.

d'avoir ce qu'il désire ¹ ; et cependant il suit plus volontiers les impulsions de son caractère, qui est pour lui comme pour un Dieu ; car c'est là pour ainsi dire sa nature même ².

Nous avons vu qu'au-dessus du tourbillon incessant qui entraîne toutes choses, Héraclite posait une loi, un principe régulateur du mouvement, une âme consciente du monde, qui y maintient une sorte de permanence et de fixité au milieu même de la mobilité ³. Mais comme il s'était peu clairement exprimé sur la nature et l'essence de ce principe supérieur et souverain, comme il n'en avait pas nettement marqué la fonction et l'action, comme il laissait sans raison et sans cause ce devenir, il passa presqu'inaperçu dans l'ensemble du système, qui parut, aux yeux de ses partisans comme de ses adversaires, aboutir exclusivement à la proposition : tout passe et change incessamment, et change en son contraire : rien ne demeure identique à soi-même ⁴. Aristote, aussi bien que Platon, reconnut et signala l'erreur de cette proposition qu'avaient poussée à ses conséquences extrêmes les sophistes ⁵, et prouva que le devenir lui-même, et le principe logique et intellectuel qui le formule, disparaissent et s'évanouissent pour faire place au néant et à la négation absolus, que le changement ne peut

---

¹ Stob., *Serm.*, III, 18. ἀνθρώποις γίνεσθαι ὁκόσα θέλουσιν, οὐκ ἄμεινον.
² Alex. Aphrod., *de Fato*, p. 164, ἦθος γὰρ ἀνθρώπῳ δαίμων, κατὰ τὸν Ἡρακλ. τοῦτ' ἐστὶ φύσις.
³ Le changement dans Héraclite est développement ; il consiste dans le rapport et le lien des contraires qui se servent tour à tour les uns aux autres de cause et d'effet. Cette unité des contraires en est la Raison, la Loi, λόγος, et une loi universelle, λόγος κοινός. Mais cette harmonie revient sans cesse sur elle-même, comme la corde harmonieuse de l'arc et de la lyre, παλίντροπος ἁρμονίη ὅκωσπερ τόξου καὶ λύρης. Fr. 45. Chaque chose, comme chaque état momentané d'une chose, n'est qu'un point de transition pour le progrès d'un stade du monde au stade opposé. Le vivant se transforme en mort et le mort en vivant, la terre et l'eau en feu, et le feu en terre et eau.
⁴ Hegel se reconnaît dans Héraclite, et déclare qu'il n'y a pas une seule proposition du vieux philosophe grec qu'il n'ait admise dans sa *Logique*.
⁵ Cratyle professa que l'homme ne peut et ne doit rien dire, rien exprimer, mais se borner à indiquer du doigt le phénomène qui passe sous ses yeux (Arist., *Met.*, IV, 5, 1010 à 10, Plat., *Cratyl.* 384 a.) Il reprochait à Héraclite d'avoir dit qu'on ne peut pas se baigner deux fois dans le même fleuve, car en réalité on ne peut pas s'y baigner même une seule fois.

ni être ni être conçu sans la supposition d'un être permanent et identique à lui-même, et que la doctrine du devenir absolu ruine à la fois toute existence et toute connaissance, et l'existence comme la connaissance du devenir même [1], en anéantissant le principe de contradiction, fondement de toute pensée. La même chose est à la fois et n'est pas sous le même rapport. Tout est vrai et faux en même temps. Tous les contraires s'identifient; tout est un, et cet un c'est le néant : οὐ περὶ τοῦ ἓν εἶναι τὰ ὄντα ὁ λόγος ἔσται αὐτοῖς, ἀλλὰ περὶ τοῦ μηδὲν [2].

La philosophie du langage est une partie de la psychologie, et Héraclite ne l'a pas entièrement omise. Suivant lui chaque chose a son nom naturel. Les noms sont des ouvrages de la nature, φύσεως δημιουργήματα. Le mot est une propriété, une vertu de la chose, qui la suit comme son ombre. De même que la nature a institué pour chaque objet sensible un sens propre, l'œil pour la couleur, l'oreille pour le son, de même l'acte de dénommer est le sens naturel qui nous rend aptes à trouver le nom que les choses portent avec elles, comme elles portent leur couleur et leur figure. Il n'y a à nommer réellement, que celui qui trouve ce nom objectif : celui qui ne le fait pas émet un vain bruit [3]. De là on peut conclure que c'est dans le nom, s'il est bien appliqué, que se laisse le mieux et le plus sûrement chercher et reconnaître la vraie nature de la chose [4], τὴν διὰ τῶν ὀνομάτων ἐπὶ τὴν τῶν ὄντων γνῶσιν ὁδὸν [5].

---

[1] Platon, *Theæt.* 157, 179, 182. Arist., *Met.*, IV, 5, 1010. a. 7, id. 1005, b. 23.
[2] Arist., *Phys.*, I, 2, 185, b. 22.
[3] Ammon., *ad Ar. de Interpr*, p 21.
[4] Procl., ed. Cous., t. IV, 12.
[5] Leibn., *Nouv. Ess.*, III, 7... « Une analyse exacte de la signification des mots ferait mieux connaître que toute autre chose les opérations de l'entendement ».

CHAPITRE SEPTIÈME

XÉNOPHANE

En opposition avec cette doctrine de l'Être considéré comme un devenir incessant et universel, insaisissable, inconcevable, impossible, les Éléates avaient antérieurement élevé la théorie de l'Être absolument un, et absolument immuable : et c'est encore un Ionien qui avait imprimé à la philosophie cette tendance nouvelle. Xénophane est de Colophon, patrie de Mimnerme : il y a une grande diversité d'opinions sur la date, même approximative, de sa naissance, qu'Apollodore, suivi par Sextus Empiricus, Eusèbe et Diogène de Laërte, place à la LX° Olympiade, c'est-à-dire entre 620 et 616 avant J.-Ch.[1]. Sa vie a été fort longue, Lucien la porte à 91 ans, et Censorinus à plus de cent. Il quitta son pays natal pour des raisons qui nous sont restées inconnues, et se rendit en Sicile où il habita tour à tour Zancle et Catane. Il semble certain qu'il vécût aussi à Vélie ou Élée en Italie[2], puisqu'il est universellement considéré comme

[1] Karsten pour concilier autant que possible les témoignages divergents, place arbitrairement la naissance à l'Ol. 45 = 600 av. J.-C., l'époque de sa célébrité à l'Ol. 60 = 540, la date de la mort vers la 70° Ol. = 500. De la sorte il était un enfant quand Épiménide était un vieillard ; il a pu dans sa jeunesse connaître Anaximandre parvenu à la maturité ; il a été contemporain de Pythagore, et son extrême vieillesse aura pu voir la jeunesse d'Hiéron. D'un passage de Diog. L., IX, 19, tiré de Xénophane même, il résulte qu'il a commencé ses travaux à 25 ans. « Voici déjà soixante-dix années que je mène ma vie agitée et mes études laborieuses sur la terre de l'Hellade, et outre ces années, j'en compte *vingt-cinq* autres depuis ma naissance. » D'un autre de ses fragments conservé par Athénée (*Deipn.*, II, 54) « Quel âge avais-tu lorsque le Mède arriva ? » on peut conjecturer que c'est peu de temps après l'expédition des Perses sous Harpage qu'il a quitté son pays. Or cette expédition a eu lieu en 544 : il serait donc né vers 569. C'est la date qu'adopte M. Ueberweg.

[2] C'était une colonie de Phocée.

le fondateur de l'école éléatique, et qu'il en célébra la fondation, qui eut lieu dans l'Olympiade LXI, dans un poème de 2000 vers ; car c'était un poète, qui avait laissé de nombreux ouvrages de forme épique, élégiaque et iambique, et c'est sous forme poétique, dans un ouvrage dont le titre : *de la Nature* [1], ne lui appartient peut-être pas, qu'il exposa ses doctrines philosophiques.

Cette philosophie, dans sa tendance essentielle, a un caractère profondément théologique, et constitue une sorte de réaction contre la mythologie polythéiste [2], dont Hésiode et Homère sont les représentants. Il n'y a qu'un Dieu : ce Dieu est éternel ; il n'est point né et il ne peut pas périr ; il est une essence indivisible : il ne voit pas par une partie de lui-même ; il n'entend pas par une autre ; il voit et il entend par tout son être ; il est immuable et immobile ; non-seulement il est exempt de tous les vices et de toutes les passions que, par une audace impie, lui attribuent Homère et Hésiode, mais il est au-dessus de toute limitation ; non-seulement tout son être voit, tout son être entend ; mais tout son être pense, et pense tout sans peine et sans effort [3]. Il est tout esprit, tout pensée, et pensée éternelle [4].

Mais qu'est-il ce Dieu ? il est la nature entière des choses, dont l'essence est l'unité : Xénophane est le premier, dit Galien, qui ait soutenu que tout est un, et que cet un universel, c'est Dieu [5]. Le monde devrait donc être éternel, impérissable comme Dieu même qui se confond avec lui, ou dont il est au

---

[1] Stob., *Ecl. Phys.*, I. 294... « Xénophane écrit dans son ouvrage : *De La Nature.* » Diog. L., IX, 22. « Parménide διὰ ποιημάτων φιλοσοφεῖ, comme Hésiode, Xénophane et Empédocle ».

[2] πλάσματα τῶν προτέρων, comme il l'appelle dans un assez long fragment (Athen., XI, 462).

[3] Fr. 1, 2 et 3.

οὖλος ὁρᾷ, οὖλος δὲ νοεῖ, οὖλος δὲ τ'ἀκούει.
ἀλλ' ἀπάνευθε πόνοιο νόου φρενὶ πάντα κραδαίνει.

[4] Diog. L., IX, 19 : σύμπαντά τ' εἶναι νοῦν καὶ φρόνησιν καὶ ἀΐδιον.

[5] Galen., *H. Philos.*, c. 3 : τὸ εἶναι πάντα ἕν, καὶ τοῦτο ὑπάρχειν θεόν.

moins la manifestation extérieure. Mais il est difficile de croire que Xénophane ait enseigné l'immuabilité des choses de la nature, puisqu'il a eu lui-même une théorie physique, ionienne dans sa tendance, et il est plus probable qu'il aura insisté sur la difficulté de comprendre le phénomène changeant et mobile sans en nier la réalité.

Le fait seul qu'Aristote ne mentionne pas Xénophane dans son traité *de l'Âme*, prouve que la psychologie tenait peu de place dans ses spéculations. S'il est vrai qu'il confondit Dieu et le monde, dont l'essence commune est l'unité, il faut reconnaître que ce panthéisme est un panthéisme spiritualiste, puisque cette essence une, infinie, inconditionnée, immuable, est un esprit, et la pensée. L'être se confond ainsi avec la pensée, qui absorbe toute existence. L'âme, sujet de la pensée, remplirait donc dans le système de Xénophane une place plus grande en réalité qu'en apparence. Mais on ne sait comment mettre en rapport avec les principes de cette métaphysique les maximes qu'on lui prête sur la nature et la valeur de la connaissance. L'âme humaine est, pour lui comme pour tous les philosophes de son pays et les philosophes antérieurs, un πνεῦμα ; mais nous ne savons pas ce qu'il faut entendre par ce mot vague ; cette âme, cet esprit, qui devrait pourtant participer à la pensée, substance de tout être, ne lui paraît pas capable de connaître rien avec certitude : « Il n'y a jamais eu, il n'y aura jamais un homme qui connaisse quelque chose avec certitude, non pas même ce que j'expose ici moi-même sur les Dieux et sur le monde : et si quelqu'un avait cette chance heureuse d'exposer la vérité certaine et parfaite, il ne pourrait cependant jamais savoir qu'il la possède. Sur toutes choses on ne peut se faire qu'une opinion qui, avec le temps, peut devenir plus claire, mieux fondée, se rapprocher davantage de la vérité, mais ne lui peut jamais être adéquate [1] ». Aristote, dans une phrase obscure, il est vrai, de la *Métaphysique*, confirmerait l'interprétation

---

[1] Fr. 14, 15, 16.

sceptique que l'on peut donner aux fragments de Xénophane [1].
« Il vaut encore mieux dire comme ceux qui ne reconnaissent que la sensation comme instrument de la connaissance, que d'adopter l'opinion d'Épicharme ou de Xénophane, qui voyant le mouvement emporter toute la nature, et sachant qu'il n'y a pas de vérité à affirmer sur un objet incessamment changeant, prétendent qu'il n'y a absolument aucune possibilité de saisir la vérité ». C'est ainsi qu'on trouve dans Diogène [2] que Xénophane soutenait que nous sommes incapables de comprendre quoique ce soit, et dans Sextus Empiricus [3] qu'il avait supprimé le critérium de la vérité. Cependant ce dernier constate que : « Suivant d'autres interprétations de sa doctrine, Xénophane ne supprimait pas toute connaissance, mais seulement la connaissance scientifique, infaillible, et qu'il laissait aux hommes la connaissance conjecturale [4] ». Le renseignement d'Aristoclès [5] : qu'il faut, suivant Xénophane, rejeter le témoignage de la sensation et de l'imagination, et n'ajouter foi qu'à la raison pure » se concilie mal avec cette théorie de la vraisemblance.

Peut-être aussi Xénophane a-t-il voulu simplement marquer la difficulté d'arriver à la certitude, sans interdire à l'homme absolument cette espérance. Lui-même semble affirmer d'une manière très positive et très dogmatique son opinion sur la nature de l'être qui est un. On peut donc admettre que frayant la voie à Parménide, et commençant à distinguer la certitude de la probabilité, il rapportait cette théorie du doute et de la connaissance conjecturale aux choses de la nature et au monde sensible.

Du vers :

$$\mathring{α}λλ' \mathring{α}πάνευθε πόνοιο νόον φρενὶ πάντα κραδαίνει·$$

[1] *Met.*, III, 5. 1010. a. 1.
[2] D. L., IX, 20.
[3] *Adv. Math.*, VII, 48. Conf. Orig., *Phil.*, X, 18. Epiph., *Adv. Hær.*, 1087. εἶναι δὲ οὐδὲν ἀληθὲς.
[4] *Adv. Math.*, VII, 110. *Pyrrh. Hypot.*, II, 18.
[5] Euseb., *Præp. Év.*, XIV, 17.

Brandjs [1] a voulu conclure que Xénophane reconnaissait dans l'âme au moins deux facultés, le Νοῦς et les Φρένες. Je crois que la construction νόου φρενί est vicieuse, et qu'il est plus naturel de lier νόου avec πόνοιο : « L'esprit de Dieu gouverne toutes choses par la pensée, sans que son esprit en éprouve aucune fatigue. » Toute analyse des facultés de l'âme, toute conception sur sa nature, est absente des théories de Xénophane, telles du moins qu'elles nous sont connues [2].

[1] *Comment Eleat.*, p. 37.
[2] Teichmüller (*Studien*, p. 601) prétend être en mesure de prouver que Xénophane a le premier cru à l'existence éternelle de l'homme sur la terre ; mais il remet à une étude postérieure la preuve de ce fait, dont je ne trouve nulle trace dans Xénophane et que n'y a pas découvert non plus M. G. Bréton dans sa savante thèse : *La Poésie Philosophique en Grèce* (Paris, Hachette, 1882).

CHAPITRE HUITIÈME

PYTHAGORE

Pythagore a été un contemporain, quoique plus jeune [1], de Xénophane, et il est difficile de soutenir que sa conception philosophique n'ait reçu aucune influence de la conception du fondateur de l'école éléatique qui plaçait, nous venons de le voir, l'essence de l'être dans l'unité, πάντα ἓν εἶναι, proposition dont tout le monde reconnaît immédiatement l'affinité avec le grand principe pythagoricien : l'un est le principe de tout, ἓν ἀρχὴ πάντων.

C'est encore l'Ionie qui a donné naissance à ce philosophe, né à Samos, en face d'Éphèse et de Colophon, vers l'Ol. L, c'est-à-dire entre les années 580 et 576 av. J.-Ch. [2]. Le caractère de sa philosophie, qui est d'être une philosophie d'école et d'absorber dans la communauté des opinions comme dans la communauté de vie les individualités et les conceptions personnelles, rend presqu'impossible le discernement entre les doctrines propres à chacun des pythagoriciens de la première époque, tels que Pythagore lui-même, Philolaüs et Archytas. Le résumé que nous allons présenter est donc moins celui de la doctrine de Pythagore que de la doctrine de l'école pythagoricienne, prise

---

[1] Brandis le fait au contraire plus âgé.
[2] Cette date ne peut prétendre à une certitude mathématique, et n'est guère qu'un peu plus vraisemblable que les autres.

dans son ensemble et dans son unité, malgré la différence des temps où ont vécu ses principaux représentants [1].

Xénophane avait dit : L'être est un ; c'est ce qui ne naît pas, ne change pas, ne périt pas. Le monde du devenir, des choses périssables et changeantes, était donc séparé ou du moins séparable de l'être, car son caractère le plus essentiel et le plus manifeste est la multiplicité. Il est à peu près certain que sans expliquer le comment et la raison de leur rapport, Xénophane ne niait pas la participation du devenir à l'être, et laissa à Parménide le soin de tirer de son principe la conclusion absolue de l'idéalisme, que l'être étant l'un, le multiple n'est pas, le devenir est le non-être.

Ce n'est pas la position que prit l'école pythagoricienne : elle part de l'existence réelle des choses extérieures, et cherche à l'expliquer. Ce sont des physiciens, mais, comme l'a très justement observé Aristote, des physiciens dont les principes dépassent les limites du système où ils se sont arrêtés.

Les choses sont ; mais l'essence vraie de leur être doit être cherché dans ce qui se trouve en elles de persistant, de constant, d'universel. Or quel est, dans les choses, l'élément qui nous apparaît avec ces caractères de persistance, de constance, d'universalité : ce n'est pas l'élément matériel, ce ne sont pas les propriétés de la terre, du feu, de l'eau, de l'air : c'est le nombre ; or comme tout nombre est engendré par l'un, père des nombres, on peut dire que l'un est le principe de tous les êtres, ἕν ἀρχὰ πάντων. Le nombre est l'être même : il est le principe du mouvement et de la forme des choses, la raison immanente de leur être, ἐνυπάρχει.

Qu'est-il ce nombre lui-même ? C'est un rapport, et le rapport des contraires, leur conciliation dans l'ordre, dans l'harmonie, dans l'unité. Mais ce rapport qui est le nombre, est un effet ; et quelle en est la cause, si ce n'est encore le nombre ? Il y aura donc deux espèces de nombres, de rapports, d'unités : le nombre

---

[1] Philolaüs et Archytas sont des contemporains de Socrate.

et l'un, causés, réalisés, et le nombre et l'un causants. Les pythagoriciens ont-ils expressément distingué et séparé ces deux espèces de nombres, ou ont-ils attribué au nombre cette double fonction qui paraît contradictoire, c'est ce qu'il est difficile de distinguer dans la confusion où nous sont parvenus et les fragments de leurs ouvrages et les renseignements historiques sur leur doctrine.

Quoi qu'il en soit, il est certain qu'ils se représentent l'un lui-même comme composé avec harmonie, comme un souffle de feu, de chaleur, de vie, qui pénètre la nature entière, comme une âme qui enveloppe et maintient le tout dans l'unité, et qui, du sein de son immobilité éternelle, communique éternellement le mouvement et la vie, travaillant et façonnant les choses à la manière d'un artiste et leur donnant la mesure, la forme, l'essence. « Il n'y a qu'un seul principe de vie, ἓν ὑπάρχειν πνεῦμα, qui pénètre l'univers entier, et forme ainsi la chaîne sans fin qui relie tous les êtres les uns aux autres, plantes, animaux, hommes et dieux. C'est l'âme du tout, ἡ τοῦ παντὸς ψυχή [1], être composé elle-même, mais dont les éléments composants se sont tellement pénétrés et combinés qu'ils ne font qu'une seule et même nature, qui entre dans le tissu des choses, que dis-je, qui en fait la trame, et est présente et agissante partout, depuis le centre qu'elle ne quitte pas jusqu'aux extrémités qu'elle enveloppe. C'est par cette âme que le monde vit, respire, est un, est éternel ; c'est par la vertu active et puissante de ce germe, σπέρμα, comme l'appelle Aristote, que le monde, semblable à un animal, absorbe, transforme, s'assimile l'élément infini, informe, qui l'enveloppe et dont il se nourrit et vit.

Le monde a donc une âme, et par là il faut entendre un principe de mouvement et de vie, dont la substance est un feu, un éther igné et vivant, cette sorte de quintessence par laquelle les pythagoriciens atténuaient, exténuaient la notion

---

[1] Sext. Emp., *adv. Math.*, IX, 127 ; Scholl. Arist., p. 505 a. 9. Plut., *Plac. Phil.*, IV, 7, 1 ; Diog. L., VIII, 25.

de la matière sans la détruire. Les pythagoriciens vont jusqu'à donner à cette essence la propriété presqu'immatérielle de la pénétrabilité, puisque ce feu enveloppe les extrémités du monde sans cesser d'être au centre. Mais néanmoins elle reste composée et multiple ; cette âme est un nombre, le rapport premier, l'harmonie première du fini et de l'infini, des deux contraires auxquels se peuvent ramener tous les autres.

Répandue à travers le monde, comme une chaîne toute puissante, autogène, *causa sui*, l'âme y dépose tout ce qui est en elle, la mesure, le poids, le nombre, et par là constitue la permanence des choses. Elle contient en soi les rapports féconds, les raisons actives et vivantes dont le monde est le développement et l'acte.

L'âme humaine n'est qu'un écoulement, une parcelle de l'âme du monde, une goutte tombée de la coupe de la vie universelle. Elle est composée comme elle et des mêmes éléments, et c'est en elle qu'elle retourne lorsqu'elle quitte le corps : l'âme humaine est donc un nombre, et un nombre qui se meut lui-même et meut le corps. Car ce qui lui est le plus essentiel, c'est d'être le principe de mouvement et de vie : la vie est mouvement : définition que Xénocrate, à qui on l'attribue, a pu emprunter aux pythagoriciens.

Ils la définissent encore une harmonie : non pas seulement l'harmonie de son corps, mais l'harmonie, identique au nombre, qui, tout mathématique qu'ils l'appellent, n'en est pas moins pour eux quelque chose de réel et de subsistant. L'âme est harmonie en ce qu'elle est la force et la loi puissante qui unit les contraires. Elle n'est pas une harmonie-effet ; mais une harmonie-cause, qui passe et subsiste dans son effet.

Comment l'âme humaine se détache-t-elle de l'âme universelle pour animer le corps ? Les pythagoriciens ne nous le disent pas : l'âme vient du dehors, θύραθεν, elle est introduite dans le corps, on ne sait par qui, ni comment, ni à quel moment ; ils se bornent à dire qu'elle est donnée au corps suivant les lois du nombre et d'après les principes d'une convenance éternelle et incorporelle. Ce qui revient à dire, j'imagine, d'une part, que le nombre est principe d'individuation, qu'il incorpore et incarne les principes rationnels, les raisons idéales, et en fait autant d'individus séparés [1], en aspirant le vide ou l'infini ; car le vide, en s'introduisant en l'un premier, développe et divise les êtres. D'autre part, le nombre établit un juste rapport entre l'âme et le corps; ou plutôt l'âme qui est nombre éprouve une inclination pour le corps qui est nombre également et se porte naturellement vers lui : c'est ainsi qu'elle aime son corps, et d'autant plus que, toute réalité étant sensible, toute connaissance étant une sensation, l'âme sans le corps ne pourrait user de ses sens ni par conséquent connaître.

Tous les êtres qui croissent se divisent en trois grands règnes : le végétal, l'animal, l'animal raisonnable ou l'homme. Celui-ci, semblable à un nombre supérieur, qui renferme tous les nombres inférieurs, renferme les principes vitaux qui appartiennent à chacune des deux autres classes : le principe de vie végétative, n'est, ni chez l'homme ni chez les plantes, une âme.

L'âme véritable, que l'homme seul possède se divise en deux parties ou facultés : l'une inférieure, principe de la vie sensible et dont le siège et l'organe est le cœur; l'autre supérieure, qui a son siège et son organe dans le cerveau, et prend le nom de Νοῦς, l'esprit, la raison.

La raison est le privilège propre de l'homme ; mais l'animal possède en commun avec lui l'âme sensible, principe de la vie, et comme cette âme est dans l'un et dans l'autre, malgré la différence des degrés de perfection où elle atteint, une émanation ou une parcelle de l'âme du Tout qui est divine, il en résulte que tous les êtres vivants sont liés les uns aux autres par le principe même de leur être. Une seule vie est en tous; une âme d'une même nature, d'une même origine, les pénètre et les vivifie tous. Les animaux sont ainsi parents des hommes qui à leur tour sont parents des dieux.

---

[1] Boeckh, *Philol.*, p. 141. σωμάτων τοὺς λόγους... καὶ σχίζων χωρὶς ἑκάστους.

Cette identité substantielle du principe de la vie n'empêche pas la variété des individus et des espèces ni le renouvellement des formes. Comme des hôtes voyageurs, les âmes viennent tour à tour habiter des demeures différentes et animer d'autres corps, qu'elles quittent successivement pour entretenir éternellement la variété des formes et le mouvement de la vie. C'est ce qu'on a appelé la *Métempsycose*, et qu'on aurait dû plutôt, comme l'a fait remarquer Olympiodore, appeler *Métensomatose*; car c'est moins le corps qui change d'âme que l'âme qui change de corps.

La doctrine de la migration des âmes soulève de grandes difficultés que ne semblent pas avoir aperçues les partisans de la philosophie pythagoricienne. Pourquoi cette migration ne s'étend-elle pas aux végétaux, qui eux aussi ont la vie? Y a-t-il un terme à ces incorporations successives? Ont-elles eu un commencement? Entre chacune d'elles y a-t-il un intervalle de temps? Si court qu'il soit, on ne peut guère se dispenser d'en admettre un, et pendant ce temps quel est l'état de l'âme? Enfin y a-t-il une loi qui préside à ces incorporations et quelle est-elle?

Aristote prétend que les pythagoriciens admettent que ce changement se produit au hasard; la première âme venue tombe dans le premier corps venu : ce qui semble s'opérer ainsi : aussitôt qu'un être vient à respirer [1], il absorbe une parcelle de l'âme universelle qu'il s'approprie [2], s'individualise en lui en se séparant de sa source, et devient son âme. Philolaüs dit au contraire que l'âme est liée au corps par la vertu du nombre et d'une convenance mutuelle, et le principe général du pythagorisme, qui fait dominer partout la force toute puissante de l'ordre et de la proportion, semble exclure les désordres du

---

[1] Mais comment vient-il à respirer?

[2] C'est sans doute en interprétant grossièrement cette pensée que quelques-uns en étaient venus à croire que l'âme était ces corpuscules de poussière que l'on voit danser dans l'air dans un rayon de soleil, tandis que d'autres, moins matérialistes, enseignaient que l'âme était la force qui met ces corpuscules en mouvement.

hasard dans l'origine de la vie et surtout de la vie humaine. D'un autre côté Platon nous donne comme enseignée dans les Mystères, soit orphiques soit pythagoriciens, la doctrine que l'âme est dans le corps comme dans une prison, et Clément d'Alexandrie cite comme de Philolaüs la proposition que c'est en punition de ses fautes que l'âme est liée au corps et y est ensevelie comme dans un tombeau. La vie ne serait alors qu'un châtiment, et la mort une délivrance, opinion qu'Athénée nous présente comme celle du pythagoricien Euxithée.

Ce serait là une inconséquence nouvelle dans un système qui en est rempli; car si cette opinion rétablit l'ordre moral dans l'origine de la vie, le monde cesse d'être ce qu'il doit être pour un pythagoricien : la beauté même ; la vie réelle devient un supplice, et un supplice éternel, étant donnée la métempsycose. L'on ne pourrait échapper à ces contradictions qu'en admettant, ce que n'a jamais fait le vrai pythagorisme, une existence ultra et supra terrestre, une vie absolument incorporelle, antérieurement et postérieurement à la vie sensible. L'âme est, pour les pythagoriciens, un nombre, mais un nombre concret, un germe vivant, un composé, un mixte du fini et de l'infini, et ni le fini ni l'infini ne peuvent exister en dehors de l'être qui les réunit dans son unité.

Tout ce qui vit vient d'un germe : ce germe est un composé. L'un des éléments du mélange, fourni par la substance du cerveau formera, en se développant, les nerfs, les os, les chairs, toutes les parties du corps; le second est un élément éthéré, une vapeur chaude, venue du feu central par l'intermédiaire du soleil. C'est là l'âme.

De même que l'homme est composé d'une âme et d'un corps, de même l'âme est composée de deux parties différentes. L'une est l'âme irraisonnable, vitale, mortelle quoiqu'invisible. Semblable au corps qu'elle a animé, elle s'en sépare après la mort, et erre auprès de la terre et flotte dans l'espace. L'autre est l'âme capable de connaître, qui elle aussi se diviserait, si l'on en croit quelques témoignages, en deux facultés : Le Νοῦς ou intelligence instinctive, commune à l'homme et à l'animal, et les Φρένες ou la raison que le premier a seul en partage. Mais cette raison ne paraît guère autre chose que la sensation, comme il est naturel dans un système qui ne reconnaît d'autre réalité qu'une réalité mixte, et qui fait, du nombre, même du nombre de l'âme, une grandeur étendue [1].

Cependant il semble que les pythagoriciens ont entrevu et signalé au moins vaguement une forme supérieure de la connaissance ; car Aristote nous dit qu'ils identifiaient la raison pure au nombre 1, la science au nombre 2, l'opinion au nombre 3, la sensation au nombre 4 : ils auraient donc reconnu sinon différentes facultés du moins différents degrés de connaissance ; mais nous ne savons ni comment ni par quoi chacun de ces degrés se distinguait et se caractérisait. Ce qui est certain c'est que la connaissance était un nombre. Le nombre est la loi de l'intelligibilité comme de l'être. Les choses sont un nombre, et l'âme est un nombre : et le rapport de l'âme et des choses, qui est la connaissance, et lui-même un nombre, ne peut avoir lieu que par la similitude d'essence de la chose sue et de la chose qui sait. Car c'est une loi de la nature que le semblable seul connaisse son semblable. La pensée n'est qu'une assimilation. Aucune chose ne peut être connue si elle n'a pas au dedans d'elle, ἐντὸς ὑπάρχουσις, l'essence dont se compose le monde, le fini et l'infini, dont la synthèse constitue le nombre. Sans la décade, en qui se concentrent et se réalisent toutes les vertus du nombre, tout reste dans l'indétermination ; tout est obscur et se dérobe. La nature du nombre est précisément de donner aux choses une loi, une raison, de dissiper l'obscurité qui les environne et de les faire voir à ceux qui les ignorent. Le nombre qui est dans l'âme et à la fois dans la chose peut seul

[1] Cette division de l'âme en parties, que Diogène (l. VIII, 30) assigne à Pythagore même, est ramenée par Stobée à Archytas (*Ecl. Phys.*, I, p. 878) ; mais le même attribue à Arésas de Lucanie une autre division en νοῦς, faculté productrice de la pensée et de la science ; θύμωσις, faculté productrice de la puissance et de la force ; ἐπιθυμία, faculté qui engendre l'amour et le goût du plaisir. (V. mon *Pythagore*, t. I, p. 261, note 2.)

établir entr'elles cette harmonie, ce rapport, cette relation qui forme la connaissance. Si la raison humaine est capable de voir et de comprendre la raison des choses, c'est qu'il y a entre ces deux raisons une affinité de nature et d'essence, συγγενείαν τινά.

L'erreur, c'est l'indétermination, l'infini, c'est l'absence de nombre et de rapport entre le sujet et l'objet. Le nombre exclut l'erreur, parce qu'il apporte toujours avec lui la limite, la mesure, la détermination. La connaissance vraie, la vérité est donc le caractère propre du nombre : voilà pourquoi l'organe de la vérité est la raison mathématique, c'est-à-dire la raison qui pèse, qui mesure, qui compte.

S'il faut en croire Aristote les pythagoriciens ont été les premiers à s'occuper de la définition, et à chercher à fixer dans la définition l'essence, le τί ἐστι de la chose, mais il avoue qu'ils s'arrêtent à la surface de l'objet et prennent pour l'essence ce qui n'est pas l'essence. C'est avec Platon seulement, dit-il, que commence la dialectique, c'est-à-dire la recherche systématique et philosophique sur le principe, la nature et la méthode de la connaissance.

CHAPITRE NEUVIÈME

ALCMÉON

Alcméon de Crotone, contemporain de Pythagore et peut être son disciple, avait admis comme lui la doctrine des contraires comme éléments des choses, mais en prenant au hasard ces contraires, au lieu de chercher, comme les pythagoriciens, à les ramener à un système déterminé de couples opposés. L'âme était également pour lui un élément aériforme ou igné ; il la plaçait dans le cerveau où se rendent toutes les sensations en passant par les canaux qui conduisent des organes des sens au cerveau : c'est à l'aide de cette hypothèse qu'il cherchait à expliquer l'opération des sens. Par cette raison, contrôlée sans doute par des observations et des expériences, car il est le premier médecin qui ait, dit-on, pratiqué l'anatomie, il soutenait que dans l'embryon c'est le cerveau, d'où découle le sperme, qui est formé le premier. Il expliquait le sommeil par l'état de plénitude des vaisseaux sanguins, la veille par leur état contraire. Partisan déclaré de l'immortalité de l'âme, il la démontrait par cet argument : le mouvement éternel est la marque de l'être éternel ; les astres se meuvent et leur mouvement est éternel parce qu'il est circulaire, c'est-à-dire qu'il n'y a pas un seul moment du temps ni un seul point de l'espace où ce mouvement s'arrête : chaque point de l'espace parcouru est à la fois la fin d'un mouvement et le commencement d'un autre. Leur mouvement est continu, sans point d'arrêt : il est donc éternel. Les astres sont donc eux-mêmes éternels. On peut appliquer le même raisonnement à l'âme, qui a un mouvement perpétuel, continu; chacun de ses mouvements enveloppe dans une unité indivisible la fin d'un mouvement et le commencement d'un autre. Elle ne saurait donc périr, puisque le mouvement est son essence ou de son essence, et que ce mouvement est éternel.

En ce qui concerne les facultés de l'âme, Alcméon en reconnaissait deux : la sensation et la raison. C'est par la différence de leurs facultés de connaître que se distinguent les espèces des êtres animés. L'animal a la sensation, mais est privé de la raison. Il y a donc entre les âmes des différences de qualités essentielles. L'homme seul comprend, ξυνίησι, mais sa science imparfaite n'est que conjecture et vraisemblance. La science infaillible et claire de l'invisible n'appartient qu'aux dieux.

CHAPITRE DIXIÈME

PARMÉNIDE

Dans la conception pythagoricienne de l'âme, il y a sur les philosophes antérieurs un progrès évident. Le nombre considéré comme principe de vie et de mouvement, d'ordre et de beauté, n'appartient plus aux éléments matériels, à la pluralité sensible. L'être n'est ni l'eau ni l'infini, ni le mouvement, ni l'air. L'essence de l'âme, comme de toutes choses, est un nombre, c'est-à-dire un rapport, c'est-à-dire encore une idée, une forme et une détermination de la pensée. La réalité est posée comme idéale et non plus comme sensible. C'est un pas manifeste vers une philosophie idéaliste, une philosophie de l'esprit. Mais d'un côté ce nombre est, pour les pythagoriciens, issu de l'un premier et l'un premier est un composé, un mixte du fini et de l'infini; il est une réalité concrète, un germe vivant : il a une grandeur. De sorte que par là la conception pythagoricienne se rattache encore à la physique, et le nombre de l'âme redevient une substance matérielle, du feu ; de l'autre, ce nombre restant un nombre mathématique, l'âme et l'être, même réels, risquent de s'évanouir dans un pur rapport mathématique, c'est-à-dire une abstraction.

Ce pas, dont se gardent les pythagoriciens, mais au prix de nombreuses inconséquences et de nombreuses contradictions, sera fait par les éléates, dont Parménide développe la doctrine, sur laquelle la philosophie du nombre n'a probablement pas été sans influence. C'est ce qu'expriment sans doute les traditions plus ou moins fondées qui nous rapportent que Parménide se livra à la philosophie sous l'impulsion du pythagoricien Aminias, et qu'il éléva un Héroon à un pythagoricien Diochaites, pour lequel il avait éprouvé une vénération presque religieuse. Il passa même plus tard, comme Zénon, son disciple, pour un pythagoricien : exagération manifeste, car il est évident que sa doctrine n'est que le développement plus complet et plus logique des principes de Xénophane.

D'après les renseignements de Platon, qui ne concordent pas, il est vrai, avec le détail, donné par Diogène, qu'il avait déjà atteint une grande réputation en 505 (Ol. LXIX), on place généralement la naissance de Parménide à Élée vers 529. C'est une des grandes figures de la philosophie ancienne : « Je crains, dit Socrate, dans le dialogue de Platon, que nous ayons mauvaise grâce à critiquer Mélissus et ceux qui soutiennent que tout est un et immobile ; mais je l'appréhende moins pour eux tous ensemble que pour le seul Parménide. Parménide me paraît inspirer à la fois le respect et une sorte d'effroi, pour me servir des expressions d'Homère. Je l'ai fréquenté moi fort jeune, et lui déjà âgé, et il m'a semblé qu'il y avait dans ses discours une profondeur tout à fait incroyable [1] ». Ailleurs Platon l'appelle le Grand Parménide.

L'unique écrit de ce grand esprit était un poème sur la nature dont il ne nous reste que 150 vers. Ce poème était divisé en deux parties : l'une traitant des choses parfaitement certaines, de la vérité, de l'être véritable, τὰ πρὸς ἀλήθειαν, l'autre qui avait pour objet les choses sensibles et changeantes, et qui ne sont jamais capables de produire dans l'esprit qu'une connaissance conjecturale, une opinion, τὰ πρὸς δόξαν, est désignée par Suidas et Proclus sous le titre de Physique ou Physiologie, et par Plutarque sous celui de Cosmogonie. On lui attribue en outre d'avoir pratiqué dans son enseignement la méthode dialectique, c'est-à-dire par demandes et par réponses, méthode que systématise jusqu'à la subtilité son disciple Zénon, et qui, corrompue par les sophistes, sera purifiée et rétablie par Platon.

[1] *Theæt.*, 184, a.

Après une belle et poétique introduction, le poème de Parménide établit par affirmation pure :

Qu'il n'y a pour la science que deux principes possibles : L'un, que l'Être est, et que le non-être n'est pas : c'est le principe vrai et évident; l'autre, que l'Être n'est pas et que le non-être est nécessairement : principe faux, et il est faux parce qu'il est inconcevable [1]. On ne saurait connaître le non-être; car on ne peut pas l'atteindre; on ne saurait pas davantage l'exprimer en paroles. Il se dérobe à la pensée comme au langage, et cela par la raison que penser et être c'est tout un. La pensée et son objet ne sont qu'une seule et même chose [2]. Il y a donc entre l'Être et le non-être une opposition inconciliable et une contradiction absolue, et c'est être aveugle, sourd et réellement stupide et sans raison que de vouloir soutenir à la fois l'identité et la différence de l'Être et du non-être [3]. De ces deux principes, l'un est posé par la raison qui est infaillible dans ses jugements et ses intuitions et qui force l'assentiment; l'autre par l'opinion, qui nous trompe, et qu'il ne faut pas croire [4].

---

[1] L'impossibilité de concevoir qu'une chose est est donc la preuve certaine qu'elle n'est pas.
[2] V. 94. τωὐτὸν δ'ἐστὶ νοεῖν τε καὶ οὕνεκέν ἐστι νόημα.
V. 40. τὸ γὰρ αὐτὸ νοεῖν ἐστίν δὲ καὶ εἶναι.
M. Zeller veut lire ἔστι, et traduit : « Il n'y a à pouvoir être que ce qui peut être pensé. » V. 45. χρὴ τὸ λέγειν τὸ νοεῖν τὸ ὂν ἔμμεναι, qu'on traduit tantôt : « La parole, la pensée, l'être, ont nécessairement réalité », tantôt : « La pensée et la connaissance doivent être nécessairement l'être ». Dans ce dernier sens, Parménide aurait exposé l'idée même de Maine de Biran, à savoir, que cette force qui nous fait penser et que nous trouvons dans notre conscience est la forme première sous laquelle, antérieurement à l'expérience ou plutôt indépendamment de l'expérience, nous nous représentons la cause et la substance des phénomènes extérieurs, que la sensation saisit dans l'état mobile du devenir.
[3] V. 49.
[4] V. 29 et 30; 53-55, 89. κρῖναι λόγῳ·λεῦσσε νόῳ. Il oppose le κόσμος ἐπέων ἀπατηλός, ce charme vain et menteur des conceptions et des théories sur la nature, à l'exposition sincère et fidèle de la véritable réalité : πιστὸς λόγος ἠδὲ νόημα, ἀμφὶς ἀληθείης. Comparer encore les v. 92 et suivants :

πάντ' ὄνομ' ἐστιν
ὅσσα βροτοὶ κατέθεντο πεποιθότες εἶναι ἀληθῆ,
γίνεσθαί τε καὶ ὄλλυσθαι, εἶναί τε καὶ οὐχὶ
καὶ τόπον ἀλλάσσειν, διάτε χρόα φανὸν ἀμείβειν.

« Devenir et disparaître, être et n'être pas, changer de lieu, changer de couleur, tout cela n'est qu'une suite de mots vides inventés par les hommes. »

Il y a ici deux distinctions corrélatives considérables posées pour la première fois avec clarté : d'un coté le monde de l'Être auquel correspond la raison qui le saisit par une intuition directe et certaine ; de l'autre le monde du non-être que les philosophes antérieurs conçoivent comme un mélange inexplicable, une confusion impossible de l'Être et du non-être, et auquel correspond l'opinion avec ses hésitations, ses incertitudes et ses erreurs [1].

Mais cette opposition n'a pas au fond de réalité et le système même la détruit en supprimant l'un des termes [2]. Le non-être n'étant rien, il ne reste évidemment que l'Être. Il y a plus : l'opposition se fond non seulement entre les diverses espèces apparentes d'êtres objectifs, mais l'opposition entre le sujet qui pense et l'objet pensé s'évanouit également. La pensée est identique à son objet, et par conséquent le sujet est identique à l'objet. L'Être est absolument Un, et absolument tout : il est immuable et immobile ; on ne peut pas dire qu'il sera ou qu'il a été, puisqu'il est maintenant, puisqu'il est partout à la fois, puisqu'il est tout [3].

L'être de l'Être est continu ; c'est la continuité de l'Unité absolue qui ne souffre aucun intervalle, aucune suspension, aucun temps d'arrêt. Il est donc éternel : car qui lui aurait donné naissance ? L'Être ne saurait naître de l'Être : cela est contradictoire, puisqu'il serait avant sa naissance. Il ne saurait non plus naître du non-être qui n'est rien. Il n'y a pas pour l'Être de commencement, de devenir [4]. La raison ne peut concevoir que de l'Être il devienne autre chose que l'Être, c'est-à-dire lui-même ; il ne devient donc pas : il demeure. Le devenir de l'Être est proprement l'identité. Il n'y a ni changement ni mouvement, par conséquent pas de devenir. C'est l'identité abso-

---

[1] V. 18. οἱ δὲ φορεῦνται... V. 47. ἀμηχανίη γὰρ ἐν αὐτῶν στήθεσιν ἰθύνει πλαγκτὸν νόον.

[2] Après avoir dit, v. 34. αἴπερ ὁδοὶ μοῦναι διζήσιος, il conclut, v. 57. Μόνος δ'ἔτι μῦθος ὁδοῖο λείπεται.

[3] V. 61... ἐπεὶ νῦν ἔστιν ὁμοῦ πᾶν ἓν ξυνεχές.

[4] V. 65, 66. φύσις οὐ γὰρ ἐόντι καὶ ἀρχή.

lue [1]. Il est indivisible, partout et toujours semblable à lui-même ; il ne contient jamais ni plus ni moins d'être : il est tout entier plein d'être. L'Être est inséparablement et sans aucune discontinuité uni à l'être, et il n'y a pas d'autre être que l'Être. Le devenir disparaît, et la mort est inconcevable [2]. Tout cet ensemble que les hommes appellent le Tout, où ils croient voir multiplicité, naissance et mort, être et non être, changement de lieu, changement de couleurs et de formes, ne constitue qu'un être unique, toujours identique à lui-même, simple et sans parties, immuable et immobile. Sans commencement, sans fin, on peut donc le comparer à une sphère.

Mais à quelle réalité objective Parménide appliquait-il ce nom d'Être, et les attributs essentiels qui le déterminent? Ce n'est pas chose facile à dire. Il n'y a rien qui autorise à croire que ce soit *Dieu* [3], quoique Xénophane ait eu déjà une pensée analogue. C'est encore moins le monde et la nature ; car le monde phénoménal s'évanouit dans un système qui nie toute pluralité, toute diversité, tout changement, tout mouvement. D'un autre côté que peut signifier cette doctrine de l'identité de la pensée et de l'Être? Et comment concevoir qu'un philosophe qui a conçu l'Être à la fois comme Unité absolue et comme pensée, ait pu avoir une théorie physique qui se rattache sensiblement à la physique ionienne, et à celle des pythagoriciens.

Il semble que sur la trace de cette dernière école il ait voulu non pas nier le devenir, ni la pluralité, ni le changement, mais cherché l'essence et la vraie notion de l'Être ailleurs et au dessus de l'être sensible, en dehors de la multiplicité et du mouvement. L'être vrai des choses n'est pas ce qui nous en apparaît ; ce ne sont pas ces qualités changeantes, qui passent, naissent et disparaissent ; c'est au contraire ce qui en elles demeure

---

[1] V. 85. τωὐτόντ' ἐν τωὐτῷτε μένον καθ' ἑαυτότε κεῖται.
[2] V. 76. τῶς γένεσις μὲν ἀπέσβεσται καὶ ἄπιστος ὄλεθρος.
[3] C'est cependant l'interprétation de Brandis; mais les passages d'Ammonius sur Aristote, *de Interp.*, f. 58 et d'Aristote même (*de Xenoph. Mel. et Gorg.*, c. 4, p. 918, b. 7) ne me paraissent pas avoir la signification qu'ils leur donnent.

identique à soi-même, et se dérobant à la sensation trompeuse n'est saisie que par la raison. Le réel des choses c'est leur Unité et cette unité est une idée, une pensée. C'est cette pensée, c'est cette Unité que doit poursuivre la science pour résoudre le vrai problème de l'Être, encore qu'il ne faille pas négliger tout cet ensemble d'apparences que nous connaissons par les sens, mais qui n'ont pas plus de réalité que les sens n'ont de véracité.

Si nous les consultons, au lieu d'un principe nous en poserions deux, opposés l'un à l'autre à la fois par leur substance et leurs qualités : l'Un est le feu et la lumière, substance légère et rare; l'autre est la nuit, substance grave et dense. Toute chose est, dans ce système, qui est faux [1], le mélange et le rapport de ces deux éléments contraires, dont un seul est vraiment existant, car il correspond à l'Être, et l'autre au non-être. Parménide symbolise à la façon mythique cette opposition par celle du mâle et de la femelle. Au milieu de l'univers formé de sphères concentriques, siège, comme la Hestia et le feu central des pythagoriciens, une déesse, qui a produit les choses et engendré les dieux, et qui maintient dans l'ordre le Tout de l'Univers.

Chaque chose, et l'homme par conséquent, est composée du mélange de ces deux éléments; mais l'un d'eux, le lumineux ou le chaud, est le principe de la vie, est l'âme, dont le nom est chez lui, non pas ψυχή, mais Νοῦς. Tout être qui est pense; « car ce qui est est en toute chose et en tout être la même chose que ce qui pense [2] : à savoir, l'organisme naturel, φύσις μελέων », c'est-à-dire, j'imagine, le mélange des deux éléments. « Mais l'élément dominant est la pensée. » On ne sait trop comment concilier ce passage, d'où il résulte que Parménide ne distinguait pas deux facultés de connaître et confondait la

---

[1] V. 114.   ...ἐν ᾧ πεπλανημένοι εἰσίν.
[2] V. 147.   ...τὸ γὰρ αὐτὸ
ἔστιν ὅπερ φρονέει, μελέων φύσις...
...τὸ γὰρ πλέον ἐστὶ νόημα.

sensation avec la raison [1], avec les passages précédemment cités où il les oppose si fortement l'une à l'autre, et où il fonde l'impossibilité du non-être sur l'inconcevabilité de sa notion rationnelle, qui n'est qu'une fausse opinion transmise par l'intermédiaire trompeur des sens.

Ce qu'on peut supposer de plus satisfaisant pour résoudre cette contradiction, c'est qu'il concevait l'esprit, Νοῦς, non comme un mélange, un composé, mais un tout parfaitement un, quoique matériel dans sa substance. Il n'y a pas de parties dans l'âme : elle agit tout entière dans chacune de ses pensées ; mais il y en a de claires et il y en a d'obscures ; les unes sont celles où domine l'élément du feu, les autres celles où domine l'élément du froid.

Il ne faut, d'après Parménide lui-même, attacher qu'une importance médiocre aux résultats toujours douteux de l'observation expérimentale et de la science physique. Si nous faisons donc abstraction de cette partie de son système, le reste est à peu près ce qui suit :

La pensée pose l'existence de son objet ; ce qui est pensé est ; ce qui n'est pas pensé et ne peut l'être n'est pas. Tout ce qui est pensé est donc, est l'Être, c'est-à-dire est Un ; de plus, l'être est la pensée même : ce qui est pensé, c'est une pensée. L'être pensé et la pensée de l'Être ne sont qu'une seule et même chose [2]. Nous sommes donc arrivés déjà à la théorie de l'Unité absolue, de l'identité du sujet et de l'objet. A ce point

---

[1] C'est d'ailleurs ainsi que l'interprète Théophraste, *de Sensu*, 3, Aristote, *Met.*, IV, 5, 1009, b. 12, et Diogène de L., IX, 22. Bonitz, sur le passage de la *Métaphysique*, dit : « Ceterum quod Aristoteles Empedoclem, Parmenidem Anaxagoram, idem statuisse dicit αἴσθησιν et φρόνησιν, cavendum est ne ejus auctoritati nimium fidei tribuamus... nimirum illi versus (les vers de Parménide cités par Aristote), ex ea sunt carminis parte, qua τὰ πρὸς δόξαν exponit philosophus, et obtemperans vulgatis opinionibus veritatem assequi ne ipse quidem sibi videtur. »

[2] Dans quelle mesure Parménide a-t-il eu conscience de la portée de sa proposition : l'être et la pensée sont identiques, c'est ce qu'il est difficile de déterminer. Brandis ne veut pas y voir l'idéalisme subjectif moderne : il n'y a de réel que la pensée ; et je pense qu'il a raison ; mais je ne puis m'empêcher de croire que Parménide entendait que la pensée est un attribut inséparable de l'Être, et par conséquent que tout être pense, précisément parce que l'être seul est pensé. Mais il se pourrait que par pensée Parménide entendit la sensation, même la plus sourde et la plus obscure.

de vue qui intéresse si non la science de l'âme, du moins la théorie de la connaissance, le système éléatique mérite une place dans l'histoire de la psychologie : c'est l'application idéaliste du grand principe que la pensée est une assimilation du sujet et de l'objet. Si l'esprit peut connaître la chose, c'est qu'il peut la contenir, et qu'elle a en lui sa demeure naturelle : or l'esprit est le lieu des idées : donc la chose qu'il reçoit en lui pour la comprendre n'est qu'une idée. La différence entre le contenant et le contenu, entre le fond et la forme n'est fondée ni dans les choses ni dans les pensées. Telles seront les conclusions où aboutira l'idéalisme moderne et dont il importait de signaler le germe dans la doctrine des éléates, et du plus grand d'entr'eux, de Parménide.

Zénon d'Élée, le disciple et l'ami de Parménide [1], a partagé toutes ses convictions philosophiques, mais au lieu d'en démontrer la vérité par des preuves positives, a cherché à réduire à l'absurde la doctrine opposée, à savoir la doctrine qui soutient la réalité de la multiplicité et du mouvement. Cette méthode de réfutation, qu'il maniait avec une extrême force et une rare habileté, mais qui manifestement a frayé la route à la sophistique et à l'éristique, est sans doute la cause pour laquelle Aristote le nomme l'*Inventeur de la Dialectique* [2] : c'est son seul titre pour figurer dans l'histoire de la psychologie.

---

[1] Né vers 490-485.
[2] Sext. Emp., *adv. Math.*, VII, 7; D. L., VIII, 57; IX, 25.

CHAPITRE ONZIÈME

ANAXAGORE

Aristote nous apprend qu'Anaxagore était plus âgé qu'Empédocle [1], et que ce dernier était le contemporain un peu plus âgé de Zénon l'éléate. Il était né à Clazomène en Ionie, vers l'Ol. LXX =501-497 avant J.-Ch. [2], et était à Athènes immédiatement ou peu de temps après la guerre médique; après y avoir longtemps vécu et longtemps enseigné, il avait dû, menacé par une accusation d'athéisme, s'enfuir à Lampsaque, où il mourut à l'âge de 72 ans. C'est lui qui amena la philosophie à Athènes, que l'éclat des victoires de Marathon et de Salamine, aussi bien que le riche et brillant développement de l'éloquence, de la poésie dramatique et des arts avait faite le centre et le foyer de la vie intellectuelle et morale de la Grèce. Il s'y était lié avec Thucydide, Périclès et Euripide, peut être même avec Socrate, et l'on signalait non sans raison dans l'éloquence de l'un et dans les tragédies de l'autre l'influence de sa tendance analytique et psychologique.

Le nom de Νοῦς que lui donnait ironiquement le syllographe Timon, indique déjà le caractère de sa philosophie et l'importance qu'elle doit avoir dans cette histoire de la psychologie grecque. Au milieu des philosophes qui s'abandonnent à leur imagination pour construire *a priori* le système du monde, qui ferment pour ainsi dire les yeux à la réalité et à l'expérience,

---

[1] *Met.*, I, 3.
[2] Hermann le fait naître d'après des calculs peu justifiés vers l'Ol. 61, 3 = 531.

Anaxagore apparaît aux yeux d'Aristote comme un homme à jeun au milieu de gens à qui le vin a fait perdre la raison [1]. Cependant Anaxagore est loin d'avoir tiré du principe fécond qu'il avait posé tous les riches développements qu'il contient: ce n'est pas seulement Platon, c'est le même Aristote qui le lui reproche : « Aristote se sert de son Νοῦς comme d'une machine pour créer le monde, μηχανῇ πρὸς τὴν κοσμοποιίαν, et ne l'introduit en scène que lorsqu'il est embarrassé d'expliquer les choses par les causes fatales »[2], c'est-à-dire par les causes naturelles et secondes : en quoi il reste fidèle à la tendance de la philosophie antérieure à Socrate.

Cependant s'il n'en sait pas faire un assez fréquent usage, il serait injuste de refuser à Anaxagore le mérite d'avoir introduit dans la philosophie un principe véritablement nouveau ; c'est sans doute ce qu'Aristote veut dire dans cette brève et obscure notice de la *Métaphysique*, où il remarque qu'antérieur à Empédocle par la date de sa naissance, il lui est postérieur par son œuvre [3], c'est-à-dire qu'il se rapproche davantage de la science moderne par ses idées et ses doctrines [4]. Ce principe, qui fait pousser un cri d'étonnement et d'admiration joyeuse à Socrate [5], c'est que le monde ne peut s'expliquer que par l'intervention d'une puissance incorporelle, d'une cause immatérielle du mouvement et de l'ordre de la matière, d'une cause intelligente ou d'une raison, puisque l'ordre est un caractère de l'intelligence

---

[1] *Mét.*, I, 3, 984, b. 15 : « Quand un homme vint dire qu'il y avait dans la nature comme dans les animaux une intelligence qui est la cause du monde et de tout l'ordre qui y éclate, cet homme parut seul avoir conservé sa raison, οἷον νήφων, au milieu des opinions arbitraires et téméraires de ses devanciers. »

[2] *Mét.*, I, 4.

[3] *Mét.*, I, 3, 984, a. 9. τοῖς δ'ἔργοις ὕστερον.

[4] *Id.*, I, 8, 989, b. 5. καινοπρεπεστέρως λέγων. Id., b. 19. παραπλήσιον τοῖς ὕστερον λέγουσι.

[5] Arist., *Mét.*, I, 3, 984, b. 19 : « Si Anaxagore est le premier dont on puisse affirmer et prouver qu'il a eu ces pensées, on a quelques raisons de croire qu'Hermotime de Clazomène les avait eues avant lui. » Est-ce à lui qu'Aristote fait allusion dans le *De Anima*, I, 2, 404, a. 25, où, après avoir cité Anaxagore, il ajoute : « ou celui qui a dit, c'est si un autre qu'Anaxagore, que τὸ πᾶν ἐκίνησε Νοῦς. » On sait peu de chose d'Hermotime. Conf. Carus, *Ideen z. Gesch. d. Phil.*, p. 330-393. *De Hermotim. Claz. Comment.*, 1825, par Ign. Denzinger.

et de la raison, et que la cause doit concevoir et connaître le beau et le bien qu'elle réalise dans les choses par sa puissance [1], et pour l'y réaliser. L'esprit est cause de tout ce qu'il y a de beau et de bon dans les choses [2]. Le point de départ d'Anaxagore était une conception toute physique. Il y a dans la nature deux sortes de choses et d'êtres : les êtres anhoméomères qui sont composés, et les homéomères dont ceux-ci sont formés. Ces derniers ont pour caractère que leurs parties sont toujours semblables, si loin qu'on puisse pousser la division, au tout dont elles sont tirées. Une goutte de sang est du sang, un fragment d'os est de l'os. C'est en cela que la conception d'Anaxagore diffère de celle des atomistes. On a beau pousser la division à l'infini, on trouve sans doute un nombre infini de particules infiniment petites; mais si petites qu'elles soient, elles auront toujours à l'origine les propriétés spécifiques qu'elles manifesteront plus tard. Car loin d'être indéterminées, ἄποια, les homéoméries d'Anaxagore ont de toute éternité chacune leur essence propre, leurs propriétés, leur figure, leur couleur. Cependant elles ne sont pas simples, et tout au contraire. Chaque homéomérie, et il y en a un nombre infini, quoiqu'infiniment petite, contient une infinité d'autres homéoméries: en sorte que tout est dans tout, tout participe de tout [3]. Il n'y a pas de minimum, puisque ce minimum contient l'infini, il n'y a pas de maximum, puisque ce maximum si grand qu'il soit est contenu dans quelque chose. L'infinie petitesse est égale à l'infinie grandeur [4]. Cette pénétration et cette confusion infinie de toutes choses en toute chose, constitue, avec l'immobilité absolue [5], l'état primitif des choses, le chaos originaire, et c'est par là qu'Anaxagore explique ce qu'on appelle, à tort suivant lui, une

---

[1] Fragm. 8 et 23. πάντα ἔγνω νόος.
[2] Plat., *Phæd.*, 97, b.
[3] Fr. 5. πᾶν ἐν παντί καὶ πᾶν ἐκ παντός. Fr. 8. ἐν παντὶ γὰρ παντὸς μοῖρα ἔνεστιν.
[4] Fr. 5. οὔτε γὰρ τοῦ σμικροῦ γέ ἐστι τό γε ἐλάχιστον... καὶ τοῦ μεγάλου ἀεί ἐστι μεῖζον... ἴσον ἐστὶ τῷ σμικρῷ πλῆθος.
[5] Arist., *Phys.*, VIII. ἠρεμοῦντα.

création. Il n'y a pas création : rien ne naît ni ne périt; il n'y a que des changements de place qui, par le mouvement, unissent ou séparent les corpuscules [1]. Si une chose paraît naître d'une chose différente, c'est qu'elle en différait seulement en apparence : elle contenait, invisibles mais réels et en nombre infini, les éléments mêmes dont elle est formée. La cause contient toujours réellement son effet, les principes et les éléments substantiels qui le composent, bien qu'ils y soient insensibles. La causation n'est qu'une transformation. Rien ne vient de rien. Les germes des choses, σπέρματα, préexistent éternellement, en nombre infini, et infiniment différents les uns des autres [2].

L'univers aurait éternellement sommeillé dans cette confusion, dans ce désordre et cette immobilité, si l'esprit ne fût intervenu pour séparer les éléments les uns des autres, et les unir les uns avec les autres, pour donner aux choses et au tout leur forme, leur essence, leur beauté, et faire du désordre et du chaos sortir l'ordre, c'est-à-dire le monde [3]: « L'esprit est la cause première du mouvement ; c'est par ce mouvement universel des choses qu'elles se séparent et se distinguent. Tout ce qui est mû par l'esprit prend une essence distincte, et le mouvement circulaire des choses, déjà mues et séparées, ne fait qu'accroître encore davantage leur distinction de nature [4] ». « Tout participe de tout », dit Anaxagore; l'esprit seul, Νοῦς, est quelque chose d'infini, d'absolu, puisqu'il n'est confondu avec rien, lié avec rien. Il est maître de lui-même et ne dépend que de lui-même ; car s'il ne dépendait pas que de lui-même et de lui seul, et qu'il fût uni et lié avec une quelconque des autres choses, il participerait de toutes. Toute chose en effet participe de toute chose. Cette participation et cette confusion l'empêcherait d'exercer sur les autres choses son empire, comme il le fait parce qu'il

---

[1] Fr. 22... οὐδὲν γὰρ χρῆμα γίνεται.
[2] Fr. 6. σπερμάτων ἀπείρων πλήθους οὐδὲν ἐοικότων ἀλλήλοις.
[3] D. L., I, 4 et II, 6. νοῦν δ' ἐλθόντα αὐτὰ διακοσμῆσαι.
[4] Fr. 17 et 18.

est seul, indépendant et existant par lui-même. De toutes les choses il est la plus subtile et la plus pure [1].

L'esprit connaît tout d'une connaissance entière ; il a sur tout une puissance souveraine. Tous les êtres petits et grands qui ont la vie ont pour principe suprême l'esprit. Le mouvement circulaire qui entraîne l'univers a pour auteur l'esprit, et voilà pourquoi ce mouvement est primitif [2]. Il a commencé par mouvoir une petite partie de l'univers : il s'étend aujourd'hui à une plus grande, et ira toujours en s'étendant davantage [3]. Voilà le premier germe de l'idée du progrès. L'esprit connaît les choses et dans leur état de confusion et de mélange, et dans leur état de séparation et de distinction ; il connaît les choses telles qu'elles devaient être, telles qu'elles ont été, telles qu'elles sont, telles qu'elles seront [4]. L'esprit a mis l'ordre dans le monde ; il est la cause de ce mouvement circulaire qu'exécutent les astres, le soleil, la lune, l'éther, depuis que ces corps se sont formés par un mouvement qui a séparé les éléments les uns des autres et tous du chaos, qui a séparé le dense du rare, le chaud du froid, le lumineux de l'obscur, le sec de l'humide.

---

[1] Mots qui doivent être entendus au sens métaphorique ; car le caractère de l'esprit, d'après Anaxagore, c'est de n'avoir aucune affinité, aucun rapport, ni même aucun contact avec la matière, d'être ἀμιγῆ, suivant l'expression d'Aristote ; car « tout élément étranger qui y apparaît le trouble, le gêne et l'obscurcit en y projetant comme une ombre. » *De Anim.*, III, 4, 3.

[2] Non pas que le mouvement lui-même soit primitif ; car le mouvement commence : Anaxagore va le dire à l'instant ; et il a un commencement précisément parce qu'il a pour cause l'Esprit qui est l'Ordre, le Bien, et que l'Ordre n'est pas primitif. Au contraire le Désordre absolu, qu'Anaxagore place à l'origine des choses : ἐξ ἀκινήτων γὰρ ἄρχεται κοσμοποιεῖν, dit Aristote, *de Cœl.*, III, 2. Mais le premier mouvement est le mouvement circulaire, parce que c'est le mouvement de l'Ordre même.

[3] Ces détails semblent exclure l'interprétation de Simplicius qui suppose que le commencement du mouvement n'était pas réel pour Anaxagore, et qu'il ne l'admettait que διδασκαλίας χάριν. « Toutes choses étaient dans la confusion et l'immobilité depuis l'Éternité, τὸν ἄπειρον χρόνον : c'est l'Esprit qui leur imprima le mouvement et les sépara, διακρῖναι. » Arist., *Phys.*, VIII, 1, 250. Eudème, cité par Simplicius lui-même, reprochait à Anaxagore cette doctrine, à savoir, d'avoir donné un commencement au mouvement. ὅτι μὴ πρότερον οὖσαν ἄρξασθαί ποτε λέγει τὴν κίνησιν. Simplic., *in Phys.*, 273, a. 0.

[4] Cette connaissance de la forme future et ordonnée des choses, antérieure à la réalisation de cet ordre, constitue évidemment une fin, un système de fins d'après lesquelles l'Esprit construit le monde.

La multitude des choses est infinie, et chacune contient une infinité de parties. A l'exception de l'esprit, aucune chose n'est jamais complètement séparée de toutes les autres. Tout esprit soit grand, soit petit, est semblable de nature. Il n'en est pas ainsi des choses. Aucune n'est semblable à aucune autre. Leur différence provient de la différente quantité des éléments qui prédominent en elles ; ce sont les éléments de même nature prédominant par leur nombre en chacune, qui constituent son unité et son individualité sensibles [1]. »

Ainsi Anaxagore considère l'esprit comme principe de mouvement et principe d'ordre, c'est-à-dire de perfection. C'est une substance pure de toute composition, de tout mélange, et elle est la seule de toutes les substances qui se dérobe à cette loi. L'esprit est donc immatériel, puisque c'est la loi de toute substance matérielle d'être composée. Sans doute on peut dire que l'immatérialité n'est pas une notion dont Anaxagore se soit parfaitement rendu compte : il parle quelquefois de l'esprit comme s'il était une grandeur. Il dit que les esprits des différents êtres ne diffèrent pas en espèce, mais en grandeur, en quantité [2] : les uns sont plus grands, les autres plus petits. Il considère l'âme comme la plus fine et la plus mince des choses, λεπτότατον πάντων χρημάτων, et immanente en elles. Il attache une importance essentielle à la supériorité de l'organisation physique de l'homme, et il y voit une marque, encore plus, une cause de sa supériorité morale : c'est parce qu'il a des mains, dit-il, que l'homme est le plus intelligent des animaux. Mais s'il n'est pas

---

[1] C'est ce que Simplicius (in Arist. de Cœl., p. 155) exprime clairement par les mots κατ' ἐπικράτειαν χαρακτηρίζεται, et (Phys., I, 4) ὅτου δὲ πλεῖστον ἔχει ἕκαστον, τοῦτο δοκεῖν εἶναι τὴν φύσιν τοῦ πράγματος. Conf. Lucr., I, 875.

Ut omnibus omneis
Res putet immixtas rebus latitare, sed illud
Apparere unum, quojus sint plurima mixta
Et magis in promptu primaque in fronte locata.

[2] Fragm. 8. νόος δὲ πᾶς ὅμοιός ἐστι καὶ ὁ μέζων καὶ ὁ ἐλάσσων. De même Hippocr., de Diæt., I. 650, k. ἡ μὲν ψυχὴ τὸ αὐτὸ πᾶσι τοῖς ἐμψύχοισι... ψυχὴ μὲν οὖν ἀεὶ ὁμοίη καὶ ἐν μείζονι καὶ ἐν ἐλάσσονι.

partout fidèle à sa propre doctrine, si l'imperfection du langage philosophique l'entraîne à des contradictions apparentes que la science moderne ne parvient pas elle-même à éviter, on ne peut contester sérieusement qu'il a établi la plus profonde et la plus essentielle différence entre l'esprit et la matière, puisque l'un est une substance éminemment simple, l'autre, même dans ses éléments infiniment petits, toujours composée. C'est donc certainement une erreur de Plutarque de dire qu'Anaxagore faisait de l'âme un corps, et un corps de même nature que l'air [1]. Il n'est pas possible d'être plus clair et plus affirmatif que ne l'est Aristote sur ce point. « Anaxagore fait de l'esprit, et de l'esprit seul un être simple, et une substance pure de tout mélange [2] ».

A cette substance pure et immatérielle, il donne comme attributs à la fois le mouvement et la pensée [3]; il y a plus, il identifie la pensée et le mouvement; » Anaxagore pose le bien, comme principe parce qu'il meut. Car c'est l'esprit qui meut; mais il ne meut que parce qu'il a un but [4]. » Ce but, c'est le bien, c'est l'ordre, qu'il connaît, puisqu'il s'y dirige et s'y porte. Malgré quelque confusion de langage, d'où l'on pourrait conclure qu'il établit une distinction essentielle entre l'esprit et l'âme, le principe de la pensée et le principe de la vie et du mouvement, Anaxagore ne reconnaît dans les êtres individuels comme dans le tout qu'un principe de l'un et de l'autre : μίᾳ φύσει [5]. L'esprit est la cause universelle: τὸν νοῦν ἀρχὴν μάλιστα πάντων [6]. La pensée est le moteur unique de tout et du tout [7], Anaxagore suivait ici la pensée de Démocrite, mais, dit Aristote, avec moins de précision et de clarté : « l'âme est aussi pour Anaxagore ce qui meut; car c'est lui qui a dit, à moins qu'il ne l'ait

---

[1] Plut., V, 20, 3 et IV, 3, 2. ἀεροειδῆ ἔλεγόν τε καὶ σῶμα.
[2] De An., I, 8, 13.
[3] Id., id., ἀποδιδῶσι δ'ἄμφω τῇ αὐτῇ τότε γινώσκειν καὶ τὸ κινεῖν.
[4] Met., XII (Λ), 10, p. 1075.
[5] De An., I, 2, 13.
[6] De An., I, 2, 13.
[7] Id., id., νοῦν κινῆσαι τὸ πᾶν.

emprunté d'un autre [1] : L'esprit a donné le mouvement à l'univers. Il y a cependant entr'eux quelque différence : Démocrite identifie absolument l'âme et l'esprit, car pour lui les choses sont réellement ce qu'elles nous paraissent être : le vrai est ce qui se manifeste à nos sens, τὸ γὰρ ἀληθὲς εἶναι τὸ φαινόμενον [2] ». C'est-à-dire que, puisque le principe de la vie se confond avec le principe de la connaissance, la sensation ne diffère pas de la raison. Il n'en est pas tout à fait de même d'Anaxagore « souvent on l'entend appeler l'esprit, Νοῦν, la cause de ce qui, dans les choses, est beau et bon », et par conséquent il semble le distinguer de la cause de ce qui est en elles mal et laid ; « mais ailleurs il identifie l'esprit et l'âme, puisqu'il soutient que tous les êtres animés, grands et petits, supérieurs et inférieurs possèdent en eux l'esprit; par où il ne peut pas vouloir dire l'esprit qui pense, car il n'est pas possible d'attribuer la pensée à tous les animaux indifféremment et non pas même à tous les hommes [3] ».

Cette doctrine, que l'âme et la raison ne constituent aux yeux d'Anaxagore qu'un seul et même principe, se retrouve affirmée dans un ouvrage longtemps attribué à Aristote, mais qu'on lui conteste aujourd'hui. « Comme Démocrite et Empédocle, dit l'auteur, Anaxagore prétend que les végétaux même ont un esprit et la pensée, νοῦν καὶ γνῶσιν... Ils disent également que les végétaux sont mus par le désir, et affirment qu'ils ont la sensation et qu'ils connaissent la douleur et la joie; et Anaxagore pour soutenir que ce sont là des êtres animés, qui ont la sensation et la sensation de la douleur, se fondait sur la propriété qu'ont leurs feuilles de se développer et de dépérir [4] ».

Il est assez difficile d'accorder cette identité de la cause de la sensation et de la pensée, ou du moins de la vie sensible et de la vie intellectuelle avec l'opposition qu'Anaxagore maintient

---

[1] Cet autre serait Archélaüs, d'après Philopon (*in h. l.*).
[2] Arist., *de An.*, 1, 2, 5.
[3] Id., 1, 2, 5.
[4] Arist., *de Plantis*, I, 1.

avec une grande force entre la sensation même et la raison. « Les organes ne sont, dit-il, que les instruments de la sensation : c'est l'esprit qui est le principe de toutes les sensations [1]. » Les sensations elles mêmes sont des formes très imparfaites de la connaissance, et « c'est cette imperfection qui nous rend incapables de discerner la vérité, dont la raison est le seul juge compétent et infaillible [2] ». « Les choses ne sont, pour les gens raisonnables, que ce que la raison et non pas les sens les leur montrent [3] ». Il le prouvait ainsi : « Si l'on oppose deux couleurs, le noir et le blanc, par exemple, et que l'on verse dans l'une une goutte de l'autre, la sensation ne nous avertira pas du changement qui s'est opéré et que la raison seule atteste. Le changement est insensible, et il est réel cependant [4]. » De même c'est la raison seule, et non les sens, qui peut nous apprendre que tout est dans tout, et que chaque chose individuelle ne reçoit une essence et un nom particulier que de la nature de celles des homéoméries qui y sont en plus grand nombre que les autres, lesquelles y sont cependant en nombre infini.

C'est cette opposition entre le jugement des sens et celui de la raison qui explique qu'Anaxagore a pu paraître nier le principe de contradiction et soutenir qu'entre l'affirmation et la négation, il y a un moyen terme : « C'est le témoignage des sens qui a fait naître cette opinion, à savoir, que les contradictoires et les contraires sont vraies en même temps ; car on voyait d'une même chose naître des choses contraires. Or puisque le non-être ne peut pas naître, il fallait de toute nécessité que la chose fût antérieurement les deux contraires : comme le soutiennent Anaxagore, qui dit que tout est mêlé dans tout, et Démocrite, qui enseigne que le vide et le plein se trouvent l'un comme l'autre dans chaque partie des êtres : or le plein c'est l'être, le vide c'est le non-être [5]. »

---

[1] Theophr., *de Sensu*, § 38.
[2] Fragm. 25. Sext. Emp., *Adv.*, *Math.*, VII, 91. τὸν λόγον ἔφη κριτήριον εἶναι.
[3] Arist., *Met.*, IV, 5.
[4] Fragm. 25.
[5] Arist., *Met.*, IV, 1009, a. 22.

« Puisque toute chose est un mélange, le mélange du bien et du non bien n'est ni bien ni non bien; on n'en peut affirmer rien de vrai. Mais quand Héraclite dit que tout est et n'est pas, il semble vouloir dire que tout est vrai, tandis qu'Anaxagore en soutenant qu'il y a un moyen terme entre les deux contraires semble dire que tout est faux [1]. » Tout est faux, dans les choses sans doute, puisque toute chose est à la fois ce qu'elle est, et ce qu'elle n'est pas, c'est-à-dire les deux contraires, προϋπῆρχεν ὁμοίως τὸ πρᾶγμα ἄμφω ὄν. Mais cela n'empêche pas que les choses ne soient. La contradiction, l'opposition est de l'essence de l'être naturel; il n'existe que par le mélange des contraires et par cette contradiction même.

Mais puisque, grâce à la raison, l'esprit saisit cette contradiction dans les choses et les pense telles qu'elles sont en réalité, la contradiction n'est pas d'ordre intellectuel et logique. L'esprit n'est pas dans le faux, précisément parce qu'il voit le faux des choses, et il n'y a pas de raison de croire qu'Anaxagore nie la possibilité même de la connaissance, comme le prétend Cicéron, qui le range avec Socrate, Démocrite et Empédocle au nombre de ces philosophes, « qui nihil cognosci, nihil percipi, nihil sciri posse; angustos sensus, imbecillos animos, brevia curricula vitæ, et, ut Democritus, in profundo veritatem esse demersam... dixerunt [2] ».

La sensation a lieu par l'action du contraire et non par l'action du semblable; car le semblable n'éprouve aucune modification du semblable [3]. C'était également l'opinion d'Héraclite, contraire à celle de Parménide, d'Empédocle et de Platon. Toute sensation est accompagnée de douleur, comme il est naturel, puisqu'elle a lieu par un attouchement, et que tout attouchement d'un contraire provoque un sentiment pénible, πόνον παρέχει [4]. Nous voyons la lumière par l'œil, qui est sombre;

---

[1] Arist., *Met.*, IV, 1012, a. 24.
[2] *Acad.*, I, 12.
[3] Theophr., *de Sensu*, § 27.
[4] Theophr., *de Sens.*, 17. πᾶσαν αἴσθησιν εἶναι μετὰ λύπης, § 29.

nous entendons le bruit par l'oreille, qui est silencieuse ; nous goûtons les saveurs par des organes sans saveur. Les organes ne sont d'ailleurs que les instruments de la sensation. C'est l'esprit qui est le principe de toutes les sensations [1].

Ce mot caractérise et résume parfaitement la psychologie d'Anaxagore.

Anaxagore appartient à la catégorie de philosophes qui posent en principe ou supposent tacitement que la cause qui donne l'être aux choses est aussi celle qui leur donne la perfection, la beauté et le mouvement [2]. Ce principe, cet Esprit, n'a rien de commun avec les éléments qu'il ordonne, et avec le monde qu'il crée, on peut presque se servir de ce terme, par le mouvement dirigé par sa pensée sage. Il existe par lui-même, et les autres choses, du moins leur perfection, n'existent que par lui. Il est en toutes choses, même non pensantes, non vivantes, mais sans participer à leur imperfection, c'est-à-dire au mélange qui les constitue. Si cette force active et intelligente n'est pas un Dieu personnel, c'est du moins un Dieu distinct des choses, tout en étant présent en elles. C'est un Dieu souverain, un Dieu juste, un Dieu Providence, qu'il appelait αὐτοκράτωρ, et qu'il confondait avec la justice [3]. Et c'est cet Anaxagore, qui, par une raillerie cruelle et fréquente du sort, fut accusé d'athéisme et d'impiété par Cléon au nom des partisans fanatiques du culte orthodoxe et officiel, et qui, inutilement défendu par Périclès, dut s'estimer heureux de sauver sa vie et d'obtenir comme une grâce d'aller à 72 ans mourir en exil, à Lampsaque ! On lui prête, à son heure dernière, une belle parole : un de ses amis le plaignant de mourir sur une terre étrangère, il répondit : de quelque lieu qu'on parte, on prend toujours le même chemin pour descendre chez les morts [4].

---

[1] *Id., id.*, § 38. Ἀναξαγόρας ἀρχὴν ποιεῖ πάντων τὸν νοῦν.
[2] Arist., *Met.*, I, 3, 984, b. 19.
[3] Plat., *Crat.*, εἶναι δὲ τὸ δίκαιον ὃ λέγει Ἄναξ, νοῦν εἶναι τοῦτο· αὐτοκράτορα γὰρ αὐτὸν ὄντα καὶ οὐδενὶ μεμιγμένον πάντα φησὶν αὐτὸν κοσμεῖν τὰ πράγματα διὰ πάντων ἰόντα.
[4] D. L., II, 11. Conf. Cic., *Tusc.*, I, 43.

Terminons cette notice par le jugement que porte sur notre philosophe le pénétrant Aristote : « Si l'on voulait soutenir qu'au lieu d'admettre une infinité d'éléments infiniment divers, Anaxagore n'en a au fond admis que deux, on pourrait le prouver par un raisonnement qu'il n'a pas, il est vrai, formulé lui-même, mais qu'il paraît avoir eu présent à l'esprit, et auquel du moins il aurait nécessairement cédé, si on le lui eût présenté. Car bien qu'il soit absurde de dire que tout était mélangé au commencement, parce que : 1º avant leur mélange, il a bien fallu que les éléments préexistassent non mélangés, ἄμικτα προϋπάρχειν; 2º il n'est pas dans la nature des choses que tout élément quelconque se trouve mêlé à tout élément quelconque ; 3º enfin, les propriétés et accidents seraient alors séparés des substances, et existeraient par eux-mêmes ; car ce qui se mêle peut et doit se séparer, néanmoins, si l'on écarte cette idée absurde du mélange absolu, et qu'on cherche ce qu'au fond Anaxagore a voulu dire, sa pensée paraîtra assez neuve et assez solide. Lorsque tout était confondu dans ce mélange, lorsque rien n'était distinct et séparé, il est clair qu'aucune affirmation sur la substance première ne pouvait être exacte ; aucune qualité ne lui appartenait réellement ; elle ne pouvait être ni blanche, ni noire, ni grise : elle était nécessairement incolore, sans quoi elle aurait eu une quelconque des couleurs, qui, alors, n'aurait pas été confondue et mêlée avec les autres. Par le même raisonnement nous devons conclure qu'elle était sans saveur et n'avait aucune propriété semblable. Elle ne pouvait avoir aucune qualité, aucune quantité, aucune détermination ; sans quoi elle aurait eu un des genres particuliers de l'Être ; elle serait entrée dans une catégorie déterminée : ce qui est impossible dans l'hypothèse du mélange universel ; car il y aurait eu alors une séparation pour produire cette détermination. Mais Anaxagore soutient que toutes choses étaient mélangées, sauf la Raison, seul principe pur et qui échappe au mélange. Que veut-il donc dire ? Cette confusion absolue et universelle, qui est la négation de toutes les qualités et propriétés de l'Être, et en contient cependant le germe, que représente-t-elle en réalité, si ce n'est la puissance pure? On peut donc dire, malgré les apparences, qu'Anaxagore ne reconnaît que deux principes : l'Unité pure, affranchie de tout mélange, et le θάτερον, c'est-à-dire l'élément indéterminé, avant qu'il ait reçu aucune détermination et qu'il participe à aucune forme précise. Or si ce système n'est ni exact ni clair, on y sent cependant une pensée qui se rapproche des doctrines récentes, et est plus conforme à la nature des choses, telle qu'elle se montre à nous [1]. »

[1] *Met.*, I, 8, 989, a. 30. Conf., *Met.*, 1, 7, 988, a. 29.

CHAPITRE DOUZIÈME

EMPÉDOCLE

Empédocle, de la riche et florissante ville d'Agrigente en Sicile, a fleuri vers la LXXXIV⁰ Ol. = 446 av. J.-Ch. Postérieur à Héraclite, à Pythagore et à Parménide, dont il ressent l'influence, et dont les systèmes opposés ont laissé leur trace dans sa philosophie, il est contemporain d'Anaxagore, qui est plus âgé, mais dont les ouvrages avaient cependant, au dire d'Aristote, un air plus jeune, et de Zénon l'éléate, qui, plus jeune, fut l'auteur d'un commentaire exégétique sur son poème de la nature. Cet ouvrage et les καθαρμοί, dont il ne nous reste que des fragments [1], sont les seuls qu'on puisse considérer comme authentiques parmi les écrits assez nombreux et d'un contenu très divers que lui attribue Diogène de Laërte [2]. Il s'était occupé, le premier, de fonder l'art oratoire ; il avait pratiqué et enseigné la médecine, la divination, et avait même fait des miracles ; il n'était pas resté étranger à la politique, et s'était mis à la tête du parti démocratique d'Agrigente. Comme philosophe, il appartient, suivant Aristote, à l'école d'Ionie, ce qui est vrai, si l'on veut dire que sa philosophie est presqu'exclusivement une philosophie de la nature ; mais il ne faut pas oublier que dans le point de vue de la philosophie ancienne, qu'accepte Aristote, l'âme aussi est un être de la nature, et que cette physique est si générale et si vaste qu'elle embrasse ce que nous appelons la psychologie. Il y a quatre causes matérielles

[1] 480 vers en tout.
[2] D. L., VIII, 57.

des choses [1] de ce monde, primitives, indépendantes, simples, existant par soi; Empédocle ne les nomme ni éléments, ni principes, mais racines des choses : ῥιζώματα πάντων. Ce sont Zeus, ou l'Ether igné, le Feu ; Héré, ou Junon, l'air qui donne la vie, φερέςβιος; Aïdonée ou Orcos, la Terre; Nêstis, ou l'Eau.

Outre ces causes matérielles, Empédocle pose, sans justifier autrement ni davantage leur existence et leur nombre, deux principes moteurs et intelligibles, deux forces actives distinctes de la matière et seules capables de lui donner le mouvement, la force et la vie : ce sont l'Amour, qui unit les éléments matériels et la Discorde qui les sépare : double mouvement, qui en s'équilibrant, en se faisant contre-poids, concourt à produire les choses individuelles, mais dont chacun, lorsqu'il exerce un empire exclusif, les détruit en les faisant rentrer dans une Unité absolue où toute différence est supprimée, ou dans une multiplicité infinie. L'amour est sagesse, harmonie, justice, bonté ; la discorde est fureur, folie, lutte sanglante [2]. L'amour habite au fond des entrailles de l'homme, et y est le principe des sentiments les plus délicieux de l'amitié, de la concorde, de la joie, et de ces doux rapports auxquels préside Vénus [3]. L'un est cause de la laideur et de la haine, l'autre est cause des relations affectueuses et des penchants que les êtres éprouvent les uns pour les autres. Ces deux principes sont suprasensibles ; ils échappent à la prise de nos sens ; c'est avec la raison et non avec les yeux qu'on les peut voir

τὴν σὺ νόῳ δέρκευ, μηδ' ὄμμασιν.

Ces deux principes, qui ne sont que les deux moments séparés de la force motrice et intelligente, Empédocle est le premier qui les ait posés [4], dit Aristote, c'est-à-dire qu'avant

---

[1] Philopon, *Phys.*, I, lett. C, p. 3. τὰ ὑλικὰ αἴτια.
[2] Φιλότης ἐπίφρων, Ἁρμονίη θεμερῶπις, Στοργή· Νεῖκος οὐλόμενον, μαινόμενον, δῆρις αἱματόεσσα.
[3] Fragm. v. 82 sqq.
[4] Arist., *Met.*, I, 4.

Anaxagore, qui les réunit dans son principe unique du Νοῦς, il a conçu le principe des choses comme une puissance intellectuelle et morale.

Il n'y a pas de naissance, il n'y a pas de destruction finale : il n'y a que combinaison ou séparation des éléments, μίξις et διάλλαξις ; car il n'est pas possible que l'être naisse du non-être, et il n'est pas possible que l'être cesse d'être.

Ce sont les deux forces motrices de l'amour et de la discorde, qui, comme des artistes sublimes, composent les choses de la nature, en mêlant les éléments dans des proportions diverses mais toujours harmonieuses, tantôt faisant un de plusieurs, tantôt faisant plusieurs de un [1].

Chacun de ces principes dont l'un peut être considéré comme le bon, et l'autre comme le mal, ou plutôt comme leur cause, domine tour à tour [2], par une loi fatale et inexplicable, ou du moins inexpliquée. Quand c'est l'amour qui exerce sur les éléments un empire absolu, qui chasse du monde l'action de la discorde, ἐξ ἔσχατον ἵστατο Νεῖκος, les choses individuelles se ramassent en une sphère infinie, parfaitement uniforme, parfaitement une et immobile, où tout est confondu et indistinct, sans différence : c'est le *Sphairos*, Σφαῖρος κυκλοτερὴς μονίη περιηγέϊ γαίων, ce qu'Aristote appelle μίγμα et ἕν. Quand c'est le tour de la discorde de régner sur les éléments, elle divise, sépare à l'infini les éléments constitutifs des êtres et des choses, dont la forme et l'existence individuelle, dans un cas comme dans l'autre, sont détruites. Le passage de l'un de ces états du monde à l'autre ne se fait ni tout d'un coup ni complètement, mais lentement et peu à peu, et c'est dans ces périodes intermédiaires de transition entre la division infinie et l'unité absolue que peuvent apparaître la vie des êtres et la forme des choses, exclues de l'une comme de l'autre de ces périodes extrêmes [3].

[1] V. 126 sqq.
[2] V. 147. ἐν μέρει κρατέουσι.
[3] V. 194.

Toute chose en ce monde a reçu en partage la vie, la pensée et la raison; la vie se manifeste par la fonction de respiration; aussi tout être respire et expire, et le phénomène s'accomplit non pas seulement par un organe particulier et spécial, tel que le larynx chez l'homme, mais par le corps tout entier [1]. Empédocle étendait-il cette notion de la vie jusqu'au règne inorganique? on n'en voit rien dans ses fragments, mais pour le règne végétal, la chose n'est pas douteuse : « Nous surprenons la vie, dit Aristote [2], non seulement dans les animaux, mais encore dans les végétaux ; chez les uns la vie est patente, manifeste ; chez les autres secrète et cachée..... On se demande si les végétaux ont une âme, s'ils ont la puissance de désirer, de souffrir, de jouir, de discerner. Comme Anaxagore, Empédocle soutient qu'ils sont mus par le désir, qu'ils sentent, qu'ils jouissent, qu'ils souffrent... il leur attribue la différence des sexes, quoique non séparés, et leur donne la raison, νοῦν, et la connaissance. »

Aristote va même plus loin : « Ceux qui ont tourné leur attention sur le fait de la connaissance et de la sensation, pour ne pas séparer les choses à connaître et l'âme qui les doit connaître par une opposition telle qu'elle rendrait inexplicables la connaissance et la sensation, ceux là ont soutenu que l'âme est le principe des choses [3]. Les uns ont admis plusieurs principes, les autres un seul. C'est ainsi qu'Empédocle a composé l'âme de tous les éléments, et fait de chacun d'eux une âme [4]. » Ainsi non-seulement les éléments seraient animés, mais ils seraient chacun une âme.

Cette opinion est si étrange, elle se comporte si mal avec les autres théories d'Empédocle que Zeller, malgré l'autorité d'Aristote, ne croit pas pouvoir la lui attribuer, et je partage ce sentiment.

---

[1] V. 298, 313.
[2] De Plant., I, 815, a. 15.
[3] Il est impossible de mieux marquer l'origine psychologique de cette philosophie de la Nature.
[4] De An., I, 2, 6.

Quoi qu'il en soit les végétaux ont une âme et sont des animaux ; leur âme est de la même nature que celle des animaux et que celle des hommes. Leur génération est ovipare, ὠοτοκεῖ μακρὰ δένδρεα [1]. Les feuilles des arbres sont des espèces de cheveux, de plumes, d'écailles. Leur croissance et leur développement viennent de la chaleur répandue et disséminée dans la terre ; les racines se dirigent vers le bas, parce que c'est la direction naturelle de la terre, et les branches s'élèvent en haut, parce que c'est le mouvement naturel du feu.

Tous les êtres ont la vie, la sensation, la raison ; d'où vient donc et en quoi consiste leur différence spécifique et leur individualité ? Suivant la diversité de leur constitution physique, qui dépend elle-même des diverses proportions des éléments combinés et mélangés qui les constituent, varient en degrés les intelligences des hommes, et nous pouvons ajouter des êtres [2]. Les êtres, nés de la combinaison des éléments matériels réunis et séparés par l'influence combinée des deux principes de l'amour et de la discorde, ne sont pas tous nés à la fois ; il y a succession lente et insensible, οὐκ ἄφαρ ἀλλ' ἐθέλημα, parce que c'est non par un saut brusque, mais par une longue série d'états intermédiaires et transitoires que le monde passe de la période de l'unité absolue à la période d'absolue et infinie multiplicité.

Les végétaux sont les premiers des êtres vivants qui sont sortis de la terre, ils ont été produits avant même que le soleil ne tournât autour d'elle, avant que le jour ne se distinguât de la nuit [3]. Il ne se produit plus d'espèces nouvelles, parce que le règne végétal a été créé à une époque où le monde, encore dans la jeunesse et la vigueur, imparfait et incomplet, cherchait à se compléter, tandis qu'aujourd'hui, arrivé à son entier achèvement, il a perdu sa force de génération [4].

---

[1] *De Gen. An.*, I, 23.
[2] V. 377.
[3] Plut., *Plac. Phil.*, v. 26.
[4] Arist., *de Plant.*, I, 2, 817, b. 15.

Ce sont les idées que Lucrèce a adoptées et qu'il expose en vers admirables :

> Nunc redeo ad mundi novitatem et mollia terræ
> Arva ; novo fetu quid primum in luminis oras
> Tollere, et in certeis credunt committere venteis.
> Principio genus herbarum viridemque nitorem
> Terra dedit circum colleis ; camposque per omneis
> Florida fulserunt viridanti prata colore :
> Arboribusque datum est varieis exinde per auras
> Crescundi magnum immissis certamen habenis ;
> Ut pluma atque pilei primum setæque creantur
> Quadrupedum membris et corpore pennipotentum,
> Sic nova tum tellus herbas virgultaque primum
> Sustulit : inde loci mortalia corda creavit [1]
>
> ....
> Sed quia finem aliquam crescundi debet habere,
> Destitit, ut mulier, spatio defessa vetusto.

L'origine de l'homme est singulière, bizarre : sous l'empire de la discorde, les membres des êtres qui composeront plus tard des organismes vivants, ont été produits isolément et séparés les uns des autres : on voyait des têtes sans cou, des bras sans épaules, des yeux sans front. C'est l'amour dont la puissance réunit entr'eux, dans un ordre harmonieux, ces membres dispersés, ces fragments épars d'organismes, et en fit des êtres uns et vivants [2].

Ce n'est pas que l'amour, et encore moins la discorde, soient des causes finales : ce sont des causes efficientes ou motrices, mais qui, parfois agissent comme des causes finales. Partout où cette réunion de membres isolés se trouve être ce qu'elle eût été si elle eût été faite en vue d'un but, ἕνεκα τοῦ, ces harmonieuses créations survécurent ; là où il n'en fut pas ainsi, comme lorsque des membres de bœufs et des membres d'hommes se réunirent pour un instant, les monstres ainsi nés périrent bientôt [3]. C'est par cette production monstrueuse pri-

---

[1] V. 781 sqq.
[2] V. 306 Conf. Arist., de Cæl., III, 2 ; 300, b. 29 ; id., de An., III, 6.
[3] V. 310-316. πολλὰ μὲν ἀμφιπρόσωπα καὶ ἀμφίστερνα ἐφύοντο
βουγενῆ, ἀνδρόπρωρα........
ἀνδροφυῆ βούκρανα·
Conf. Arist., Phys., II, 8, 188, b. 29 ; id., II, 4, 196, a. 23.

mitive qu'Empédocle expliquait les caractères de certaines organisations qui paraissent défectueuses ; ainsi il soutenait que si tel animal avait telle épine dorsale, c'est parce qu'au moment où les éléments qui l'ont formé se combinaient, l'épine se trouvaient tordue et comme brisée [1]. L'ordre des parties, leur rapprochement en une seule forme, leur coopération à une fonction commune, ne vient donc pas d'une fin conçue et voulue d'avance : c'est le résultat d'une sorte de sélection qui essaie mille combinaisons périssables, jusqu'à ce qu'il s'en rencontre une qui persiste et dure, parce qu'elle répond aux conditions nécessaires de la vie [2].

Dans les hommes, comme dans tous les êtres, le semblable désire son semblable et se porte naturellement vers lui : la pensée n'est qu'un mouvement particulier de ce genre, c'est-à-dire un mouvement du semblable au semblable. Nous pensons toutes les choses par l'élément qui correspond en nous à ces choses mêmes. « Nous voyons la terre par la terre ; par l'eau, l'eau ; par l'air, l'air ; par le feu, le feu ; par l'amour, l'amour ; par la discorde, la discorde ; car ce sont là les principes d'où tout est formé, et c'est par ces principes que les êtres et les hommes pensent, jouissent et souffrent [3]. »

Il faut remarquer que le mot âme, ψυχή, ne se trouve pas dans les fragments d'Empédocle, et que la vie, la sensation, la pensée semblent être pour lui des modes d'action, des propriétés naturelles et pour ainsi dire identiques en soi, et différentes seulement en degré, de la composition et de la combinaison des éléments matériels de l'être. Nous ne voyons pas en lui l'âme séparée par son essence et ses attributs du corps ; la pensée

---

[1] Arist., de Part., An., I, 1, 640, a. 19.
[2] Le principe de la finalité, qui perce dans celui de l'Amour et même de la Discorde, ne parvient pas encore à se dégager nettement, et, comme Socrate l'observe, même Anaxagore, après l'avoir aperçu, posé, semble l'oublier à chaque instant, et ne sait pas s'en servir. La contradiction réelle ou apparente de la cause finale et de la cause efficiente, trouble toutes les conceptions et arrête le développement naturel des plus grands principes.
[3] V. 372-378.

n'est que la sensation, un degré supérieur, si l'on veut; mais la sensation est un phénomène purement physiologique [1]. La connaissance s'opère par le mouvement du semblable vers le semblable, elle naît donc, comme les choses, du mélange des éléments matériels du corps. En particulier c'est dans le sang, où les éléments sont le plus parfaitement mélangés, que résident la pensée et la conscience, c'est par le sang que nous pensons. τῷ αἵματι μάλιστα φρονεῖν [2] et surtout par le sang du cœur : « Dans les flots du sang qui circule avec violence est nourrie (la pensée [3]) ; c'est là que se meut l'intelligence de l'homme ; car chez l'homme le sang du péricarde est la pensée même.

αἷμα γὰρ ἀνθρώποις περικάρδιόν ἐστι νόημα [4].

« Les êtres dans lesquels les éléments semblables, homogènes, ni trop peu ni trop nombreux, ni trop petits ni trop grands, ont été mélangés, ceux-là ont l'intelligence supérieure et les sensations les plus délicates ; ceux où la combinaison se fait tout autrement sont le contraire ; ceux dans lesquels les éléments sont espacés et lâches ont l'esprit épais et l'intelligence lourde ; ceux où ils sont denses et serrés sont vifs et actifs. Ceux chez lesquels ce mélange bien proportionné se réalise dans un organe spécial, ont là une supériorité spéciale : c'est ainsi que les uns sont des orateurs, les autres des artistes, parce que, chez les uns, cette heureuse combinaison s'est faite dans les mains, les autres dans la langue. On s'explique de même toutes les autres supériorités [5]. » En un mot, comme le dit lui-même Empédocle :

---

[1] On ne sait où Théodoret (*Cur. Græcor. Affect.*, v. 18, 72), a trouvé qu'Empédocle faisait de l'âme un μῖγμα ἐξ αἰθερώδους καὶ ἀερώδους οὐσίας.
[2] Theophr., *de Sens.*, 10.
[3] V. 372. Le fragment incomplet ne donne pas le sujet de τεθραμμένη. C'est évidemment μῆτις.
[4] V. 375.
[5] Theoph., *de Sens.*, 10 ; Plut., *Plac. Phil.*, v. 23, 25, 27. La froideur du sang est, d'après Empédocle, la cause de la faiblesse et des lacunes de l'intelligence (sanguis circum præcordia frigidus. *Virg.*); le sommeil et la mort viennent de ce que le feu s'échappe du corps.

suivant la diversité de la constitution physique varient les degrés et les spécialités de l'intelligence.

Bien qu'on trouve dans les Fragments une vague allusion à une différence entre la sensation et la raison, il n'y en a pas d'essentielle, et Empédocle n'en pouvait guère admettre, puisqu'il n'y a pas, dans son système, place pour une différence entre le spirituel et le corporel. « Démocrite et Empédocle soutiennent que la sensation est la pensée même, et comme la sensation est une altération, ἀλλοίωσις, ils prétendent que ce qui nous apparaît par la sensation est la vérité même [1]. » Ce doit être là une conclusion qu'Aristote tire et a logiquement le droit de tirer des principes d'Empédocle, mais qu'il ne semble pas que ce dernier ait jamais expressément formulée : au contraire, il recommande de se défier des sensations et se plaint de la faiblesse de l'intelligence : « Bien faible est l'intelligence (παλάμαι), contenue et répandue dans nos organes ; bien des accidents graves lui font obstacle et émoussent nos pensées. Les hommes éphémères, qui ne peuvent parcourir et connaître que l'espace si court d'une vie si pénible, qui disparaissent et s'évanouissent comme une fumée, ne connaissent chacun que les choses en présence desquelles il s'est trouvé personnellement dans le cours agité de sa carrière : et cependant, tout le monde croit et se vante de connaître le tout des choses. Vaine présomption ! Car les choses ne se laissent ni voir aux hommes ni entendre ni comprendre d'eux, même par la raison, οὔτε νόῳ περιληπτά. Fais-en l'épreuve, et tu te convaincras que ton savoir ne pourra s'étendre au-delà des limites de l'intelligence humaine, bornée et faible [2]. »

Empédocle n'ébauche même pas une théorie de la connaissance ; ses préceptes logiques ont un caractère très général : « Cherche en toute chose l'évidence ; dans l'ordre des choses visibles, ne crois qu'au témoignage de tes yeux ; dans l'ordre

---

[1] Arist., *Met.*, IV, 5, 1009, b. 12.

[2] V. 36 sqq. Malgré cela, il prétend avoir trouvé la vérité, et une vérité certaine et évidente : τὺ δ'ἄκουε λόγων στόλον οὐκ ἀπατηλόν.

des choses qui s'adressent à nos oreilles, n'ajoute foi qu'à ce que tes oreilles ont entendu », c'est-à-dire que la connaissance a un caractère absolument expérimental, et l'expérience est personnelle comme toute sensation. « Mais d'ailleurs, ajoute-t-il, garde-toi d'ajouter foi aux sens, et cherche partout l'évidence avec la raison [1]. »

On surprend ici un commencement de distinction qui, dans les données du système, ne peut être qu'une différence de degré, et provenir de la différence des proportions dans lesquels est le mélange qui constitue chaque être et chaque activité de l'être.

La sensation, qui est la forme nécessaire de toute connaissance, s'explique par les émanations : « D'après Empédocle, dit Platon [2], les choses émettent des sortes d'émanations qui se dirigent vers les pores et les traversent. De ces émanations, les unes sont appropriées à certains pores, les autres à certains autres, et elles sont, les unes plus petites, les autres plus grandes. Ainsi, par exemple, la couleur est l'émanation des objets appropriée aux pores de la vue ». Théophraste confirme ce renseignement en le répétant : « Empédocle dit que la sensation est produite par l'appropriation des émanations des choses aux pores de chaque sens, les émanations de chaque objet sensible s'adaptant aux pores de son sens propre [3]. » C'est ainsi de la différence des pores à laquelle correspond une différence analogue des émanations que vient la différence des sensations [4]. La sensation de l'ouïe s'opère lorsque l'air, qui se trouve en suspension dans l'intérieur de l'oreille, vient à frapper brusquement les parois de la conque de l'oreille, comme dans une trompette. L'odeur est produite par l'air [5], la saveur vient de l'eau qui contient en suspension tous les genres

---

[1] V. 58 sqq.
[2] *Men.*, 76, c.
[3] Theophr., *de Sens.*, 7.
[4] Plut., *Plac. Phil.*, IV, 9, 3.
[5] Id., id.

de saveurs, insensibles à cause de leur exiguïté [1]. La vue, qui, avec le tact, nous fournit les notions les plus claires et les plus sûres [1], s'explique comme il suit : « De même que celui qui se propose de sortir pendant une nuit d'hiver prépare sa lampe qui doit jeter autour de lui l'éclat de ses rayons enflammés, l'allume et la place dans une lanterne, dont les cloisons transparentes servent à écarter le souffle des vents, tout en laissant passer le feu qui éclairera les objets placés sur sa route d'autant plus vivement que la lumière aura un éclat plus intense, de même, le feu naturel enfermé dans les membranes de l'œil, protégé contre l'humidité sous ses cloisons diaphanes, emplit l'orbe de la pupille, et, à travers ces voiles légers, rayonne et se répand au dehors sur les objets [3]. » Ainsi, dit Aristote, Empédocle croit que l'œil est de feu, et que la vision a lieu, quand et parce que la lumière sort de l'œil : cependant, ailleurs, il professe que la vision est produite par les émanations des objets visibles [4]. C'est une contradiction manifeste qu'Aristote signale sans chercher à la lever.

Ce n'est pas la seule ni la plus grave qu'on remarque dans ces essais encore informes et incomplets d'une philosophie qui, à peine, a conscience des problèmes qu'elle veut résoudre, et n'est pas en possession d'une méthode sûre et réfléchie de recherche, de contrôle et de démonstration.

Nous avons vu que, d'après les données du système, qui est absolument physique, il n'y a aucune place pour la distinction d'une essence spirituelle et d'une essence corporelle. La pensée, le sentiment, la sensation, le plaisir et la souffrance, sont des fonctions des éléments matériels réunis et divisés, dans des proportions diverses, par la discorde et par l'amour. Il n'y a donc pas d'âme dans la philosophie d'Empédocle, et, cependant, il admet, il enseigne expressément une migration des âmes :

[1] Arist., de Sens., 1.
[2] V. 389.
[3] V. 220.
[4] Arist., de Sens., 2.

« C'est une nécessité fatale, c'est un décret antique, éternel des dieux, confirmé par leurs serments solennels, que l'homme qui a souillé sa main de sang, ou aura trahi son serment, soit exilé des dieux pendant 30,000 années (ὦρας), et naissant successivement, sous diverses formes mortelles, change de conditions de vie, toujours malheureux dans toutes. Tel je suis moi-même aujourd'hui exilé des dieux, φυγὰς θεόθεν, errant, subissant l'influence de la funeste discorde, tombé sur la terre, au milieu des hommes, rampant dans ce vaste désert ténébreux, déchu de quel comble de félicité et de gloire, après avoir été homme, femme, arbre, oiseau, poisson, pleurant, gémissant et stupéfait à la vue de ce séjour désolé [1]. »

Ainsi, il y a dans l'homme et dans tous les êtres quelque chose d'identique et de permanent, sinon éternel, de vivant du moins qui, pendant une longue suite de périodes du temps, survit à tous les changements apparents et s'enveloppe successivement d'une *chair* nouvelle, comme on change de vêtement.

σαρκῶν ἀλλογνῶτι περιστέλλουσα χιτῶνι [2].

La *chair*, mot singulier dans la bouche d'un philosophe du ve siècle av. J.-Ch., la chair change et périt : il y a donc quelque chose de différent d'elle qui subsiste. Mais que subsiste-t-il donc, si ce n'est une âme ? Cette âme que peut-elle être qu'un composé des principes matériels, dont le corps est formé, et qui ne pourrait en différer que par un rapport numérique différent des parties qui entrent dans la combinaison, sans qu'il soit nulle part fait la moindre allusion même à cette simple différence de degré [3].

---

[1] Fragm., v. 1.
[2] V. 414. Heeren (Stob., *Ecl.*, *Phys.*, 1, 1050) donne la leçon ἀλλοιόχρωτι, Wakefield (Lucret., III, 613, et IV, 56) ἀλλογχρῶτι, Karsten, αἰολόχρωτι.
[3] Cependant, on trouve dans Plutarque (*de Exilio.*, 18, le renseignement suivant: οὐ γὰρ αἷμα, φησὶν) ἡμῖν οὐδὲ πνεῦμα συγκραθέν, ψυχῆς οὐσίαν καὶ ἀρχὴν παρέσχεν, ἀλλ' ἐκ τούτων τὸ σῶμα συμπέπλασται, γηγενὲς καὶ θνητόν. L'âme vient d'ailleurs ici-bas, et cet exil on le dissimule, sous le nom plus doux de naissance, γένεσιν.

Quoi qu'il en soit, dans cette succession de formes, les meilleures conditions de vie sont pour les êtres qui ont été les meilleurs dans leur vie antécédente. Ils deviennent à la fin devins, poètes, médecins, princes, rois ; d'eux naissent les dieux honorés qui vivent avec les Dieux immortels, libres des soucis de l'humanité et affranchis de la loi fatale de la mort [1].

C'est à ces idées, dont le caractère orphique et pythagoricien est manifeste, qu'il faut rattacher les règlements sur l'interdiction de la nourriture animale, et qui, pour être logiques, auraient dû interdire également la nourriture végétale, tandis que quelques végétaux seuls sont prohibés, les fèves, par exemple,

κυάμων ἄπο χείρας ἔχεσθε.

Y a-t-il, dans cette philosophie, place pour un Dieu véritable ? Une des objections qu'Aristote fait au système le laisserait supposer : « Empédocle, dit-il [2], qu'on pourrait croire conséquent avec lui-même, tombe cependant dans la même contradiction que les autres philosophes. Il pose en effet un principe, la discorde, comme cause de la destruction ; et cependant on n'en voit pas moins ce principe de destruction engendrer tous les autres, excepté l'Un, τὸ ἕν ; car tous les autres êtres, excepté Dieu, proviennent de la discorde. S'il n'y avait pas, dans les choses, le principe de la discorde, tout serait ramené à l'unité ; car lorsque les éléments se rassemblent et s'unissent, la discorde disparaît. Il suit de là que Dieu, l'être heureux par excellence, connait moins que les autres êtres, car il ne connait pas tous les éléments, puisqu'il n'a pas en soi la discorde, et que la connaissance s'opère du semblable par le semblable [3]. »

---

[1] V. 457.
[2] Arist. *Met.*, III, 4,
[3] Aristote fait en outre remarquer que si la Discorde est cause d'être tout aussi bien que de destruction, de son côté, l'Amour est tout aussi bien cause de destruction que d'être ; car lorsque l'Amour réunit tous les êtres et les fond dans l'Unité absolue, il

Quelle peut être la nature de ce Dieu? Si, comme le dit Aristote, c'est l'unité absolue, τὸ ἓν τὸ μίγμα, il est le Σφαῖρος; mais, alors, c'est la nature même, avec ses éléments et ses forces motrices, avant qu'aucun principe de distinction, de séparation, de mouvement, se soit manifesté en elle, c'est-à-dire dans la confusion inerte du désordre, du chaos et de la nuit. On ne peut guère à ce Dieu appliquer les attributs que lui donne Empédocle dans des vers qui rappellent la doctrine et presque les termes même de Xénophane : « Nous ne pouvons approcher la divinité ; elle est invisible à nos yeux ; elle se dérobe au contact de nos mains ; et, cependant, ce sont là les deux sens qui impriment dans notre esprit, φρένα, les convictions les plus solides. Dieu n'a pas, comme l'homme, une tête sur un corps, des bras attachés à ses épaules; il n'a pas de pieds, pas de mains ; il n'est qu'un esprit saint et infini, et dont la pensée parcourt avec rapidité l'immensité du monde :

Ἀλλὰ φρὴν ἱερὴ καὶ ἀθέσφατος ἔπλετο μοῦνος
φρόντισι κόσμον ἅπαντα καταΐσσουσα θοῇσιν [1].

Ce Dieu d'un autre côté n'est pas la discorde, cela est évident, d'après les noms qu'il lui donne, et il ne peut pas être l'amour, qui n'est pas, dans le système, un principe unique ni supérieur, et qui, comme Aristote l'a vu, produit les mêmes effets que la discorde elle-même.

Au milieu de ces lacunes et de ces contradictions, si nous cherchons ce qui peut concerner la psychologie dans ce système, nous trouverons en réalité bien peu de chose : le plus impor-

détruit tout ce qui n'est pas cette Unité. Enfin Empédocle n'assigne aucune cause au changement, se bornant à dire qu'il en est ainsi, comme si le changement était nécessaire ; mais il ne présente aucune explication, aucune raison de cette nécessité. Il semble même que cette puissance est celle du hasard, et que la doctrine d'Empédocle a quelque analogie avec la théorie de Darwin, qui admet que c'est un heureux hasard, qui, au milieu de l'éternel massacre des faibles, de la destruction de formes et d'organismes innombrables, en sauve quelques-uns plus appropriés à certaines circonstances toutes fortuites de leur existence et de leur développement.

[1] V. 389-396. C'est le seul passage où nous voyons par une dénomination particulière, φρήν, attribuer une sorte de substantialité à ce qui pense.

tant sous ce point de vue, c'est que ce physicien qui adopte presque toutes les doctrines d'Héraclite, pour expliquer la vie, le changement, le devenir, la destruction, le monde enfin, est obligé d'ajouter aux principes matériels, deux forces morales, deux forces psychiques; dont les noms seuls révèlent le caractère. Il a beau ne pas avoir nommé l'âme, ce n'est que dans une âme et dans l'analyse de l'âme qu'il a trouvé ces facultés de la haine et de l'amour, qu'il emploie à l'explication des choses, et si ce n'est pas expressément l'âme, ce sont du moins deux forces, qui ne peuvent appartenir qu'à une âme, qu'Empédocle considère comme les racines et les fondements des êtres et des choses, ῥιζώματα πάντων.

CHAPITRE TREIZIÈME

DIOGÈNE D'APOLLONIE

Aucun renseignement certain ne fixe l'époque de Diogène d'Apollonie avec quelque précision. On sait qu'il faisait mention dans son ouvrage de l'aérolithe tombé à Ægos Potamos, Ol. LXXVII ou LXXVIII [1], c'est-à-dire qu'il est postérieur à cette date. D'un autre côté Simplicius le cite comme le dernier des philosophes purement naturalistes, et le signale comme un compilateur qui a emprunté presque toutes ses idées, les unes à Anaxagore, les autres à Leucippe [2]. Ses écrits confirment l'opinion, partagée par la plupart des anciens, qu'il a été un contemporain d'Anaxagore, et plus jeune probablement que ce dernier. Il était né à Apollonie, en Crète, et vint à Athènes où il courut des dangers [3] semblables sans doute à ceux qui avait menacé Anaxagore et auxquels Socrate succomba. Diogène de Laërte ne connaît de lui qu'un seul ouvrage intitulé : *De la Nature*. Simplicius tout en disant qu'il n'a eu que celui-là entre les mains, croit cependant qu'il en avait écrit encore d'autres, parmi lesquels il cite un traité : *De la nature de l'homme*, qui pourrait bien n'avoir été qu'une section du premier. Nous n'avons conservé qu'un petit nombre de fragments, mais assez

---

[1] Stob., *Ecl. Phys.*, 1, 508. La Chronique de Paros donne la date de Ol. 71, 3 = 461 ; la Chronique d'Eusèbe, celle de Ol. 78, 1 = 465, et Diodore et Denys d'Halicarnasse celle de Ol. 78, 1 = 468.
[2] Ar., *Phys.*, f. 6, a.
[3] Diog. L., IX, 57.

complets pour nous donner une idée des principes généraux de son système, qui est à la fois une physique et une psychologie. Car il semble avoir connu les difficultés du principe dualiste d'Anaxagore, et n'a trouvé pour les éviter, d'autre moyen que de confondre la nature et l'esprit, qu'avait distingués et séparés par une différence d'essence son contemporain.

« Au commencement de toute science, il faut poser un principe inébranlable, et tout en déduire par une exposition simple et grave [1]. » On n'a pas remarqué que pour la première fois apparaît ici la préoccupation des conditions formelles de la science pour laquelle Diogène exige, non-seulement la clarté et la dignité de l'exposition et de la forme littéraire, mais un principe unique et un principe indiscutable, *inconcussum quid*, ἀναμφισβήτητον, comme forme logique de toute science.

Quel est ce principe ?

« Tout ce qui est n'est qu'une modification d'un seul et même être, est au fond une seule et même chose. Sans cette identité substantielle, il ne pourrait y avoir aucune communication, aucun mélange, aucune production, aucune destruction, aucune influence réciproque et mutuelle des choses les unes sur les autres. On ne verrait pas la terre produire une plante, ni un animal engendrer un animal [2] ». « Toute chose dans laquelle nous voyons se manifester production ou passivité, τὸ ποιεῖν καὶ τὸ πάσχειν, suppose l'unité substantielle de nature, μίαν εἶναι τὴν ὑποκειμένην φύσιν [3]. »

« Cette substance, principe unique de tout est l'air, infini, éternel, immense, tout puissant, tout connaissant [4]. »

« Ce principe possède une vaste intelligence ; car il ne serait pas concevable sans la pensée ; tout en ce monde fut distribué avec un tel ordre, que tout eût sa mesure, que tout fut disposé avec une beauté parfaite [5] ». « C'est à ce principe que les

---
[1] Fragm. 1, Panzerbieter.
[2] Fragm. 2.
[3] Ar., *de Gen. et Corr.*, 1, 6.
[4] Fragm. 3.
[5] Ainsi, l'Ordre est ami de la Raison, et en est la marque comme la mesure.

hommes et les animaux doivent la vie, l'âme, la pensée... et la preuve, c'est que c'est en respirant l'air, qu'ils vivent, et que quand cet air leur manque, ils meurent et leur raison s'évanouit[1]. »

« Ainsi ce qui possède la pensée, ce qui en contient l'essence c'est l'air; c'est par l'air que sont gouvernées et ordonnées toutes choses ; car c'est son essence[2] de pénétrer en tout, de tout imprégner, d'être partout : il n'est pas une seule chose qui n'en possède une part. Mais pas une chose n'en participe de la même manière: les formes, les modes, les degrés de cette participation à l'air et à la pensée sont infiniment variés.

L'âme de tous les animaux est par conséquent le même air, plus chaud que l'air extérieur où nous vivons, plus froid et de beaucoup que celui du soleil. Mais cette chaleur, constitutive de l'âme, n'est la même dans aucun animal ni dans aucun homme ; il y a, entre toutes les espèces comme entre tous les individus de chaque espèce, une différence variable qui n'est pas grande, il est vrai, mais telle enfin, que, malgré leur identité de nature et de substance, aucun être n'est absolument semblable à un autre être... C'est parce qu'il y a un nombre infini de différenciations, que les animaux sont différents les uns des autres, qu'ils ne se ressemblent parfaitement ni par la forme, ni par le régime, ni par l'intelligence. Et cependant tous vivent, voient, entendent par le même principe, l'air, et c'est à ce même principe qu'ils doivent toutes les autres formes de la pensée[3]. »

L'âme a non seulement la faculté de connaître : elle a aussi celle de mouvoir et d'ordonner ; et elle a l'une et l'autre de ces facultés parce qu'elle est de l'air : c'est, dit Aristote[4], dans une

---

[1] Fr. 5.
[2] ἔθος. Mullach change sans raison cette leçon en νόος qui ne serait qu'une répétition.
[3] Fragm. 6. καί μοι δοκέει τὸ τὴν νόησιν ἔχον εἶναι ὁ ἀὴρ καλεόμενος· ὑπὸ τῶν ἀνθρώπων καὶ ὑπὸ τούτου πάντα καὶ κυβερνᾶσθαι καὶ πάντων κρατέειν· αὐτοῦ γάρ μοι (ou ἀπὸ γάρ μοι τούτου) δοκέει νόος (ἔθος Simplic.) εἶναι καὶ ἐπὶ πᾶν ἀφῖχθαι καὶ πάντα διατιθέναι καὶ ἐν παντὶ ἐνεῖναι.
[4] De An., I, 5, 15.

phrase un peu obscure, parce que l'air est le principe de tout, que l'âme peut connaître [1]; c'est parce qu'il est le plus léger des corps, que l'âme est à la fois susceptible de se mouvoir et capable d'imprimer le mouvement qu'elle possède.

L'âme est de l'air [2]; voilà pourquoi le sperme des animaux est aériforme. La pensée vient de l'air, qui, avec le sang qu'il pénètre, baigne tout le corps, par le moyen des veines, dont Diogène fait une description anatomique d'une exactitude vantée par Aristote [3].

On ne sait pas trop ce que veut dire Plutarque quand il remarque que Diogène a placé le ἡγεμονικόν de l'âme dans le ventricule artériel (c'est-à-dire gauche) du cœur, lequel est de nature aériforme. Entend-il la faculté supérieure de l'âme, la raison, comme le faisaient les stoïciens, dont il est difficile de croire que Diogène ait devancé ainsi les distinctions subtiles? Entend-il par ἡγεμονικόν le siège de l'âme, ou plutôt ne voudrait-il pas tout simplement dire l'âme est ce qui commande au corps, τὸ τῆς ψυχῆς ἡγεμονικόν? Car si la doctrine de Diogène pose l'unité de substance et l'identité d'essence, elle laisse subsister la différence de degré : il peut donc y avoir encore une différence entre l'âme qui commande et meut et le corps qui est commandé et mû.

Diogène ébauche grossièrement et très imparfaitement une théorie de la sensation, que peut être il ne confondait pas avec la raison.

« De même qu'il ramène à l'air la vie et la pensée, Diogène y ramène aussi les sensations : c'est pourquoi l'on doit croire qu'il est d'avis que la sensation a lieu par le semblable ; car l'action et la passion ne seraient pas possibles si les choses ne

---

[1] Puisque toute chose est de l'air, et que la connaissance n'est qu'une assimilation, un rapprochement, un rapport du sujet et de l'objet, il est nécessaire que l'âme soit de l'air.

[2] Stob., 1, 62, 796. ἐξ ἀέρος ψυχήν. J. Philop., de Anim., c. 7. ἀρχὴν τῶν ὄντων τὸν ἀέρα λέγοντες (Diogène d'Apollonie et Anaximène), ἐκ τούτου καὶ τὴν ψυχὴν ἔλεγον.

[3] Simpl., f. 33.

venaient pas d'une seule et même substance. L'olfaction est produite par l'air qui entoure l'encéphale ; cet air est dense, et la combinaison qui le constitue est en proportion avec celle qui constitue les odeurs : voilà comment il y a sensation de l'odeur. Lorsqu'au contraire cet air est léger et distendu, la proportion nécessaire n'existant pas, il n'y a pas sensation. L'ouïe a lieu lorsque l'air contenu dans les oreilles est mû par l'air extérieur et transmis jusqu'à l'encéphale. Les yeux voient quand les images apparaissent sur la pupille, et quand celle-ci se mêle avec l'air externe, entre en contact avec lui, il y a sensation. La preuve, c'est que lorsqu'une inflammation des veines ne permet pas le mélange avec l'air interne, quoiqu'il y ait image sur la pupille, on ne voit pas. Le goût s'opère par la langue, et par la nature ténue et moelleuse de cet organe. Sur le tact, Diogène ne dit rien de précis [1]. »

En un mot la sensation s'opère par l'air, comme toutes les fonctions de la vie, par un mouvement qui met en communication, au moyen des organes, l'air extérieur qui est en toutes choses avec l'air interne, contenu dans chaque organe des sens et « qui est une petite partie de Dieu, μικρὸν μόριον τοῦ θεοῦ [2]. »

« Voici comment Diogène explique que se produisent le plaisir et la douleur. Lorsqu'une grande quantité d'air s'est mêlée au sang, et, conformément à sa nature se répandant dans tout le corps, en allège le poids, naît le plaisir. Lorsqu'au contraire, contre sa nature, l'air n'a pas pu se mêler au sang, celui-ci devenant plus languissant, plus faible et plus épais, se produit la douleur.

Ce sont les mêmes causes qui produisent la maladie et la santé.

La pensée est opérée par l'air pur et sec ; car l'humidité arrête l'acte de l'intelligence. C'est pour cela que dans le sommeil, les vapeurs de l'ivresse, les indigestions, la pensée est moins active.

---

[1] Theophr., *de Sens.*, 39, 40, 41.
[2] Theophr., *id.*, 42.

Que l'humidité affaiblisse l'intelligence, on en a la preuve par le fait que si les autres animaux sont moins intelligents que l'homme, c'est qu'ils respirent un air, et prennent une nourriture qui, sortant immédiatement de la terre, en a conservé toute la fraîcheur. Il est vrai que les oiseaux respirent un air pur et sec ; mais ils ont la même constitution que les poissons : c'est-à-dire qu'ils ont une chair rigide qui ne permet pas à l'air de circuler dans tout le corps et qui l'arrête dans le ventre. C'est pourquoi ces animaux digèrent très vite, et sont privés d'intelligence, ἄφρον.

Les végétaux, qui n'ont pas de vide à l'intérieur, et ne peuvent respirer l'air, sont absolument privés de la pensée, et par la même raison : il y a en eux beaucoup d'humidité qui empêche l'air de se répandre dans tout le corps [1]. »

Il semble que Diogène ait été amené à ce principe que l'air est la substance unique de toutes choses et de l'âme, par l'idée du mouvement. La vie et la pensée sont mouvement ; le principe de la vie et du mouvement ne peut être qu'une substance mobile elle-même : car on ne comprendrait pas qu'une substance immobile contînt le mouvement et en fût la cause. Or parmi toutes les substances, celle qui parut le mieux répondre à toutes les conditions nécessaires pour expliquer le mouvement, c'est-à-dire la vie et la pensée, c'est l'air : et de là la doctrine de Diogène, d'après laquelle le mouvement, la vie et la pensée sont les attributs immanents de l'air.

---

[1] Theophr., de Sens., 44.

CHAPITRE QUATORZIÈME

ARCHÉLAUS

Ce qu'on connaît des doctrines d'Archélaüs de Milet ou d'Athènes ne s'éloignent pas beaucoup de celles-là : il ne nous reste de lui aucun fragment, et parmi les renseignements historiques sur ce philosophe à qui ni Platon ni Aristote ne font l'honneur de citer même son nom, les uns lui attribuent les opinions principales d'Anaxagore, à savoir la théorie des homéoméries infinies et d'un esprit divin, Dieu même, qui les domine et les ordonne; d'autres nous disent qu'il admettait, comme Diogène, l'air comme principe universel des êtres et des choses, et donnait la raison, la pensée, comme un attribut essentiel et immanent à ce principe. Quant au mouvement, il en trouvait la cause dans la chaleur en opposition au froid immobile et cause de l'inertie des corps.

On lui attribue quelques écrits philosophiques sur la politique et la morale, et cela a suffi à quelques anciens pour en faire un précurseur et même le maître de Socrate.

CHAPITRE QUINZIÈME

LEUCIPPE ET DÉMOCRITE

Leucippe, d'Abdère, suivant les uns, de Milet [1], suivant les autres, est désigné par Aristote comme l'ami, ἑταῖρος de Démocrite. Quoique Théophraste lui attribue le Μέγας διάκοσμος, et d'autres le livre περὶ Νοῦ, Aristote parle de ses ouvrages en des termes qui laissent croire que leur origine lui était suspecte. On ne sait rien de sa vie, on ignore même s'il a écrit [2], et en tout cas on n'a rien conservé de lui. Sa doctrine s'est identifiée avec celle de Démocrite [3], et tous les deux sont les fondateurs de la philosophie atomistique.

Démocrite est né à Abdère, colonie de Téos, et ville ionienne, dans l'Ol. LXXX = 460 av. J.-Ch. suivant Apollodore, ou dans l'Ol. LXXXIII = 470 suivant Thrasylle. Il déclare lui-même, « qu'il a parcouru la plus grande partie de la terre, qu'il a visité et étudié un grand nombre de pays et de peuples, et qu'il n'a pas eu de rival pour la science de la géométrie et de ses démonstrations par le tracé des figures, pas même ces Égyptiens si vantés, parmi lesquels il a vécu cinq ans [4]. » Il reste un très petit nombre de fragments de ses écrits fort nombreux [5], qu'avait catalogués Callimaque, et que Thrasylle avait eu la

---

[1] Diog. L., IX, 3. La leçon Μήλιος semble fautive, Clem. Al., Protr., 43 d. et Simplic., Phys., fr. 7 a. donnent Μιλήσιος.
[2] Ar., de Xenoph., 6. ἐν τοῖς Λευκίππου καλουμένοις λόγοις. Théophraste lui attribue le Μέγαν Διάκοσμον habituellement rapporté à Démocrite. Stob., Ecl., I, 160, cite un livre de lui intitulé Περὶ Νοῦ.
[3] Ar., de Gen. et Corr., I, 8. περὶ πάντων ἑνὶ λόγῳ διωρίκασι.
[4] D. L., IX, 41.
[5] Mullach, qui en fait l'énumération et en donne les titres, les porte à 60.

singulière idée de distribuer en tétralogies, comme les dialogues de Platon [1]. La variété des sujets atteste des connaissances étendues pour son temps, et une passion de savoir que n'affaiblit pas l'âge, ni la perte de la vue.

L'atomistique semble être une opposition à la doctrine de l'unité absolue des éléates et au dualisme d'Anaxagore : « Leucippe et Démocrite ont résolu toutes les questions d'après une seule méthode et par un même principe. Tandis que quelques-uns des anciens (les éléates) avaient soutenu que l'Être est nécessairement un, immobile..., ils ont, eux, pris pour principe la nature telle qu'elle est. Leucippe a cru posséder une théorie qui, en accord avec les faits, ne supprime ni la production ni la destruction, ni le mouvement ni la multiplicité des êtres ; et tout en acceptant la réalité phénoménale, il soutient, avec les partisans de l'unité, qu'il n'y a pas de mouvement sans le vide, que le vide est un non-être, et qu'il n'y a pas d'être qui soit un non-être [2]. » Tel est le jugement que porte Aristote sur les tendances de la philosophie atomistique, qui semble en effet s'être proposé de concilier les solutions extrêmes du problème métaphysique. Il est difficile de croire qu'elle y a réussi.

Les atomistes expliquent le monde par deux hypothèses : l'hypothèse des atomes, et l'hypothèse du vide. Les atomes sont des éléments matériels, infinis en nombre, identiques en qualité, quantitativement différents, c'est-à-dire différents en forme et en grandeur, invisibles à cause de leur infinie petitesse, étendus cependant quoiqu'indivisibles, absolument pleins, c'est-à-dire ne contenant aucun vide, par conséquent impénétrables et immuables. Ces atomes se meuvent, et ils se meuvent dans le vide, qui seul permet le mouvement dont ils négligent d'expliquer l'origine. Le vide est le non-être, qui a cependant un être relatif. Le mouvement produit les combinaisons des atomes,

---

[1] Son style avait, au dire des critiques, une couleur toute poétique : Cic., *Or.*, 20. « Itaque video visum esse nonnullis... Democriti locutionem, quod incitatius feratur et clarissimis verborum luminibus utatur... poema putandum. »

[2] Ar., *de Gen. et Corr.*, 1, 8.

d'où naît la variété infinie des choses réelles. Quant à une cause suprême et dernière, il est inutile de la chercher, car les choses étant infinies, ce serait chercher le commencement de l'infini. Il faut se borner à dire qu'il en fut ainsi dès le commencement [1].

Les différences qualitatives des choses viennent de la forme, ῥυσμός, de l'ordre de contact, διαθιγή, de la position dans l'espace, τροπή, des atomes qui entrent dans la combinaison, poussés par l'attraction du semblable vers le semblable, fait universel, nécessaire et inexpliqué [2]. Il n'y a pas, à proprement parler, de causes finales : tout, dans le monde, est le résultat de causes nécessaires [3]. Ce lien causal nécessaire est la raison même des choses : c'est pour cela que Leucippe, dans son livre περὶ Νοῦ, pouvait dire : Rien n'arrive au hasard ; tout arrive par la raison de la nécessité [4].

De ces atomes, infinis en nombre et en figures, il en est de sphéroïdes, souverainement mobiles et ténus [5]. Ce sont eux qui, en se combinant, forment le feu et l'âme, principe du mouvement et de la vie, de la sensation et de la pensée. « Quelques anciens ont considéré l'âme surtout comme le principe du mouvement, et comme ils s'imaginaient que ce qui n'est pas soi-même en mouvement peut encore moins mouvoir autre chose, ils ont conçu l'âme comme un être en mouvement. C'est pour cela que Démocrite dit qu'elle est une sorte de feu, quelque chose de chaud ; car les figures des atomes étant infinies, comme leur nombre, il donne le nom de feu et d'âme

---

[1] Ar., de Gen. et Corr., II, 6, 742, b. 20. Cic., de Fin., I, 6 : « Motum atomorum nullo a principio, sed ex æterno tempore intelligi convenire ». Cependant, S. Augustin, sans indiquer ses sources, prétend que Démocrite « Sensit inesse concursioni atomorum vim quandam animalem et *spirabilem* (peut-être pour spiritalem). » Ainsi, l'atome serait la cellule primitive, le germe vivant déjà organisé et doué de mouvement.

[2] D. L., IX, 44.

[3] Ar., de Gen. et Corr., v. 8, 789, b. 2.

[4] Stob., Ecl. Phys., 160. ἐκ λόγουτε καὶ ὑπ'ἀνάγκης. C'est une nécessité rationnelle. Lange, Hist du Matér., I, 22 trouve là une sorte de fin.

[5] Stob., Ecl., I, 900. ἀπὸ τῶν ἀπείρων ἀτόμων κατὰ συντυχίαν συνερχομένων συνίστασθαι τὰς ψυχάς. Conf. Heimsoeth, Democriti de Anim. Doctrina.

aux atomes sphéroïdes, semblables à ces poussières flottant dans l'air qu'on aperçoit danser dans les rayons du soleil qui passent à travers les fentes des portes. Ces atomes, semence universelle des choses, πανσπερμία, sont, pour lui, les principes de toute la nature. Telle est également l'opinion de Leucippe. Persuadés que, parmi les atomes, ceux dont la forme est sphérique forment l'âme, parce que cette figure est la plus propre à pénétrer partout, à mouvoir toute chose par son mouvement propre, ils ont conçu l'âme comme ce qui donne le mouvement aux êtres animés [1]. « L'âme meut le corps, dans lequel elle se trouve, du même mouvement dont elle est elle-même mue, suivant Démocrite, car les atomes sphéroïdes qui la composent, étant en mouvement, parce que c'est leur essence de n'être jamais en repos, entraînent dans ce mouvement et meuvent tout le corps [2]. » Grâce à cette nature essentiellement mobile des atomes sphériques, qui leur permet, et pour ainsi dire les contraint de pénétrer partout, « l'âme est répandue dans tout le corps, capable de sentir [3], » et peut-être même « dans le corps tout entier [4], » sans distinction des parties sensibles et insensibles. Il résulte également de cette essence des atomes « que tout corps possède une certaine espèce d'âme, même les cadavres, puisqu'ils possèdent encore un reste de chaleur et de sensibilité, quoique la plus grande partie en ait disparu [5]. »

« Voilà pourquoi les philosophes ont défini la vie par la respiration. Le milieu enveloppant, où sont les corps, pesant sur leurs surfaces, en chasse, par la pression, ceux des atomes qui fournissent aux êtres animés leur mouvement, parce qu'ils ne sont jamais eux-mêmes en repos ; mais les corps trouvent un moyen de réparation, de renouvellement de leurs forces épuisées, dans la respiration qui introduit en eux, avec l'air

---

[1] Ar., *de An.*, 1, 2, 3.
[2] Id., *id.*, 1, 3, 9.
[3] Id., *id.*, 1, 5, 1.
[4] Sext. Emp., *adv. Math.*, VII, 349.
[5] Plut., *Plac. Phil.*, IV, 4.

aspiré, des atomes de même figure venus du dehors. Grâce à ce secours des nouveau-venus, les atomes internes, qui sont dans les êtres animés, peuvent n'en pas être expulsés, et sont en état de repousser l'action de l'enveloppant, qui pèse sur eux et les glace ; en un mot, les animaux peuvent continuer de vivre tant qu'ils peuvent remplir la fonction de respirer [1]. »

« Démocrite détermine bien ainsi les effets produits par la respiration sur les êtres qui respirent : elle empêche l'âme d'être expulsée du corps. Mais il ne dit pas que la nature agit ainsi pour arriver à ce but; car, comme tous les autres physiciens, il n'admet pas les causes finales. Il se borne à dire que l'âme et le chaud, c'est la même chose, se compose des atomes sphériques, que, ceux-ci, pressés par l'enveloppant qui cherche à les expulser du corps, trouvent dans la respiration un agent auxiliaire qui vient à leur secours ; car il y a dans l'air des atomes en nombre infini, qui sont la matière première de l'âme, de l'âme identique à la raison, Νοῦς, et qui n'est qu'un feu, le feu étant le plus mobile des corps, parce qu'il se compose d'atomes sphériques, la plus mobile des figures. L'air extérieur aspiré entre dans le corps et y introduit ces atomes sphériques qui repoussent la pression de l'enveloppant, et empêchent l'âme, qui est dans l'intérieur des êtres animés, de se dissiper : voilà pourquoi respirer c'est vivre et cesser de respirer c'est mourir. Lorsque la force de pression de l'enveloppant l'emporte, et qu'il n'entre plus dans le corps une quantité suffisante d'atomes sphériques pour la repousser, parce que l'être n'a plus la force de respirer, alors la mort arrive. La mort est donc le départ de ces atomes sphériques expulsés du corps par la pression du milieu enveloppant [2]. »

Ainsi, la fonction de la respiration opère deux choses : elle introduit de nouveaux atomes psychiques qui remplacent ceux qui sortent du corps, et elle empêche qu'il en sorte une trop

---

[1] *De An.*, 1, 2, 3.
[2] Ar., *de Resp.*, 4.

grande quantité ; elle conserve et elle reconstitue, elle maintient et elle répare l'âme. Par la perte partielle, plus ou moins considérable, de ces atomes, s'expliquent les phénomènes du sommeil et les cas de mort apparente.

L'âme, une fois sortie du corps, se disperse et se confond avec les atomes de l'air ; elle ne peut plus rentrer dans le corps qu'elle avait animé, ni garder en dehors de lui le lien de ses parties, son unité, son individualité, son être même [1]. L'âme est mortelle, et sa mort arrive en même temps que celle du corps [2]. Tous les contes qu'inventent les hommes sur une vie qui suit la fin de la vie ne sont que des mensonges, nés de l'ignorance de la fragilité de la nature humaine et du sentiment profond des misères, des terreurs, des douleurs qui les assiègent pendant la vie présente [3].

Toute matérielle et mortelle qu'elle est, l'âme est cependant tout à fait distincte du corps. Le corps est une tente, σκῆνος, où l'âme vient habiter pour un moment. L'âme est l'élément divin de l'être humain. Celui qui a souci des biens de l'âme désire une chose divine; celui qui n'a de souci que pour le corps, qui n'en est que la demeure passagère, désire des choses humaines [4]. L'homme doit faire plus de cas de son âme, ψυχή, que de son corps. Une âme parfaite peut réparer les imperfections et les faiblesses du corps ; la force du corps, sans la raison, λογισμός, ne rend pas l'âme meilleure [5]. La beauté du corps, qui n'est pas accompagnée de la raison, νόος, est la beauté d'une bête [6]. La noblesse, pour l'animal, consiste dans la supériorité de ses forces physiques ; celle de l'homme, dans sa beauté morale [7].

L'âme est ainsi partout opposée au corps qu'elle domine : les atomes invisibles, de forme sphérique, qui la composent, sont

---

[1] Stob., *Eclog.*, 1, 924.
[2] Plut., *Placit. Ph.*, IV, 7.
[3] Stob., *Serm.*, 120, 20.
[4] Fr. 6. Mullach.
[5] Fr. 128.
[6] Fr. 129.
[7] Fr. 127.

non seulement divins, mais des dieux : « *Principia mentis... Deos esse dicit* [1]. » L'âme, la raison, l'intelligence qui en est formée est donc aussi un Dieu, comme les images qu'elle saisit et contemple « *Democritus tum imagines... in Deorum numero refert, tum scientiam intelligentiamque nostram* [2]. » Si elle n'est pas un Dieu, du moins elle est la demeure d'un Dieu, ψυχὴ δ' οἰκητήριον δαίμονος [3].

L'âme est pour Démocrite identique à la Raison, à l'Intelligence, à la Pensée, mais cette âme est répandue dans l'air ambiant, à l'état dispersé de matière psychique, d'atomes sphériques. L'air est plein d'âme : tout être qui absorbe de l'air, absorbe avec l'air ces atomes sphériques, c'est-à-dire absorbe du feu, absorbe de l'âme. Les végétaux qui contiennent quelque chaleur ont donc une âme.

Platon dira que l'âme est une plante du Ciel; Démocrite dit que la plante est sur la terre une âme qui connaît et qui pense [4]. Non-seulement les végétaux, mais tous les corps ont une âme, puisqu'ils possèdent tous quelque degré de chaleur.

Dieu est un Esprit, Νοῦς, répandu dans le feu sphéroïde : il est l'âme du monde [5], dont il se distingue par la figure et la grandeur des atomes dont il est composé. C'est la matière infinie dont sont formées toutes les âmes. Mais cette matière chaude, ce corps de feu, est répandue dans l'univers entier, dans l'air plein d'âmes : ces atomes, par leur nature même, pénètrent dans tous les corps qui sont baignés dans l'air, et comme ces atomes, c'est l'âme même, on peut dire qu'à des degrés divers, dans la nature, tout vit, tout sent et tout pense [6].

Sur la question de la distinction de la pensée et de la sensation, on trouve dans les renseignements historiques des anciens

---

[1] Cic., *De Nat. D.*, 1, 43.
[2] Id., id., 1, 12.
[3] Fr. 1.
[4] Ar., *de Plant.*, 1, 815, b. 16. Theophr., *de Sens.*, 71.
[5] Stob., *Ecl.*, 1, 56 ; Cyrill., *c. Jul.*, 1, 4.
[6] Theophr., *de Sens.*, 71. ἕκαστον... ἰδίως δὲ ἐπὶ μικροῦ μοῖραν ἔχειν συνέσεως. Je ne vois pas de raison de changer comme Zeller μικροῦ en νεκροῦ.

sur la doctrine de Démocrite des contradictions qui peut être se trouvaient dans la doctrine elle-même, ou sont les conséquences logiques des principes qu'elle pose. D'après les uns Démocrite ne distingue pas la sensation de la pensée ; ce sont seulement deux états différents du corps, ἑτερώσεις [1]. Il croit que la pensée est sensation, et que la sensation est une altération, ἀλλοίωσις : d'où la conclusion que ce qui apparaît à la sensation est nécessairement vrai [2]. Ces altérations sont dues à la pression et au choc ; de là la théorie des émanations qui seule peut permettre de concevoir un contact entre des corps qui restent éloignés l'un de l'autre.

Si la sensation consiste dans un contact, tout objet sensible est tangible [3]. Pour que le corps sensible soit tangible à l'organe, il faut que l'organe ait des vides et de l'humidité afin qu'il puisse faire une place au corps étranger, du moins aux corpuscules qui s'en détachent, s'en échappent par émanation. Il résulte de là que chaque sensation se produit non seulement dans l'organe qui lui semble propre, mais dans tout le corps ; ainsi on voit non seulement par les yeux, on entend non-seulement par les oreilles, mais par tout le corps, et, par suite, par toute l'âme [4]. La localisation des sensations dans divers organes spéciaux s'explique par la quantité d'atomes qui pénètrent en plus grand nombre et avec une pression plus intense dans certaines parties

---

[1] Stob., *Ecl.*, II, 765, où M. Zeller propose, avec toute raison, de lire *Démocrite* au lieu de *Démocratès*.

[2] Ar., *Met.*, IV, 5. 1009, b. 12 ; Theoph., *de Sens.*, 71. γίνεσθαι μὲν ἕκαστον καὶ εἶναι κατ' ἀλήθειαν. Mais c'est une conséquence de son système à laquelle il semble vouloir se dérober, puisqu'il a réfuté (Sext. Emp., *Math.*, VIII, 389), le principe de Protagoras que toute représentation est vraie, en lui opposant que la représentation contraire, à savoir que toute représentation n'est pas vraie, étant vraie elle-même, supprime la première. C'est l'argument renversé, que Sextus appelle περιτροπή. D'après Sext. Emp., *Math.*, VII, 140, il acceptait, avec Anaxagore, que nous ne pouvons connaître l'invisible que par le visible, que l'idée, τὴν ἔννοιαν, est le principe et le critérium de la science, et les sensations, le critérium du bien et du mal, αἱρέσεως καὶ φυγῆς.

[3] Ar., *de Sens.*, 4. Les images matérielles des choses pénètrent matériellement dans les organes des sens, et parvenant par ces instruments de transmission jusqu'à l'âme, y déterminent des changements d'état qui sont précisément les sensations.

[4] Theophr., *de Sens.*, 54.

dont la composition se prête plus facilement à cette pénétration : car le semblable seul agit sur le semblable [1]. Les organes sentent donc ce qui leur est semblable, et comme toute connaissance se ramène à la sensation, le semblable est connu par le semblable [2].

« Démocrite est d'avis que nos facultés de sentir et nos sensations possibles sont plus nombreuses que les sensations que nous sentons réellement, parce qu'il y a des objets sensibles qui nous échappent par leur multiplicité infinie et parce qu'il n'y a pas d'analogie entre l'objet percevant et l'objet perceptible [3]. »

Entrant dans l'analyse de l'opération de chaque sens, Démocrite expliquait ainsi l'acte de la vision : « La vision s'opère par la réflexion des objets, ἔμφασις ; et il faut entendre ce mot au propre. L'apparition de l'objet n'a pas lieu immédiatement dans la pupille ; mais l'air placé entre l'œil et l'objet reçoit une empreinte sous l'impression simultanée de l'objet et de l'œil ; car de toutes choses, et aussi de l'œil, s'échappent incessamment quelques émanations, ἀπορροή : ce sont leurs images, εἴδωλα, δείκελα, pour ainsi dire leurs surfaces rapetissées. Sous cette pression et en même temps sous l'influence du soleil, l'air se condense et se solidifie ; il est en état de recevoir l'impression de l'objet, de prendre des couleurs variées, et de se refléter dans les yeux humides qui repoussent les parties solides et denses, et laissent passer les parties liquides. Voilà pourquoi les yeux humides voient mieux que les yeux secs… chaque sens ne perçoit bien que les objets qui lui sont homogènes, ὁμόφυλα [4]. »

---

[1] Ainsi, les organes naissent de la fonction, et la fonction naît mécaniquement d'une action extérieure et répétée : c'est tout à fait l'hypothèse de M. Herbert Spencer.

[2] Theophr., *de Sens.*, 63 ; — 50 ; Arist., *de Gen. et Corr*., 1, 7, 323, b. 10 ; Sext. Emp., adv. *Math*., VII, 116.

[3] Stob., *Ecl.*, 7, 65, 16. Ed. Gaisford. Le texte est si altéré que Meineke ne l'a pas reproduit dans son édition. Un passage altéré de Plutarque (*Plac.*, IV, 10, 3) répété par Galien (c. 24, p. 506) permet de croire que Démocrite soutenait que les animaux sans raison et les Dieux ont un plus grand nombre de sens que les hommes et que, parmi les hommes, les sages, σοφοί, pourraient augmenter le nombre des leurs.

[4] Theophr., 49, *de Sens.*, 54 et 57. Heimsoeth, *Democriti de Anima doctrina*, 8 : « Imago — iterata continenter impressione ad hominem perfertur, ubi ab humidissima corporis parte recepta, in animam penetrat. »

Théophraste cependant reproche à Démocrite de n'avoir pas déterminé si la sensation se produit par les contraires ; car, dit-il, si la sensation est altération, ἀλλοιουμένης, le semblable n'est pas altéré par le semblable, et la sensation semble avoir été produite par le contraire. D'un autre côté sentir, être altéré, c'est souffrir ; or, d'après Démocrite, il n'est pas possible qu'un être exerce ou subisse une action, si l'objet de cette action est d'une nature différente de la sienne : et la sensation dans ce cas paraît produite par le semblable [1].

Plutarque [2] croit voir dans la théorie de Démocrite la théorie des images, εἴδωλα ; Théophraste semble en faire autant, tout en remarquant qu'il y a quelque contradiction entre l'image et l'empreinte : « Celui qui imagine une émanation de la forme de l'objet n'a pas besoin d'imaginer une empreinte imprimée à l'air par l'action du soleil, comme semble le dire Démocrite [3]. » Aucun objet sensible n'a une essence propre ; ils ne sont tous que des états de la sensation altérée, ἀλλοιοῦσθαι ; c'est de là que naît l'imagination [4], c'est-à-dire la représentation sensible. Maintenant on se demande comment, avec une telle théorie, Démocrite pouvait soutenir que, s'il n'y avait que du vide entre l'œil et l'objet, la vue serait très perçante et très sûre, et qu'on verrait même une fourmi au point le plus élevé du ciel.

Théophraste a bien raison de dire que toute cette théorie de la sensation laisse beaucoup à désirer. Il en relève avec justesse les nombreuses et manifestes contradictions [5], et particulièrement celle qui consiste à soutenir à la fois que les sensibles ne sont que nos sensations, et à les définir cependant par les figures des atomes. Il n'est pas moins contraire à la raison de distinguer entre les sensibles [6], et de donner aux uns, tels que le grave et le léger, le dense et le rare, le dur et le mou, une

---

[1] Theophr., id., 50. Ar., de Sens., 2.
[2] Plac. Phil., IV, 13.
[3] Theophr., 50, 51.
[4] Id., 63, v. p. 119, 4.
[5] § 68 et sqq. ἄτοπον.
[6] μὴ πάντων ὁμοίως ἀποδοῦναι τὰς αἰτίας.

réalité substantielle parce qu'ils sont constitués par le volume des atomes, τῷ μεγέθει, et de la refuser aux autres, tels que le doux, l'amer, le chaud, le froid, les couleurs, parce qu'ils sont constitués par les figures. C'est sous cette réserve et avec cette exception importante qu'il est vrai de dire avec Théophraste, que, dans la doctrine de Démocrite, tous les sensibles ne sont que des états de la sensation (τὰ αἰσθητὰ) πάντα, πάθη τῆς αἰσθήσεως· Parmi les sensibles, les uns constituent des êtres réels, existant par eux-mêmes, καθ' αὑτὰ φύσεις; les autres ne sont que des rapports, πρὸς τὴν αἴσθησιν [1], le rapport d'une propriété inconnue à la sensation qui nous est bien connue : il n'y a rien en elles qui soit analogue à la sensation produite. La sensation s'explique, nous l'avons vu, par le fait que les molécules émanées des choses extérieures sont mises en contact immédiat, à l'aide du mouvement, avec les organes des sens. Les sens n'ont pas de spécificité. Les sons, par exemple, arrivent à l'âme par le corps tout entier ; mais nous n'en avons la sensation que par l'oreille, parce que c'est là seulement qu'ils peuvent s'accumuler en quantité et avec une intensité suffisantes, tandis que les impressions produites sur les autres parties du corps, trop faibles et trop peu nombreuses, restent insensibles et pour ainsi dire s'évanouissent.

Ce qui prouve le caractère purement subjectif de la sensation, c'est qu'elle change suivant le tempérament, κράσει, l'âge et la disposition accidentelle. Ce qui est doux aujourd'hui est demain amer; ce qui est froid pour l'un est chaud pour l'autre. C'est donc bien véritablement la constitution, l'état physiologique propre, ἡ διάθεσις, qui est la cause de la notion que nous nous faisons

---

[1] C'est ici, je crois, qu'on voit poindre pour la première fois la célèbre distinction des qualités primaires ou objectives et secondaires ou subjectives des corps. On la retrouve encore bien enveloppée dans le *Timée* de Platon; Aristote y substitue la distinction des sensibles communs et des sensibles propres; reprise par Descartes et Locke et défendue par Reid, combattue par Berkeley et par Hume, elle est aujourd'hui à peu près universellement abandonnée. Démocrite est loin d'y être resté partout fidèle. M. Janet (*Psychol.*, p. 150) croit « qu'elle doit subsister dans ses bases essentielles. »

des choses sensibles, αἰτία τῆς φαντασίας. Aussi, voyons-nous la même sensation, τὸ αὐτὸ πάθος, être produite par des objets contraires, et des sensations contraires produites par un même objet sensible [1].

Les organes des sens ne sont pour Démocrite, comme pour Héraclite et Empédocle, que des canaux, des routes qui permettent aux atomes émanés des corps de se frayer un accès plus ou moins libre, plus ou moins large, en plus ou moins grande quantité, avec une force plus ou moins intense, dans l'intérieur de l'organisme. Mais cette transmission n'est jamais ni complète ni parfaite. Entre les corps émanants et le corps organisé qui doit en recevoir les émanations, il y a toujours et partout un intermédiaire qui est lui-même un corps, et par suite un agrégat d'atomes, l'air, dont les états très changeants peuvent et doivent nécessairement modifier les impressions du sujet sentant, en altérant le volume comme l'intensité des émanations qu'il reçoit [2]. Par une contradiction aux principes du système [3], qui n'a pas échappé à Théophraste, quoique la sensation ne soit qu'un état de l'âme, πάθος, c'est cependant par la qualité de l'émanation, τῷ ποιὰν εἶναι τὴν ἀπορροήν, par le volume, la figure, l'ordre, la position des atomes émanés des objets qu'il explique la diversité des représentations sensibles. Ainsi c'est par le volume des atomes qu'il explique la représentation

---

[1] Theophr., de Sens., 67. L'explication du rêve se rattache parfaitement et naturellement à la doctrine de l'émanation. Les âmes, composées d'atomes, laissent échapper, comme tous les autres corps, des émanations qui en sont non seulement les images, mais, comme diraient les Égyptiens, le double. Ces atomes gardent les propriétés des corps comme des âmes dont ils émanent ; ils prennent des formes et des voix, et pénétrant dans le corps et l'âme de l'homme endormi, y produisent tous les phénomènes psychologiques du rêve. Il ne faut pourtant pas se fier à ces apparitions, parce que les images qui nous les apportent n'ont pas toujours ni assez de force ni assez de clarté, et parce que l'air qu'elles traversent, plus ou moins troublé et agité, peut, par ses mouvements et ses modifications, altérer la sincérité de la transmission. Plut., Symp., VIII, 10, 2. κινημάτων καὶ βουλευμάτων καὶ παθῶν ἐμφάσεις... ὥσπερ ἔμψυχος φράζειν καὶ διαστέλλειν δόξας καὶ διαλογισμοὺς καὶ ὁρμάς.

[2] C'est ainsi que Démocrite pouvait soutenir que s'il n'y avait pas d'air, mais seulement du vide entre l'œil et l'objet, on verrait une fourmi placée au plus haut des cieux.

[3] ἐναντίως τῇ ὑποθέσει. Theoph., id., 60 et 74.

des objets sensibles qui ont une réalité extérieure correspondante et des propriétés analogues à la sensation produite ; c'est par leurs figures qu'il rend compte des autres sensations. Ce n'est pas que pour constituer un objet, qui produit une sensation déterminée, il ne se rencontre que des atomes pourvus d'une seule et même figure; au contraire chaque objet renferme un nombre infini d'atomes de figures différentes : mais la figure qui domine dans l'agrégat détermine le caractère de la sensation, et imprime une forme particulière à la puissance générale de sentir [1].

On devine le principe qui le conduit dans cette recherche : c'est une analogie des plus naïves. Une saveur est douce au goût : les atomes qui la produisent auront une figure analogue, c'est-à-dire seront ronds et grands ; une saveur est amère : les atomes de l'objet seront grands, mais rudes et anguleux ; un objet est blanc et dur : ses atomes seront comme la surface interne d'un coquillage, c'est-à-dire égaux, ronds, pourvus de canaux rectilignes ; un autre est blanc et mou : ses atomes seront ronds et ordonnés deux à deux aussi régulièrement que possible. Tout ce qui est blanc a ses atomes lisses et polis ; tout ce qui est noir a ses atomes rudes, inégaux, dissemblables, et projetant pour ainsi dire de l'ombre les uns sur les autres, ἐπισκιάζειν. La sensation de l'odeur est opérée par des émanations délicates et fines ; celle du goût par la dissolution des atomes au moyen des liquides de la bouche.

C'est par le même principe que Démocrite rend compte de la diversité des couleurs, qu'il ramène à quatre principales : le blanc, le noir, le rouge et le vert, dont les autres ne sont que des mélanges.

En somme, il est exact de dire avec Théophraste que la con-

---

[1] Id., 67. μάλιστα ἐνισχύειν πρός τε τὴν αἴσθησιν καὶ τὴν δύναμιν. J'avais été tenté d'attribuer au mot δύναμις le sens de cause objective de la sensation ; j'en ai été détourné par le passage suivant, § 72, où Théophraste donne pour cause à chacune des saveurs une figure analogue à la puissance qui réside dans les sensations, πρὸς τὴν δύναμιν τὴν ἐν τοῖς πάθεσιν.

naissance sensible, du moins, n'est pour Démocrite comme pour les anciens philosophes qu'une modification, une altération[1] du sujet sentant, qui n'est lui-même qu'un corps, c'est-à-dire un agrégat d'atomes. C'est cette modification qui produit la représentation sensible, à laquelle Démocrite donne le nom assez particulier de φαντασία, pour la distinguer sans doute du phénomène purement physiologique de la sensation, qu'il nomme πάθος[2].

Y a-t-il un autre mode, une autre forme de la connaissance, que la représentation sensible ? La chose ne serait pas douteuse s'il fallait en croire Plutarque, qui dit catégoriquement que Démocrite, comme Épicure, établissait deux parties dans l'âme ; l'une qui possède la raison et a son siège dans la poitrine ; l'autre privée de raison et répartie dans tout le corps[3]. Mais il se pourrait, et c'est l'opinion de Zeller et de Diels, qu'il eût fait confusion. Toutefois il est bien certain que si Démocrite n'a pas établi des facultés différentes dans l'âme, si la pensée n'est pour lui, comme la sensation[4], que la modification produite mécaniquement dans l'âme par la rencontre des atomes extérieurs des objets avec les atomes de l'âme, s'il appelle l'âme, Raison, ἁπλῶς ταὐτὸν ψυχὴν καὶ νοῦν[5], sans établir aucune différence d'essence, il distingue cependant deux sortes de connaissances auxquelles il attribue une valeur de vérité très différente.

Dans un ouvrage intitulé *Les Règles*[6], dit Sextus Empiricus[7], Démocrite établit deux connaissances, l'une par les

---

[1] *De Sens.*, 72. ὅλως τὸ φρονεῖν κατὰ τὴν ἀλλοίωσιν.
[2] Id., 63 πάντα πάθη τῆς αἰσθήσεως ἀλλοιουμένης, ἐξ ἧς γίνεσθαι, τὴν φαντασίαν. Id., 71... διαφέρειν γάρ τι καὶ τὴν ἀπορροὴν τῷ ποιὰν εἶναι πρὸς τὴν φαντασίαν, ἣν γίνεσθαι διὰ τὴν ἐναπόληψιν τοῦ ἀέρος ἀλλοίαν.
[3] Plut., *Plac. Phil.*, IV, 4, 6,
[4] Arist., *de An.*, I, 2. Cic., *de Fin.*, I, 6 : quorum concursione non solum videamus, sed etiam cogitemus. Stob., *Ecl.*, I, 763. τὴν αἴσθησιν καὶ τὴν νόησιν γίνεσθαι εἰδώλων ἔξωθεν προσιόντων.
[5] Arist., *Met.*, IV, 5, 1009, b. 12. διὰ τὸ ὑπολαμβάνειν φρόνησιν μὲν τὴν ταύτην δὲ εἶναι ἀλλοίωσιν.
[6] D. L., IX, 47. donne : περὶ λοιμῶν κανῶν, α', β', γ', titre où Gassendi voulait substituer λογικῶν à λοιμῶν que Ménage est d'avis de conserver.
[7] *Adv. Math.*, VII, 138.

sens, l'autre par la raison, διὰ τῆς διανοίας. La connaissance par la raison est qualifiée par lui de sincère et véritable, γνησίη ; c'est à elle qu'il faut ajouter foi pour juger de la vérité. L'autre, la connaissance sensible, est appelée obscure, σκοτίη, et il lui refuse la fixité nécessaire à la connaissance de la vérité. Voici ses propres termes : « *Il y a deux formes du savoir : l'une sincère, l'autre obscure ; à la connaissance obscure se rapportent tous les phénomènes de la vue, de l'ouïe, de l'odorat, du goût, du toucher. La connaissance sincère est celle qui est distincte de l'autre* ». Et pour marquer la supériorité de l'une sur l'autre, il ajoute : Lorsque la connaissance obscure ne peut plus qu'à peine voir, entendre, sentir, goûter, toucher..... commence le rôle et intervient l'acte de la connaissance rationnelle [1], qui sans doute a pour objet les atomes et le vide, lesquels, tous deux, par leur nature échappent à la prise des sens, mais sont les seules et vraies réalités. « D'ordre conventionnel, νόμῳ, c'est-à-dire d'ordre relatif, sont le doux et l'amer, le chaud et le froid, la couleur : il n'y a de réel, ἐτεῇ, que les atomes et le vide [2]. » Il n'est pas facile de concilier ces assertions empruntées à un ouvrage de Démocrite, avec d'autres non moins affirmatives et tirées également d'un de ses livres. Dans son ouvrage sur les *Formes et Figures*, Περὶ ἰδεῶν [3], Démocrite soutenait que nous ne savons rien de certain sur aucune chose, que nos opinions ne sont que des impressions du dehors qui fondent sur nous, ἐπιρρυσμίη ἑκάστοισιν ἡ δόξις, que nous ne saurons jamais ce que chaque chose est ou n'est pas en réalité ; et dans le livre même intitulé τὰ Κρατυντήρια, où, d'après Diogène de Laërte [4], il avait cherché à confirmer et à justifier les théories de ses ouvrages antérieurs, il répète : « Nous ne savons rien de certain ; la connaissance n'est pour nous que le résultat fortuit du choc des

---

[1] Telle est du moins la conclusion qui semble indispensable à la phrase non terminée de Sextus.
[2] Sext. Emp., *Adv. Math.*, VII, 139.
[3] C.-à-d. les atomes. Conf. Plut., *Adv. Col.*, 8.
[4] D. L., IX, 45.

atomes du dehors qui veulent s'introduire dans notre corps par le contact, et des atomes du dedans qui résistent et s'opposent à leur impulsion [1]. »

Le plus probable c'est que ce scepticisme ne portait que sur la connaissance des sens, comme le fait d'ailleurs observer Sextus, μόνον ἐξαιρέτως καθάπτεται τῶν αἰσθήσεων. C'est aux impressions sensibles seules qu'il appliquait le mot véritablement sceptique, οὐ μᾶλλον, pas plus ceci que cela [2]; car Théophraste qui a étudié avec soin et critiqué avec une grande sévérité sa doctrine de la connaissance, atteste qu'il admettait une forme légitime de la connaissance, τὸ φρονεῖν, laquelle il est vrai, dépendait de l'état sain du corps qui plaçait l'âme dans un équilibre parfait [3]. Lorsque l'âme est trop chaude ou trop froide, elle se trouble et se trompe, μεταλλάττειν, ἀλλοφρονεῖν : ce qui est la conséquence naturelle d'un système qui fait de l'âme un corps. Mais si Démocrite croit devoir, quelle qu'en soit la valeur, donner une explication de l'erreur, c'est assurément qu'il reconnaît à l'âme humaine la faculté de connaître la vérité. Sextus l'avoue lui-même : Démocrite admet une raison, λόγος, critérium de la vérité, et qu'il appelle la connaissance sincère [4]. Ce sont néanmoins les phénomènes, τὰ φαινόμενα, c'est-à-dire ce qui apparaît aux sens, qui nous permettent de connaître et de juger les choses invisibles, κριτήρια [5] τῆς τῶν ἀδήλων καταλήψεως, de même que l'idée, ἔννοια, est la mesure de la science, ζήτησις, et la sensation la mesure du bien et du mal [6]. Les choses cachées sont les atomes et le vide : les perceptions sensibles nous mettent sur leur trace ; la raison, la pensée, l'idée, ἔννοια,

---

[1] Sext. Emp., *Adv. Math.*, VII, 136. Cic., *Acad.*, IV, 23... Obscuros, tenebricosos. Il est si éloigné du scepticisme de Protagoras qu'il a, pour le réfuter, écrit, au dire de Plutarque, *Adv. Colot.*, 8, beaucoup de choses et très solides.
[2] Sext. Emp., *Pyrrh.*, I, 213 ; Plut., *Adv. Col.*, 4.
[3] Theophr., *de Sens.*, 58. περὶ τοῦ φρονεῖν ἐπὶ τοσοῦτον εἴρηκεν, ὅτι γίγνεται συμμέτρως ἐχούσης τῆς ψυχῆς κατὰ τὴν κρᾶσιν. (Vulgo μετὰ τὴν κίνησιν).
[4] *Adv. Math.*, VII, 139, 140.
[5] Il est bien évident que le mot κριτήριον n'appartient pas à la langue philosophique de Démocrite.
[6] *Id.*, VII, 140.

nous donne la règle de la recherche scientifique. Il n'est donc pas vraisemblable qu'il ait prétendu, comme le soutient Aristote, que tout phénomène est vrai [1], pas même dans le sens qu'il lui attribue, à savoir que tout est également vrai, ce qui revient à dire qu'il n'y a rien de vrai ou que la vérité se dérobe à nous : proposition qui est nullement une conséquence nécessaire de la doctrine qui ramène la pensée à la sensation. Sans doute, Démocrite croit qu'il est impossible à l'homme de tout savoir et de savoir d'une science absolument certaine : il le détourne de ces prétentions et de ce désir insensés; mais dans les limites qui lui sont tracées, il peut savoir quelque chose, et il doit le savoir, et le savoir bien.

πολυνοίην οὐ πολυμαθίην ἀσκέειν χρή·
μὴ πάντα ἐπίστασθαι προθύμεο, μὴ πάντων ἀμαθὴς γένῃ [2].

La science et l'étude qui nous y conduit transforment l'homme, et par cette transformation créent en lui comme une seconde nature, ἡ διδαχὴ μεταρρυσμοῖ τὸν ἄνθρωπον, μεταρρυσμοῦσα δὲ φυσιοποιέει [3].

Enfin, il est difficile d'attribuer la doctrine du scepticisme absolu de Protagoras au philosophe qui, le premier avant Socrate, avait cherché à donner des définitions non seulement des sensations, mais encore de l'idée et de l'essence [4], qui, suivant un mot semblable à celui de Socrate, aurait préféré au trône du roi de Perse la joie d'avoir découvert une seule vérité [5].

Si limitée et si incertaine qu'elle puisse être, se proposant moins la vanité de l'étendue que la solidité et la profondeur, la

---

[1] *De An.*, I, 2, 404, a. 28. τὸ γὰρ ἀληθὲς εἶναι τὸ φαινόμενον; id., *Met.*, IV, 5, 1009, b. 11. Conf. Philopon, *de An.*, h. 16. οὐδὲν διαφέρειν τὴν ἀλήθειαν καὶ τὸ τῇ αἰσθήσει φαινόμενον. Diog. L., IX, 45. La vérité est ἐν βυθῷ, ce que répète Cic., *Acad.*, IV, 23. In profundo veritatem... verum plane negat esse.

[2] Fr. Mor., 140, Mullach.

[3] Fragm. Mor., 138, Mullach.

[4] Ar., *Met.*, XIII, 4, 1078, b. 20. Δημόκριτος ἥψατο μόνον (τοῦ ὁρίζεσθαι), καὶ ὡρίσατό πως: τὸ θερμὸν καὶ τὸ ψυχρόν. *Phys.*, II, 2, 194, a. 20... τοῦ εἴδους καὶ τοῦ τί ἦν εἶναι ἥψαντο.

[5] Euseb., *Præp. Ev.*, XIV, 27, 3.

science offre à l'homme encore bien des avantages, et contribue essentiellement à son bonheur. Trois choses sont nécessaires pour rendre l'homme heureux, et de ces trois choses la principale est la science, la raison cultivée et exercée, qu'accompagnent l'art de bien dire et l'art de bien vivre [1]. Toutes nos fautes ont pour principe l'ignorance, l'ignorance du vrai bien. La source du bonheur est dans la connaissance ; c'est cette connaissance des choses qui peut produire dans l'âme, siège de la félicité, l'harmonie et le calme, c'est-à-dire le vrai bonheur, qui se peut définir ou désigner par les mots, εὐεστώ, ἀταραξία, εὐθυμία et ἀθαμβία [2]. On y arrive en sachant modérer ses jouissances et régler sa vie avec mesure et harmonie, μετριότητι τέρψιος καὶ βίου ξυμμετρίῃ.

La contemplation de la beauté morale est la plus grande comme la plus pure jouissance de l'homme [3]. Le bonheur est dans l'âme, et dans l'âme bonne, c'est-à-dire sage. Le sage peut-être heureux partout ; car il emporte avec lui son âme ; il est ainsi partout chez lui : le monde entier est sa patrie [4]. Avec la satisfaction du désir, le plaisir s'évanouit. Tous les hommes ont un instinct naturel à nuire aux autres : de là la nécessité des lois ; l'homme brave est celui qui est plus fort que le plaisir ; l'homme de bien est celui qui non seulement ne fait pas l'injustice, mais détruit en lui-même le désir de la faire. A l'aide de la Raison l'homme peut vaincre le chagrin. Sans inspiration, sans enthousiasme, pas de poésie [5].

On attribue à Démocrite quelques écrits sur la grammaire et, d'après Proclus, il avait adopté sur l'origine du langage l'opinion diamétralement opposée à celle d'Héraclite. Tandis que celui-ci soutenait que les mots sont des œuvres de la nature, Démocrite les déduisait d'une convention humaine, passée en

---

[1] Diog. L., IX, 46.
[2] D. L., IX, 45. γαληνῶς καὶ εὐσταθῶς ; Cic., de Fin., V.
[3] Stob., Serm., III, 31.
[4] Fragm., 225. ψυχῆς γὰρ ἀγαθῆς πατρὶς ὁ ξύμπας κόσμος.
[5] Carus, Gesch. der Psych., 251. Stob., Flor., I, 193. Cic., de Div., I, 37.

habitude [1], ce qui en expliquait les imperfections. Il démontrait sa thèse par quatre arguments : le premier, tiré de l'homonymie : puisque le même mot s'applique à des choses différentes, il est évident qu'il n'a pas été fait par la nature ; le second, tiré de la polyonymie : on arrive à la même conclusion en observant que des noms différents sont donnés à une seule et même chose ; le troisième, tiré du changement des noms : comment, si les noms avaient été faits par la nature, aurait-on pu changer le nom d'Aristoclès en celui de Platon, et le nom de Tyrtame en celui de Théophraste ; le quatrième, tiré du manque de mots analogues : de φρόνησις dérive φρονεῖν, tandis que δικαιοσύνη ne produit aucun dérivé. La nature, dans ses productions, ne montre pas ces caprices et ces irrégularités. Les noms sont donc l'œuvre du hasard, et non de la nature [2].

La morale de Démocrite présente une suite d'observations et de prescriptions qui n'ont aucun caractère scientifique et systématique : il en est de même de sa théologie ; car dans la philosophie de Démocrite il n'y a pas de place rationnelle pour les dieux : ce qu'il en dit n'est qu'une habitude de langage ou une concession faite aux croyances nationales, au culte officiel, à la religion légale.

---

[1] θέσει. C'est le même sens qui est exprimé par les mots, νόμῳ, ἔθει, ξυνθήκῃ. οὐκ ὀρθῶς. Procl., in Crat., ch. 16.
[2] Procl., in Crat., ch. 16.

CHAPITRE SEIZIÈME

LES SOPHISTES — PROTAGORAS

Les sophistes, que Biese appelle les Encyclopédistes de la Grèce, n'ont point eu de système philosophique proprement dit et par conséquent n'ont pas eu de psychologie systématique. Leur but n'est pas scientifique mais pratique : ils s'emparent de l'éducation de la jeunesse [1], et veulent la préparer à la vie réelle, active, et surtout à la vie politique dont l'éloquence était l'un des plus puissants instruments. Par l'étude du langage, des procédés extérieurs du raisonnement, des formes et catégories du discours, ils sont amenés à l'étude des formes et catégories de la pensée et de l'intelligence, qui leur correspondent. De là cette espèce de spéculation philosophique dont le caractère commun est le scepticisme.

Protagoras d'Abdère, comme Démocrite, né vers l'an 480 et mort vers 411, est le premier qui ait porté le nom de sophiste avec sa signification nouvelle, c'est-à-dire qui ait, sous ce titre, enseigné la jeunesse à prix d'argent, non seulement à Athènes qu'il fut obligé de quitter, pour échapper à une accusation d'athéisme [2], mais encore dans la Grande Grèce et la Sicile.

On ne sait guère de ses doctrines que ce que Platon nous en

---

[1] Plat., *Protag.*, 316, a. ὁμολογῶ τε σοφιστὴς εἶναι καὶ παιδεύειν ἀνθρώπους.
[2] C'est son écrit *sur les Dieux* qui en fut l'occasion. Cet ouvrage, non plus que le livre Ἀλήθεια que lui attribue le scoliaste de Platon (*Theæt.*, 161), non plus que les Καταβάλλοντες (λόγοι) désignés par Sextus Empiricus (*adv. Math.*, VII, 60), non plus que le traité *de l'Être*, signalé par Porphyre (Euseb., *Præp. Ev.*, X, 3, 25), ne font partie du Catalogue des Écrits de Protagoras dressé ou copié par Diogène, parmi lesquels on en trouve un bien petit nombre dont le titre révèle un contenu philosophique : *Le Traité d'Éristique, des Sciences, du Gouvernement, des Antilogies*, en deux livres.

fait connaître, et il ne nous fait connaître de lui qu'une théorie de la connaissance, fondée sur les principes de la métaphysique d'Héraclite.

Protagoras, dit Platon [1], soutient que l'homme est la mesure de l'être comme il est, du non-être comme il n'est pas. Telle chaque chose m'apparaît à moi, telle elle est pour moi ; telle elle t'apparaît à toi, telle elle est pour toi [2]. Mais le fait qu'une chose paraît à quelqu'un, φαίνεται, c'est là sentir. La représentation et la sensation sont donc une seule et même chose, dans les choses sensibles ; car les choses que chacun sent, chacun croit qu'elles sont, et qu'elles sont telles qu'il les sent. Or la sensation a toujours pour objet l'être : elle est donc science, et infaillible.

Mais quel est cet être, selon la vraie pensée de Protagoras?

Aucune chose, ni essence ni qualité, n'existe en soi et par soi : chaque chose n'est ce qu'elle est que par son rapport à une autre, et c'est de ce rapport que dépend, c'est dans ce rapport que consiste son être momentané, changeant, instable : ce que toi tu appelles grand, paraîtra aussi petit ; ce que tu appelles lourd paraîtra aussi léger. Cela vient de ce que toutes les choses que nous disons, par une inexactitude de langage, être, εἶναι, ne font que devenir, γίγνεσθαι, par un mouvement, un transport, un mélange des unes avec les autres. Rien n'est ; tout devient. Sur ce point, tous les philosophes, Protagoras, Héraclite, Empédocle, tous, excepté Parménide, sont d'accord : c'est le mouvement qui engendre l'apparence de l'être, le devenir ; c'est le repos qui produit le non-être et la destruction. Du mouvement naissent le feu, la vie, la santé, la science, santé de l'âme. L'âme n'est autre chose que les sensations [3].

Le principe auquel sont suspendues toutes ces propositions est celui-ci : tout ce qui est est mouvement et ne saurait être autre

---

[1] *Theæt.*, 152, a. et sq.
[2] C'est là cette fameuse thèse de Protagoras τὸν Πρ. λόγον.
[3] Μηδὲν εἶναι παρὰ τὰς αἰσθήσεις. Diog. L., IX, 51, qui semble tirer de Platon cette proposition, car il ajoute : καθὰ καὶ Πλάτων φησίν.

chose. Il y a deux espèces de mouvement, et quelle que soit la variété infinie de formes que présente chacune de ces deux espèces, elles se spécifient, l'une par la puissance de faire, ποιεῖν, l'autre par la puissance de souffrir. Quand elles se rencontrent et pour ainsi dire se frottent l'une l'autre, alors naissent des effets infinis en nombre, mais qu'on peut classer sous deux genres : l'un, l'objet sensible, l'autre, la sensation qui est constamment liée à l'objet sensible et naît avec lui.

Les sensations auxquelles nous avons donné des noms sont : les visions, les auditions, les olfactions, les sensations de froid et de chaud, les plaisirs, les douleurs, les désirs, les craintes ; mais si celles qui ont un nom sont déjà nombreuses, celles qui n'en ont pas sont innombrables.

Le genre des objets sensibles, qui naît en même temps que le genre des sensations, a des espèces correspondant aux espèces de celles-ci : aux visions de toute espèce, toute espèce de couleurs, aux auditions de toute espèce, toute espèce de sons et de voix, et ainsi de même à toutes les autres espèces de sensations correspondent des espèces d'objets sensibles ayant une même origine, ξυγγένη.

Toutes ces choses se meuvent [1], se déplacent, et c'est dans ce déplacement, φορά, que consiste leur mouvement [2]. Lors donc que l'œil et l'un quelconque des objets sensibles en rapport naturel avec l'œil se rencontrent, alors naissent et la blancheur et la sensation qui lui est naturellement liée, lesquelles, l'une et l'autre, ne se seraient pas produites si l'œil et l'objet s'étaient portés chacun vers une autre chose. Mais maintenant par le mouvement de la vision venant des yeux, par le mouvement de la blancheur, venant de l'objet qui engendre cette couleur, l'œil devient plein de vision et voit ; il devient

---

[1] *Théæt.*, 156, d. Les choses ne sont donc pas mouvement pur : elles supposent un objet mû.
[2] Plus loin (181, d), Platon, en critiquant et en réfutant la doctrine de Protagoras, distingue une autre espèce de mouvement, l'ἀλλοίωσις ; mais on ne voit pas bien si cette distinction est de son fait, ou si elle appartient à Protagoras.

non pas vision même, mais œil voyant, et l'objet qui produit la couleur se remplit de blancheur et devient, non pas blancheur, mais quelque chose de blanc, soit bois blanc, soit pierre blanche, ou tout autre objet susceptible d'être coloré de cette couleur. Il faut appliquer cette théorie à toutes les choses, aux choses dures, chaudes, etc... Aucune d'elles n'est rien par elle même ; c'est dans leur rencontre les unes avec les autres que toutes elles deviennent ; c'est par le mouvement qu'elles se diversifient: car il n'est pas un seul cas dans lequel il soit possible de concevoir que l'agent ou le patient est quelque chose de subsistant par soi. L'agent n'est rien avant de se rencontrer avec le patient ; le patient n'est rien avant de se rencontrer avec l'agent. Ce qui se rencontrant avec une certaine chose apparaît comme agent, se rencontrant avec une autre apparaît comme patient. Ainsi les choses ne sont en soi ni actives ni passives ; l'activité comme la passivité n'appartiennent à aucune chose en et par soi: elles ne deviennent telles que par leurs rapports les unes avec les autres. En un mot la catégorie de la relation supprime celle de l'être et s'y substitue. « Il n'y aura plus d'objet sensible du moment qu'il ne sera plus senti [1]. Ce qui n'est senti par personne n'existe pas [2]. »

Comme nous l'avons déjà dit : rien n'est par soi [3] ; il faut supprimer partout l'être, et quoique l'habitude et l'ignorance nous obligent souvent à en faire usage, il ne faut autoriser chez personne l'emploi de tel nom ou de tel autre, qui implique une essence, une nature constante et permanente ; il faut exprimer les choses suivant leur vraie nature et ne se servir que des mots : devenir, agir, périr, changer. Il faut le faire non seulement en parlant des choses individuelles, mais en parlant des

---

[1] Arist., *Met.*, IX, 3.
[2] Sext. Emp., *Pyrrh. Hyp.*, I, 219.
[3] On trouve dans D. L., IX, 51, cette phrase isolée : « Pour Protagoras, l'âme n'est rien que ses sensations ». Est-ce à dire qu'il en niait la réalité substantielle, pour ne voir en elle que des groupes incessamment liés et incessamment déliés de sensations? Ou voulait-il simplement dire qu'on ne trouve dans l'âme que des sensations et rien autre chose?

espèces et des genres, qui contiennent les individus et qui n'ont pas plus de permanence, pas plus d'être qu'eux, quoi qu'on leur donne les noms généraux d'homme, de pierre, d'animal.

Tout ce qui est senti est donc vrai, et l'homme est la mesure des choses, c'est-à-dire que chaque individu a dans sa sensation personnelle et actuelle le juge et l'arbitre propre de la vérité [2]. Il n'est donc pas étonnant que Protagoras, en se fondant sur les perceptions sensibles, contestât les propositions géométriques les plus certaines, et soutint, par exemple, que la tangente au cercle touche la circonférence en plusieurs points, et non pas en un seul, comme le disent les géomètres [1].

La doctrine de Protagoras contient évidemment la négation du principe de contradiction, puisqu'il arrive fréquemment que ce qui paraît vrai à l'un paraît faux à l'autre : or si tout ce qui nous apparaît est vrai, la conclusion nécessaire c'est que tout est à la fois vrai et faux. La même chose est et n'est pas. Les contradictoires sont vraies en même temps [3].

On conçoit qu'appliquant ce principe à l'éloquence, Protagoras ait pu enseigner qu'il y avait sur toute question deux démonstrations opposées et également vraies, et que cet art, ruineux pour la morale et pour l'intelligence, de donner à une mauvaise raison la force d'une bonne, à l'erreur et au mal l'apparence du juste et du vrai, ait dû être appelé : l'art de Protagoras [4].

Il ne s'était pas contenté de poser ces maximes à la fois pratiques et spéculatives : s'il faut en croire Platon, il les défendait contre les critiques par les arguments suivants. On objectera, disait-il, les illusions et les erreurs produites par les sens, les maladies, la folie, erreurs qu'on ne pourrait reconnaître comme telles, si on ne les distinguait pas d'autres opinions marquées

---

[1] Plat., *Theæt.*, 160 sqq.
[2] Ar., *Met.*, III, 3, 998, a. 3.
[3] Arist., *Met.*, IV, 5, 1009, a. 6.
[4] Diog. L., IX, 51. Plat., *Apol.*, 23 d.; Arist., *Rhet.*, II, 24; Cic., *Brut.*, 8.

d'un caractère manifeste de vérité ; à cela on peut répondre que pour celui qui les sent, les choses sont bien telles qu'il les sent. Le vin est amer pour celui à qui il paraît amer, puisqu'être n'est autre chose que paraître, c'est-à-dire être senti. Et d'ailleurs sur quoi s'appuie-t-on pour dire que les visions des songes, et les sensations des maladies sont fausses, puisqu'il n'y a aucun caractère certain pour distinguer le sommeil de la veille et la maladie de la santé.

Dira-t-on que ce système, d'une part, abaisse les hommes à la condition des animaux, et de l'autre, les élève à la condition des dieux ? D'abord, dans une discussion philosophique, il ne faut pas faire intervenir l'idée de la divinité, dont on ne saurait prouver ni qu'elle est, ni qu'elle n'est pas, ni ce qu'elle est si elle existe [1]. Quant à l'autre argument, il est moins philosophique encore ; dans la science, il ne faut se laisser guider ni par des sentiments ni par des préjugés ; il ne faut juger des choses que par la réalité et la logique. Les dieux, s'il y en a, sont tous supérieurs aux hommes, et les hommes sont supérieurs aux bêtes, non pas par ce que les uns sont plus proches de la vérité que les autres, mais parce qu'ils sont dans une situation plus avantageuse ; nos opinions diffèrent les unes des autres, non pas parce que celles-ci sont vraies, et celles-là fausses, mais parce que les unes nous procurent plus d'agréments, de commodités, de satisfactions que les autres. L'utilité, voilà la vraie mesure de la sagesse [2].

En se plaçant à ce point de vue positif et pratique, on peut encore concevoir des maximes et même des principes d'une très noble morale. C'est ce que prouvent le mythe de Proclus sur Hercule et le mythe de Protagoras [3].

---

[1] Plat., *Theæt.*, 160 sqq. Diog. L., IX, 51. Sext. Emp., *Adv. Math.*, 329 ; Cic., *de Nat. D.*, 1, 12 et 23.

[2] *Theæt.*, 168, c.

[3] On ne sait de quel ouvrage de Protagoras Platon a tiré ce beau Mythe. Frei, *Quæstiones Protagoreæ*, p. 182, indique par pure conjecture l'écrit intitulé dans le Catalogue de Diogène : περὶ τῆς ἐν ἀρχῇ καταστάσεως, et l'on ne sait pas le sens de ce titre ou le contenu de l'ouvrage qui le portait. Il n'est pas certain, quoique ce soit vraisemblable, que Platon l'a extrait réellement d'un ouvrage de Protagoras.

Les arts, qui permettent à l'homme de créer les choses nécessaires à sa vie physique, et par cette puissance de création le rapprochent des Dieux, la foi en des Dieux, l'adoration de leur puissance, le culte et les autels qui leur sont consacrés, la découverte admirable du langage, tout cela ne suffit pas encore pour faire de l'homme un homme, et si l'on suppose qu'à une période donnée, les hommes n'ont eu que ces facultés et ces activités, les sociétés qu'ils ont essayé de constituer ont été bien vite détruites par le fond de haine féroce qui était dans leur cœur. Ce n'est que lorsque, par un bienfait des Dieux, deux sentiments nouveaux ont pénétré dans leur âme, la justice et l'horreur du mal, sentiments auxquels participent également tous les hommes sans exception, qu'a pu être fondée une société véritable. La société repose tout entière sur un sentiment moral qui fait partie essentielle de la nature humaine, le respect du droit et l'amour du bien. Comment une telle pensée, aussi pure que vraie et profonde, pouvait-elle trouver place dans un système philosophique tel que celui de Protagoras, c'est ce que nous ne nous chargeons pas d'expliquer, et ce que Protagoras, qui ne paraît pas avoir éprouvé le besoin d'une doctrine systématique, n'a peut-être jamais cherché à s'expliquer à lui-même.

CHAPITRE DIX-SEPTIÈME

LES SOPHISTES — GORGIAS

Gorgias, était un Sicilien de Léontini, comme Protagoras était un Thrace : car il est à remarquer que les grands sophistes ne sont pas de pur sang athénien, ni même de pur sang grec. La date certaine de sa naissance est inconnue ; on le voit arriver à Athènes en 427, au commencement de la guerre du Péloponnèse, à la tête d'une ambassade envoyée pour négocier un traité d'alliance avec les Athéniens contre Syracuse. Il revint plusieurs fois dans cette ville sans s'y fixer, et vécut le plus souvent à Larisse de Thessalie, où probablement il mourut, à l'âge de 100, de 105, de 107 ou de 109 ans, suivant les diverses autorités, après s'être acquis par ses discours et son enseignement beaucoup de réputation et une grande fortune. Dans son livre intitulé *de l'Être* ou *de la Nature*, il attaquait la réalité de l'être et la possibilité du devenir par des arguments dont les uns lui étaient propres, les autres étaient empruntés aux philosophes antérieurs, particulièrement Mélissus et Zénon, tous les deux de l'école éléatique. Ces arguments nous ont été conservés dans les 5 et 6º chapitres du livre attribué à Aristote et intitulé *de Xenophane, Zenone et Gorgia*, mais dans un texte si profondément altéré qu'il est, surtout dans le 6º chapitre, souvent inintelligible : heureusement nous possédons un extrait de cet ouvrage plus complet et plus clair dans le VIIe livre du traité *Contre les Mathématiciens*, de Sextus Empiricus [1].

[1] Sect 65 et sqq.

I. Rien n'est; II. Si quelque chose est, il est inconnaissable; III. Si quelque chose est et est connaissable, il est incommunicable aux autres : telles sont les propositions que Gorgias essaie de démontrer par des preuves dont le caractère éléatique n'est pas contestable. Nous n'insisterons pas, parce que cela n'est pas de notre sujet, sur les arguments produits en faveur de la première de ces propositions, et d'où il résulte que rien ne peut être posé ni comme être, ni comme non-être, ni comme être et non-être à la fois.

La seconde thèse nous intéresse davantage ainsi que la troisième.

Si l'on soutient que l'être est et qu'il est connaissable, il faudrait que les choses pensées fussent, et que le non-être ne fût pas pensé puisqu'il n'est pas. Mais s'il en est ainsi, dit Gorgias, on pourrait soutenir que l'erreur n'existe absolument pas, qu'aucune affirmation ou négation n'est fausse, pas même si l'on affirme que des chars font leur course dans la mer. Tout, même cela, et tout ce que chacun s'imaginerait et penserait serait vrai. Mais il n'en est rien; être n'est pas être pensé, et la chose pensée n'est pas un être. Si l'être n'est pas une chose pensée, il n'est pas pensé, pas connu, pas connaissable.

Supposons l'être connaissable : comment concevoir qu'il soit communicable aux autres par la parole? car ce que j'ai vu, comment un autre, continue Gorgias, l'exprimerait-il par un mot? comment ce que j'ai vu se manifesterait-il par l'ouïe à un autre qui ne l'a pas vu. De même que la vue ne connaît pas les sons, de même l'ouïe ne connaît pas les couleurs, mais les sons : celui qui parle dit des paroles et ne dit pas des couleurs ou des choses. Ce que l'on n'a pas conçu soi-même, comment peut-on l'apprendre d'un autre par la parole? Comment un autre objet pourrait-il nous servir de signe pour nous le faire concevoir? Il n'y a qu'un moyen, si c'est une couleur, de la connaître, c'est de la voir; si c'est un son, c'est de l'entendre. Il faut toujours en revenir à ce principe, c'est que la parole n'est ni un son ni une couleur : c'est une pensée, et qu'on ne saurait penser une couleur : on ne peut que la voir, ni un son : on ne peut que l'entendre.

Quand bien même cela se pourrait, et que celui qui parle pourrait se faire comprendre, comment celui qui entend aura-t-il la même pensée que celui qui parle ? Car il n'est pas possible qu'une même chose soit à la fois dans plusieurs êtres qui sont séparés : car alors deux seraient un.

Et quand bien même on admettrait que la même chose pût être à la fois en plusieurs, rien n'empêche qu'elle ne leur paraisse pas à tous semblable, puis qu'eux-mêmes ne sont pas absolument semblables et ne sont pas dans un même lieu : et quand ils seraient dans un même lieu, ils n'en seraient pas moins ou deux ou plusieurs, c'est-à-dire des personnes différentes. Il est certain que le même individu a dans un même moment des sensations qui ne sont pas identiques, mais que celles qu'il reçoit par la vue sont différentes de celles qu'il reçoit par l'oreille, que celles qu'il éprouve aujourd'hui diffèrent de celles qu'il a éprouvées antérieurement ; on aura bien de la peine à croire alors que toutes les sensations d'une personne puissent être absolument identiques aux sensations d'une autre personne. Ainsi donc rien n'est susceptible d'être connu, et si quelque chose pouvait être connu, il ne serait pas possible de communiquer à autrui cette connaissance, parce que les paroles ne sont pas les choses, et que personne ne peut avoir exactement les mêmes pensées qu'une autre personne [1].

Sextus Empiricus ajoute ici un argument qui n'est pas sans force : le langage, dit Gorgias, est produit par l'impression faite sur nous par les objets extérieurs, les objets sensibles : ce ne sont donc pas les mots qui fournissent les notions des choses, mais ce sont les choses qui nous donnent l'explication et le sens des mots, et il est impossible d'affirmer que les mots

---

[1] Aristote répète ici, à la fin de ce mémoire, ce qu'il a dit au commencement du 5ᵉ chapitre, à savoir que ces arguments étaient déjà vieux, et que Gorgias n'a fait que compiler, συνθεὶς τὰ ἑτέροις εἰρημένα, ce que d'autres avaient dit avant lui. Ces autres sont Mélissus et Zénon ; mais il semble que Gorgias avait inventé un argument propre sur la non-existence de l'Être : ἴδιον αὐτοῦ ἀπόδειξιν.

expriment les choses de la vue et de l'ouïe telles qu'elles sont en réalité. Ainsi rien n'est connaissable, et si les choses étaient connaissables, personne ne pourrait communiquer à un autre la connaissance qu'il en aurait, parce que les mots ne sont pas les choses et que les pensées d'une personne ne peuvent jamais être les pensées d'une autre [1].

Entre la pensée et la réalité, entre les mots et les choses, entre les mots et les pensées, il y a un abîme que rien ne peut combler; ce sont des activités parallèles qui ne peuvent jamais se toucher, entre lesquelles il n'y a aucun point de contact. Les choses ne peuvent pas plus entrer dans notre esprit que les pensées ne peuvent entrer dans les mots. Il n'est pas étonnant que de pareils principes, à savoir qu'il n'y a rien de faux, et qu'on peut sur toute proposition soutenir le pour et le contre avec une force égale de persuasion, ou ce qui revient au même, que le langage est impuissant à représenter la pensée, la pensée impuissante à saisir les choses, il n'est pas étonnant que ces principes aient engendré une école pire encore que la sophistique, l'éristique, qui n'emploie la pensée et la parole que comme des instruments appropriés à des buts personnels de vanité ou d'intérêt. Il n'y a plus là aucune intention scientifique, aucune portée philosophique ; il ne s'agit plus de démontrer quoi que ce soit : mais on peut encore abuser de la candeur et de la simplicité des gens pour les rendre ridicules et absurdes quoi qu'ils disent, et pour arracher à des auditeurs stupéfaits des applaudissements et de l'argent Cette misérable pratique aurait fini par corrompre la droiture de l'esprit des Grecs et la noblesse morale de leur âme, si l'excès même de cette débauche intellectuelle n'eût soulevé la réaction puissante et indignée de Socrate, qui vint protester au nom de la vérité et de la vertu, et rétablir sur des principes nouveaux la science et la vie.

[1] Wilh. de Humboldt accorde en partie à Gorgias ce qu'il objecte ici : à savoir que si entre deux personnes, deux individus pensants, il peut y avoir quelque chose de commun, il reste cependant dans leurs pensées quelque chose d'absolument personnel à chacun, et par conséquent d'absolument incommunicable.

CHAPITRE DIX-HUITIÈME

SOCRATE [1]

Nous avons vu le rôle et l'importance de la Psychologie dans l'histoire de la philosophie antérieure à Socrate : elle est le fondement de tous les systèmes. C'est une analyse, très fausse et très superficielle, de la connaissance qui amène les sophistes à leur misérable scepticisme. Tous les philosophes, le plus souvent il est vrai, à leur insu, concluent des formes de la connaissance aux propriétés des choses. Pour ceux qui n'admettent que la sensation, le monde sensible sera le seul être. Qu'est-ce qui inspire l'idéalisme des éléates? C'est leur théorie de la connaissance : on ne peut pas connaître ce qui n'est pas ; l'objet d'une connaissance existe, puisqu'il est pensé, et il existe tel qu'il est pensé. Les modes de l'être correspondent aux modes du connaître. L'acte de penser et l'essence pensée sont une seule et même chose.

Quoiqu'en dise Aristote, la racine véritable, quoique cachée, du système d'Anaxagore, n'est pas physique, mais psychologique : l'observation de la nature n'eut jamais pu produire les notions d'esprit, de cause finale, qui le caractérisent. L'âme est la chose la plus immédiatement connue à l'homme, par ce que c'est ce qui lui est le plus intime, et c'est en elle et par elle que nous concevons tout être, toute activité, tout phénomène : cette racine des systèmes philosophiques se dérobe à leurs auteurs,

---

[1] 469-399. Pour les renseignements biographiques, v. ma *Vie de Socrate*.

mais Socrate a une claire conscience que la science de l'âme est la condition de toute science, et que l'homme ne pourra rien connaître tant qu'il ne se connaîtra pas lui-même.

Toute la philosophie de Socrate se ramène à une psychologie : en cela il est le fondateur, le créateur d'une philosophie nouvelle, comme il le proclame lui-même [1], et comme tous les anciens l'ont reconnu [2].

Avant de chercher à jeter les fondements d'une philosophie nouvelle, d'une science nouvelle, Socrate avait à détruire l'opinion, fausse selon lui, qu'on se faisait de la science, et à réagir contre la tendance à laquelle elle avait cédé jusqu'à lui. Il se refusa à porter la recherche philosophique sur l'ensemble de la nature et des choses, « pour savoir comment a été fait ce que les sophistes appellent le monde, et par quelles causes nécessaires se produit chaque phénomène céleste [3]... Il leur demandait s'ils connaissaient déjà suffisamment *les choses humaines*, ou s'ils croyaient sage de négliger les choses humaines pour examiner celles des dieux. » Socrate n'en croit rien : et il en donne la raison : « C'est, dit-il, que ceux qui ont appris les choses humaines peuvent les mettre en action ; mais ceux qui ont appris comment se fait la pluie et le beau temps, l'été et l'hiver, les pourront-ils faire au gré de leurs désirs ou de leurs besoins? » La mesure de la science est donc la mesure de l'action pratique : « Aussi Socrate n'enseignait que les choses qu'il convient de savoir pour être *beau et bon*, et jusqu'au point qu'il convient de les savoir pour cette fin unique : l'utilité morale. Savoir assez de géométrie pour mesurer le champ qu'on veut vendre ou

---

[1] Xénoph., *Conv.*, 1, 5 αὐτουργός τις τῆς φιλοσοφίας.
[2] On a voulu récemment en faire un métaphysicien : pour cela, il a fallu considérer le *Ménon* comme un résumé de la philosophie de Socrate et l'idée du bien, telle qu'elle est développée dans *le Phédon*, pour une doctrine socratique, en un mot puiser dans les Dialogues de Platon, à peu près arbitrairement choisis, les sources d'une exposition historique de la philosophie de Socrate. Je crois que c'est une méthode historique des plus dangereuses, et que je me refuse à suivre. Je prends pour fondement de cette exposition les *Mémorables* de Xénophon, et, pour le reste, je n'attribue à Socrate d'autres doctrines que celles dont Aristote le considère expressément comme l'auteur.
[3] Conf., Ar., *Met.*, I, 6; XIII, 4 ; *de Part. An.*, I, 1; *Ethic. Eud.*, I, 5.

acheter, et pour pouvoir se rendre compte de ses calculs ; savoir d'astronomie ce qu'il en faut pour la pratique de l'agriculture, des rites religieux, de la marine, c'était suffisant. Mais chercher à découvrir les secrets de la mécanique divine, τὰς τῶν θεῶν μηχανὰς ἐξηγεῖσθαι, comme l'avait fait Anaxagore, c'est une folie et une impiété. Les dieux n'aiment pas qu'on cherche à connaître ce qu'ils ont voulu que nous ne connaissions pas [1]. »

Ainsi Socrate refuse d'entrer dans la recherche des causes et des raisons des choses, suivant les termes d'Aulu-Gelle [2]. Or qu'est ce que la métaphysique, sinon la science des causes et des raisons dernières des choses? La science n'est pas pour lui désirable pour elle même : elle n'est belle que par ce qu'elle est et en tant qu'elle est la science des choses que nous devons faire, parce que et en tant qu'elle est la condition d'une bonne vie pratique, εὐπραξία. Et non seulement elle n'est désirable et belle, mais encore elle n'est pratique et possible que dans cette mesure. La science ne peut pas atteindre tout objet. La raison peut constituer, à l'aide de principes, des sciences telles que l'Architecture, la Sculpture, l'Agriculture, la Politique, l'Économie, qui enseignent aux hommes les moyens d'agir et les règles de leurs actes et de leurs actions. Mais l'Architecture, qui apprend à construire une belle maison, apprend-elle à celui qui l'a construite s'il aura la joie de l'habiter? La science militaire apprend au général comment on doit combattre pour remporter la victoire ; mais elle ne lui enseigne pas si réellement il la gagnera, et s'il lui sera profitable de l'avoir gagnée. En un mot, dans tout ce que fait l'homme, il y a une fin dernière qu'il poursuit, et aucune science ne peut lui dire si cette fin, il l'atteindra. Ce terme obscur et incertain, les dieux s'en sont réservé le secret, et, pour le connaître, il faut qu'un Dieu nous le révèle. C'est folie de croire que les évènements sont tout entiers et tous dans le domaine de la science et de la sagesse humaine, et qu'il

---

[1] *Mem.*, IV, 7.
[2] A.-Gell., XIV, 3. De naturæ causis rationibusque.

n'y a rien de divin dans les choses humaines. Au contraire ce qu'il y a en elles de plus haut et de plus grand appartient aux dieux et a été dérobé par eux à l'action comme à l'intelligence de l'homme [1].

La science humaine est une science limitée, nous verrons tout à l'heure à quel objet, elle n'embrasse pas le domaine infini des choses universelles, comme se l'imaginent les sophistes. Aussi s'attaquant à l'impossible, il n'est pas étonnant qu'ils tombent soit les uns avec les autres soit avec eux-mêmes dans ces contradictions qui attestent l'insanité de leurs conceptions et l'incurable impuissance de l'humaine raison à résoudre ces vastes et inutiles problèmes. Ainsi les uns disent que l'Être est absolument un ; leurs adversaires soutiennent qu'il y en a une multiplicité infinie ; pour ceux-ci tout est dans un mouvement continuel et éternel ; pour ceux-là tout est éternellement immobile ; il en est qui prétendent que toutes les choses naissent et meurent ; pour les autres rien ne peut naître ni périr [2]. Ces contradictions réfutent les doctrines qui les contiennent, et proviennent toutes de la fausse idée que l'on se fait en général et en particulier de la science.

Qu'est-ce donc alors que peut connaître l'homme? Lui-même, lui seul, et c'est assez. Mais qu'est-ce cela, que se connaître? Il ne suffit pas assurément de connaître son nom ; celui qui s'est étudié lui-même, qui a analysé ce qu'il est par rapport à la fonction humaine, celui-là connaît sa vraie nature, se connaît lui-même [3]. C'est cette science toute individuelle et toute pratique qui est la sagesse [4]. Il ne suffit pas de savoir pour savoir; il faut savoir pour faire; il faut savoir faire. Savoir comment se produisent la pluie et le beau temps, sans savoir les produire, la belle science! et c'est pourtant là cette science vaine dont les sophistes

---

[1] *Mem.*, I, 6, 7, 8; IV, 7, 6 ; I, 1, 11. ταῦτα οὐ δυνατόν ἐστιν ἀνθρώποις εὑρεῖν.
[2] *Mem.*; I, 1, 15.
[3] *Mem.*, IV, 2, 25. ὁ ἑαυτὸν ἐπισκεψάμενος, ὁποῖός ἐστι πρὸς τὴν ἀνθρωπίνην χρείαν, ἔγνωκε τὴν αὐτοῦ δύναμιν.
[4] *Id.*, IV, 6, 7. ἃ ἄρα ἐπίσταται ἕκαστος, τοῦτο καὶ σοφόσ ἐστι.

se repaissent et se vantent. La science humaine non seulement possible, non seulement permise, mais ordonnée par le Dieu même de la science, Apollon, qui nous la prescrit à tous et à chacun, consiste à connaître ce que l'homme doit faire et à savoir le faire. Or qu'est-ce que l'homme doit faire? le mieux, le bien. Aussi quelles sont les questions que doit étudier et résoudre la vraie science? Qu'est-ce que le beau? le mal? le juste? l'injuste? la sagesse? la folie? le courage? la lâcheté? Qu'est-ce que l'État? la politique? le gouvernement? A qui le pouvoir appartient-il légitimement? En un mot toutes les choses dont la connaissance permet à l'homme de devenir beau et bon, et dont l'ignorance l'abaisse au niveau d'un esclave [1].

La philosophie de Socrate se présente ainsi moins comme une science que comme un art : l'art de la vie. Elle ne débute pas par des définitions et des axiomes, des vérités d'observation ou de conscience : son premier mot est un impératif: γνῶθι σεαυτόν. La connaissance de soi-même n'est pas seulement la définition de la philosophie : elle est un devoir, une obligation : *Il faut que l'homme sache ce qu'il doit et ce qu'il peut faire, et ce qu'il doit et peut faire, c'est le bien* : il faut donc que l'homme connaisse le bien, parce qu'il faut qu'il le mette en pratique.

En dehors de cette science obligatoire, la science humaine est peu de chose et pour ainsi dire rien [2], et c'est là la première connaissance que nous procure l'examen de nous-mêmes : l'imperfection radicale, l'incurable impuissance de l'esprit humain à connaître ce qu'il n'est pas de son devoir et de son pouvoir de réaliser par des actes. De ce vaste cercle de choses qui nous entourent, nous ne pouvons rien savoir, si ce n'est cela même, que nous n'en savons rien.

Pour s'en convaincre, l'homme n'a qu'à s'interroger lui-même et à interroger les autres, et, s'il se soumet sans réserve à cet examen sévère, il verra fondre en vaines apparences ce qu'il

---

[1] *Mem.*, I, 1, 16.
[2] Plat., *Apol. Socr.*, 23.

avait pris dans son aveuglement et dans son orgueil pour des connaissances réelles et solides. Si la raison humaine est capable de connaître quelque chose, ce n'est qu'à la condition qu'au préalable elle se sera purgée des erreurs, des sophismes et des vices qui la rendent également impuissante.

Il faut donc soumettre la raison à cette opération critique, douloureuse mais nécessaire. Socrate s'offre à tous ceux qui veulent lui rendre le service d'arracher de son esprit les fausses opinions; mais en retour il offre à tous ceux qui ont le courage de ne pas s'y refuser de leur rendre la pareille.

De là la dialectique, qui n'est qu'une analyse de la conscience, de là l'ironie qui commence ou achève la purification. Socrate n'est pas un maître qui enseigne, car il ne sait rien ; mais il examine, il étudie ce grand sujet de la curiosité humaine, l'homme, et il aide, il provoque tous ceux qui veulent se connaître, à se livrer en commun avec lui [1], à ce noble et utile examen ; car celui qui ne se connaît pas lui-même, on peut dire qu'il est bien près de la stupidité et de la démence.

Et ce n'est pas une petite chose de se connaître soi-même. Fondée sur la raison, cette connaissance, si limitée qu'elle paraisse, vaut bien le prix des efforts qu'elle nous coûte. Socrate, du moins, goûtait la volupté de ce petit nombre de vérités certaines que l'observation de la raison par elle-même procure à ceux qui la pratiquent, et la goûtait si vivement qu'il aurait mieux aimé renoncer à la vie que renoncer à s'étudier soi-même et les autres.

Cette science de nous-mêmes, nous ne la devons qu'à nous-mêmes : elle est notre œuvre personnelle et propre ; chacun sait ce qu'il a appris par lui-même. Toute autre vie n'est plus la vie pour un homme. Obéir à une loi morale que la conscience individuelle ne s'impose pas à elle-même, professer des maximes que la raison individuelle n'accepte pas, ce n'est pas vivre [2].

---

[1] *Mem.*, I, 2, 3; *Mem.*, IV, 5, 12. κοινῇ.
[2] Xén., *Mem.*, IV, 6, 7; Plat., *Apol.*, 28.

Nous voyons ici proclamer les principes de la souveraineté de la raison individuelle dans la science et dans la vie : Socrate renvoie chaque homme à sa propre pensée ; il inaugure en la pratiquant avec conscience, et en la recommandant avec réflexion, cette méthode féconde et vivante de la recherche personnelle qui restitue à l'homme la dignité de son intelligence et la valeur morale de ses actes.

Car la connaissance de soi-même a sa raison d'être dans la pratique et dans la vie ; elle diffère des autres prétendues connaissances parce que nous pouvons réaliser par des actes les vérités qu'elle nous découvre, traduire en faits les idées qu'elle nous donne de nous-mêmes. Elle nous enseigne la nature de notre essence, de nos forces, de nos facultés ; ce qu'il est bon à l'homme de faire, et par conséquent la seule manière de se procurer le bonheur et de le procurer aux autres, d'éviter pour soi et pour les autres les malheurs qui frappent nécessairement ceux qui, ne se connaissant pas eux-mêmes, ignorent ce qu'ils peuvent faire, ce qu'ils doivent faire, ce qu'ils ne peuvent pas faire, ce qu'ils ne doivent pas faire, ce qui leur est avantageux, le plus avantageux de faire ou de ne pas faire [1]. Si bornée qu'elle semble en apparence, la connaissance de soi-même est donc pour l'homme la source de ses biens et ne pas se connaître le principe de tous ses maux [2]. Tout en ne sachant rien, et en déclarant n'avoir rien à leur apprendre, Socrate pouvait donc, comme le lui fait dire Aristide, croire qu'il avait rendu quelques services aux hommes, parce qu'en les aimant, il les avait rendus meilleurs [3]. Mais précisément parce qu'il est sincère, cet amour est courageux et ne craint pas de blesser ceux qu'il veut servir. Socrate veut connaître et faire reconnaître à tous l'âme humaine, et déchire sans faiblesse ni complaisance les voiles dont elle cherche à se couvrir. Il employait à cette œuvre une conversation vive et charmante, les grâces et le sel piquant d'une plai-

---

[1] *Mem.*, IV, 2, 16.
[2] *Id.*, id.
[3] Arist., *Or.* XV, p. 11.

santerie aimable et fine, la force d'une dialectique aiguisée d'ironie, que les contemporains [1] déclarent inimitable et invincible, et dont nous ne pouvons nous faire une idée que par quelques dialogues de Platon.

Cette ironie, comme l'indique excellemment Xénophon, a un côté plaisant et un côté sérieux. Tout en se jouant Socrate a conscience de faire une œuvre sérieuse et même sévère [2]. C'est contre la sophistique qu'il emploie cette arme, entre ses mains, invincible.

La sophistique avait un double caractère : au fond elle était une négation absolue. L'esprit humain, suivant elle, est incapable de saisir une vérité ; d'autre part on peut, au moyen de certains procédés extérieurs et pour ainsi dire mécaniques, se donner l'apparence de tout savoir. Ainsi l'homme ne sait et ne peut rien savoir ; mais il peut parler de tout, et l'homme habile dans cet art, le vrai sage, le sophiste, peut parler de tout de manière à faire croire qu'il sait tout.

A cette double thèse Socrate répond :

Il y a une chose du moins que l'homme peut savoir : c'est qu'il ne sait rien ; et cette chose, qu'il ne sait rien, il ne peut la savoir qu'en sachant ce que c'est que savoir, et en se connaissant lui même comme ne sachant rien. En second lieu, il est moins difficile qu'on ne le suppose de dissiper l'illusion que se vantent de répandre les sophistes de leur savoir prétendu, et on peut, avec une dialectique loyale et habile, les réduire eux aussi à l'aveu de leur ignorance. Les amener là, en mettant les rieurs de son côté, sans offenser les cœurs par l'aigreur et la violence, c'est l'œuvre de l'ironie socratique.

Cette leçon de modestie et de réserve, Socrate commençait par se l'appliquer à lui-même. Dans les *Dialogues* de Platon, comme dans les *Mémorables*, nous le voyons chercher en commun avec ses auditeurs, essayer et proposer des solutions qu'il

---

[1] Aristoxène qui l'avait entendu.
[2] *Mem.*, I. 38. ἔπαιζεν ἅμα σπουδάζων. *Severe ludere*, comme dit Cicéron, *de Or.*, II, 61 ; *Mem.*, IV, 4, 10.

détruit ensuite, et aboutir, à la fin de longs et subtils raisonnements, à une conclusion négative ou du moins très dubitative. Ici il n'y a pas ironie, en ce sens du moins que l'aveu de la faiblesse de l'esprit humain n'y est pas simulé. Si l'ironie est la feinte d'une impuissance, une impuissance simulée, comme le disent et le scholiaste de Platon et Aristote [1], je ne crois pas que Socrate fit de l'ironie [2] en déclarant qu'il ne savait rien, et que même sur la grave question de l'immortalité de l'âme, il ne pouvait exprimer qu'une espérance, sans oser rien affirmer.

Mais ce principe lui fournissait une place d'armes pour ainsi dire imprenable dans sa lutte contre les sophistes et contre les fausses opinions courantes, et on ne peut s'étonner qu'il en ait usé pour réduire au silence des adversaires présomptueux qui en savaient moins encore que ce prétendu ignorant. Là il est vraiment ironique; non seulement il réfute ses adversaires, mais il se moque et fait rire d'eux. Il a dû se laisser aller à cette forme de la dialectique et de la critique d'autant plus volontiers qu'elle se prêtait merveilleusement au rôle qu'il croyait surtout avoir à remplir. Il ne venait pas substituer un système à d'autres systèmes : avant de donner une nouvelle impulsion aux âmes et aux esprits, il avait à détruire des erreurs, des préjugés, des vanités sottes et des mensonges intéressés ; et il savait que pour cette œuvre de réfutation, nulle force logique ne vaut le ridicule [3].

Socrate ne tenait point école : tout lieu, et tout interlocuteur lui étaient bons; abdiquant tout pédantisme scientifique, toute forme technique, tout dédain aristocratique, il causait avec tout le monde et de toutes choses avec le cordonnier Simon comme avec le charcutier Eschine.

L'ironie n'est ici qu'une forme extérieure de la critique, de la réfutation, qui lui donne du piquant et du mouvement. Cicéron

---

[1] Ruhnken, p. 117. Arist., *Eth. Nic.*, II, 7 et 12.
[2] On a remarqué que le mot d'ironie ne se trouve pas dans Xénophon.
[3] Sa personne même, le son de sa voix, l'expression de sa bouche et de sa physionomie, sa figure de Silène, contribuaient à l'ironie de sa critique.

qui l'a comprise ainsi, la décrit dans les termes suivants : Il y a une dissimulation spirituelle qui consiste à dire non le contraire de ce qu'on pense, mais à s'exprimer autrement qu'on ne pense, et qui donne à tout le discours le ton d'une plaisanterie sérieuse ; et au nombre de ceux qui ont excellé dans ce genre, à côté de Scipion Émilien, il cite Socrate, qui se faisait à dessein plus petit, plus ignorant qu'il n'était et qu'il ne croyait être [1].

J'en veux citer quelques exemples [2]. Glaucon, fils d'Ariston, à peine âgé de vingt ans, ambitionnait déjà l'honneur de jouer un grand rôle politique ; Socrate qui lui portait de l'intérêt à cause de Charmide et de Platon, le rencontrant un jour, l'aborde et lui dit : « Eh ! bien, c'est donc vrai ! tu as l'intention de nous gouverner ! c'est un beau projet que tu as conçu là, mon ami, et je t'en félicite : un projet beau, grand, noble. Tu relèveras ta maison, tu obligeras tes amis, tu augmenteras la puissance de ta patrie, et ton nom, comme celui de Thémistocle, retentira dans toute la Grèce, et jusque dans les contrées lointaines des Barbares. » On peut juger que ce début ne devait pas déplaire au jeune ambitieux ; mais il n'en était pas où il croyait. « Dis-moi donc sans mystère, ajouta Socrate, car tu sais que je t'aime, quels sont tes plans de gouvernement et par où tu comptes commencer tes réformes politiques. Est-ce par les finances ? tu en as sans doute étudié et compris le système : eh ! bien, dis moi, sur quel point et par quels moyens crois-tu qu'on puisse augmenter les recettes et diminuer les dépenses de l'État ? Je n'y ai pas encore songé, répondit le jeune homme. Ah ! fit Socrate ; c'est donc que tes premières études sur la science du gouvernement se sont portées sur notre organisation militaire : eh ! bien, tu dois avoir l'état exact de nos troupes et de nos magasins, de nos arsenaux et de nos armements ? Mais non, dit le jeune étourdi : ce sont là des choses que je ne sais pas encore. C'est un tort, reprit alors Socrate, et d'un ton plus grave, où cesse l'ironie, il ajoute :

---

[1] Cic., de Orat., II, 67 ; Quæst. Acad., I, 4 ; IV, 13.
[2] Je les emprunte à Xénophon, chez lequel ils sont rares, naturellement, puisque Socrate y cause plus souvent avec ses amis qu'avec ses adversaires.

Voyous! tu veux gouverner l'État : c'est très bien; mais n'aurais-tu pas bien fait de commencer à relever par une habile administration la maison de ton oncle, qui se ruine? je l'aurais fait, dit Glaucon, s'il avait voulu m'écouter ; mais il a repoussé mes conseils. Eh! quoi, ton oncle n'a pas voulu t'écouter; tu n'as pas su te faire écouter de lui, et tu as la prétention de croire que les Athéniens t'écouteront. Prends garde, mon ami ; quand on se mêle de faire des choses qu'on ne sait pas faire, ce n'est pas à la gloire et à l'honneur qu'on va : on court au ridicule. Commence par étudier et par apprendre [1]. »

On le voit agir avec la même bienveillance d'intention et avec la même ironie aimable envers Euthydème : il lui fait d'abord avouer que l'objet de ses désirs et le but de ses études, c'est la Politique, l'art Royal, comme il l'appelle, art qu'on ne peut pratiquer sans le connaître, et qu'on ne peut pratiquer et connaître, si on ne connaît pas ce que c'est que la Justice, qui en est le fondement. Il le force ensuite de reconnaître qu'il ne sait pas ce que c'est que la Justice. Pressé par la dialectique de Socrate, le jeune homme modeste avoue qu'il est incapable de défendre les thèses qu'il avait émises, et est enfin renvoyé à l'étude de lui-même. Cela au moins, il croyait le savoir, mais Socrate lui prouve qu'il n'en sait rien [2].

Il n'y a pas de plus grand obstacle à la science, que l'aveugle confiance qu'on sait ce qu'on ignore, car alors on n'a plus aucune raison pour faire les efforts nécessaires à la découverte de vérités qu'on croit posséder. C'est donc déjà un bénéfice pour la science que le résultat en apparence négatif de la critique socratique : je dis en apparence; car comment détruire une thèse sans suggérer, et Leibniz dit même, sans édifier la thèse opposée. Mais Socrate ne se bornait pas à ces affirmations latentes qui supportent toute négation, toute critique réelle.

Après avoir détruit chez ses amis et ses interlocuteurs l'or-

---

[1] *Mem.*, III, 6.
[2] *Mem.*, IV, 2.

gueilleuse et dangereuse illusion d'un savoir sans réalité, ou l'aveugle admiration que les Athéniens avaient conçue pour ces charlatans dont la fausse éloquence et la fausse sagesse avaient réussi à les éblouir, il cherche à semer les germes d'une science réelle, modeste mais solide [1]. Cette science a pour objet la vie morale, pour forme le dialogue, la dialectique, pour procédés rationnels la définition et ce qu'Aristote a appelé plus tard l'induction. Le dialogue n'est pas pour Socrate, comme il l'a été pour Platon, une forme d'exposition philosophique de pensées déjà conçues, reconnues, découvertes. Il est une condition nécessaire de sa manière d'entendre la philosophie; la philosophie, pour Socrate, n'est pas théorétique : elle est pratique; elle agit et veut agir et sur tout le monde, sur les fils de Périclès, les amis de Platon, comme sur les cordonniers, les maçons et les forgerons. L'interrogation est l'unique moyen d'agir efficacement sur ces esprits ou raffinés ou grossiers, tous également ignorants; c'est son seul moyen d'enseigner, parce qu'enseigner pour lui c'est obliger les autres à regarder dans leur propre conscience, et à y voir ce qui y est et ce qui n'y est pas; les uns, nous l'avons vu, pressés par ses questions, sont tout surpris et tout honteux de voir qu'ils ne savent pas ce qu'ils croyaient savoir; les autres, au contraire, habilement conduits par l'interrogateur à travers les choses qu'ils savent, frappés, grâce à ses questions, de l'analogie des choses qu'ils croyaient ne pas savoir avec celles qu'ils savent, finissent par

---

[1] M. Fouillée (t. I, p. 65) attribue à Socrate la méthode de la *Maïeutique* telle qu'elle est décrite dans le *Théétète* et le *Ménon*, et n'est pas éloigné de lui attribuer, sans pouvoir l'affirmer cependant, la théorie de la réminiscence. Le nom de *maïeutique*, si original et si expressif, ne se trouve pas dans Xénophon, et il n'y est fait aucune allusion. Van Heusde analyse cette doctrine qu'il appelle aussi socratique (p. 141 : de μαιευτική, Socratica), mais il a soin plus loin (p. 289) de dissiper toute confusion : « Socratem adhuc consideravimus *Platonicum*, i. d. uti apud Platonem non suam solius, sed hujus simul sententiam declarat ; hic vero quum *ipse*, ut cogitavit locutusque est, Socratis agatur, prodeat nobis a Xenophontis Memorabilibus, nihil habens adsciti et alieni ».

C'est la méthode que nous allons suivre nous-même, comme l'ont fait Brandis, qui ne dit pas un mot de la maïeutique de Socrate, et Zeller, qui se borne à dire que le *Théétète* a désigné sous le nom de maïeutique la vraie essence de la dialectique socratique.

reconnaître qu'ils savent aussi ces choses qu'ils croyaient ignorer [1]. Cette interrogation ne doit pas être unilatérale ; elle est réciproque ; tous ceux qui s'occupent de philosopher doivent non seulement s'examiner eux-mêmes, mais s'examiner et s'interroger les uns les autres, pour arriver à la vérité ; car à quelle marque peut-on reconnaître la vérité certaine, inébranlable d'une pensée si ce n'est à ce caractère, que tous ou à peu près tous l'acceptent et l'admettent [2].

Ainsi la méthode socratique n'est pas suffisamment caractérisée quand on l'appelle une interrogation, ἐρώτησις. La philosophie est une étude qui doit être faite en commun, et le mot dialectique vient précisément de ce que tous les assistants participent à la recherche et mettent en commun leurs pensées, épanchent chacun leur conscience vis-à-vis des autres [3]. Quand il s'agit de savoir ce qu'il faut penser d'une chose, que faut-il faire ? établir, à la suite d'interrogations réciproques et multipliées, les points sur lesquels tout le monde est d'accord et les disposer par genres ; puis s'efforcer de faire voir l'analogie de ces choses que nous pouvons considérer comme certaines avec celles dont nous doutons ou dont ne savons que penser, et affirmer de celles-ci ce que nous sommes autorisés à affirmer de celles-là. Il s'agit donc toujours de ramener la chose en question, par des analogies et des exemples, ὅμοια, à un principe posé ou supposé, ὑπόθεσιν, mais auquel l'adhésion universelle ou très générale donne la force d'une vérité certaine, τὴν ἀσφαλείαν τοῦ λόγου. Or comme ces vérités, produit de l'expérience universelle, sont disposées, à la suite de cette opération, par genres, il en résulte qu'on peut ramener chaque chose, τί ἕκαστον, à son genre, c'est-à-dire la définir, en déterminer l'essence générale.

Aristote reconnaît sans hésiter l'importance de ces principes nouveaux de raisonnement et de méthode philosophique : « So-

---

[1] Xen., Œcon., 19, 15.
[2] Mem., IV, 6, 15.
[3] Mem., IV, 6, 1 ; IV, 5, 12.

crate renferma ses recherches dans la morale, et le premier s'efforça de donner des vertus morales des définitions générales : car il s'occupa à peine de physique. Démocrite avait avant lui essayé de définir; mais il n'avait défini—et encore, comment !— que le chaud et le froid. Les pythagoriciens avaient eux aussi essayé de donner quelques définitions, et ramenaient les notions des objets à des nombres, comme lorsqu'ils essayaient de déterminer par des nombres l'essence de l'à-propos, de la justice, du mariage. Mais Socrate se proposa, lui, de découvrir l'essence, τὸ τί ἐστιν [1], et avec raison; car il voulait fonder le vrai raisonnement, συλλογίζεσθαι γὰρ ἐζήτει, et le fondement de la syllogistique est l'essence... Ainsi il y a deux choses qu'il n'est que juste d'attribuer à Socrate : le raisonnement inductif et la définition par le général ; or ce sont là les deux procédés par lesquels on pose le fondement de la science. Mais Socrate ne considéra pas comme séparables ni les universaux ni les définitions, tandis que les platoniciens les séparèrent, et donnèrent à cette espèce d'êtres le nom d'Idées [2]. »

La méthode dialectique de Socrate comprend un certain nombre des opérations logiques les plus importantes. Elle a conscience que la science a pour objet l'universel, et cherche à le former; pour le former, c'est-à-dire pour constituer le genre, elle doit nécessairement diviser et séparer, rapprocher et généraliser, faire un et faire plusieurs. Le principe de la division est impliqué dans la constitution des genres, et nous le voyons mis en pratique dans les dialogues de Xénophon ; mais il n'y est nulle part, comme procédé logique, décrit, ni même nommé [3]. Il en

---

[1] Dans le *De Partib. An.*, I, 1, 642, a. 28, le τί ἐστιν est appelé τὸ τί ἦν εἶναι et οὐσία, que Démocrite essaya de fixer, mais dont la recherche ne devint sérieuse que par Socrate.

[2] *Met.*, XIII, 4.

[3] Heyder, *Krit. Darstell. d. Arist. Dialectik.*, p. 85 : « La division, méthode dialectique dont a fait usage Socrate, nous ne savons pas dans quelle mesure. » *Id.*, p. 129 : « Ce fut Platon qui inventa la méthode de division, pour laquelle il n'est pas probable qu'il eut Socrate pour prédécesseur, mais bien les socratiques, chez lesquels elle se montre sous des formes très imparfaites. » Brandis (*Rhein. Mus.*, I, 2, p. 147) la lui refuse par des raisons qui me paraissent faibles. Van Heusde, au contraire,

est de même de l'induction, dont le nom scientifique, ἐπαγωγή, ne se trouve ni dans Xénophon, ni même dans Platon. Puisque, d'après Aristote, Socrate a compris que la science repose sur le général, il a bien fallu que Socrate pût et sût tirer la loi générale qui ressort de l'examen des faits et des objets individuels. Mais il semble que Socrate a pratiqué cette opération logique d'instinct, sans se rendre compte de son caractère et de sa nature, et sans en faire le principe d'un système méthodologique. Car je ne crois pas qu'il faille confondre cette recherche des semblables, ὅμοια, par laquelle Socrate, remontant la chaîne des analogies accordées, montre que le fait particulier dont on discourt, rentre dans une loi générale déjà posée, ἐπὶ τὴν ὑπόθεσιν, avec l'opération qui découvre et affirme cette loi générale. Aller du semblable au semblable n'est pas induire; car ce n'est pas sortir du particulier; et si on parvient à poser logiquement le général, c'est qu'on a procédé autrement que par similitudes, puisque, comme le dit très bien Aristote, le général n'est pas semblable aux espèces ou aux individus qu'il renferme [1].

Socrate a dû pratiquer la vraie induction, puisque son effort est de constituer les genres et de fonder par là la vraie définition. Quant à la déduction, quant à la syllogistique, il a cherché, dit Aristote, à la créer; mais sa dialectique a été, comme toute dialectique de ce temps, impuissante à y réussir, car la définition et l'induction ne font que poser le principe de la démonstration scientifique et ne la constituent pas [2]. Sur ce point Aristote déclare lui-même qu'il n'a pas eu de prédécesseurs [3].

Voilà comment Socrate conçoit la philosophie : elle se réduit pour l'homme à la connaissance de lui-même, non pas seulement de lui-même, individu, mais de lui-même en tant qu'homme; car toute connaissance a pour objet l'universel.

(*Init.*, 248), dit : « Ad hanc item excolendam perficiendamque methodum quum aliis tum vero Socrati multum debuisse videtur Plato. »
[1] *Top.*, I, 12. Rien n'est moins semblable au général que l'individuel.
[2] Arist., *Met.*, XIII, 4.
[3] Id., *de Soph. El.*, 33.

Cette connaissance s'opère au moyen de l'examen que chacun de nous peut et doit faire de lui-même, de sa nature et de ses facultés, et des autres hommes ; et cet examen a pour forme l'interrogation de soi-même et des autres. L'esprit qui s'interroge et interroge les autres met en jeu la division, l'induction et arrive, par la définition, à fixer dans une proposition générale l'essence de chaque chose qu'il étudie.

Mais, d'après le principe de Socrate, que peut-il étudier, que peut-il connaître? lui-même : ses sentiments et ses idées, ses facultés et ses passions, en un mot sa nature intellectuelle et morale. Est-ce à dire que, d'après Socrate, l'esprit humain ne pouvait connaître que lui-même, et qu'il ne pouvait atteindre les réalités qui sont en dehors de lui? Il est clair que la distinction d'une connaissance purement subjective et d'une connaissance objective ne lui est même pas venue à la pensée; il suffit de considérer qu'un des principes de sa méthode est d'étudier l'homme et sa nature, non pas seulement en soi-même, mais encore dans les autres hommes, dans leurs pensées et dans leurs actes : or les autres hommes appartiennent à ce monde extérieur à la conscience, dont la réalité ne fait pas doute pour Socrate, et dont la conscience interrogée affirme sans hésiter et presqu'universellement l'existence, διὰ τῶν μάλιστα ὁμολογουμένων. Ce n'est pas lui qui se serait élevé contre les opinions généralement adoptées par le bon sens de l'humanité.

Sur quoi fondait-il cette certitude qu'il attribue aux vérités de la conscience? Je ne pense pas qu'il ait jamais éprouvé le besoin de la fonder : il croyait au témoignage de la conscience, parce qu'il semble qu'on ne peut se dispenser d'y croire, et qu'en le niant on détruit toute possibilité du connaître et de l'être. Si l'on veut cependant trouver un fondement métaphysique à cette croyance instinctive et naturelle, on pourra le trouver dans la communauté d'essence de l'âme humaine avec l'intelligence et la nature divine [1]. L'âme qui participe plus que

---

[1] *Mem.*, IV, 3, 11.

tout le reste de l'homme à la divinité, participe à son infaillibilité et à sa perfection morale¹. Comme la Divinité, l'âme humaine est essentiellement une Raison, une conscience libre qui agit d'après des fins, c'est-à-dire d'après des idées, et d'après la plus haute des idées², le Bien, fin dernière et suprême de la Raison. Si nous nous interrogeons nous-mêmes, nous reconnaissons que toute notre science n'a pour contenu que notre nature morale et la nature du bien qu'elle tend à réaliser, et que toute notre activité morale a pour but la connaissance de ce bien.

Ceci nous amène à la morale de Socrate. De ce que nous venons de dire il était naturel que Socrate arrivât à la conclusion, que Xénophon et Aristote signalent comme son principe le plus certain et le plus général : Il n'y a de vraie science que la science de la vie, il n'y a de vraie vie que la vie de la science : « Il ne distinguait pas la science, σοφία, de la science pratique ou sagesse, σωφροσύνη ; celui qui connaît le beau et le bien, le pratique ; celui qui connaît le mal et le laid, l'évite³. » Celui qui ne pratique pas le bien, qui n'évite pas le mal, c'est qu'il ne connaît ni l'un ni l'autre comme tels. « Tous les hommes, parmi les actions possibles, préfèrent toujours faire celles qu'ils croient leur être les plus utiles⁴. » Quel nom alors, lui objectait-on, donner à ceux qui, sachant ce qu'il faut faire, font le contraire ? Il n'y a pas de nom à leur donner, répondait-il ? pas plus celui de sages, σοφούς, que celui d'ignorants, pas plus celui de tempérants que celui d'intempérants, car de pareils hommes n'existent pas⁵.

Savoir, c'est savoir ce qu'il faut faire ; on ne peut savoir ce qu'il faut faire, sans croire en même temps qu'il faut le faire : et qui peut imaginer quelqu'un qui fait ce qu'il croit qu'il ne faut pas faire, et qui ne fait pas ce qu'il croit qu'il lui faut faire ?

---

¹ *Mem.*, II, 6, 10. τὸ δὲ ἐγγυτάτω τοῦ θείου ἐγγυτάτω τοῦ κρατίστου.
² *Mem.*, I, 4, 17.
³ *Mem.*, III, 9, 4.
⁴ *Id.*, id.
⁵ *Mem.*, III, 9, 1.

L'homme juste est donc celui qui connaît les devoirs que lui dicte la justice vis-à-vis des autres hommes, et l'injuste celui qui ne les connaît pas ou qui se trompe sur la nature de son devoir. La sagesse, σοφία, c'est donc la science, ἐπιστήμη, et l'on est sage dans la mesure de la science. L'omniscience serait l'omnisagesse, et celle-ci est impossible à l'homme parce que l'autre lui est interdite. Chacun de nous n'est sage que dans ce qu'il sait [1]. La connaissance du bien, but suprême de l'action, détermine l'action même [2].

Ainsi d'un côté il n'y a pas moyen de bien agir dans la vie si l'on ne sait pas ce que c'est que bien agir, si l'on ne connaît pas la vraie fin de l'action, le bien, et aussitôt qu'il y a savoir vrai du bien agir, l'action conforme suit nécessairement. La Justice et toutes les autres vertus sont donc des sciences, ἐπιστήμας, des pensées vraies, φρονήσεις, des notions rationnelles, des idées, λόγους [3]. La fin de la vie humaine, la vraie fin de l'homme, τέλος, c'est donc de *connaître*, mais de connaître la vertu [4]. L'âme est exclusivement Raison, et la détermination, le choix, la décision, ἡ προαίρεσις, est essentiellement et exclusivement un acte de la Raison [5].

La connaissance détermine l'action : l'âme est toute raison ; quand l'homme agit mal c'est donc exclusivement ou par erreur ou par ignorance, seuls maux qui puissent atteindre l'intelligence. Car lorsque l'âme est en possession réelle de la vérité, en ce qui concerne le bien, qui est toujours son bien, ni la passion ni l'habitude ne peuvent avoir prise sur elle [6]. Il serait étrange en effet que la science, qui est la science du bien, fût dans

---

[1] *Mem.*, IV, 6, 6 et 7.

[2] C'est la doctrine même qu'on croit si récente, à savoir qu'il y a dans l'idée une vertu efficace de réalisation d'elle-même.

[3] Arist., *Magn. Mor.*, I, 1. τὰς γὰρ ἀρετὰς ἐπιστήμας εἶναι. *Ethic. Nic.*, VI, 13. Σ. ὅτι μὲν φρονήσεις ᾤετο εἶναι πάσας τὰς ἀρετάς, ἡμάρτανεν; id., λόγους τὰς ἀρετὰς εἶναι ᾤετο, ἐπιστήμας γὰρ εἶναι πάσας.

[4] Ar., *Eth. Eud.*, I, 5, 1216. b. 2.

[5] Ar., *Magn. Mor.*, I, 1; I, 35.

[6] Arist., *Magn. Mor.*, I, 1. πάθος καὶ ἦθος. Je ne change pas la leçon et je lis ἦθος, tout en traduisant par *habitude*, car j'entends l'habitude morale.

l'âme, et qu'il y eût cependant en elle, concurremment avec la science, une force plus puissante qui l'entraînât au mal comme un esclave ¹. D'où vient donc que l'homme fait le mal ? de l'impuissance, de la faiblesse, de l'incontinence, ἀκρασίας. Le pouvoir de bien faire, c'est la liberté; l'intempérance nous la ravit, et c'est la servitude. La liberté consiste à faire le meilleur, et cette liberté nous est assurée par l'empire que nous exerçons sur nous-mêmes, ἐγκράτεια. L'homme qui n'a pas cet empire est impuissant à faire le bien, forcé de faire le mal, détourné de la sagesse, le plus grand des biens..... Ceux qui exercent sur eux-mêmes ce noble empire, peuvent seuls pratiquer, par leurs actes aussi bien que par leur intelligence, et en même temps par les uns et par l'autre, cette dialectique qui ramène toute chose à son vrai genre, et par suite choisir et faire celles qui rentrent dans le genre du bien, éviter celles qui rentrent dans le genre du mal ². Le vrai sage, le véritable homme de bien, l'homme réellement heureux, c'est le parfait dialecticien ³.

Socrate ne nie donc pas le fait de l'incontinence, ἀκρασία, et il n'est pas exact de dire qu'il traite la question du bien moral, comme si l'intempérance n'existait pas, ὡς οὐχ οὔσης ἀκρασίας ⁴. Ce que Socrate nie, c'est qu'on puisse à la fois connaître le bien, ἐπιστάμενον, et être intempérant, ἀκρατεύεσθαι. Personne n'agit contrairement au bien qu'il connaît, mais seulement au bien qu'il ne connaît pas ⁵. Socrate ne nie pas la réalité de la passion ni la force des habitudes morales; il nie qu'elles conservent leur force dans l'âme éclairée par la vérité morale, dans la raison qui croit, qui voit, qui sait le bien. Quand l'intempérance entre dans l'âme, c'est que l'âme est envahie par l'erreur ou par l'ignorance ; mais si la vérité la vient visiter et l'éclaire, si le bien lui apparaît dans sa clarté et dans sa beauté, il fait fuir l'intempérance, parce qu'il n'y a rien de plus fort que la sagesse,

---

¹ Ar., *Eth. Nic.*, VII, 3, 1145, b. 11 sqq.
² Xen., *Mem.*, IV, 5, 2, 13.
³ Ar., *Eth. Nic.*, VII, 3.
⁴ Id., *id.*,

φρόνησις, qui est identique à la science [1], parce que pour Socrate, toute science est science du bien, et que la science invinciblement détermine l'action. La vertu est l'acte de la raison [2].

Aussi ou l'homme est vertueux, et alors c'est qu'il connaît le bien ; ou il est vicieux, et alors c'est qu'il l'ignore. Quant à l'objection de fait qu'il y a des gens qui tout en sachant qu'une chose est bien, ne la font pas, tout en sachant qu'une chose est mal l'accomplissent, Socrate l'écarte en niant le fait même. Quiconque fait le mal n'est pas profondément, invinciblement convaincu que c'est un mal, et un mal pour lui.

Le contenu de cette science, qui détermine nécessairement l'action, c'est, avons-nous dit, le Bien. Mais qu'est ce que le Bien? Ce n'est pas le plaisir, à coup sûr; car le plaisir au contraire empêche le bien, et pousse au mal. Ceux qui ne savent pas maîtriser la volupté sont dans la pire des servitudes. C'est le plaisir qui nous fait perdre la raison, vraie dignité de la nature humaine, τὸ ἄφρον, ἄτιμον [3], qui nous ôte la liberté et la sagesse, le plus grand des biens. Le plaisir abrutit l'homme... C'est une brute en effet celui qui ne regarde jamais le meilleur et n'aspire qu'au plus agréable. Il n'est donné qu'à l'homme de se maîtriser lui-même et de rechercher en tout le mieux, par la distinction dialectique des genres. On peut même dire que le plaisir qui détruit la liberté, la sagesse, la dignité de l'homme se détruit lui-même. Le plaisir auquel l'intempérance nous appelle et nous invite, se dérobe, et la tempérance seule nous

---

[1] *Ethic. Eud.*, VIII, 13, 1246, b. 34. Aristote reconnaît que le mot de Socrate est vrai; mais il veut faire une distinction entre la sagesse, φρόνησις (par où il faut entendre l'unité de la volonté et de la raison) et la science pure, ἐπιστήμη.

[2] La vertu est si parfaitement identique avec la science que celui qui saurait, par exemple, que tromper est un mal et tromperait volontairement serait (ὅς ἂν ἑκὼν μὴ ὀρθῶς... ἂν εἴη) plus juste que celui qui ne saurait pas que tromper est un mal et cependant ne tromperait pas; car en vertu de sa science le premier, s'il le voulait, ὁπότε βούλοιτο, pourrait aussi bien faire; l'autre, ignorant la distinction du bien et du mal, ne peut faire ni l'un ni l'autre (*Mem.*, IV, 2, 20 et 21). Les optatifs marquent ici que c'est une pure hypothèse qu'on peut employer dans le raisonnement, mais que ne confirme pas la réalité.

[3] *Mem.*, I, 2, 52.

le fait goûter. L'intempérance ne nous laisse pas attendre la sensation du besoin, dont le vrai plaisir est toujours la satisfaction [1].

Si le bien n'est pas le plaisir, qu'est-il donc? L'utile, dit Socrate ; mais l'utile est un rapport ; c'est le rapport d'un moyen à la fin déterminée d'un être déterminé. Le Bien est donc relatif, et Socrate l'avoue : « Si tu me demandes de te citer quelque chose de bon, qui ne soit bon à rien ni à personne, je ne le connais pas, et n'ai pas besoin de le connaitre [2]. Toute chose est belle et bonne pour l'être auquel elle est utile et elle convient [3]. » L'homme poursuit la science du bien, la seule qu'il puisse atteindre et doive chercher ; le Bien est toujours relatif ; le bien dont l'homme poursuit la connaissance est donc son bien à lui, et la réalité des choses est conforme à ce principe : nous voyons toujours et partout les hommes désirer et réaliser ce qu'ils croient le plus utile, le plus avantageux pour eux, συμφορώτατα ἑαυτοῖς [4].

Mais ils sont exposés à se tromper dans l'opinion qu'ils se font des vrais biens et des vrais maux pour eux-mêmes : il y a des biens et des maux à double sens et à double effet, ἀμφίλογοι, et si l'on cherche un bien absolu, ἀναμφισβητήτως [5], ἀναμφιλογώτατον, on risque de n'en pas trouver un seul, pas même le bonheur. Car d'une part si l'on appelle bien absolu celui qui n'est jamais nuisible en aucune circonstance et pour personne, nous ne pourrons pas considérer comme tels ni la santé, ni la richesse, ni la force, ni la gloire, ni la beauté, ni la science même, σοφία [6], qui ont attiré souvent sur les hommes qui possédaient ces avantages des maux cruels. Quant au bonheur, on peut accorder qu'il est un bien absolu, à la condition qu'on n'y

[1] *Mem.*, IV, 2.
[2] *Mem.*, III, 8, 3.
[3] *Id.*, III, 8, 7; IV, 6, 8.
[4] *Mem.*, III, 9, 4.
[5] *Mem.*, IV, 2, 33, 34.
[6] Les exemples cités, celui de Dédale et celui de Palamède, prouvent-ils suffisamment que le mot σοφία désigne ici l'habileté dans un art quelconque, et non la science vraie, qui doit être la science du bien?

fasse pas entrer des biens équivoques. Et que devient le bonheur de l'homme si l'on n'y fait entrer ni la beauté, ni la force, ni la richesse, ni la gloire, ni la science[1] ?

Le bonheur εὐπραγία, n'est pas la bonne fortune, εὐτυχία ; c'est une activité, un acte ; c'est l'activité de la raison ; c'est la science, non pas toute science, car il y a des sciences qui sont mauvaises[2], mais la science du bien, qui ne peut conduire à une action mauvaise. Il est impossible de nier qu'ici il y a un cercle dont Socrate, dans les *Mémorables* du moins, ne peut sortir.

Le Bien est la science, mais c'est la science du bien ; le Bien est l'Utile, mais l'Utile est ce qui conduit au bonheur, et le bonheur est l'action conforme au bien.

Socrate, comme le dit M. Fouillée lui-même, ne connaît pas un monde supérieur à l'humanité, et de là les contradictions pour lui insolubles de la question du souverain bien. Sans doute le souverain bien de l'homme n'est pas la fin en soi ; ce n'est qu'un effort, un désir, une volonté de réaliser cette fin ; et cette fin, c'est encore le bien, non plus le bien de l'homme, mais le bien absolu, parfait, divin : l'Idée du bien.

Si Socrate a laissé à Platon la gloire de compléter cette théorie par une grande métaphysique, il ne faut pas méconnaître qu'il a mis son disciple sur la voie, et que les lacunes et les contradictions visibles qui éclatent dans ses formules embarrassées ont pû et dû provoquer le système qui les a résolues. En tout cas, on ne saurait, sans injustice et sans erreur, voir dans l'utile, par lequel Socrate définit le bien, ni l'intérêt ni le plaisir. Ces biens vulgaires et trompeurs n'ont jamais eu un grand prix à ses yeux. Les autres hommes peuvent appeler cela le bonheur ; mais pour lui : « n'avoir pas besoin des choses de cet ordre, n'avoir aucun besoin est divin ; en avoir le moins possible est le plus près du divin ; or le divin est ce qu'il y a de meilleur, et

[1] *Mem.*, IV, 2, 33, 34.
[2] *Mem.*, I, 6, 13.

le plus près du divin est le plus près du meilleur [1] ». Si l'école cyrénaïque a pu s'autoriser de certaines de ses définitions, c'est d'une part en négligeant les propositions qui les contredisent ou les restreignent ; de l'autre en abusant du mot *utile*, et en lui donnant un sens contre lequel protestent non seulement la vie et la mort du maître, mais la haute pensée morale qui pénètre toutes les parties de sa doctrine.

Il ne faudrait pas non plus conclure du passage que nous venons de citer que le bonheur ou le souverain bien n'est, pour Socrate, que l'absence de la douleur et du besoin qui la provoque. La science du beau et du bien nous procure non seulement l'utile, mais encore le plaisir, et même les plus grands de nos plaisirs [2]. C'est donc une chose positive que le bien.

Il en est de même du beau qui n'est guère autre chose que le bien ; car les choses sont belles comme elles sont bonnes, par un rapport, et par leur rapport aux mêmes objets [3]. C'est le rapport à leur fin qui constitue la beauté comme la bonté des choses.

Il y a pour chaque chose une double fin : une fin utile, une fin d'agrément. Un panier à fumier est beau s'il est bien approprié à l'usage qu'on veut en faire ; un bouclier d'or est laid s'il ne l'est pas ; mais d'un autre côté le panier à fumier, beau si on considère son rapport à l'usage, est laid si on considère son rapport à la sensation de la vue qu'il blesse, et au contraire le bouclier d'or, qui peut être laid si l'on veut s'en servir, peut aussi être beau si l'on n'envisage en lui que le charme et l'agrément qu'il donne à nos yeux. Un même objet peut donc être à la fois beau et laid, suivant qu'on le rapporte à l'une ou à l'autre de ses fins.

Socrate n'a pas plus formulé de système esthétique que de système d'éthique ; mais on trouve cependant, isolées et sans lien, quelques vues sur les arts, la fin qu'ils se proposent, et les moyens dont ils usent pour l'atteindre. La peinture, par

[1] *Mem.*, I, 6.
[2] *Mem.*, IV, 5, 10.
[3] *Mem.*, III, 8, 1.

exemple, a pour but de représenter les choses visibles, c'est-à-dire l'imitation de la réalité ; mais comme les choses réelles offrent rarement une beauté parfaite, l'art doit en étudier plusieurs, leur prendre à chacune ce qu'elles ont de parfait et combiner ces traits divers de manière à en faire un tout parfaitement beau [1]. L'objet d'art, que Socrate, en vrai sculpteur, dépeint surtout au point de vue de la forme humaine, ἐργασία, doit réunir au charme de la couleur, χρῶμα, la grâce des proportions, συμμετρία. C'est par là qu'il remplira toutes les conditions constitutives au moins de la beauté extérieure, savoir la ressemblance, τὸ πιθανώτατον, τὸ ὁμοιότερον τοῖς ἀληθινοῖς, *das annehmende* ; le charme, τὸ ἥδιστον καὶ φιλικώτατον, *das anmuthvoll*, un attrait qui excite les désirs, τὸ ποθεινότατον, *das Sehnsucht erweckende*, enfin la grâce suprême qui le fait aimer et adorer ἐρασμιώτατον, *das liebreizende* [2].

L'ordre, τάξις, κόσμος, dont le rythme, ῥυθμός, et l'harmonie, τὸ ἁρμόττειν [3], ne sont que des dénominations différentes, l'ordre est considéré comme une des causes qui font sinon que les choses sont belles, du moins qu'elles paraissent plus belles, comme si quelqu'autre chose en constituait la beauté essentielle, ἅπαντα κάλλιω φαίνεται κατὰ κόσμον κείμενα. Qu'est-ce que cette autre chose ? Il semble que ce soit une unité vivante, un milieu, un centre d'où rayonnent et où se ramènent toutes les parties de l'objet considéré comme une sphère ou un cercle, ou, suivant le mot même de Xénophon, comme un chœur, οὐδὲν εὔχρηστον οὔτε καλὸν ἀ θρώποις ὡς ἡ τάξις... Le désordre est la laideur, ταραχή, ἀταξία... θεᾶσθαι ἀτερπές... χορὸς γὰρ ἕκαστα φαίνεται... τὸ μέσον καλόν [4]. Ce dernier mot prépare celui d'Aristote qu'il rappelle τὸ μέσον αἴτιον...

Mais l'art ne doit pas s'en tenir à la représentation de la réalité visible et sensible ; ce qu'il doit surtout chercher à reproduire,

[1] *Mem.*, III, 10, 2.
[2] Xenoph., III, 10, trad. de Weiske.
[3] *Œcon.*, 8, 6.
[4] Id., id.

c'est le caractère moral de l'âme, τῆς ψυχῆς ἦθος, et la peinture de la plus belle âme sera la plus belle production de l'art. Ainsi l'art n'est pas seulement imitation de la réalité sensible, mais expression de la forme ultrasensible, de la vie morale. C'est par ce moyen, à savoir l'expression fidèle de la vie, τὸ ζωτικὸν φαίνεσθαι, que l'art surtout séduit, charme, transporte, μάλιστα ψυχαγωγεῖ, ποιεῖ τινα τέρψιν τοῖς θεωμένοις, et dans les œuvres de l'art, la vie sera l'expression, par une image, par une forme rendue sensible, des actes de l'âme ou de ses passions, τὰ τῆς ψυχῆς ἔργα τῷ εἴδει προσεικάζειν [1].

On peut soupçonner, sans pouvoir le démontrer, que c'est par ce caractère que l'art pouvait se rattacher à la morale, et n'était pas exclu par Socrate de l'objet de l'activité noble de l'homme. Mais le vrai objet de cette activité, c'était le bonheur entendu au sens le plus noble, c'est-à-dire comme la pratique des vertus; les conditions en sont la nature, φύσις, la science, la pratique.

Parmi les biens que nous donne la nature et que la science et la pratique accroissent et développent sont la force et la santé du corps, la vigueur de l'esprit et de toutes les facultés de l'âme. D'autres nous viennent de l'application de l'âme à faire passer en actes les idées qu'elle a reconnues utiles et avantageuses : ce sont les arts et les sciences pratiques, c'est-à-dire qui ont un rapport à la vie soit physique soit morale; car tout ce qui est sans rapport à la vie est pour l'homme au moins inutile. Les arts et les sciences utiles sont l'art de discourir du beau et du bien, de chercher, de définir et d'exprimer les caractères propres de chaque chose [2], c'est-à-dire la dialectique, fondement de la morale et du bonheur. On peut y joindre, dans une certaine mesure toute pratique, l'arithmétique, la géométrie, et l'astronomie. On ne voit pas, comme nous l'avons déjà dit, quelle place Socrate fait à la peinture et à la statuaire qu'il

---

[1] *Mem.*, III, 10, et plus loin III, 10, 8, τὰ πάθη, τὰ ἔργα τῆς ψυχῆς.
[2] *Mem.*, IV, 5 et 6.

mentionne, et à la musique qu'on s'étonne de voir oubliée.

Le courage consiste à connaître les choses véritablement à craindre, et à se conduire dans ces circonstances avec intelligence et fermeté, en cherchant toujours l'utile et le bien. Le courage est une vertu des plus utiles, et fait partie de ces biens dont la réunion donne à celui qui les possède la καλοκαγαθία [1].

La prudence, σωφροσύνη, est la vertu qui nous fait connaître les vrais biens et les vrais maux, et ne peut par conséquent être séparée de la sagesse, σοφία. Cette science est donc moins une partie de la vertu, que la vertu même : celui qui sait distinguer ce qui lui est bon le fait, et ne peut pas ne pas le faire. Ceux qui font le mal, peuvent faire ce qui leur plaît, mais non ce qu'ils veulent [2] ; car si l'on demandait à quelqu'un s'il veut être juste ou injuste, personne ne répondrait qu'il veut l'injustice [3] : la volonté va à la justice. Le méchant n'est méchant que par ignorance de son bien. Tout mal est donc ignorance; mais rien ne nous obligeant à rester dans l'ignorance, nous sommes responsables du mal qu'elle nous fait faire.

La tempérance, ἐγκράτεια, réprime les passions et les désirs des sens, les soumet au joug de la raison, établit l'empire de l'homme sur lui-même, et assure la santé de l'âme et la rectitude de l'intelligence. C'est à cette condition seulement, c'est-à-dire en modérant nos désirs, en limitant nos besoins, que nous parvenons à l'indépendance morale, à la pleine et libre possession de notre esprit. Fondement de la vertu, κρῆπις, la tempérance est aussi celui du bonheur que les dieux ont voulu nous faire acheter au prix de la souffrance, de la privation, de la lutte. L'intempérance, nous aveuglant sur la vraie notion du bien et du mal, nous entraîne à des actes honteux et funestes.

La règle de Socrate, sous ce rapport, n'a pas la rigueur exagérée de la morale stoïcienne : il ne veut pas, par une trop grande indulgence, affaiblir ou détruire l'empire que l'âme doit

---

[1] *Mem.*, IV, 6, 10.
[2] *Mem.*, IV, 2, 20.
[3] Arist., *Ethic. Magn.*, I, 9.

exercer sur elle-même et sur le corps ; mais il n'interdit pas un plaisir décent et modéré. Socrate n'a rien de l'ascète ni du Yogui ; lui même s'abandonne au plaisir et ne fuit pas le tumulte d'une fête et même d'une orgie. S'il pratique la chasteté, celle qu'il prescrit à ses amis n'est pas bien rigoureuse [1]. Le but n'est pas de conserver la pureté au sens chrétien du mot, mais de sauver la liberté du jugement et de l'esprit.

La vertu de la tempérance n'intéresse que l'individu : la justice est d'un ordre plus élevé. C'est la science d'observer les lois établies par les hommes [2]. Les unes sont écrites, les autres non écrites. Les lois écrites ont spécialement pour but le maintien, l'utilité et le salut de la société qui les adopte. La société est divine en ce sens qu'elle est voulue par les dieux : ce qui le prouve, c'est ce principe admirable qui prescrit que la loi protège ceux-là même qui la violent. Dans ce commandement magnanime et tendre, on ne peut s'empêcher de reconnaître quelque chose qui atteste un législateur plus grand, meilleur que l'homme. Un Dieu seul a pu dicter et imposer aux hommes une loi si humaine [3]. De plus il n'y a que les hommes réunis et organisés en société qui reconnaissent l'existence des dieux et qui leur adressent un culte pieux. Aussi, quoi qu'en disent les sophistes qui ne veulent voir dans la société qu'un troupeau rassemblé par la peur, l'intérêt et le plaisir, il faut voir dans l'État une chose sainte et sacrée, et obéir aux lois c'est faire acte de piété [4].

La justice, comme toutes les vertus, est une science qu'on apprend, comme on apprend à écrire. Aussi celui qui fait une injustice volontairement est-il plus juste que celui qui la commet sans le vouloir ni le savoir. Car de même que celui qui écrit mal à dessein écrira bien quand il le voudra, de même celui qui a commis une injustice sciemment pourra quand il le voudra

[1] *Mem.*, I, 3, 14.
[2] *Mem.*, IV, 6, 5.
[3] *Mem.*, IV, 4, 24.
[4] *Mem.*, I, 3 et I, 4, 16.

devenir juste; l'autre jamais, puisqu'il ignore ce que c'est que la justice [1]. La justice est ce que prescrivent les lois; mais qu'est-ce que la loi? Ce n'est pas tout décret émané d'un maître tyrannique, d'une autorité oligarchique ou du peuple : car souvent ces décrets prescrivent des choses mauvaises [2]. La loi c'est le bien, dont le caractère obligatoire est formulé par un acte public du souverain.

L'obéissance commune à ces lois communes fait la prospérité des États en y établissant la concorde, et par un retour nécessaire la prospérité de chaque famille et de chaque individu. Tous les citoyens doivent donc obéir aux lois, expression du bien, et même, lorsqu'ils s'en reconnaissent capables, se mêler des affaires publiques et contribuer à établir pour leur pays un bon et juste gouvernement.

Quel est ce gouvernement? Ce n'est pas le gouvernement démocratique, tel du moins qu'il est pratiqué à Athènes, où les hasards du sort, de la fève, comme on disait, confèrent souvent aux plus indignes des magistratures qui ne doivent appartenir qu'à l'homme qui a étudié et qui connaît les conditions d'un gouvernement sérieux et honnête [3]. L'élection elle-même est un moyen très mauvais de désigner les magistrats: que sont les assemblées populaires qu'un tas de cordonniers, de maçons, de petits boutiquiers ignorants? La science seule confère la capacité, la vertu, et partant le droit politique. Le pouvoir du peuple est donc mauvais; il rend impossible l'action du plus habile homme d'État, et là où la démocratie gouverne, il ne reste plus à l'homme juste qu'à s'abstenir.

Le but d'un bon gouvernement est de rendre heureux et bons ceux qu'il gouverne. Le vrai chef est donc celui qui sait ce que c'est que le bien, c'est-à-dire c'est le citoyen le plus sage et le meilleur. Mais qui donc connaît le bien ? un bien petit nombre

---

[1] *Mem.*, IV, 2, 20.
[2] *Mem.*, I, 2, 40 sqq.
[3] *Mem.*, III, 7 et 9.

parmi les hommes [1]. C'est la raison qui doit commander ; comment? par la force? ce serait contraire à sa nature ; mais par la persuasion. Il faut à la raison une adhésion libre, une obéissance consentie. Dès que l'ordre est uniquement fondé sur la force, il est un acte de violence et non une loi [2].

La persuasion n'est jamais dangereuse ; seule elle a par elle-même une force suffisante, et n'a besoin que d'elle-même pour exercer victorieusement son empire. C'est l'arme du sage, et son seul mais tout puissant instrument d'action morale et politique. L'art de gouverner et de commander, c'est l'art de se faire obéir ; or, pour se faire obéir des hommes, il faut se montrer supérieur à eux dans la connaissance de ce qu'il faut faire [3].

Il y a des lois non écrites : ce sont les plus grandes, les plus belles des lois ; elles ont été données aux hommes, non par des hommes, mais par les dieux pour être le fondement de la famille et des vertus sociales ; pour nous apprendre à nous aider, à nous aimer les uns les autres ; car cet amour mutuel de l'homme pour l'homme est le bénéfice le plus grand qu'on puisse tirer de la société [4]. Ce sont ces lois qui prescrivent l'amour respectueux de ceux qui nous ont donné la vie, l'amour des frères les uns pour les autres ; car les frères sont plus nécessaires les uns aux autres que les pieds, les mains, les yeux. Ce sont ces lois qui nous ordonnent de cultiver l'amitié, la piété, la reconnaissance. Si les passions et les intérêts divisent les hommes, l'amitié les rapproche. La société est impossible sans l'amitié. La nature en a fait un penchant et une nécessité ; les hommes s'aiment naturellement les uns les autres et ils ont besoin les uns des autres [5].

L'amitié plus étroite qui s'établit entre certains hommes, fondée comme l'amitié humaine sur l'utilité réciproque, ne peut

---

[1] *Mem.*, III, 2 ; III, 9.
[2] *Mem.*, I, 2, 40 sqq.
[3] *Mem.*, III, 3, 9.
[4] *Mem.*, II, 3, 19 ; I, 6, 11.
[5] *Mem.*, II, 2 et 3 ; II, 6, 21. *Sympos.*, 8, § 13. Xénophon applique à Socrate ce mot admirable : φιλάνθρωπος ὤν.

naître qu'entre les honnêtes gens [1]. Il ne suffit pas de vouloir du bien à son ami : il faut lui en faire. C'est par des actes, par des œuvres que l'amitié se montre et se démontre. Cette amitié prend dans Socrate le nom et presque la forme de l'amour, ἔρως, mais il l'épure, lui enlève la souillure qu'y attachaient trop souvent les mœurs grecques. Cette amitié ainsi anoblie naît de l'admiration que cause la vertu vraie et a par conséquent pour fondement la vérité. Il faut être réellement ce que l'on veut paraître aux yeux de son ami. A ces conditions l'amitié est le plus précieux des biens. Aussi Socrate se vante-t-il de ne savoir qu'une chose : aimer. Il va à la chasse de vrais amis, de ceux qui réunissent les conditions de l'amitié véritable, céleste et sainte, car il y a une fausse amitié, vulgaire et impure, ou chez lesquels on peut espérer faire naître ces sentiments, qui sont, en un mot, καλοί τε καὶ ἀγαθοί [2].

Cette affection, ce besoin d'aimer, ne s'étend pas, chose singulière et triste, à la femme, incapable de connaître et indigne d'inspirer un vrai amour. Et cependant, au point de vue de la valeur morale, elle n'est pas inférieure à l'homme, et une bonne ménagère fait, autant que son mari, la prospérité d'une maison. Le mariage n'a pas pour but de remplir le besoin d'aimer, inné chez l'homme : sa fonction est toute politique. Il faut avoir une femme pour avoir des enfants, et il faut avoir des enfants pour que l'État ait des citoyens [3].

Tous ces biens, toutes ces vertus sont des vertus et des biens de l'âme; car l'homme a une âme. L'âme est, chez tous les êtres vivants, la cause et le principe de la vie ; chez l'homme elle est plus parfaite que dans tout autre être vivant. Invisible et partout présente et active, elle se révèle par ses actes ; s'il y a quelque chose de divin en nous, c'est notre âme, distincte du corps dont elle est maîtresse [4]. Elle a le magnifique privilège de

---

[1] *Id.*, II, 6, 21.
[2] Xén., *Symp.*, 8, § 12 et 27 ; *Mem.*, II, 6, 28.
[3] *Symp.*, 2, § 9 ; *Œcon.*, 3, 10 ; *Mem.*, II, 2, 4.
[4] *Mem.*, IV, 3 ; 1, 4.

connaître les dieux, et de les adorer. Elle est de plus immortelle. Car il ne faut pas croire que l'homme n'est plus rien quand il a achevé sa vie terrestre [1]. Rendrait-on des honneurs aux morts si l'on ne croyait pas que leurs âmes sont encore douées de quelques facultés. L'âme, qui vit pendant le temps qu'elle réside dans un corps mortel, ne cessera pas de vivre en le quittant ; au contraire, lorsqu'elle sera séparée de ce corps irraisonnable, pure alors et sans mélange, elle possèdera une raison plus parfaite. La dissolution des parties, qui seule cause et explique la mort des choses matérielles, ne peut s'attaquer à l'âme, invisible et immatérielle. Si le corps composé se dissout à la mort, parce que chaque partie est rendue aux éléments dont il est formé, l'âme simple et pure, qui ne souffre, dans sa nature, aucune composition ni aucun mélange, en se séparant du corps, reste seule et libre ; non seulement elle conserve la faculté de la pensée, mais elle verra, après la mort, s'en augmenter l'énergie : elle sera plus sage que jamais. On peut s'en assurer en observant ce qui se passe dans nos songes. Le sommeil nous donne une représentation assez fidèle de la mort ; or le sommeil est l'état le plus divin de l'âme ; car c'est dans cet état qu'elle pressent le mieux les choses de l'avenir, possède le plus parfaitement sa libre essence ; de même, et à plus forte raison, après la mort, l'âme entrera dans un rapport plus intime avec la vérité.

Quand bien même ce ne serait là que de vaines espérances, quand bien même l'âme serait indissolublement attachée à son corps et en partagerait la destinée mortelle, malgré tout, il y aurait encore deux choses éternellement vraies : le devoir d'honorer les dieux, d'éviter l'injustice, de pratiquer la vertu, d'une part ; et de l'autre, d'honorer l'humanité tout entière, se renouvelant dans la suite éternelle des générations qui se succèdent [2].

L'existence d'un Dieu créateur des hommes, ὁ ἐξ ἀρχῆς ποιῶν

---

[1] *Cyrop.*, VIII, 7, 3.
[2] *Cyrop.*, VIII, 7, 18, 23. τὸ πᾶν γένος τὸ ἀεὶ ἐπιγυνόμενον.

ἀνθρώπους, est révélée d'une part par le sentiment de la conscience morale, de l'autre, par le principe de la finalité. C'est un fait que chacun de nous peut observer en lui-même, que toute vraie loi porte en elle-même sa sanction ; que nous trouvons tous dans notre conscience le châtiment, si nous l'avons violée; la récompense, si nous lui avons obéi. Ce fait admirable de la conscience morale, que l'homme n'a pu se donner à lui-même, révèle un législateur supérieur à lui, non seulement sage, mais bon et aimant tous ceux à qui il a donné la vie, φιλόζωος [1]. Cette intention prévoyante et bienveillante est visible dans toute l'organisation humaine et dans la constitution des choses où tout est beau et bien [2]. L'ordre de la nature a un but utile à l'homme et par conséquent bon. Or tout ce qui est bien ou fait en vue du bien est l'œuvre d'une raison, d'une pensée, d'un esprit, γνώμης ἔργα, d'un être qui pense et qui pense aux hommes, φροντίζει... τὴν ἐν τῷ παντὶ φρόνησιν. Enfin l'homme, chaque homme a l'intelligence, mais il ne la possède pas tout entière ; il y a donc une âme universelle, qui existe ailleurs que dans les hommes, et dont l'âme humaine n'est qu'une partie, comme notre corps n'est qu'un groupe partiel des éléments du monde matériel.

Quoi qu'il ne soit pas tout à fait affranchi du préjugé polythéiste ou du respect de la religion officielle et nationale, Socrate parle souvent comme s'il croyait à un Dieu unique, ou du moins souverain, créateur des hommes, architecte de l'univers, dont il maintient l'ordre comme il l'a fait [3]. Quelquefois ce Dieu porte le nom de ὁ θεός, quelquefois celui de τὸ θεῖον, formule où M. Denys [4] ne veut voir qu'une hypocrisie, comme si ce n'était pas la plus grande des invraisemblances de supposer l'hypocrisie chez un homme qui avait pris pour devise : dire toujours la vérité, et qui est mort pour y rester fidèle.

Quoi qu'il en soit, il reconnaît aussi d'autres dieux, le soleil, la

---

[1] *Mem.*, I, 4, et IV, 1, 19.
[2] *Mem.*, IV, 3, 11.
[3] *Mem.*, IV, 3, 13, ὁ τὸν ὅλον κόσμον συντάττων καὶ συνέχων.
[4] *Histoire des Idées morales dans l'Antiquité.*

foudre, les vents, agents subordonnés, ὑπηρέτας, des dieux supérieurs et du Dieu suprême, sage et bon démiurge, qui habite, organise, meut et gouverne le grand monde, comme notre âme habite, meut et gouverne le petit monde de notre corps. Il sait tout ; il est partout ; il peut tout. C'est sa puissance et sa bonté, qui, après avoir créé les hommes a disposé, pour leur bien, cette magnifique et heureuse ordonnance de la nature ; c'est lui qui nous a donné la lumière, qui nous empêche de ressembler à des aveugles ; la nuit, qui nous permet et nous ordonne le repos ; c'est lui qui a commandé à la terre de nous fournir notre nourriture, et aux saisons de la varier ; c'est lui qui a disposé l'eau et le feu pour être les éléments et les instruments de toute l'industrie humaine ; c'est lui enfin qui dirige et soutient cet univers, le conserve tout entier dans une vigueur et une jeunesse toujours nouvelles, et le force d'obéir à ses ordres plus vite que la pensée et sans s'égarer jamais.

N'est-il pas vrai que nous sommes contraints d'avouer que sa Providence, τοῦτο προνοητικόν, veille sur nous, qu'il a tout fait pour nous, qu'il nous aime, et qu'il nous aime d'un amour sans borne, ὑπερβάλλει φιλανθρωπία. L'homme est le but et l'objet de Dieu dans son action sur le monde [1].

Dieu et les dieux ont donc bien droit à notre reconnaissance respectueuse, à notre obéissance, à nos sacrifices, à nos prières : mais n'allons pas, dans des prières imprudentes, leur demander des choses déterminées : demandons leur ce qui nous est vraiment bon ; or cela nous l'ignorons, et eux le savent et seuls ils le savent. Cherchons à leur plaire pour en obtenir des bienfaits : cela est juste ; mais rappelons-nous que le seul moyen de leur plaire, c'est de leur obéir. Nous leur devons l'hommage, la foi, l'amour [2]. A celui qui aime les dieux, tout arrive pour le mieux [3].

C'est une erreur et une faute de croire que la divinité ne

---

[1] *Mem*., I, 4 et IV, 3, 3-9.
[2] τιμᾶν, θαρρεῖν, φιλεῖν.
[3] *Mem*., IV, 3, 17 ; I, 3 ; III, 9, 15.

réclame pas un culte extérieur ; mais quel culte? Le mieux sur ce point, est de se conformer au culte national, comme la Pythie l'ordonne [1].

Si nous cherchons à rassembler les traits principaux de la doctrine socratique, nous arrivons au résultat suivant :

1. Socrate considère la philosophie comme une œuvre d'efforts et de recherches personnels; il rompt avec le principe d'autorité et de la tradition, avec l'αὐτὸς ἔφα ; il donne à la raison individuelle affranchie, et à la conscience morale établie comme critérium de certitude, le droit de recevoir et de refuser toutes les propositions émises.

2. Il unit la spéculation et la pratique, la science et la vie.

3. Il donne, pour objet unique, à la philosophie, la connaissance de l'homme par lui-même, c'est-à-dire la connaissance de son âme par la conscience. La psychologie constitue ainsi toute la philosophie.

4. Pour se connaître et en se connaissant l'homme doit trouver et trouve une méthode, un art de penser : la dialectique.

5. Le premier principe de cette dialectique c'est que l'esprit est gros de vérités qu'il ne s'agit que d'accoucher. C'est sur ses notions premières, les idées du beau, du bien, que reposent tous nos raisonnements et toutes nos connaissances.

6. Le premier principe de la vie pratique, c'est l'amour, fondement sinon de la famille, du moins de la société et de l'État.

7. Il y a un Dieu qui a créé les hommes, qui les aime, et qui pour eux a disposé et maintient dans l'ordre l'univers entier.

8. L'âme est distincte du corps et immortelle.

[1] *Mem.*, I, 3, 1.

CHAPITRE DIX-NEUVIÈME

ARISTIPPE

L'influence personnelle de Socrate n'a pas été moins profonde, moins féconde, moins étendue que celle de ses doctrines. Avoir suscité un ébranlement puissant dans les âmes et dans les esprits sera toujours considéré comme une des plus grandes et des plus heureuses parties de son œuvre philosophique. Si l'esprit de la doctrine socratique revit épuré, agrandi, mais non altéré, dans les systèmes de Platon et d'Aristote, il n'en est pas de même des petites écoles philosophiques, nées immédiatement de la commotion intellectuelle et morale produite par le maître : elles altèrent toutes, plus ou moins profondément, le sens et la portée des idées de Socrate, et si elles ont reçu d'un commun accord, dans l'antiquité et même dans les historiens modernes de la philosophie le nom d'écoles socratiques, ce n'est sans doute qu'à cause des relations personnelles de ceux qui les ont fondées, avec le grand homme qu'ils appelaient moins volontiers leur maître que leur ami, ὁ ἑταῖρος ἡμῶν [1]. Pour marquer ce caractère, les Allemands les nomment en général les socratiques imparfaits, *die unvolkommene Sokratiker*, et on pourrait plutôt leur donner à tous le nom que Zeller hésite à donner à l'un d'eux, de *faux socratiques*. Avant de subir l'influence de Socrate et d'entrer dans le cercle de ses amis et de

---

[1] Aristot., *Rhet.*, II, 23. Cic., *de Orat.*, III, 15. Quum essent plures orti fere a Socrate, quod ex illius variis et diversis et in omnem partem diffusis disputationibus lius aliud apprehenderat, proseminatæ sunt quasi familiæ dissentientes inter se.

ses familiers, ils avaient tous déjà pris position dans la lutte des systèmes. Aristippe était un étranger, attiré d'Afrique par la renommée de Socrate : ce qui suppose un esprit déjà formé, et dont la passion pour la philosophie a été nourrie par des études préalables. Antisthène avait été disciple de Gorgias [1], et peut être compté au nombre de ces vieilles gens, saisis sur le tard de la passion de la science, que Platon appelle οἱ ὀψιμαθεῖς [2]. Euclide de Mégare, s'il n'appartient pas positivement à l'école éléatique, comme le croit Henne [3], en partage certainement les tendances et les goûts éristiques [4]. C'est par ces influences antérieures, non moins que par l'absence d'un sytème positif et affirmatif dans Socrate, qu'on s'explique l'opposition des doctrines de ces écoles entr'elles, et le peu de rapport qu'elles ont avec celles de leur maître. Leur seul caractère commun est d'avoir considéré la philosophie surtout comme la science de la vie pratique, et d'avoir donné pour but à cette science la recherche du bonheur : encore pourrait-on dire que c'est là un trait commun à toutes les doctrines philosophiques de l'antiquité, et qu'on retrouve même dans le génie si profondément spéculatif d'Aristote. Les Grecs n'ont jamais conçu comme véritablement distinctes, encore moins comme séparées, la science et la vie.

Aristippe est le fondateur de l'école cyrénaïque [5], ainsi appelée parce qu'il était originaire de Cyrène, comme le célèbre mathématicien Théodore, l'intime ami du sophiste Protagoras [6], et parce que ce fût là, dans cette ville riche et puissante, qu'après avoir passé quelques années à Athènes dans le cercle

---

[1] D. L., VI, 2.
[2] *Sophist.*, 251, b.
[3] École de Mégare, p. 32.
[4] D. L., II, 30. ἐσπουδακότα περὶ τοὺς ἐριστικοὺς λόγους
[5] Elle se compose d'Arété, sa fille, d'Aristippe le jeune, fils de cette dernière, et qu'on appelle, par une raison que son nom suffit à faire connaître, μητροδίδακτος, d'Æthiops et d'Antipater ses disciples, de Théodore, d'Hégésias, d'Annicéris, qui imprimèrent chacun, aux principes communs de la secte, une tendance particulière, enfin de Bion du Borysthène et peut-être d'Évhémère.
[6] Plat., *Theæt.*, 115, a, 161, b, 162, a.

des amis intimes de Socrate pour lequel il avait éprouvé une admiration et un respect passionnés [1], il revint, après de nombreux voyages [2], établir son séjour définitif et constituer son école propre. Ses relations avec Socrate déterminent seules et d'une façon très approximative l'époque de sa vie, dont on ne connaît avec précision ni le commencement ni la fin, et sur les événements particuliers de laquelle on n'a que des renseignements anecdotiques assez mal autorisés.

Bien qu'il écartât de la philosophie, en poussant à l'extrême une des tendances de son maître, la logique et la physique, parce que ces spéculations ne contribuent en rien à rendre la vie heureuse et n'atteignent même pas le but spécial qu'elles se proposent, il y revenait, au moins en partie, par un détour [3]. La morale, τὸ ἠθικόν, était bien pour lui la seule vraie science philosophique, la seule digne d'être étudiée ; mais il la divisait en cinq chefs, τόποι, dont l'un traitait des choses qu'il faut rechercher et de celles qu'il faut éviter, le second des passions, πάθη, le troisième, des actions, le quatrième, des causes, le cinquième, des preuves. Il est manifeste, comme le fait remarquer Sextus, que la recherche des causes ne pouvait être autre chose qu'une physique, et qu'une théorie systématique

---

[1] On lui reproche cependant de n'avoir pas assisté son maître dans ses derniers moments. Platon, qui ne l'aimait pas, a bien soin de relever le fait. *Phædon*, 69 ; Demet., *de Eloc.*, 306 ; D. L., III, 36 et II, 65.

[2] A Mégare, dans l'Asie-Mineure, où il fut fait prisonnier par les Perses ; à Corinthe, où il devint l'amant de la célèbre courtisane Laïs ; à Égine, à Scillonte, où Xénophon lui lut ses *Mémorables*, et à Syracuse, où il connut Platon, à la cour soit de l'ancien, soit du jeune Denys, v. Zeller, t. II, p. 211, not. 2 (2ᵉ édit.). Son caractère ne paraît pas avoir été plus honorable que sa vie, trop conforme à ses doctrines. Plusieurs, et entr'autres Sosicrate de Rhodes, soutiennent qu'il n'a rien écrit. Panætius et Sotion lui attribuent une dizaine d'ouvrages, où l'on ne relève, touchant la philosophie, que 6 livres de leçons, διατριβῶν. D'autres lui en attribuent un plus grand nombre, parmi lesquels 25 dialogues. Les titres ne laissent rien deviner d'un contenu philosophique. Il est le premier des socratiques à avoir réclamé des honoraires pour ses leçons. D. L., II, 65. Conf. 72, 74, 80. Plut., *de Lib. educ.*, 7. Ce n'est pas le seul point par lequel il se rattache aux Sophistes, comme l'observe très justement Phanias, le péripatéticien (D. L., II, 65. οὗτος σοφιστεύσας), après Aristote. *Met.*, b. 2 ; 997, a. 32. τῶν σοφιστῶν τινὲς οἷον Ἀρίστιππος.

[3] Sext. Emp., *adv. Math.*, VII, 11. περιτρέπεσθαι. Senec., *Ep.*, 89. Ili quoque qui removent, aliter inducunt.

de la démonstration est la logique même, ou du moins une théorie de la connaissance.

Nous ne savons absolument rien de ses opinions sur les causes, c'est-à-dire de sa physique, s'il en avait une ; il n'est pas probable qu'il ait adopté celles de Démocrite, pas même la doctrine des émanations et des images, que lui attribue Plutarque [1] ; car elle est contradictoire avec la doctrine de la subjectivité et relativité absolues de la sensation et de la connaissance, qui est le caractère distinctif de sa philosophie.

Nous n'en savons pas davantage sur ce qu'il pensait de l'origine, de la nature, de l'essence, de la fin de l'âme ; de l'absence complète de documents sur ce point, il serait peut être téméraire, mais il ne serait pas invraisemblable de conclure que l'âme n'était pas pour lui une substance, et qu'elle n'était qu'un groupe de sensations, ce mot étant pris dans le double sens d'affections sensibles et de perceptions. Il est certain du moins que tout ce que nous connaissons des doctrines philosophiques d'Aristippe se rapporte à la psychologie de la sensation et à la psychologie de la connaissance, et l'une et l'autre ont un caractère très marqué et commun, à savoir la subjectivité et la relativité absolues.

Cet esprit distingué et fin [2], doué d'un réel talent d'analyse psychologique, à qui nous devons le premier essai d'une théorie philosophique du plaisir, unique but, suivant lui, de la vie, limitait le savoir humain à la sensation, et dans l'acte de la sensation, il distingue, et il est le premier à distinguer, avec une grande finesse, d'une part l'affection sensible, τὸ πάθος, par où il entend non-seulement l'impression douloureuse ou agréable qui se produit dans l'organisme, mais encore une représentation, une notion qui apparaît à la conscience, ἡμῖν φαινομένη, et d'autre part l'objet extérieur, τὸ ἐκτὸς ὑποκείμενον, qui est la cause de ce phénomène psychologique. La chose extérieure existe

---

[1] *Num potest suaviter vivi*, 4, 5.
[2] Conf. Stein : *De Vita Aristippi. Goett.*, p. 29.

probablement, mais nous ne savons rien d'elle, et ne pouvons pas même affirmer avec certitude qu'elle existe [1]. L'âme humaine ne peut connaître que ses propres états. Le monde, tel qu'il nous est donné, n'est qu'un contenu de notre propre conscience. Nous ne savons même pas si les sensations des autres hommes correspondent aux nôtres. L'identité des mots dont nous nous servons pour les exprimer n'est pas une preuve. Le langage n'est pas une impression, un état de notre nature, un πάθος. Au contraire, il est un fait extérieur qui produit cet état, et par conséquent une de ces choses qu'on appelle causes, qui, si elles existent en soi, n'existent pas pour nous [2]. Les noms qui désignent les choses, comme ceux qui désignent nos sensations, sont, il est vrai, communs à tous les hommes qui parlent la même langue : mais on n'a pas, de ce fait, le droit de conclure que même les sensations qu'ils représentent sont exactement et réellement les mêmes pour chacun d'eux. Nos sensations nous sont absolument propres et n'appartiennent qu'à nous. Elles ne sont que nous-même, dans divers états, qui ne sont perceptibles qu'à nous-même. La conscience est un monde fermé, impénétrable. Deux personnes peuvent appeler du même nom la sensation qu'elles ont éprouvée, elles peuvent même croire et dire qu'elles ont éprouvé la même sensation, mais aucune d'elles ne pourra le prouver, parce que chacune n'a senti et ne peut sentir que son propre état, τοῦ ἰδίου πάθους ἀντιλαμβάνεται [3]. Jamais l'une ne sentira l'état de l'autre.

---

[1] Sext. Emp., adv. Math., VII, 191. τάχα μέν ἐστιν ὄν.

[2] Id., id., VI, 53.

[3] Sext. Emp., adv. Math., VII, 195. ἔνθεν οὐδὲ κριτήριόν φασιν εἶναι κοινὸν ἀνθρώπων, ὀνόματα δὲ κοινὰ τίθεσθαι τοῖς χρίμασι. Je ne puis admettre avec K. Hermann (Gesammt. Abh., p. 233, et Gesch. d. Plat. Philos., p. 266), que la relativité subjective, chez Aristippe, ne portait que sur les jugements, et qu'il maintenait l'universalité des idées, ce qu'il prétend prouver par le passage cité de Sextus. Le sens m'en paraît absolument contraire, et signifier que malgré la généralité des termes dont les hommes se servent pour exprimer ce qu'ils veulent ou jugent des choses, on ne peut pas savoir si ces sensations sont véritablement communes à ceux qui s'en servent. Chacun ne sent jamais que ce qu'il sent lui-même, et il n'y a pour les hommes aucune mesure commune de leurs sensations ni de leurs jugements : il n'y a que des termes communs. C'est un nominalisme absolu. Il n'y a pas, dans cette

Nos sensations sont pour nous la seule règle comme le seul objet de nos connaissances et par suite de nos actions ; elles sont infaillibles et seules infaillibles, κριτήρια [1] εἶναι τὰ πάθη καὶ μόνα καταλαμβάνεσθαι καὶ ἄψευστα τυγχάνειν. Elles ne nous mentent jamais et jamais ne peuvent nous mentir. Nous pouvons affirmer avec pleine certitude et pleine clarté que nous éprouvons la sensation du blanc, la sensation du doux [2] ; mais juger que ce qui cause en nous cette sensation est blanc ou doux, nous n'en avons pas le droit, parce que nous n'avons pas de preuve qu'il en est ainsi. Il serait en effet possible que la sensation du blanc fût causée par un objet qui n'est pas blanc, et que la sensation du doux fût causée par un objet qui n'est pas doux ; en un mot il est possible que les objets extérieurs ne possèdent aucune des propriétés caractéristiques des sensations qu'ils nous causent [3]. Ils existent peut-être [4], mais ils n'apparaissent pas à notre conscience. Notre âme peut connaître ses états : elle est trop faible pour en appréhender les causes. Les

---

phrase, ὀνόματα κοινὰ τίθεσθαι τοῖς κρίμασι, la moindre trace d'une distinction logique entre les idées et les jugements, que Hermann prête aux cyrénaïques, et tout au contraire, les κρίματα ne sont que les πάθη, comme le prouve la suite du passage : λευκὸν μὲν γάρ τι καὶ γλυκὺ καλοῦσι κοινῶς πάντες. Le jugement n'est et ne peut être pour eux que l'affirmation de la sensation propre et individuelle. « *Præter permotiones intimas nihil putant esse judicii.* » (Cic., *Acad.*, II, 46). Je ne comprends pas trop en quoi cette proposition diffère de celle de Protagoras, quoi qu'en dise Cicéron, dans ce même endroit : « Aliud judicium Protagoræ est qui putat id cuique verum esse quod cuique videatur, aliud cyrenaïcorum qui præter permotiones intimas nihil putant esse judicii », passage sur lequel Hermann se fonde pour soutenir que les cyrénaïques admettaient bien la subjectivité des idées et des sentiments, mais une subjectivité non pas individuelle, une subjectivité de l'homme en général, dont la tendance au plaisir des sens est réellement universelle.

[1] Il n'est pas nécessaire de faire observer que ce mot appartient à la langue philosophique de Sextus, et non à celle d'Aristippe.

[2] Sext. Emp., *id.*, VII, 191. ὅτι λευκαινόμεθα, ὅτι γλυκαζόμεθα, expressions qui ont une frappante analogie avec celles que Condillac met dans la bouche de sa statue : Je deviens odeur de rose.

[3] *Id., id.* Plutarque, *adv. Colot.*, 24, répète la même chose et presque dans les mêmes termes.

[4] Sextus est en contradiction avec lui-même, quand, après avoir dit, VI, 53 : μόνα φασὶν ὑπάρχειν τὰ πάθη· ἄλλο δὲ οὐδέν, il déclare, VII, 191 : τάχα μὲν ἔστιν ὄν. M. Zeller croit, et avec raison, que le premier de ces renseignements est inexact, et que le scepticisme portait non sur l'existence réelle des choses, mais sur leur intelligibilité. D'ailleurs, la preuve de l'existence d'un monde extérieur est encore à trouver.

seules réalités qui nous soient accessibles sont les phénomènes, c'est-à-dire ce qui nous apparaît, ἡμῖν φαινόμενα, εἰς αἴσθησιν ἀναδιδόμενα, c'est-à-dire encore nos propres sensations [1]. Toute connaissance est sensible, relative, subjective et individuelle.

Puisqu'il n'arrive jusqu'à nous que nos sensations, et que le reste, s'il existe, est pour nous comme s'il n'existait pas, qu'avons nous de mieux à faire, quelle autre chose même pourrions-nous faire en cette vie, que d'exciter par nos actes le plus grand nombre possible de ces sensations qui nous agréent le plus et sont le plus conformes à notre nature, et d'écarter celles qui produisent l'effet contraire, c'est-à-dire de poursuivre le plaisir et d'éviter la douleur. Le plaisir et la douleur sont des mouvements de l'organisme capable de sentir : l'un doux, mais assez puissant pour ne pas échapper à la conscience [2], semblable au balancement d'une mer calme [3]; l'autre violent, excessif, et pareil à l'agitation d'une mer bouleversée par la tempête [4]. L'amour du plaisir est primitif, instinctif, ἀπροαιρέτως [5]; il est le but et comme le centre où l'effort de l'activité tend pour se reposer; il fait partie de notre nature [6]. Non moins naturelle est la tendance à repousser la douleur, et celui chez lequel ce double sentiment ne se manifesterait pas, qui rechercherait la douleur et fuirait le plaisir, serait un être dont la nature serait profondément altérée, pervertie, et l'essence comme renversée, διαστροφή [7].

Aristippe distingue déjà, avant Épicure, que Denis d'Halicar-

---

[1] Cic., *Acad.*, IV, 46. Præter permotiones intimas nihil putant esse *judicii*, id., id., 7, de tactu, et eo quidem quem philosophi interiorem vocant, aut doloris aut voluptatis, in quo Cyrenaici solo putant veri esse judicium. Euseb., *Præp. Ev.*, XIV, 19. μόνα τὰ πάθη καταληπτά.

[2] Diog. L., II, 86. λείαν κίνησιν εἰς αἴσθησιν ἀναδιδομένην... id., 90, οἰκειότερον τὸ ἥδεσθαι. Il y a donc des sensations qui n'arrivent pas à la conscience. Aristippe semble le premier philosophe qui ait remarqué ce fait psychologique considérable.

[3] Euseb., *Præp. Ev.*, XIV, 18. τῷ λείῳ κύματι ἀφομοιουμένην.

[4] Id., l. l. τῷ κατὰ θάλασσαν χείμωνι.

[5] D. L., II, 86, 88.

[6] Id., l. l. 88. εὐδοκητὴν πᾶσι ζώοις. Plat., *Phileb.*, II, b. τὸ χαίρειν... πᾶσι ζώοις σύμφυτα.

[7] Id., II, 89.

nasse accusait d'avoir pillé ses livres et s'être approprié ses principes [1], un plaisir stable, καταστηματική, passif, négatif, provenant d'un certain état de calme et d'équilibre, et un plaisir en mouvement, ἐν κινήσει, actif, positif, qui consiste dans un certain degré de l'activité soit des organes soit de l'esprit. Mais les cyrénaïques niaient la réalité du premier, et ne reconnaissaient comme plaisir vrai que le second [2].

Les plaisirs, même ceux qui naîtraient d'actes malhonnêtes ou honteux, sont donc les seuls biens ; les douleurs, même celles qui naîtraient d'actions nobles et honorables sont les seuls maux [3]. Le plaisir est par lui même désirable ; il est par lui-même un bien [4]. L'absence de la douleur n'est pas un bien ; la privation du plaisir n'est pas un mal, parce que l'une n'est pas un plaisir, l'autre n'est pas une douleur, puisque le plaisir et la douleur sont également des mouvements, c'est-à-dire des sensations, et qu'être sans douleur et sans plaisir, c'est être dans l'état d'un homme endormi [5], c'est-à-dire d'un homme qui n'a pas conscience de lui-même et de ce qui se passe en lui. Ce sommeil de la vie, du moins de la vie consciente, constituait pour les cyrénaïques un état spécial, intermédiaire, qu'ils appelaient ἀηδονία et ἀπονία [6].

De ces analyses fines et profondes, mais malheureusement incomplètes, il semble résulter que, pour Aristippe, l'organisme était dans un mouvement constant, que la vie même, comme l'avait dit Héraclite, n'était que mouvement ; c'est pourquoi tout état qui ne présente ce caractère qu'affaibli ne peut être considéré comme un plaisir, puisqu'il ne nous donne que très imparfaite et obscure la sensation de la vie.

---

[1] D. L., X, *Init*.
[2] D. L., X, 209, ed. Lond., οἱ μὲν (les cyrénaïques) τὴν καταστηματικὴν οὐκ ἐγκρίνουσι, μόνην δὲ τὴν ἐν κινήσει. Conf., *id.*, II, 87. Cic., *de Fin.*, II, 13, 39. Contemnentes istam vacuitatem doloris.
[3] Sext. Emp., VII, 199.
[4] D. L., II, 88. τὴν ἡδονὴν ἀγαθὸν κἂν ἀπὸ τῶν ἀσχημοτάτων.
[5] Annicéris (suivant Clément d'Alexandrie, *Stromat.*, II), allait jusqu'à dire : *d'un mort*, νεκροῦ κατάστασιν.
[6] Sext. Emp., VII, 199. τὰ μεταξύ. D. L., II, 89. μέσας καταστάσεις. Aristoclès (*Præp. Ev.*, XIV, 18), attribuait cette classification à Aristippe le jeune.

C'est encore pour cette raison que le souvenir du plaisir et de la douleur passés, l'attente de plaisirs et de douleurs à venir ne sauraient être considérés comme des plaisirs ou des douleurs, parce que dans un cas le temps a épuisé l'intensité du mouvement antérieur de l'âme qui constituait l'un ou l'autre de ces états, et que dans l'autre ce mouvement n'a même pas commencé[1]. Le présent seul nous appartient, μόνον... ἡμέτερον εἶναι τὸ παρόν[2].

Faut-il croire qu'Aristippe niait toute différence de degrés dans le plaisir, qu'il soutenait, comme le rapporte Diogène[3], qu'aucun plaisir n'est supérieur ou inférieur à un autre, qu'aucune chose agréable n'est plus agréable qu'une autre. Zeller[4] s'y refuse, en se fondant sur certaines de ses affirmations qui sont contradictoires à cette pensée, sur le fait que Platon, parlant dans le *Philèbe*[5] dans le sens de cette école, signale certains plaisirs comme les plus grands de tous, et enfin sur ce qu'on ne trouve dans les principes généraux des cyrénaïques aucune raison pour établir et justifier cette complète et radicale égalité de tous les plaisirs. Ces objections d'ordre théorique ne me persuadent qu'à moitié : Aristippe n'est pas le premier et il n'a pas été le dernier philosophe dans le système duquel on ait signalé de graves et manifestes contradictions.

Comment dans une pareille doctrine y a-t-il eu, si ce n'est par une autre contradiction, place pour une distinction entre les plaisirs de l'âme et les plaisirs du corps ? et cependant le fait

---

[1] D. L., X, 299 ; *id.*, II, 87, 89, 90. Il y a une contradiction entre les affirmations prêtées aux cyrénaïques. Ici, ils écartent de la notion du plaisir et de la douleur les états passés et les états à venir, parce que ce sont des mouvements de l'âme, κινήματα τῆς ψυχῆς, dont les uns n'existent plus, les autres n'existent pas encore, parce qu'enfin le présent seul nous appartient, tandis que, suivant un autre passage, ils comptent parmi les plaisirs actuels, c'est-à-dire vrais, les plaisirs passés et les plaisirs à venir. On pourrait supprimer la contradiction en mettant une négation devant le verbe, et lire II, 87 : αἷς (μερικαῖς ἡδοναῖς) [οὐ]συςαριθμοῦνται αἱ παρῳχηκυῖαι καὶ αἱ μέλλουσαι.

[2] Æl., *H. Var*, XIV, 61. Athen., XII, 544. ἑνὶ μόνῳ τὸ ἀγαθὸν κρίνων τῷ παρόντι.

[3] D. L., II, 88.

[4] T. II, p. 258,

[5] 45, a ; 65, e.

est certain : des philosophes qui ne connaissaient que des états de conscience, comment pouvaient-ils arriver à reconnaître qu'il y a en nous une âme distincte du corps, ou plutôt un corps distinct de l'âme. Cicéron dit bien : « Aristippus quasi animum nullum habeamus, corpus solum tuetur [1]. » Mais d'une part ce jugement n'est pas absolument exact, et d'autre part il ne signifie pas du tout qu'Aristippe niât l'existence de l'esprit. Notre être semble n'être pour lui sans doute qu'un groupe de sensations arrivant on ne sait comment à la conscience, qu'il appelle *Nous* [2], et dont le lien, dans l'unité de cette conscience, n'est nulle part expliqué. Mais les cyrénaïques ont certainement admis l'existence d'une âme distincte du corps, sans se donner le soin de la démontrer et en cédant, comme tant d'autres, à la force de la tradition philosophique ou religieuse, à laquelle nul esprit, si original qu'il soit, ne peut, sur un point ou sur un autre, absolument se dérober.

C'est ainsi qu'ils enseignent qu'il ne faut pas croire que tous les plaisirs et toutes les douleurs de l'âme viennent des douleurs et des plaisirs du corps : il y a des joies de l'âme tout à fait pures et sans mélange, comme celles que nous cause la prospérité et la gloire de la patrie [3]. La vue des souffrances d'autrui nous cause une douleur réelle, tandis que, par un phénomène bien étrange, la représentation de ces douleurs nous procure, au théâtre par exemple, un plaisir : plaisir et douleur, qui, assurément, ne sont pas des sensations corporelles [4].

On comprend mieux qu'Aristippe ait considéré les plaisirs du corps comme supérieurs à ceux de l'âme, quoique tous les plaisirs soient des fins [5] : ce sont en effet des mouvements plus intenses et plus durables. Aussi voyons nous que c'est par les châtiments corporels qu'on punit les grands criminels [6].

[1] *Acad.*, IV, 45.
[2] ἡμῖν ἀνακειμένη.
[3] D. L., II, 89.
[4] D. L., II, 90 ; Plut., *Symp.*, VI, 2, 7.
[5] D. L., II, 89. ἣν καὶ τέλος εἶναι.
[6] D. L., X, 299 ; *id.*, II, 90.

Il n'y a pas une fin générale qu'on puisse poursuivre, un état général permanent qu'on puisse posséder et qui constituerait le bonheur. Il n'y a que des fins partielles, des plaisirs particuliers [1]. Ce qu'on peut appeler le bonheur est un état où se succéderaient sans interruption le plus grand nombre des plaisirs particuliers les plus vifs, mais c'est un état bien difficile à réaliser et par conséquent bien rare.

Les plaisirs sont les seuls biens, les douleurs sont les seuls maux, suivant Aristippe. Mais il faut bien les distinguer les uns des autres, connaître les moyens d'éviter les uns, de posséder les autres, et d'en user comme il convient. L'art ou la science qui nous fournit ces moyens, c'est la sagesse, φρόνησις, qui nécessairement est aussi un bien [2], non pas, il est vrai, un bien en soi, une fin, mais un bien relatif, relatif aux biens dont elle est, sinon la cause réelle, du moins la condition nécessaire, διὰ τὰ ἐξ αὐτῆς περιγιγνόμενα [3]. C'est ce qu'on peut appeler la vertu, qui n'est, comme le dit Cicéron, digne d'être recherchée, dans ce système, que parce qu'elle est, du moins indirectement, la cause de nos plaisirs [4].

Je ne puis m'associer aux jugements trop favorables qu'ont émis sur ce philosophe les historiens allemands ; Karl Hermann voit dans sa doctrine un progrès sur celle de Socrate, Brandis découvre qu'il a enseigné que l'élément de la moralité doit se trouver dans le savoir, bien que ce savoir soit limité à la conscience de nos sensations [5] ; Braniss [6] le loue d'avoir, dans la théorie du plaisir, élevé à la hauteur d'un principe la belle satisfaction de soi-même et l'inaltérable sérénité de la vie socratique. Zeller lui-même [7] signale comme un trait caractérisque de sa

---

[1] D. L., II, 89 : αἱ μερικαὶ ἡδοναί.
[2] D. L., II, 91.
[3] D. L., II, 91. Demet., de Eloc., 296. ἐπιστήμην... τὴν χρησαμένην.
[4] Cic., de Off., III, 33 : Virtutemque censuerunt ob eam rem esse laudandam quod efficiens esset voluptatis.
[5] T. II, p. 90.
[6] Uebers. d. Entwick. d. Philos., 1842, p. 158.
[7] Du moins dans sa première édition, p. 129.

doctrine, d'avoir posé la liberté philosophique de l'esprit comme un affranchissement pratique de l'individualité, et le savoir comme la réflexion de la conscience individuelle de soi-même sur soi-même. Je ne crois pas qu'il ait distingué les idées des jugements, la faculté de concevoir de la faculté d'affirmer les rapports des prédicats aux sujets; je ne crois pas davantage qu'il ait fondé sa morale sur la tendance universelle quoique subjective de l'homme pour le plaisir. Mais il a un mérite réel et qui vaut la peine d'être relevé et justement apprécié : il a distingué dans le fait de la sensation l'impression purement physique exercée sur l'organisation, de la conscience qu'en prend l'âme et qui seule constitue et la notion qu'elle se forme et l'affection qu'elle ressent ; et d'autre part il nie qu'on puisse conclure de l'existence incontestable et des propriétés de la sensation à l'existence et aux propriétés des objets qui ont pu la produire. Cette observation fine et profonde suffit pour lui assurer une place et un rang dans l'histoire de la Psychologie.

CHAPITRE VINGTIÈME

ANTISTHÈNE

Antisthène, d'Athènes [1], eut pour premier maître Gorgias dont on retrouve l'influence dans quelques unes de ses idées, et dans les formes oratoires de son style, ῥητορικὸν εἶδος, qu'on remarquait surtout dans son dialogue intitulé [2] : *la Vérité*.

Il avait déjà fondé une école de tendances certainement sophistiques, lorsqu'il entendit Socrate, auquel il renvoya ses propres élèves et dont il se fit le disciple assidu. Après la mort de ce maître passionnément respecté, aux derniers moments duquel nous le voyons assister [3], il rouvrit son école et enseigna au Cynosarge, gymnase situé non loin des murs de la ville, et en dehors de la porte Dioméia, et réservé aux maîtres qui n'étaient pas nés de père et de mère athéniens, οὐκ ἰθαγένεις [4]. C'était le cas d'Antisthène, dont la mère était Thrace. Il y fonda par son enseignement l'école cynique, dont il fut en même temps le chef [5] et qui tira son nom, qui ne fut sans doute

---

[1] La date précise de sa naissance ne nous est pas plus connue que celle de sa mort.

[2] Il était considéré par Phrynichus comme un modèle du style attique. Phot. Bib. Cod. 158, p. 101, 6, 10.

[3] Plat., *Phæd.*, p. 59.

[4] Plut., *Themist.*, 1.

[5] D. L., VI. ἤρξατο τοῦ Κυνισμοῦ. Diogène de Laërte, VI, 16, lui attribue même l'origine de la morale stoïcienne : οὗτος ἡγήσατο... τῆς Ζήνωνος καρτερίας, et prétend qu'il jeta les fondements de cet édifice, ὑποθέμενος τῇ πόλει τὰ θεμέλια. Juvénal, XIII, 121, ne voit de différence entre les stoïciens et les cyniques que dans le vêtement : A Cynicis tunica distantia. David, *Schol. Ar.*, 23, b. 13. προστάτης.

usité qu'après lui [1], soit du lieu même où les leçons étaient données [2], soit, ce qui est plus probable, des mœurs et des habitudes de vie de la secte [3].

Les Corinthiens placèrent sur le tombeau d'Antisthène un chien de marbre de Paros [4] : c'est en effet à Corinthe, où il semble avoir longtemps résidé, que le philosophe cynique termina sa vie, cédant à l'épuisement des années.

C'était, au dire de Théopompe, un homme d'un caractère aimable, d'une conversation affable et séduisante [5], quoique sa vie fût des plus austères. Malgré le mot de Cicéron, qui voit en lui un esprit plutôt vigoureux que cultivé, *acutus magis quam eruditus* [6], les titres de ses nombreux ouvrages, assez nombreux pour lui attirer de Timon le Satyrique l'épithète de παντοφυῆ φλέδονα, l'universel bavard, montrent l'étendue et la variété de ses connaissances, qui embrassaient même les questions de logique et de physique, quoique le principe de l'école fut d'écarter l'une et l'autre de ces sciences, en tant du moins qu'elles étaient inutiles à la vie, et de se borner à la science de la morale. Platon qui ne l'aimait pas et ne l'a pas flatté le compte parmi les gens véritablement savants dans la physique, μάλα δεινοὺς τὰ περὶ φύσιν [7].

---

[1] Aristote ne la désigne encore que par le nom du fondateur, οἱ Ἀντισθένειοι. Cependant Antisthène était déjà de son vivant appelé ἁπλοκύων.

[2] D. L., VI, 13.

[3] David (*Schol. Ar.*, 23, a. 42), en compte quatre :
1. διὰ τὸ ἀδιάφορον τῆς ζωῆς.
2. ὅτι ἀναιδὲς ζῷον ὁ κύων, ἐπετήδευον δὲ καὶ αὐτοὶ τὴν ἀναίδειαν... οἷον ὑλακτοῦντες.
3. ὅτι φρουρητικὸν ζῷον ὁ κύων.
4. ὅτι διακριτικὸν ζῷον ὁ κύων ; comme le chien sait garder la maison et distinguer l'ami de l'ennemi, le cynique seul sait garder son âme et distinguer le bien du mal.
Philopon (*id.*, p. 35) les réduit à trois :
1. τὸ παρρησιαστικόν.
2. τὸ ἐλεγκτικόν.
3. τὸ διακριτικόν.

[4] D. L., VI, 78.

[5] Id., VI, 13. αἱ ὁμιλίαι ἐμμέλους.

[6] *Ad Attic.*, XII, 39.

[7] *Phileb.*, 44, c. — Diogène (VI, 15) donne la liste de ses œuvres publiées en 10 tomes, τόμοι; ce sont : *De la Nature des animaux*; — *des Sophistes*; — *le*

Marc-Aurèle cite de lui un mot magnifique, et qui nous donne une haute idée de son caractère et de son âme. C'est un plaisir de roi, disait-il, de faire le bien et d'être accusé de faire le mal : Βασιλικὸν μὲν εὖ πράττειν, κακῶς δ'ἀκούειν [1].

Les cyniques [2] font, dans l'histoire de la philosophie et de la vie grecques, une figure singulière et originale, dont les côtés ridicules et parfois ignobles ne doivent pas faire méconnaître la grandeur. Il ne faut pas voir en eux seulement le costume et les habitudes extérieures, qui par une affectation d'indécence et de mépris pour les usages de la vie civilisée semblent témoigner de peu de respect pour eux-mêmes, par le peu de respect qu'ils professent pour les autres. Ce n'est pas le manteau doublé, porté sans tunique, le bâton et la besace, le tonneau de Diogène et la barbe inculte et longue de Diodore d'Aspendos qui constituent le philosophe cynique. Leur orgueil était immense, sans doute; mais leur but était haut, et leur œuvre n'a peut-être pas été aussi vaine qu'on le pourrait croire. Comme Socrate, ils font de la philosophie et de l'enseignement de la

---

Physiognomonique; — *du Bien;* — *du Beau et du Juste;* — *de la Liberté et de la Servitude;* — *de la Preuve ou de la Foi*, περὶ Πίστεως; — *de la Force*, ἰσχύς; — *la Vérité;* — *de la Dialectique;* — *Sathon*, dialogue dirigé contre la théorie des Idées de Platon; on trouve une trace de cette polémique dans l'*Euthydème*, p. 301, a., et de l'antipathie qu'éprouvaient l'un pour l'autre ces deux esprits, dans le *Sophiste*, p. 351, où sous les mots τῶν γερόντων ὀψιμαθεῖς, tous les interprètes s'entendent à reconnaître Antisthène. — *Du Langage;* — *de la Vie et de la Mort;* — *de l'Usage des mots ou l'Éristique;* — *de l'Art d'interroger et de répondre;* — *de l'Opinion et de la Science;* — *de la Nature*, probablement l'ouvrage que désigne Cicéron dans la phrase : *In eo libro qui Physicus inscribitur* (de Nat. D., I, 13); — *les Opinions*, classé par Diogène parmi les ouvrages éristiques; — *Problèmes sur l'art d'apprendre;* — *du Plaisir;* — *Hercule ou de la Sagesse* (φρόνησις) *et de la Force*, le plus célèbre des dialogues d'Antisthène, qui avait fait de ce héros le Dieu protecteur et le modèle idéal du philosophe cynique; enfin, douze ou treize écrits concernant Homère, et qui traitaient particulièrement de l'interprétation des mythes contenus dans ses poèmes. Nous n'avons conservé que deux petites déclamations intitulées *Ajax* et *Ulysse*, dont l'authenticité est très douteuse. Conf. *Antisthenis Fragmenta*. Winckelmann, Zurich, 1842.

[1] D. L., VI, 36.

[2] L'École comprend Diogène de Sinope, Cratès et Hipparchie, sa femme, Métroclès, frère d'Hipparchie, Monime, Onésicrite, Ménippe et Ménédème. Les lettres attribuées à Cratès et à Diogène sont apocryphes. M. Boissonnade (Not. et Extr. des Mss. de la Bibliothèque du Roi, t. X et XI) croit que les éléments en sont en partie tirés de bonnes sources. Conf. Rav., *Metaph. d'Ar.*, t. II, p. 118.

philosophie un instrument de réforme de la vie, un moyen de gouvernement moral ; comme lui, ils s'imposent cette mission ; comme lui, à titre même de philosophes, ils font hautement profession de pratiquer ce devoir ; comme lui ils veulent prêcher non seulement de paroles, mais encore d'exemple, et ils répètent sa maxime favorite : οὐ λόγῳ ἀποδείκνυμαι, ἀλλ' ἔργῳ [1]. S'ils exagèrent, par leur ton rude et la grossièreté de l'accent, la franchise et la sincérité de Socrate [2], on peut dire qu'ils élargissent et élèvent encore le but déjà si haut qu'il avait conçu. Socrate prend chaque homme à part, et cherche à le convaincre personnellement de son ignorance et de sa folie. Il y a plus : c'est surtout, c'est seulement sur ceux qu'il aime, et dont il est aimé qu'il a le sentiment de pouvoir exercer sa puissante action. Où lui fait défaut cette inclination, cette sympathie personnelle et mutuelle dont il rapporte à son démon la source mystérieuse, il sent se dérober sa puissance. Ce n'est guère qu'avec ses amis qu'il s'entretient. L'amitié n'est pas seulement la seule chose que se vante de savoir Socrate : elle est la condition de l'efficacité de tout son enseignement. Il ne faut pas espérer en profiter, s'il ne s'établit entre lui et son interlocuteur comme un courant de sympathie et d'attraction [3]. La prédication des cyniques n'est point limitée à ce cercle étroit : elle est vraiment populaire, je dirais volontiers humaine. Antisthène [4] se compare à un médecin auprès de ses malades, qu'il s'agit non pas de flatter par de douces paroles, mais de soigner par des remèdes énergiques et parfois douloureux ; Diogène déclare qu'il est venu pour guérir les hommes de leurs vices et les délivrer de leurs passions, de leurs besoins, du joug de la fortune dont ils se sont faits les esclaves : ἐλευθερωτὴς τῶν ἀνθρώπων καὶ ἰατρὸς τῶν παθῶν [5]. Cratès dans de beaux vers célèbre le philosophe

---

[1] Xenoph., *Mem.*, IV, 4, n. 10.
[2] Platon l'appelait Diogène un Socrate fou. Æl. H. *Var.*, XIV, 33 ; D. L., VI 54., Fou, peut-être, mais c'est toujours un Socrate.
[3] Conf. *Theag.*
[4] D. L., VI, 4.
[5] Luc., *Vit. Auct.*, 8 ; D. L., VI, 105. τύχῃ τε μηδὲν ἐπιτρέπειν.

cynique comme un héros qui ne s'est laissé ni dompter ni corrompre par le plaisir qui fait de l'homme un esclave, et qui poursuit une royauté immortelle : la liberté [1]. Non seulement il en veut jouir lui-même, mais il y appelle tous les hommes. Il dissipe les ténèbres qui obscurcissent leur raison, ὁ τῦφος, et les poussent irrésistiblement, ils ne savent ni par quel chemin, ni vers quel but [2]. Il leur conseille et leur apprend à opposer à la fortune un vaillant courage, aux conventions des lois les règles de la nature, à la passion, la raison, λόγον [3], et leur prescrit d'aimer leurs semblables, φίλος τῷ ὁμοίῳ [4].

C'est par ces enseignements qu'ils ont l'orgueilleuse mais magnanime espérance de sauver le monde [5], selon leur propre expression. Zeller les appelle les capucins de l'antiquité : avec les néo-pythagoriciens d'un côté et les esséniens de l'autre, ils sont certainement les précurseurs et les modèles des ordres monastiques voués à l'ascétisme.

Par une de ces contradictions dont l'histoire des opinions philosophiques nous donne tant d'exemples, et dont il faut plutôt s'étonner que se plaindre, Antisthène, le fondateur et qu'on peut considérer comme le représentant de l'école cynique, se montre aussi résolûment dogmatique et socratique [6] dans sa psychologie morale que sophistique et sceptique dans sa psychologie de l'intelligence.

Il est insensé, dit-il, de rechercher avec tant de soin les courses errantes d'Ulysse à travers le monde, et de ne pas essayer de connaître les mouvements vagabonds de notre

---

[1] Clem. Al., *Strom.*, II, 113. ἡδονῇ ἀνδραποδώδει ἀδούλωτοι καὶ ἄκαμπτοι ἀθάνατον βασιλείαν ἐλευθερίαν τε ἀγαπῶσιν.
[2] Stob., *Floril.*, 22, 41.
[3] D. L., VI, 38.
[4] D. L., VI, 105.
[5] Stob., *Floril.*, 13, 26. ἵνα σώσω. Il semble que ce soit pour faciliter la vulgarisation de leurs doctrines morales, qu'ils se sont tant appliqués à l'interprétation allégorique des mythes poétiques dont ils s'efforcent de découvrir le sens sous-entendu, ὑπόνοια, διάνοια. Xenoph., *Symp.*, 3, 6. *Theæt.*, 153, c. *Rep.*, II, 378, d. *Jo.*, 530, c. *Phædr.*, 223, c.
[6] Clem. Al., *Stromat.*, V, 601. ὅ τε Σωκρατικὸς Ἀντισθένης.

esprit à travers l'erreur et la vérité. Ce ne sont pas les cordes de la lyre qu'il importe de savoir accorder : c'est dans notre âme que nous devons nous efforcer de mettre l'accord et l'harmonie [1]. C'est dans l'âme qu'est le vrai trésor de l'homme ; c'est des choses précieuses qu'il y a pour ainsi dire emmagasinées qu'il tire ses vraies jouissances, sa vraie félicité [2]. La plus précieuse de ces choses, la seule qui nous appartienne en propre et nous appartienne réellement, οἰκεῖον, celle en qui se résument toutes les autres, et si nécessaire à l'homme que celui qui n'a pu l'acquérir n'a plus qu'à chercher une corde pour se pendre [3], c'est la vertu, qui suffit au bonheur [4]. Mais la vertu repose sur la sagesse, la science, φρόνησις, et est par là susceptible d'être enseignée [5]. En quoi consiste cette sagesse, quel est l'objet de cette science, c'est ce que Platon l'accuse de n'avoir pu dire [6] ; car c'est ne rien dire, et tomber dans une pure tautologie que de dire que c'est la science du bien, ou comme s'exprimait négativement Antisthène, qu'elle consiste à désapprendre le mal, τὰ κακὰ ἀπομαθεῖν [7], et à mener une vie conforme à la vertu, ce qui est la fin de l'homme [8]. Les caractères qu'il lui attribue, à savoir qu'elle est infaillible, qu'elle nous enseigne à pouvoir vivre et converser avec nous même, ἑαυτῷ ὁμιλεῖν, et nous

---

[1] D. L., VI, 27. C'est bien là l'esprit de la philosophie de Socrate : mais ce qui constitue la différence, c'est que Socrate invite tout homme et lui-même à s'étudier et à se connaître ; le cynique semble considérer cette étude comme faite : il connaît les hommes : ils sont tous corrompus et pervers ; lui seul est pur, lui seul est sage. Il est le modèle et l'idéal de perfection morale que les autres hommes doivent imiter. Cet orgueil est tout ce qu'il y a de plus opposé à l'esprit et aux leçons du maître, dont une des maximes favorites était : Rien de trop.

[2] Xenoph., *Symp.*, IV, 41. ἐκ τῆς ψυχῆς ταμιεύσομαι.. ἡδυπαθῆσαι ὅταν βούληθῶ...; id., IV, 31... οὐκ ἐν τῷ οἴκῳ τὸν πλοῦτον... ἀλλ' ἐν ταῖς ψυχαῖς.

[3] Plut., *de Stoic. Rep.*, II. δεῖ κτᾶσθαι νοῦν ἢ βρόχον.

[4] La félicité est ainsi, comme dans tous les systèmes grecs, la fin de la vie. La vertu fondée sur la science n'est encore qu'un moyen.

[5] D. L., VI, 2.

[6] *Rep.*, VI, 505; D. L., VI, 101.

[7] Qui donc nous a appris le mal ? Ce n'est pas la nature, suivant les cyniques; c'est donc la société, mal organisée et qu'il faut réformer comme l'individu. Il y a manifestement une veine de socialisme chez les cyniques et qui se manifeste surtout par leur cosmopolitisme.

[8] D. L., VI, 7. τέλος εἶναι τὸ κατ' ἀρετὴν ζῆν.

apprend quelles choses il faut aimer [1], qu'elle est une et identique pour tous les hommes, indivisible par essence, en sorte que tout acte conforme à la sagesse réunit toutes les formes de la vertu [2], qu'une fois acquise, comme la grâce dans certaines sectes chrétiennes, elle ne peut plus être perdue [3], qu'elle se manifeste non par des raisonnements et des paroles, mais par des œuvres et des actes, qu'elle n'a besoin de rien que de force, de la force qu'avait montrée Socrate [4], c'est-à-dire de force d'âme, et qu'elle doit cependant être fondée sur des raisons indéracinables et irréfutables [5], tous ces caractères, qui ne sont déduits ni les uns des autres ni d'un principe supérieur, ne suffisent à faire réellement connaître l'essence de la sagesse. Cependant si on consent à adopter, au moins dans une certaine mesure, le principe d'interprétation d'H. Ritter, qui soutient qu'une grande audace est pour l'historien de la philosophie à la fois une nécessité et une obligation [6], si on veut presser le sens de certaines maximes d'Antisthène, et leur donner un développement suffisant, on pourra trouver les éléments d'une définition positive et profonde, qui devance et fait pressentir celle d'Aristote.

Le Bien est une chose propre à la nature humaine, en rapport intime et naturel avec elle, οἰκεῖον. Le mal au contraire est une chose étrangère et opposée à son essence, ἀλλότριον, ξενικόν [7]. Entre le bien et le mal, entre la vertu et le vice, s'étend le vaste domaine des choses et des actions indifférentes, ἀδιάφορα [8], parmi lesquelles il faut compter les enfants et même la patrie. Le sage est citoyen du monde. Ce n'est pas aux lois particulières

---

[1] Schol. in Hom., Il., O. 123. Bekker. εἴ τι πράττει ὁ σοφός, κατὰ πᾶσαν ἀρετὰν ἐνεργεῖ.
[2] D. L., VI, 105 ; Xen., Mem., I, 2, 19.
[3] Id., II. μόνον εἰδέναι τὸν σοφὸν τίνων χρὴ ἐρᾶν.
[4] D. L., VI, 11. μηδενὸς προσδεομένην ὅτι μὴ Σωκρατικῆς ἰσχύος.
[5] Id., VI, 13. ἀναλώτοι λογισμοί.
[6] Rhein. Mus., B. II, p. 316 : « Auf keinem Gebiete der Geschichte ist Kuhnheit so nothwendig als in dem der Geschichte der Philosophie ».
[7] D. L., VI, 12 et 103.
[8] D. L., VI, 105.

de l'État, c'est aux lois universelles de la vertu, qu'il doit soumettre sa personne et sa vie [1]. Ce qu'il y a de plus nuisible à la félicité, parce que c'est ce qu'il y a de plus contraire à la sagesse, ce sont les illusions de la vanité, ὁ τῦφος [2]. Aussi on peut considérer comme une fin négative, mais cependant comme une fin, l'état où l'âme en est guérie et délivrée, ἀτυφία [3].

Le bien, dont la sagesse est la science, est la peine, l'effort; le plaisir est le mal, ὁ πόνος ἀγαθόν, ἡδονή κομιδῇ φαῦλον [4]. Cela ne veut pas dire que l'élément affectif soit absolument exclu du bien ; ce qui en est la négation, c'est le plaisir qui précède la peine, et qui a pour conséquence le regret et le remords. Au contraire, dans la notion complète du bien doit entrer le plaisir qui accompagne ou suit l'effort [5], qui ne cause ni remords ni même regret, et qui est conforme à la nature [6]. Cela ne veut pas dire non plus que toute peine, tout effort est un bien : il n'y a de beau parmi les peines que celles dont la fin est la beauté et la vigueur de l'âme, εὐψυχία καὶ τόνος ψυχῆς [7], que celles qui sont conformes à la nature [8]. Le mépris du plaisir vulgaire est déjà un plaisir, et un plaisir très supérieur au plaisir méprisé [9]. Aristote verra le bien dans l'acte, et, par une très profonde analyse, découvrira dans le plaisir la fleur de l'acte, c'est-à-dire l'achèvement, la réalisation parfaite de l'activité de l'âme. Antisthène semble placer le bien dans l'action de l'âme considérée comme mouvement, et comme un de ces mouvements qui ne peuvent s'accomplir sans lutte et sans souffrance. Le bien est donc pour

---

[1] D. L., VI, II, 63, 93, 98. Luc., *Vit. Auct.*, τοῦ κόσμου πολίτης.
[2] D. L., VI, 26, 83, 86.
[3] Clem. Al., *Strom.*, II, 317, τὴν ἀτυφίαν (τέλος) ἀπέφηνε.
[4] Arist., *Ethic. Nic.*, X, 1 ; Sext. Emp., *adv. Math.*, XI, 74.
[5] Stob., *Floril.*, 29, 65. τὰς μετὰ τοὺς πόνους διωκτέον ἀλλ' οὐχὶ τὰς πρὸ τῶν πόνων.
[6] D. L., VI, 71 ; Athen., XII, 513. τὴν ἡδονὴν ἀγαθὸν εἶναι φάσκων, προσέθηκε τὴν ἀμεταμέλητον.
[7] Stob., *Floril.*, VII, 18.
[8] D. L., VI, 71. ἀντὶ τῶν ἀχρήστων πόνων τοὺς κατὰ φύσιν ἑλομένους ζῆν εὐδαιμόνως.
[9] D. L., VI, 71. αὐτῆς τῆς ἡδονῆς ἡ καταφρόνησις ἡδυτάτη.

lui la force [1], la force morale, l'activité énergique de la volonté, qui se rit de l'effort auquel elle se sent supérieure, annule pour ainsi dire en soi l'élément affectif, τὸ πάθος [2], jouit de la souffrance même, ou du moins de la pleine liberté qu'elle conquiert par elle [3].

Jusqu'ici la philosophie n'avait vu dans l'homme qu'un être dont l'essence est ou la sensation ou la raison : le voici pour la première fois, je crois, dans l'histoire de la philosophie, conçu comme volonté. Sa volupté repose sur la conscience de sa force interne libre, son bonheur et son orgueil consiste dans la conscience de la supériorité de cette force, qui est sa vraie essence, sur toutes les autres forces qui la peuvent assaillir.

On ne peut trop s'étonner de voir qu'Antisthène qui veut fonder la vie morale sur la science [4], par ses opinions sur la définition et la combinaison des idées, arrive à ruiner le fondement de tout savoir.

Il reconnaît bien qu'il y a un substratum, une essence des choses, et que la définition a pour but de la faire connaître. Il est même le premier à ne considérer comme vraie définition que la définition de l'essence [5]. Mais en même temps il soutient

---

[1] C'est ce qui explique qu'ils aient pris pour patron et pour modèle Hercule, le héros de la force, auquel ils attribuaient l'invention de leur doctrine. Conf. Auson, *Epigr.* :

> Inventor primus Cynices ego — quæ ratio istæc?
> Alcides multo dicitur esse prior.
> Alcida quondam fueram doctore secundus :
> Nunc ego sum Cynices primus, ille Deus.

Conf. Menag., *ad D. L.*, VI, 2. Au dire d'Iamblique (*Vit. Pyth.*, 18) les Pythagoriciens avaient déjà formulé cette définition : ἀγαθὸν οἱ πάνυ ταὶ δὲ ἡδοναὶ ἐκ παντὸς τρόπου κακόν. Conf. Stob., *Floril.*, I, 26; XVII, 8.

[2] D. L., VI, 2. ἤχθατο τῆς Διογένους ἀπαθείας;... τὸ ἀπαθὲς ζηλώσας.

[3] Id., VI, 71. μηδὲν ἐλευθερίας προκρίνων (il s'agit ici de Diogène).

[4] D. L., VI, 71. « L'absence de raison, ἄνοια, est la cause du malheur des hommes. »

[5] Id., IX, 3. πρῶτός τε ὡρίσατο λόγον εἰπών· λόγος ἐστιν ὁ τὸ τί ἦν ἢ ἔστι δηλῶν. L'imparfait, dit Ueberweg, semble désigner la priorité de l'être objectif sur le fait subjectif de la connaissance qu'on en prend, et de la dénomination que le langage lui donne. On pourrait, dans la formule complète, voir plus simplement l'expression de la durée permanente de l'essence, qui consiste à continuer d'être ce

qu'il n'y a pas de définition possible des éléments simples et irréductibles auxquels on ramène les choses composées et réellement existantes. La seule chose qu'on puisse faire à leur égard est de leur donner un nom, λόγον οὐκ ἔχοι, ὀνομάσαι μόνον εἴη [1], et de les comparer à d'autres choses. La définition de ces éléments simples, ou considérés comme tels, de l'argent, par exemple, consiste à lui avoir donné ce nom même, qui lui appartient en propre, οἰκεῖον, puis de le comparer avec un autre métal plus ou moins semblable, l'étain par exemple.

C'est la seule manière de faire connaître approximativement les qualités des êtres ou objets simples, dont il est impossible de dire en quoi ils consistent, et de donner une définition exprimant leur forme substantielle [2]; leur attribuer un seul prédicat, προσειπεῖν, à plus forte raison plusieurs, affirmer qu'ils existent ou qu'ils n'existent pas, il y a contradiction à le faire : car un ne peut pas être plusieurs, et plusieurs ne peuvent pas être un [3]. On est donc contraint de n'affirmer d'une seule chose qu'une seule chose, et c'est elle-même ; en sorte que la définition qui ne veut pas contenir une contradiction interne qui la ruine, ne peut qu'affirmer le même du même, et répéter deux fois le nom propre, οἰκεῖος λόγος, qui a été donné à la chose. On ne peut pas dire l'homme bon, et il faut se borner à dire le bon, bon ; l'homme, homme, ce qui à la fois supprime tout savoir, toute contradiction et toute erreur [4]. Il n'y a que des jugements abso-

qu'elle était antérieurement. Il est inutile de signaler l'analogie de cette formule avec celle d'Aristote, qui tantôt se borne à la reproduire textuellement, tantôt y introduit l'infinitif présent, τὸ τί ἦν εἶναι. Alexandre (*Scholl. Ar.*, 255, a. 31) fait sentir et même exagère l'importance de cette addition.

[1] Plat., *Theæt.*, 201 c. De là l'importance qu'il paraît avoir attachée à l'étude du langage, à la recherche approfondie de la signification des mots. Arrien (*Epict., Dissert.*, I, 17). « Antisthène disait que l'examen des mots est le commencement de la science ».

[2] Arist., *Met.*, H, 3, 1043, b. οὐκ ἔστι τὸ τί ἔστιν ὁρίσασθαι... ἀλλὰ ποῖόν μέν τι ἐνδέχεται καὶ διδάξαι.

[3] Soph., 251. ὡς ἀδύνατον τά τε πολλὰ ἓν καὶ τὸ ἓν πολλὰ εἶναι.

[4] Arist, *Met.*, Δ, 29. μηθὲν ἀξιῶν λέγεσθαι πλὴν τῷ οἰκείῳ λόγῳ ἓν ἐφ' ἑνός. Tom., I, II. οὐκ ἔστιν ἀντιλέγειν. *Met.*, H, 4, 1043. b, 23; Plat.. *Soph.*, 251, b.; *Theæt.*, 201, c. Il est bien difficile de comprendre comment un philosophe qui reconnaissait la nécessité de la définition, qui, le premier, voyait qu'elle doit faire connaître,

lument identiques, qui par conséquent ne nous apprennent absolument rien de plus que ce que nous savons par le nom seul de la chose. On ne peut attribuer à aucun sujet un prédicat autre que lui-même. On pourrait même dire qu'il n'y a pas de jugement possible ; car la copule, soit qu'elle exprime simplement l'idée d'un rapport, soit qu'elle contienne en outre l'expression de l'existence, n'est point identique au sujet et ne peut lui être liée. D'un autre côté il n'y a plus de contradiction ni d'erreur possible : car ou bien l'on parle d'une même chose ; mais de chaque chose il n'y a qu'un seul nom qui lui appartienne, οἰκεῖος λόγος, de sorte que si les deux interlocuteurs parlent réellement de la même chose, ils ne pourront l'un et l'autre que répéter le même nom ; ou ils ne parlent pas vraiment de la même chose, et alors il leur est également impossible de se contredire [1].

Et cependant il ne contestait pas absolument la possibilité de la définition [2], ni celle même de la science. Le composé, soit sensible, soit intelligible permet une explication qui expose et déploie pour ainsi dire ses parties intégrantes conformément à leur combinaison réelle [3]. La science est l'opinion exacte qu'on se fait des choses, quand on peut s'en rendre compte et en donner une explication, δόξα ἀληθής μετὰ λόγου [4]. L'opinion qui

δηλῶν, l'essence du défini, concluait à l'impossibilité absolue de la définition. Une telle contradiction ne peut guère être supposée, et il semble nécessaire d'admettre ou que ce sont les successeurs qui ont nié la possibilité de la définition, ou qu'Antisthène ne l'a niée qu'en ce qui concerne les principes premiers, que la sensation ou la raison saisit et pour ainsi dire touche, et dont on ne peut pas rendre raison par cela même qu'ils sont la raison de tout.

[1] Alex. Aphrod., *Scholl.*, *Ar.*, 732, a. 30.
[2] C'est une conséquence extrême à laquelle Aristote accuse ses partisans, οἱ Ἀντισθένειοι, d'être arrivés. *Met.*, VIII, 3, 1043, b... οὐκ ἔστι τὸ τί ἐστιν ὁρίσασθαι, car la définition n'est qu'une longue proposition.
[3] Arist., *Met.*, VIII, 3, 1043, b. 28. τῆς συνθέτου ἐάν τε αἰσθητὴ ἐάν τε νοητὴ ᾖ. Il semble bien qu'Aristote expose ici, non son sentiment propre, mais les opinions d'Antisthène, comme les reproduit Platon dans le *Théétète*.
[4] Plat., *Theæt.*, 201, e, sqq, où Antisthène n'est pas nommé, mais clairement désigné, τὰ μὲν πρῶτα οἱονπερεὶ στοιχεῖα... λόγον οὐκ ἔχοι : αὐτὸ γὰρ καθ' αὑτὸ ἕκαστον ὀνόμασαι μόνον εἴη· προσειπεῖν δὲ οὐδὲν ἄλλο δύνατον, οὔθ' ὡς ἔστιν, οὔθ' ὡς οὐκ ἔστιν... 202, b., οὕτω δὴ τὰ μὲν στοιχεῖα ἄλογα καὶ ἄγνωστα εἶναι, αἰσθητὰ δέ.

ne peut donner cette explication, cette raison, δόξα ἄλογος, est en dehors de la science. De toutes les choses dont on ne peut rendre ni se rendre compte, ὧν μή ἐστι λόγος, il n'y a pas science : il n'y a et il n'y a de possible qu'une dénomination, une nomenclature

Il n'y a pas d'idées générales, τὰ γένη, τὰ εἴδη, du moins elles n'ont pas d'objet ; elles ne consistent que dans des concepts vides de contenu, ἐν ψιλαῖς ἐπινοίαις [1] ; elles n'expriment pas l'essence des choses. Je vois bien, disait Antisthène à Platon, je vois bien le cheval : mais la chevaléité, je ne parviens pas à la voir ; à quoi l'autre répondait spirituellement : c'est que tu n'as pas d'yeux pour la voir [2]. Les idées générales n'ont donc qu'une valeur subjective, et nous voici en présence d'un nominalisme réel ; quoi qu'il ne manque pas de contradiction dans le système, si l'on peut parler de système quand il s'agit d'opinions qui ne nous sont connues que d'une manière fragmentaire, et qui n'ont peut-être jamais été ni exposées systématiquement, ni même complètement développées par leurs auteurs mêmes.

Si aucune chose ne peut être expliquée par une autre, si chaque chose ne contient rien qu'elle-même, tout objet réel est individuel, et les idées générales n'expriment pas l'essence des choses, mais les formes subjectives sous lesquelles nous sommes contraints de les concevoir ou de les dénommer. Les noms sont généraux : ils devraient être absolument propres et individuels.

---

[1] Ammonius, cité par Porphyr., *Isag.*, 22, b. ; Simplic., *Categ.*, f. 54, D. David, Scholl. Ar., 20, a. 66 ; b. et 686 ; D. L., VI, 53 ; Tzetz., *Chil.*, VII, 605.
[2] Simplic., *Categ.*, Scholl. Ar., 66, b. 45. Tzetz., *Chil.*, VII, 605. Il y avait entre ces deux hommes une antipathie qui perce partout. Si Antisthène avait écrit un dialogue spécialement dirigé contre la théorie des Idées (D. L., III, 35 ; Athen., V, 220 ; XI, 507), Platon, de son côté, ne ménageait pas l'expression de son dédain pour les doctrines d'Antisthène, qu'il prétendait ne pouvoir être adoptées que par de pauvres esprits, ὑπὸ πενίας τῆς περὶ φρόνησιν κτήσεως τὰ τοιαῦτα τεθαυμακόσι. *Soph.*, 251, b. C'est à lui sans doute qu'il applique les épithètes σκληροὶ καὶ ἀντίτυποι et de μάλ' ἄμουσοι. *Theæt.*, 155, e. Aristote n'est guère plus bienveillant : il le nomme positivement un sot et un ignorant. *Met.*, V, 29, Ἀντ... εὐήθως ; *id.*, VIII, 3. οἱ Ἀντ. καὶ οἱ οὕτως ἀπαίδευτοι. Leur idée de la liberté interne, de l'indépendance morale, de la force, manque d'un contenu positif et d'une fin déterminée ; mais il y a dans leur analyse du plaisir, fruit de l'effort, une profondeur véritable.

Le mot général n'exprime qu'une pensée, νόημα, qui n'a d'existence que dans l'esprit [1], et auquel ne correspond aucune réalité objective, car des objets réels ont tous pour caractère d'être individuels. Il y a des hommes : l'humanité n'est qu'un nom, non pas vide de sens, mais vide de contenu réel. C'est à la fois un conceptualisme et un nominalisme.

[1] Zeller, t. II, p. 212, conjecture, non sans fortes raisons, que c'est à Antisthène que Platon, *Parm.*, 132, b, rapporte l'objection faite à la théorie des Idées par Socrate, ἀλλὰ μὴ τῶν εἰδῶν ἕκαστον ᾖ τούτων νόημα καὶ οὐδαμοῦ αὐτῷ προσήκῃ ἐγγίνεσθαι ἄλλοθι ἢ ἐν ψυχαῖς.

CHAPITRE VINGT-UNIÈME

EUCLIDE ET L'ÉCOLE DE MÉGARE [1]

Euclide de Mégare, ou de Géla, suivant d'autres, à ce que rapporte Alexandre dans ses Διαδοχαί, fut le fondateur de l'école dont les sectateurs qui prirent d'abord le nom de mégariques, qui leur fut donné par Denys de Carthage [2], et souvent celui d'éristiques, et enfin plus tard celui de dialecticiens. Le plus important représentant de leur doctrine fut Stilpon, qui ne com-

---

[1] Les mégariques forment une école nombreuse ; on y compte Euclide, Ichtyas, son successeur immédiat, Euboulide, de Milet, l'adversaire acharné d'Aristote (D. L., II, 108. τῆς δ'Εὐκλείδου διαδοχῆς), Thrasymaque de Corinthe, cité comme un ami d'Ichthyas (D. L., II, 121), Dioclide, disciple d'Euclide et maître de Pasiclès (Suid., V, Στίλπων), Clinomaque, maître de Bryson, fils de Stilpon (D. L., II, 112; Suid., V, Βρύων, le premier qui ait exposé une doctrine logique sur les prédicats et les propositions), Pasiclès, disciple d'Euclide, d'après D. L., Apollonius de Cyrène, surnommé Cronus (D. L., II, III; Strab., XIV, 2; XVII, 3), maître de Diodore Cronus (Cic., de Fat., 6, valens dialecticus; Sext., adv. Math., I, 309, διαλεκτικώτατος), Euphantus, disciple d'Euboulide, poète et historien (D. L., II, 110), maître du roi Antigonus, Athen., VI, 251, d), Stilpon, disciple de Thrasymaque, le plus célèbre de tous, maître de Zénon; Alexinos d'Elis, que D. L., II, 109, désigne comme un disciple immédiat d'Euboulide, qui eut avec Stilpon (Plut., Vit. pud., c. 18), Menedème (id., D. L., II, 135) et Zénon (D. L., II, 109; Sext., adv. M., IX, 108; Plut., Comm., not. 10), de vives discussions ; Philon, disciple de Diodore, qu'il ne faut pas confondre avec Philon de Larisse, fondateur de la IVe Académie; Bryson, fils de Stilpon, Timon, disciple de Stilpon, et Pyrrhon, maître de Bryson, par lesquels s'opère la transition de la dialectique mégarique au scepticisme pyrrhonien.

[2] D. L., II, 30, 106 et 107, d'après Timon, l'accuse d'avoir

(ἀλλ'οὔ μοι μέλει)...
ἐριδαίνω
Εὐκλείδου Μαγαρεῦσιν ὃς ἔμβαλε λύσσαν ἐρισμοῦ

Ce n'était pas une école, σχολή, mais une χολή (D. L., VI, 21).

mença à enseigner que peu de temps avant la mort d'Aristote.

Les dates précises de la naissance comme celle de la mort d'Euclide nous sont absolument inconnues. C'était un des quatre disciples les plus éminents [1] et un admirateur passionné de Socrate, qu'il venait souvent voir secrètement, et aux derniers moments duquel il voulut assister [2], malgré la défense formelle faite à tout habitant de Mégare de mettre le pied à Athènes sous peine de mort [3]. Il était un ami de Platon [4] et c'est auprès de lui, à Mégare, que se réfugièrent ce dernier et plusieurs autres disciples de Socrate, intimidés par le supplice de leur maître, et redoutant pour eux-mêmes le sort qu'il venait de subir de la part des Trente tyrans [5].

On cite de lui les titres de six dialogues dont l'authenticité paraissait douteuse à Panætius et desquels, d'ailleurs, il ne nous est rien resté [6]. Stilpon n'ayant commencé à enseigner que peu de temps avant la mort d'Aristote, on peut considérer les doctrines de l'école des mégariques comme antérieures à celle du fondateur de l'école du lycée, surtout si, comme il semble manifeste, ce sont celles que vise Platon dans le *Sophiste* [7]. Mais cela ne suffit pas pour attribuer, comme le fait Hartenstein [8], une influence sérieuse des mégariques sur les doctrines d'Aristote [9].

Comme l'indique un des noms par lesquels les anciens carac-

---

[1] D. L., II, 47. « De ceux qui vinrent après lui (διαδεξαμένων) en adoptant ses principes, et qu'on appella les socratiques, les plus grands, οἱ κορυφαιότατοι, —mot qui fait frémir d'horreur comme un barbarisme le puriste Phrynichus,—étaient Platon, Xénophon et Antisthène. Parmi ceux qu'on appelle les *Dix*, les quatre plus distingués, οἱ διασημότατοι, étaient, outre Euclide, Æschine, Phædon et Aristippe. » Idoménée et Phanias avaient écrit une histoire des socratiques.

[2] *Phædo.*, 59, c.

[3] Aul.-Gell., N. Att., VI, 10. Plat., *Theæt.*, 143, a. ὁσάκις Ἀθήναζε ἀφικοίμην, ἀνθρώπων τὸν Σωκράτην.

[4] On le voit bien par le rôle qu'il lui donne dans le *Théétète*. Il semble qu'il était plus âgé que Platon.

[5] D. L., II, 108, d'après Hermodore.

[6] D. L., II, 108 et II, 64.

[7] *Soph.*, 242-248.

[8] *Uber die Bedeut. d. Meg. Schule*, p. 205.

[9] Il serait plus naturel de leur attribuer la première forme de la théorie des Idées, quoique Cicéron les accuse de l'avoir empruntée à Platon. *Acad.*, IV, 42, 129 : Hi quoque multa a Platone.

térisaient la tendance et l'esprit de l'école, leur philosophie est une dialectique [1], une théorie de la connaissance aspirant à concilier les définitions éléatiques sur l'opposition de la connaissance rationnelle avec la nécessité d'une science rationnelle. Ils aspirent à fonder la Psychologie de la morale sur la doctrine éléatique de l'Être. L'être matériel n'est pas un être; car il est décomposable à l'infini, et l'on ne trouve dans cette décomposition sans terme aucun élément ferme et fixe. Il n'a donc qu'une apparence d'existence, aucun caractère de l'essence. « Il n'y a d'être, comme il n'y a de bon que ce qui est un, toujours identique à lui-même, sous la variété des dénominations par lesquelles il est désigné, tantôt Dieu, tantôt Raison, tantôt Sagesse. C'est l'être même. Son contraire n'existe pas [2]. Le bien lui-même est de l'ordre de l'intelligence : c'est le clair regard de l'esprit, qui découvre et contemple la vérité [3]. Le bien est donc la recherche, la contemplation et la possesion du vrai [4]. »

Ces noms divers paraissent avoir été autre chose que des distinctions purement nominales, purement verbales; car les mégariques ont admis une pluralité, au moins phénoménale, d'idées, de concepts, qui ne sont pas absolument sans réalité, quoique leur réalité véritable soit dans l'un. Les idées ne sont pas pour les mégariques ce qu'elles sont pour Platon, des réalités,

---

[1] Elle aboutira bien vite, en leurs esprits trop faibles, à une éristique vaine et vide, où Plutarque, séduit, comme tous les Grecs, par les subtilités et les tours de force, ne voit que les jeux d'un esprit ingénieux qui s'amuse avec grâce : παίζοντος εὑρήσω; (adv. Colot., c. 22-23). C'est à Euboulide que Diogène (II, 108) rapporte le douteux honneur d'avoir inventé les célèbres sophismes nommés : Le ψευδόμενος, le διαλανθάνων et l'Électre, qui ne sont que deux noms du suivant, l'ἐγκεκαλυμμένος, le σωρίτης, le κερατίνης, le φαλακρός.

[2] Cic., Acad., II, 42. Id bonum solum esse quod esset unum, et simile et idem semper. D. L., II, 106. Ἓν τὸ ἀγαθόν... πολλοῖς ὀνόμασι καλούμενον, ὅτε μὲν γὰρ φρόνησιν, ὅτε δὲ θεὸν καὶ ἄλλοτε νοῦν καὶ τὰ λοιπά... τὰ δ'ἀντικείμενα τῷ ἀγαθῷ ἀνήρει, μὴ εἶναι φάσκων.

[3] Cic., Acad., id., 42, attribue cette proposition à Ménédème et aux érétriaques : « quorum omne bonum in mente positum et mentis acie, qua verum cerneretur; » mais il ajoute aussitôt que les mégariques partageaient cette opinion, et même l'avaient développée et plus fortement exposée. « Illi similia, sed, opinor, explicata uberius et ornatius. »

[4] C'est un point de contact, et le seul qu'Euclide ait avec Aristote.

des êtres au sens propre et véritable, ὄντως ὄντα. Ce ne sont que des formes incorporelles, νοητὰ καὶ ἀσώματα εἴδη [1], mais des formes de l'esprit : elles sont immuables et immobiles, sans aucune relation entre elles ni aucune action sur les choses extérieures et constituent la seule et vraie réalité [2]. Il n'y a ni devenir ni destruction possibles, puisque le mouvement n'est pas [3], non seulement le mouvement des choses extérieures, mais même le mouvement des idées. La pensée, qui est toute réalité, est l'unité absolue, le repos absolu, par suite l'indétermination absolue, c'est-à-dire une pure négation [4].

De là les conséquences fatalement éristiques et sophistiques où la logique extrême entraîna Euclide. Par suite de leur ignorance de la différence des catégories et de la diversité de signification des mots, dit Simplicius [5], les mégariques posant comme prémisse évidente par elle-même que les choses dont les définitions, λόγοι, sont différentes, sont différentes elles-mêmes, et que les choses différentes sont séparées les unes des autres, croient avoir démontré par là que chaque chose est séparée d'elle-même, αὐτοῦ κεχωρισμένον ἕκαστον : ce qui prouve qu'elle n'est pas une, et par suite qu'elle n'existe pas. Ainsi, comme la définition de Socrate musicien est autre que celle de Socrate blanc, il en résulte que Socrate est séparé de lui-même. On peut en dire autant de toute chose définie; puisque la définition d'une chose, à moins d'être une tautologie pure qui n'apprend rien de nouveau, se fait toujours par une autre, un prédicat, cette autre en est différente et par suite séparée.

---

[1] *Soph.*, 246, b. Il est difficile, néanmoins, de concevoir comment cette pluralité d'idées se comporte avec l'unité absolue de l'être, et quel peut être leur rapport mutuel.

[2] Euseb., *Præp.; Ev.*, XIV, 17, d'après Aristoclès : ὅθεν ἠξίουν οὗτοί γε τὸ ὂν ἕτερον εἶναι, μηδὲ γεννᾶσθαί τι μηδὲ φθείρεσθαι, μηδὲ κινεῖσθαί τι παράπαν.

[3] Plat., *Soph.*, 258, c. τὸ παντελῶς ὂν ἀκίνητον ἑστὸς εἶναι... ἀκίνητον τὸ παράπαν ἑστάναι. Toute propriété passive, toute puissance active est niée de l'être, et ne peut être attribuée qu'au mobile et incessant devenir, simulacre menteur de l'être; id., γενέσει μέν μέτ εστι τοῦ πάσχειν καὶ ποιεῖν δυνάμεως, πρὸς δὲ οὐσίαν τούτων οὐδετέρου τὴν δύναμιν ἁρμόττειν φασίν.

[4] *In Phys. Arist.*, f. 26.

A plus forte raison Euclide rejette-t-il les définitions par comparaison qu'affectionnait Socrate ; car, dit-il [1], ou les deux choses comparées sont identiques, et alors il vaut mieux appliquer son esprit à celle-là même dont il s'agit, ou elles ne sont pas identiques, et alors la comparaison porte à faux, περέλκειν τὴν παρά-θεσιν [2]. L'essence des choses est absolument une, et comme on trouve en toutes de la pluralité et de la diversité, il n'y a à posséder l'être que l'un absolu.

Comme procédé d'argumentation, il voulait qu'on s'attaquât non aux prémisses, mais à la conclusion [3] : trait de sens commun assez remarquable pour un partisan de la logique formelle à outrance ; c'est par la contradiction que les philosophes sauvent souvent quelques débris de leurs idées. Ainsi ce n'est pas la forme de l'argument contraire, c'est son contenu qu'il faut examiner et détruire : ce qu'on ne peut faire, si on n'établit pas un raisonnement en forme, que par l'appel au bon sens et la réduction à l'absurde qui l'offense et qu'il rejette.

Comme les éléates, ils distinguent, d'après Platon [4], l'être même, οὐσία, et le devenir, γένεσις ; par le corps, et au moyen des sens nous sommes en communication avec le monde du devenir, toujours changeant ; par l'âme, au moyen de la raison, avec le monde de l'Être réel, toujours identique à lui-même. Le témoignage des sens et de l'imagination qui en dépend ne nous donne que des représentations mensongères : nous ne devons nous fier qu'à la raison [5].

Il n'y a de possible que le réel et le réel est nécessaire. Le

---

[1] D. L., II, 107.
[2] C'était écarter les idées générales qui naissent toutes d'une comparaison, qui établit à la fois la ressemblance et la différence d'une chose avec une autre. Or, les idées générales sont nécessaires à la définition qui doit donner le genre et la différence, au langage et à la science ; car il n'y a de science que du général. Conf. Spencer, *Prem. Princip.*, p. 84, 85 ; *Princ. de Psyc.*, 6ᵉ partie, c. 27.
[3] D. L., II, 107. ἐνίστατο οὐ κατὰ λήμματα, ἀλλὰ κατ'ἐπιφοράν. Les termes techniques sont ceux des stoïciens. Les ont-ils empruntés aux mégariques, ou les historiens de la philosophie les leur ont-ils mal à propos appliqués ?
[4] *Soph.*, 248.
[5] Aristoclès, dans Euséb., *Præp. Ev.*, X, IV, 17, 1.

possible serait un être qui à la fois serait et ne serait pas. La puissance cesse quand cesse son acte, ὅταν ἐνεργῇ μόνον δύνασθαι [1]. Il n'y a plus par conséquent ni mouvement ni devenir. Il n'y a que des actes toujours actuels, toujours particuliers, point de facultés par conséquent : des sensations ou des idées qui se succèdent sans qu'on sache pourquoi, et qui ne peuvent ni être ni se sentir liées en un sujet; par conséquent, point de conscience.

Stilpon, maître de Zénon le stoïcien, et lui-même presqu'un cynique par l'austérité de sa vie et de sa doctrine morale [2], n'était pas moins célèbre par sa fertilité d'invention d'arguments ingénieux et sa force de dialectique subtile. Le caractère de sa morale est tout négatif : le souverain bien consiste dans une sorte de force qui met l'âme en état d'ignorer et de ne pas sentir le mal. La souffrance reste une impression mécanique exercée sur les organes, mais n'arrive pas à la conscience. L'âme ne sait pas ce que c'est que souffrir : c'est déjà l'apathie et à sa plus haute puissance, *animus impatiens* [3]. C'est là la vertu, qui est par conséquent une, quoiqu'elle reçoive plusieurs appellations [4].

Suivant Diogène, il niait la réalité objective de l'idée générale, ἀνῄρει τὰ εἴδη, qui n'a aucun contenu réel [5]. Personne ne peut prononcer le mot homme en disant quelque chose, si l'on n'ajoute pas tel ou tel homme. Le légume n'existe pas, mais tel ou tel légume, et celui que vous me montrez n'est pas le légume qui existe depuis des milliers d'années, et toujours avant celui qui est saisi par les sens. Hegel [6] conclut au contraire de cet

---

[1] Arist., *Met.*, IX, 3.

[2] Cic., *de Fat.* Insignis morum integritate... Placita ad mores potissimum spectant. D. L., II, 118 et 119. δεινὸς ἄγαν ἐν τοῖς ἐριστικοῖς... διασημότατος εὑρεσιλογίᾳ καὶ σοφιστείᾳ.

[3] *Sen.*, ep. 9. Noster sapiens vincit quidem incommodum omne, sed sentit : illorum (des mégariques et de Stilpon en particulier) ne sentit quidem.

[4] D. L., VII, 161. Comme le bien, et c'est de l'unité du bien qu'il peut logiquement déduire la non-existence et l'indifférence de tout ce qui n'est pas le bien même.

[5] D. D., II, 119.

[6] *Hist. de la Phil.*, t. I, p. 123.

exemple même que Stilpon niait l'individuel et maintenait l'existence à l'universel seul. Il prête à Stilpon son opinion propre, à savoir que le langage et la pensée elle-même se meuvent nécessairement dans la sphère du général et sont également impuissants à saisir l'individuel, qui cependant existe dans l'esprit.

Ce qui semble démontrer que tel n'était pas le sentiment de Stilpon, c'est le caractère absolument négatif et sceptique de sa théorie de la connaissance : il n'admet que des jugements identiques, dans le sens et dans les termes ; il nie qu'on puisse affirmer une chose d'une autre, mais seulement le même du même. On ne peut donc pas dire que l'homme est bon, que le cheval court ; on ne peut que répéter homme homme, bon bon, parce que l'essence du prédicat n'est pas l'essence du sujet, et que c'est confondre les essences et violer chacune d'elles, que d'attribuer l'essence d'une chose à une autre. C'est, comme le remarque Plutarque, le renversement de la raison et de la vie même [1]. Nous avons déjà rencontré dans Antisthène ces mêmes arguments sceptiques, et nous allons les revoir presque sous les mêmes formes dans Ménédème, fondateur de l'école d'Érétrie, proche parente de celle de Mégare. Il admet, comme Stilpon, que la vertu est une, sous des dénominations différentes [2] ; que le bien n'est que la possession de la vérité, et par conséquent est d'ordre tout intellectuel [3] ; qu'une chose est toujours autre qu'une autre, que l'utile, par exemple, étant autre chose que le bien, le bien ne peut pas consister à être utile. Il rejette les propositions négatives, et parmi les affirmatives il n'admet que les simples, ἁπλᾶ, et condamne les propositions conditionnelles et complexes, συνημμένα καὶ συμπεπλεγμένα.

Diodore Cronus [4] pousse à ses dernières conséquences la

---

[1] *Adv. Col*, c. 22. τὸν βίον ἀναιρεῖσθαι ὑπ αὐτοῦ λέγοντος ἑτέρου ἑτέρου μὴ κατηγορεῖσθαι...; *id*, c. 23.
[2] Plut., *de Virt. Mor*, 2.
[3] Cic., *Acad.*, II, 42.
[4] De Jasos en Carie, disciple d'Apollonius Cronus, disciple lui-même d'Euboulide; il vivait sous Ptolémée Soter.

doctrine des premiers mégariques sur les possibles. Toute proposition juste exprime quelque chose de possible, par conséquent quelque chose de vrai ; mais le vrai, c'est ce qui est ou ce qui sera réellement ; et alors il ne peut y avoir de possible que ce qui est actuellement, ou qui un jour sera actuel. De plus ce qui ne devient pas actuel est impossible [1], comme ce qui devient actuel est nécessaire ; car rien de vrai ne peut se tourner en faux, ni rien de faux en vrai.

Si le réel est nécessaire, il semble que ce soit parce que chaque chose ne se réalise que dans sa liaison avec le tout, ou dans les circonstances déterminées de son rapport au monde extérieur, et en outre parce que ce que tout ce qui est arrivé ne peut pas ne pas être arrivé : il était donc nécessaire. Ce qui doit être ne l'est pas moins ; car il sera, et il viendra un moment où le futur sera un passé, et où sa nécessité qui se dérobe actuellement à notre esprit sera manifeste, comme celle de tout passé [2]. Le libre arbitre est donc supprimé ; car pour l'établir il faudrait démontrer que ce qui est arrivé aurait pu ne pas arriver ; démonstration qui paraît impossible.

Une proposition conditionnelle n'est vraie qu'autant que le second membre est nécessairement lié au premier de telle sorte que si celui-ci est vrai, l'autre ne saurait être faux. Par conséquent les propositions qui ne sont pas nécessairement convertibles et réciproques ne sauraient être vraies [3].

---

[1] Arr., *Epict. Dissert.*, II, 19. Voici l'argument en forme : « De quelque chose de possible, il ne peut résulter rien d'impossible. Or, il est impossible que quelque fait passé soit autrement qu'il est ; par conséquent, si cela eût été antérieurement possible, d'un possible il aurait résulté un impossible. Il n'a donc jamais été possible. Donc, il est impossible que quelque chose arrive, qui n'arrive pas réellement.

[2] Cic., *de Fat.*, 6. Ille enim id solum fieri posse dicit, quod aut sit verum, aut futurum sit verum, et quicquid futurum sit, id dicit fieri necesse esse, et quicquid non sit futurum id negat fieri posse ; — *Id.*, 7. Placet igitur Diodoro id solum fieri posse quod aut verum sit aut verum futurum sit. Qui locus attingit hanc quæstionem ; nihil fieri quod non necesse fuerit, et quicquid fieri possit, id aut esse jam, aut futurum esse, nec magis commutari ex veris in falsa ea posse quæ futura sunt, quam ea quæ facta sunt ; sed in factis immutabilitatem apparere, in futuris quibusdam, quia non apparent, ne necesse quidem fieri. Conf. Plut., *de Stoïc. Rep.*, 46.

[3] Sext. Emp., *adv. Math.*, VIII, 115.

Diodore démontre l'impossibilité du mouvement par les arguments de Zénon ; mais il en emploie encore d'autres qui lui sont propres, à savoir la divisibilité finie du corps mû et la communication nécessairement successive du mouvement à toutes ses parties[1]. Le changement ne pourrait être considéré et conçu que comme un milieu entre deux points de l'existence, milieu impossible à fixer et même à concevoir[2].

Cependant, par une contradiction manifeste, en même temps qu'il soutient qu'aucune chose ne peut être conçue comme se mouvant actuellement, il admet qu'elle a pu être mûe[3]. L'être, l'essence, est un repos, le devenir qui en est l'antécédent comme la négation peut-être nécessaire, est seul en mouvement. Le phénomène sensible toujours en mouvement ne doit donc pas être considéré comme réel ni par suite comme pouvant être l'objet de la science. Le vrai n'est que le bien, et le bien est le but de la vie. Ce bien réalisé par le mouvement de la vie existe, et cependant le mouvement par lequel il se réalise, le devenir, la vie même, n'existe pas : il est le contraire même et la négation de l'existence[4].

[1] L'argument n'est pas concluant, comme l'observe Sextus Empiricus qui nous l'a conservé, mais il est curieux. Diodore conçoit deux espèces de mouvement : le mouvement par prédominance, κατ'ἐπικράτειαν, et le mouvement complet et parfait, καὶ εἰλικρίνειαν. Avant de posséder le second, tout corps mû devra posséder le premier, c'est-à-dire se mouvoir par la plus grande partie de ses éléments composants qui entraînera l'autre moitié. Mais cette plus grande partie elle-même ne pourra se mouvoir en entier que si la plus grande partie de ses éléments composants se meut ; et en poursuivant l'application de ce raisonnement, on arriverait à admettre que sur un corps composé de 10,000 parties, deux suffiraient à mettre les autres en branle, ce qui est absurde. Le mouvement n'est donc pas possible ni même concevable.

[2] Id., id., X, 85 et 317.

[3] Sext. Emp., adv. Math., X, 85 ; Stob., Eclog., I, 396. κινεῖται μὲν οὐδ᾽ ἕν, κεκίνηται δέ. C'est-à-dire qu'il admettait bien, ce que la sensation ne lui permettait pas de nier, qu'une chose était en un lieu à un certain moment, en un autre lieu dans un autre moment, mais il se refusait à reconnaître une force qui fît quitter spontanément ou violemment au mobile le point de l'espace qu'il occupe pour en occuper un autre. La relation entre l'espace et la force, qui constitue la notion du mouvement, non seulement ne lui paraissait pas nécessaire, mais lui semblait impossible : elle n'est peut-être pas aussi simple et aussi naturelle qu'on pourrait le croire à première vue.

[4] *Soph.*, 246, b. γένεσιν ἀντ'οὐσίας.

Ainsi c'est dans des contradictions inconciliables que viennent se perdre les conceptions de l'école mégarique, comme celles d'ailleurs, nous l'avons vu, de tous les petites écoles plus ou moins exactement caractérisées d'écoles socratiques. En refusant à l'être et à la pensée toute pluralité et tout mouvement, tout développement et toute causalité, ces philosophes supprimaient la possibilité même de la science, qui ne peut être que l'explication rationnelle du monde tel qu'il nous est donné. Mais il ne faut pas leur refuser la justice que Platon leur a rendue en les appelant *les Amis des Idées*, οἱ τῶν εἰδῶν φίλοι : il reconnaît ainsi et salue en eux les précurseurs de sa propre théorie des Idées : ce qui n'est pas un médiocre service rendu à la Psychologie et à la Philosophie.

CHAPITRE VINGT-DEUXIÈME

PLATON

L'importance de la Psychologie, déjà si considérable dans la philosophie de Socrate, s'accroît encore dans celle de Platon. Pour fonder une science véritable, dit-il, il faut fonder d'abord *la philosophie de l'âme* [1] ; c'est de ce coté qu'il faut porter d'abord et toujours ses regards. Pour philosopher avec méthode, il faut commencer par soi-même : οἴκοθεν ἀρξάμενος ; il faut s'examiner soi-même, et sonder toutes les profondeurs de l'esprit [2]. L'observation de consience n'est pas seulement pour lui une méthode recommandée et théorique ; c'est une pratique réfléchie. Ce n'est que par l'analyse pyschologique qu'il a pu arriver à ces maximes qui sont pour lui des axiomes, et où est suspendue la chaîne entière de ses théories : la connaissance va à l'être ; les choses sont telles qu'elles sont conçues et connues. Dans la théorie des *Idées*, le principe de la connaissance est identifié avec le principe de l'essence, les raisons de l'être avec les raisons du connaître.

Aristote, censeur sévère du platonisme, n'a pas méconnu ce caractère : « L'origine du sytème des *Idées*, dit-il, est tout entière dans l'étude des lois et des formes de l'entendement et des principes de la raison ». Partie de la physique, accrue plus tard

---

[1] *Théétète*, 154, d : πάντα τὰ τῶν φρενῶν ἐξηταχότες ; 155, a. ; τῷ ὄντι ἡμᾶς; αὐτοὺς ἐξετάζοντες.
[2] *Rep.*, X, 61, d.

de la morale, la science philosophique est couronnée par la dialectique, qui lui donne sa forme dernière et parfaite [1].

Les critiques modernes de leur côté sont unanimes à reconnaître que tout l'édifice du système platonicien repose sur la distinction toute psychologique de *la science* et de *l'opinion* [2], et il est facile de prouver qu'ils ont tous raison.

Nous ne pouvons pas douter, dit Platon, que nous connaissons, et que nos connaissances sont de diverse nature, la Sensation, l'Imagination, l'Opinion, la Science; car nous pouvons à chaque instant, sur un objet quelconque, surprendre notre esprit connaissant de l'une ou de l'autre manière. Comment en effet douter que l'on connaisse au moment même où l'on connait, et où précisément on connaît que l'on connait [3]. Il faut donc bien avouer que l'homme connait; le sophiste lui même est obligé par sa conscience d'admettre, quand on l'interroge, ce qu'on appelle connaître et de distinguer, comme tout le monde, différentes formes et divers degrés de la connaissance, ceux-là même que nous venons d'énumérer [4].

Mais connaître, c'est être. Nous définissons l'être une puissance d'agir et de pâtir [5]. D'où tirons-nous cette notion de l'être, si ce n'est de l'analyse de la connaissance. La connaissance suppose un mouvement actif, une puissance d'agir dans le principe qui connait, et un mouvement passif, une puissance de pâtir dans la chose qui est connue. Lorsque quelqu'un fait une chose et agit, il faut nécessairement qu'il y ait une chose qui reçoive et souffre l'action [6]. Il y a donc de l'être dans toute connaissance, et il y en a même doublement, puisque toute connaissance implique l'existence du sujet qui connait et

---

[1] D. L., III, 56. τρίτον δὲ Πλάτων ἐτελεσιούργησε τὴν φιλοσοφίαν.
[2] Conf. Schleiermach., *Sammtl. Werke*, vol. IV, 1, 97; Stallb., *Prolegg. ad Politic.*, p. 30, et avant eux Proclus, *in Alcib.*, II, p. 2 : « La connaissance de soi-même est le principe de la philosophie de Platon. »
[3] *Parm.*, 155, d.
[4] *Soph.*, 219, d; *Gorg.*, 154.
[5] *Soph.*, 249.
[6] Id., *Theæt.*, 156.

l'existence de l'objet qui est connu. L'être est conçu comme un acte, et l'acte nous est connu d'abord par l'acte de la pensée dont nous avons conscience et que nous sentons en nous-mêmes : οἴκοθεν ἀρξάμενος.

La connaissance est un mouvement et un mouvement du semblable vers le semblable, du même vers le même. La pensée est un cercle parfait et fermé [1] qui revient sur lui-même [2]. L'esprit qui pense tourne sur lui-même comme la roue du potier [3]. L'objet connu est semblable au sujet qui le connait ; or le sujet qui le connait est, sans doute ; donc l'objet connu est aussi. Tout ce qui se peut connaître, est ; ce qui ne peut pas être connu, n'est pas ; à ces traits on reconnaît déjà le caractère de la doctrine. C'est l'idéalisme, puisque la pensée seule pose l'être; ce n'est pas l'idéalisme absolu, puisque la pensée ne pose pas son objet en ce sens qu'elle en soit toute la réalité, mais en ce sens qu'elle la manifeste et y correspond. Platon ne fait pas dépendre les idées de la pensée, mais au contraire la pensée des idées. Les choses ne sont donc pas uniquement en tant que pensées, c'est-à-dire elles ne sont pas purement des pensées; c'est parce qu'elles sont, qu'elles sont pensées et peuvent être pensées [4] : on ne peut pas penser le néant. Il ajoute : les choses sont dans la mesure où elles sont connaissables ; or comme il y a divers modes de connaître et divers degrés dans la connaissance, il y divers modes et divers degrés dans l'être. Nous pouvons donc affirmer qu'il y a un être absolu, parfait, παντελῶς ὄν, εἰλικρινῶς ὄν, parce que nous avons conscience qu'il y a dans notre esprit l'idée d'une science parfaite, d'une connaissance absolue, pure de sensation et d'images, exempte de trouble et de doute,

---

[1] *Tim.*, 45, c. Conf. Arist., *de An.*, I, 2.
[2] *Tim.*, 37, b. c. *Phædr.*, 247, d.
[3] *Tim.*, 81, a. *De Legg.*, X, 898. Comment Aristote peut-il combattre cette proposition, dont sa définition fameuse de la pensée ne fait que reproduire le sens profond. Platon généralise le principe en l'étendant à la nature entière et formule ainsi le principe de l'attraction universelle : τὸ ξύγγενες πᾶν φέρεται πρὸς ἑαυτό.
[4] Et c'était bien là aussi la doctrine éléatique, οὐ γὰρ ἄνευ τοῦ ἐόντος, ἐν ᾧ πεφατισμένον ἐστίν, εὑρήσεις τὸ νοεῖν.

παντελῶς γνωστόν. De même nous pouvons affirmer que le néant absolu n'est pas, parce qu'il est absolument inconnaissable et qu'il nous est absolument impossible de nous en faire une idée.

Voulons-nous maintenant savoir s'il y a une autre forme, un autre mode ou degré de l'être? cherchons si dans la pensée humaine il y a une forme de connaissance qui diffère de la certitude et de la science parfaite. Eh bien ! oui ! de même que nous constatons en nous au moins la possibilité d'une connaissance parfaite, opérée par la raison pure, sans l'intervention des sens, accompagnée d'une certitude infaillible, que l'esprit affirmerait alors même qu'il douterait de tout le reste [1], dont nous pouvons rendre compte à nous-mêmes et aux autres [2], de même nous avons conscience que nous avons en outre une croyance variable et obscure, accompagnée ou précédée de sensation, ne s'appuyant sur aucune raison satisfaisante. Nous appelons opinion cette foi irraisonnée et douteuse, cette connaissance conjecturale et vague. Cette distinction psychologique est un fait de conscience ; nous n'en pouvons pas douter tant que nous ne confondrons pas les contradictoires, l'infaillible avec l'incertain, tant que nous ne nierons pas qu'il y a des croyances vraies et qu'il y en a de fausses, et qu'il ne saurait y avoir une science fausse, parce qu'il y a contradiction dans les termes [3]. Il est contradictoire que la certitude soit incertaine. Maintenant comme la pensée est un mouvement du même au même, ce qui est pensé est nécessairement tel qu'il est pensé ; donc l'objet de l'opinion est un être, puisqu'il est pensé ; mais c'est un être différent de l'être absolu, puisqu'il est différemment pensé. Certainement il diffère du non-être, puisqu'on ne peut se former une notion quelconque d'un néant d'existence ; il n'y a absolument aucun moyen de connaître et de connaître à aucun degré ce qui n'est absolument pas. Les modes

---

[1] *Men.*, 98, b.
[2] *Theæt.*, 187, b. *Rep.*, V, 477, c. ἀναμάρτητον. *Tim.*, 51. ἀκίνητον.
[3] *Gorg.*, 454 ; *Tim.*, 28 ; *Rep.*, V, 477 et 510.

de l'être sont donc, comme nous l'avons dit, correspondant aux modes du connaître.

Ainsi c'est la différence de la science et de l'opinion, révélée uniquement par la conscience, qui atteste la différence de l'être réel et de l'être phénoménal, de l'absolu et du relatif, et qui ramène le néant absolu à une pure négation. Ici apparaît en pleine lumière le lien intime qui pour Platon unit la psychologie à la métaphysique. « L'être, dit-il, est au phénomène ce que la certitude est à l'opinion [1]. »

Cela ne veut pas dire que Platon a mis en tête de sa philosophie une analyse de l'âme et une critique de l'entendement, ni même que dans son esprit la psychologie a précédé les doctrines qui s'appuient logiquement sur elle. La pensée traverse souvent toute la chaîne d'une série d'idées qui se conditionnent logiquement, avec une telle rapidité qu'en s'arrêtant aux conclusions, elle a perdu toute conscience des intermédiaires. Il a dû en être ainsi de Platon, puisque la psychologie, antécédent logique de sa doctrine, est si loin d'en être l'antécédent chronologique qu'elle n'existe pas pour lui en tant que science spéciale; mais il lui fait en réalité dans tout son système une place considérable.

Sans doute son procédé d'exposition est surtout métaphysique : il tend toujours à partir du point de vue le plus général pour descendre au particulier ; avant Descartes, Pascal et Leibniz, il dit « qu'avant de savoir ce que nous sommes nous-même, il faut chercher ce que c'est que l'être [2]; que nous ne pouvons pas connaître la nature de notre âme sans connaître la nature de l'âme en général, ni celle-ci, sans connaître la nature des choses [3]; lorsqu'il veut trouver la définition de la justice, il construit *a priori* un état politique idéal où il espère en voir la nature écrite en caractères plus gros et plus lisibles. Mais il n'en est pas moins vrai que toutes ces notions sont tirées d'une

---

[1] *Tim.*, 29, c. ; *Rep.*, VI, 511, e. ; VII, 534, a. ; X, 601, e.
[2] *Alcib.*, I, 129.
[3] *Phædr.*, 270, c.

notion de l'âme, qui n'est due qu'à l'observation de la conscience et de l'âme. Ainsi lorsqu'il veut démontrer que l'être n'est pas unité pure et abstraite, qu'il concilie l'unité et la pluralité, le repos et le mouvement, que le non-être n'est pas le néant, mais simplement la différence, il s'appuie expressément sur les conditions mêmes de la pensée, sur sa nature et ses lois, faits intimes du sujet pensant que l'analyse psychologique a pu seule lui révéler. Quand Dieu veut créer le monde et le créer aussi parfait que possible, il reconnaît, dit Platon, que pour recevoir cette perfection relative, il doit être doué d'une âme, parce que sans âme il n'y a pas de raison, et que tout être qui possède la raison est plus parfait que celui qui en est privé, c'est-à-dire que la matière est par soi dans une incapacité naturelle de penser. C'est dans l'âme qu'il a d'abord trouvé ce qu'il transporte ensuite dans la nature, le mouvement, la vie, l'ordre, l'unité [1].

Nous ne pouvons pas douter que nous faisons une chose au moment même où nous la faisons; nous ne pouvons pas douter de la réalité de nos actes au moment même où nous les accomplissons [2], ce serait soutenir qu'une même chose peut être en même temps et sous le même rapport ce qu'elle est et ce qu'elle n'est pas, elle-même et son contraire [3]. Recueillons-nous donc, rentrons en nous-même, interrogeons nous nous-même [4]. C'est là le principe de la vraie science, la science même. Ce retour

---

[1] Maine de Biran, t. IV, p. 329. « D'où pourraient venir ces concepts de monades ou unités numériques, ce qui fait l'un dans la multitude? Ne sont-ce pas là autant d'expressions psychologiques, dont une expérience interne immédiate a seule pu former la valeur première, et qui ne peuvent offrir un sens clair et précis à l'esprit du métaphysicien qu'autant qu'il les ramène à leur source. »

[2] *Parm.*, 155, d. C'est la conscience sous une de ses formes, car elle perçoit, distingue les faits de la vie propre de l'âme, d'une part, et de l'autre est le point un et vivant qui réunit, compare et unifie, rapporte à un seul et même acte tous les faits sensibles, intellectuels et moraux. C'est le premier point de vue qui est mis ici en relief; le second apparaît dans les passages suivants : *Theæt.*, 184, a. εἰς μίαν τινὰ ἰδέαν, εἴτε ψυχὴν εἴ τε ὅτι δεῖ καλεῖν... συντείνειν; id., 186, b, αὐτὴ ἡ ψυχὴ ἐπανιοῦσα καὶ συμβάλλουσα πρὸς ἄλληλα.

[3] *Rep.*, IV, 436, b.

[4] *Tim.*, 72; *Charmid.*, 164; *Phædon*, 78.

de l'homme sur lui-même lui fait savoir d'une science certaine qu'il sait[1], et qu'il y a en lui plusieurs formes, plusieurs degrés de connaissance parfaitement distincts les uns des autres.

D'abord nous reconnaissons en notre âme, qui est leur *lieu*[2], leur demeure, des idées universelles, absolues, immuables, nécessaires, d'une clarté que rien n'obscurcit, d'une certitude que rien n'ébranle, pures de toute sensation, se suffisant à elles-mêmes, ne dépendant d'aucune condition et ayant au contraire pour caractère d'être inconditionnées, ἀνυπόθετον.

Nous rencontrons de plus dans notre esprit des notions d'un caractère tout différent, particulières, changeantes, relatives, toujours accompagnées d'une opération des sens, toujours enveloppées de doute, d'obscurité, ne pouvant s'établir par elles-mêmes et soumises à des conditions qui les dominent.

Entre ces deux formes de connaissance nous en trouvons d'autres qui participent et à la fois se distinguent de chacune d'elles, en ce qu'elles enveloppent sous des figures et des images, caractères des idées sensibles, la fixité et l'universalité qui appartiennent aux idées pures.

Il y a ainsi trois sortes ou classes d'idées, et comme la connaissance n'est qu'une assimilation du sujet pensant et de l'objet pensé, telles nous concevons les choses, telles elles sont, et il y a trois modes de l'être correspondant aux trois modes du connaître.

Ce sont là des faits que reconnaissent tous ceux qui apportent à la recherche philosophique un peu de bonne foi, et qu'on peut arracher même à ceux qui n'en apportent aucune, aux sophistes.

Il y a en nous des facultés qui produisent ces faits ; il y a en nous une âme qui est le lieu de ces idées.

C'est une nécessité pour notre intelligence d'admettre pour

---

[1] *Charmid.*, 162.
[2] Il n'est pas certain, mais il est très probable que c'est à Platon que se rapporte le passage du *de Anima*, III, 4, 419, a. ; 27, où l'âme est appelée le lieu des idées, τόπον εἰδῶν.

expliquer l'être phénoménal, dont le caractère est le changement, un quelque chose qui ne change pas, et qui, par cela même, permette ces changements, dans lequel ils se produisent, sans lequel ils ne sauraient se produire : c'est le lieu éternel, ἡ χώρα ἀεί[1], l'espace, la matière.

L'existence de la matière n'est point ainsi acquise par l'expérience sensible ; cependant l'idée que nous en avons, n'est pas non plus une idée de la raison pure ; car elle ne nous est pas donnée directement par une intuition immédiate, comme un principe premier ; elle est déduite, par un raisonnement, des nécessités logiques ; elle a pour condition la sensation, dont cependant elle se distingue.

Le lieu éternel n'est pas l'étendue pure, la catégorie vide de l'espace[2] : c'est bien la matière, comme l'a entendue Aristote qui la désigne par le nom technique, ὕλη. Ce mot se trouve, il est vrai, dans Platon, et même dans le sens de la matière d'une chose en opposition avec la forme qu'elle peut recevoir du travail de l'homme[3]. Mais quand il veut désigner le dernier substratum de toutes les formes des choses, il le nomme, ou plutôt il le peint sous les noms : espace, lieu, moule, réceptacle, nourrice du devenir.

Sous tous ces noms, c'est pour lui une réalité. Dans le *Timée*, c'est la matière chaotique, à laquelle imprime le mouvement un principe qui l'agite en s'agitant lui même de toute éternité. Ni la matière ni le mouvement ne sont créés : Dieu trouve[4] le mouvement préexistant dans la matière également préexistante. Ce principe éternel de mouvement pénètre la matière, en brasse, en pétrit, pour ainsi dire, les éléments, essaie, ébauche

---

[1] *Tim.*, 52, b.
[2] C'est cependant l'interprétation de plusieurs critiques modernes : K. Fr. Hermann, *Plat. Philos.*, p. 515 : « So lag die Ewigkeit der Materie für Plato unumgänglich ». Chalcid., *in Tim.*, 399. « Platonis de Silva sententia, quam diversi interpretati videntur auditores Platonis ; quippe alii generatam dici ab eo putarunt, verba quædam potius quam rem secuti, alii vero sine generatione.
[3] *Phileb.*, 51, c. *Critias*, 118, d.
[4] *Tim.*, 30, a. παραλαβὼν κινούμενον ἀτάκτως.

en elle des formes, mais des formes sans durée, sans proportion, sans beauté. Néanmoins cette force active et motrice est une âme ; c'est l'âme du monde, substantiellement distincte de la matière qu'elle meut, puisque le mouvement n'est pas une propriété de la matière, naturellement incapable de se mouvoir elle-même comme de penser [1]. Toute chose matérielle mue est mue par une force autre que sa matière ; son mouvement implique et atteste une autre puissance, un principe de mouvement spontané, distinct et différent de l'inerte matière [2]. L'âme tout en s'unissant au corporel n'est rien de corporel [3]. Tout ce qui n'a pas d'âme est sous l'empire d'une âme [4], et l'âme, comme nous allons le voir, est une idée, ou du moins un être qui a la plus grande affinité avec l'idée [5].

Ainsi le mouvement dans lequel nous voyons entraînée la matière démontre, comme son effet, l'existence d'un principe moteur, d'une âme éternelle, qui n'est pas sans raison ni pensée : car toute direction d'un mouvement implique un choix, c'est-à-dire une pensée.

L'âme du monde enveloppe le corps du monde et le pénètre si bien dans toute son étendue qu'elle en est à son tour comme enveloppée, c'est-à-dire qu'elle est à la fois au centre, aux extrémités, et dans les parties intermédiaires, en un mot, elle est partout [6].

La matière agitée par le mouvement voit commencer en elle toutes les formes ; mais elle les voit aussi toutes, à chaque instant, périr. On peut donc dire qu'elle est sans forme, et il faut bien qu'elle soit sans forme, comme il faut qu'une huile qu'on veut parfumer soit sans odeur : ce qui n'empêche pas

---

[1] *Tim.*, 46, d. λόγον οὐδένα οὐδὲ νοῦν εἰς οὐδὲν δυνατὰ ἔχειν ἐστί ; id... τῶν γὰρ ὄντων ᾧ νοῦν μόνῳ κτᾶσθαι προσήκει λεκτέον ψυχήν... Le seul être qui soit capable de posséder la pensée, c'est ce qu'on appelle l'âme.
[2] *De Legg.*, X, 896, a.
[3] *Sophist.*, 246, e. *Phædon.*, 79, a. *Tim.*, 36, a.
[4] *Phædr.*, 246, b.
[5] *Phædon.*, 79, a. *Rep.*, X, 611, e.
[6] *Tim.*, 34, b.

cependant qu'elle n'en conserve encore une, quelque faible et imperceptible qu'elle soit. L'absence de forme, l'informe, c'est le désordre, et le désordre c'est la destruction. Pour arracher l'univers à ce désordre et pour ainsi dire à ce naufrage, Dieu intervient. Voulant faire du monde l'être le plus parfait possible, Dieu *par la persuasion* dépose dans cette âme motrice de la matière, qu'il n'a pas créée et qui se laisse convaincre, les idées du bien, du beau, de l'ordre [1].

Désormais ramenée à l'ordre, l'âme enveloppe, unit, contient, domine la matière, achève, embellit, perpétue les formes des choses et des êtres, des individus, des espèces et du Tout de l'univers, placés comme en son sein, commence enfin et fait commencer partout dans la nature, le mouvement réglé et harmonieux, le règne de la beauté : on peut dire que le monde, c'est-à-dire l'ordre, est né.

Pour que ce monde fut parfait, il fallait que l'être vivant le plus parfait possible, l'homme naquit [2] : or le monde et l'âme du monde, sujet des causes coopérantes, mais inférieures et serviles, n'auraient pas pu suffire à cette tâche, à ce grand ouvrage. Ces causes fatales produiront le corps humain : Dieu se réserve de lui donner une âme.

Cependant Dieu ne crée pas l'âme humaine; car elle n'a point eu de commencement. De toute éternité elle a vécu et pensé [3]. Dieu la forme des éléments mêmes de l'âme du monde, de ce

---

[1] Ce qui prouve que cette âme possède déjà une raison, quoiqu'obscure et troublée; car une raison seule peut comprendre la raison et s'y soumettre.

[2] *Tim.*, 41, b. Il y a quelques contradictions dans la série des propositions soutenues ici par Platon :
1. L'essence immortelle est supérieure à l'être mortel;
2. Dieu ne peut pas créer lui-même tous les êtres, car ils auraient été tous immortels ;
3. Pour que le monde fut parfait, il fallait qu'il renfermât des êtres qui ne le fussent pas. Daur cherche à lever, par les principes d'Hegel, une contradiction, que n'évite aucune explication du monde. Il répugne à la raison de concevoir le parfait produit par l'imparfait; mais elle ne comprend guère, tout en pouvant l'admettre, comment le parfait a voulu produire l'imparfait, et comment cet imparfait contribue à sa perfection.

[3] *Phædr.*, 245, c. *Men.*, 56, a.

reste de substance psychique laissé au fond du vase mystérieux où s'était accompli le mélange qui avait donné la raison à l'âme désordonnée de la matière. Cette substance est une force spontanée et incorporelle de mouvement, qui ne reçoit de Dieu que l'ordre, c'est-à-dire la raison.

Par le mouvement, l'âme possède déjà une force vague de pensée, puisque le mouvement de l'âme ne saurait être autre chose qu'une pensée. Comme l'âme du monde dont elle est tirée, elle est immatérielle : car l'homme a conscience qu'il possède un principe de mouvement spontané : or toute chose matérielle est incapable de se mouvoir elle-même : ce qui est mû diffère de ce qui le meut[1]. Ensuite l'homme pense et sait qu'il pense : or toute chose matérielle est incapable de pensée. L'âme est unie au corps et n'est rien du corps[2]. L'âme est un principe, et puisqu'un principe ne saurait ni naître ni périr, l'âme a toujours vécu et vivra toujours. Son existence actuelle n'est qu'un moment de son éternelle activité. De là la préexistence et la réminiscence : si l'âme a toujours vécu, elle a toujours vécu de sa vie propre, elle a toujours eu son mouvement propre, la pensée.

Dieu ne crée donc pas l'âme; mais c'est lui qui sépare en elle des facultés distinctes qu'il groupe et ordonne suivant une proportion numérique; il fixe à chacune de ces facultés ses fonctions spéciales, ses objets propres, ses limites précises. Cette opération divine est symboliquement décrite dans le mythe du *Timée*.

L'âme est douée de mouvement, bien plus, le mouvement est son essence : l'âme est un mouvement qui se meut lui-

---

[1] *De Legg.*, I, 891, c. *Phædr.*, 245, c. *Tim.*, 30, a. Comment comprendre qu'Aristote soutienne, *de Anim.*, I, 3, 407, a, que Platon a fait de l'âme une grandeur étendue.

[2] Dans les *Lois*, V, 728, c, Platon, frayant la route à Aristote, appelle l'âme une possession, non du corps, mais de l'homme, ψυχῆς ἀνθρώπῳ κτῆμα. Le but particulier de l'ouvrage explique comment la fonction propre de l'âme y est définie l'aptitude naturelle à fuir le mal et à chercher le parfait, τὸ φυγεῖν μὲν τὸ κακὸν, ἰχνεύσαι δὲ καὶ ἑλεῖν τὸ πάντων ἄριστον. C'est exagérer le sens de ce passage que d'y voir affirmé le caractère tout éthique de la psychologie de Platon (Conf. *Siebeck.*, t. I, p. 177).

même [1] de toute éternité, et peut mouvoir les autres choses. Ce qui se meut soi-même, telle est la vraie définition de l'âme. Le mouvement de l'âme est une pensée : l'âme est donc une pensée éternelle.

Son mouvement ou sa pensée se décompose en mouvements particuliers ou facultés qu'on peut appeller des cercles [2], aussi bien que des essences. On peut les appeler des cercles, parce que toute connaissance reposant sur des principes immanents à l'âme, et supposant en outre une conscience plus ou moins claire de la notion acquise, toute connaissance est un mouvement de l'âme sur elle-même, analogue au mouvement circulaire.

Dieu a donné au monde le mouvement circulaire parce que des sept mouvements c'est celui qui a le plus d'analogie avec le mouvement de la raison et de la pensée [3]. L'âme se replie et pour ainsi dire se roule sur elle même, se meut à travers elle même : c'est là sa parole et sa pensée [4].

Outre ce mouvement le plus excellent de tous, l'âme a aussi tous les autres, ce qui lui permet de tout connaître.

C'est un fait que l'âme connait les choses extérieures ; cette connaissance est accompagnée d'une opération préalable des sens, mélangée d'images, troublée de quelqu'incertitude et obscurité. Les notions qu'elle acquiert ainsi s'appellent des opinions, des croyances, δόξαι, πίστεις.

L'âme sent en soi la multiplicité, la divisibilité, et comme ce qui est connu est semblable à ce qui connaît, comme les choses sont telles qu'elles sont conçues, l'âme conclut qu'il y a en dehors d'elle un autre élément qu'elle même, multiple et divisible, qu'on peut nommer *l'autre*. C'est précisément quand elle est en présence de cet élément variable et divisible, qu'elle même pour se l'assimiler, c'est-à-dire pour le comprendre, se divise et se

---

[1] *De Legg.*, X, 894. ἡ δὲ κίνησις αὐτήν τε ἀεὶ καὶ ἕτερα δυναμένη κινεῖν.
[2] *Tim.*, 43, d ; 44, b. περίοδοι.
[3] *Tim.*, 34, a.
[4] Id., 37, a ; 43, a ; 47, d ; 89, a ; 90, d. Conf. *de Legg.*, X, 898, où la pensée est appelée un cercle, περίοδος, περιφορά.

multiplie. On peut donc dire qu'elle a une essense divisible, et participe du mouvement ou cercle de *l'autre* [1] : ce qui revient à dire qu'elle connaît le monde extérieur, changeant, différent d'elle, divisible, et que pour le connaître elle est obligée de s'assimiler à lui et d'introduire dans l'unité de son essence une sorte de pluralité.

Si l'âme renferme une pluralité de facultés et fonctions, marque de la division et de l'impuissance, c'est qu'elle ne vit pas d'une vie absolument inconditionnelle et se suffisant à elle-même. Sans doute tel a été son état originaire, mais par une loi que Platon représente tantôt comme une loi universelle de la nature, tantôt comme une loi morale, tantôt comme une inexplicable destinée, l'âme descend de cette vie absolument indépendante et parfaitement pure et s'unit à un corps. Quelqu'obstacle qu'il mette à l'exercice de ses mouvements propres, c'est seulement par l'intermédiaire des organes et des sens de ce corps qu'elle peut connaître les choses sensibles et corporelles.

La loi morale, qui oblige l'âme à revêtir un corps mortel et périssable, est une loi de justice expiatoire, qui veut que les fautes soient punies ; la loi physique, qui n'est pas sans rapport avec l'ordre moral, c'est ce que tout ce qui a une âme est meilleur que ce qui n'en a pas. C'est donc par bonté que Dieu donne une âme aux corps.

Platon ne semble pas avoir vu que sa doctrine renversait son argument : le corps, suivant lui, obscurcit et souille la pure essence de l'âme ; toute âme unie à un corps est donc moins bonne que si elle ne subissait pas ce contact intime. Dieu, s'il se montre bon pour les corps en leur donnant une âme, ne se montre donc pas également bon pour les âmes en leur donnant un corps, et l'on ne peut guère deviner les causes qui déterminent en faveur des corps les préférences de sa bonté. Cependant on pourrait trouver dans le système une vague indication d'une pensée qui répondrait à cette objection. La matière est par elle

---

[1] *Tim.*, 36, c. θάτερον.

même incapable de s'élever à aucune dignité, tandis que malgré le corps qu'elle traîne après elle, comme l'huître son écaille, l'âme, par un effort magnifique d'intelligence et de volonté, peut retrouver sur la terre un reflet, et s'assurer dans la vie future la réalité de cette félicité divine dont elle a déjà goûté les délices ineffables. Le corps en l'obligeant à cet effort courageux et méritoire concourt au perfectionnement de son essence, et n'est pour elle qu'un mal relatif.

La faculté par laquelle l'âme connaît le monde extérieur ne révèle pas sa nature véritable et supérieure. En pensant *l'autre* l'âme sort pour ainsi dire d'elle même ; en pensant *le même*, ταὐτόν, elle y rentre. Ici l'âme se meut en elle même et sur elle-même. La pensée, qui part de soi et se ramène à soi, forme le plus parfait des mouvements, le cercle : la faculté qui remplit cette fonction est la Raison pure, Νοῦς, que n'accompagne dans son opération aucune incertitude, aucun nuage. C'est même par la raison qu'est possible la connaissance *de l'autre ;* car ce n'est qu'en s'examinant tout entière, en se mouvant sur elle même, en se roulant pour ainsi dire sur soi que la raison peut découvrir *le même* et *l'autre* ; celui-là doublement *le même* et celui-ci doublement *autre*, puisque *le même* est le même que lui même, c'est-à-dire qu'il est immuable, et en même temps il est le même ou à peu près, ἐγγύς τι, que la raison qui le conçoit, tandis que *l'autre* est autre que lui-même, c'est-à-dire changeant, et autre que l'âme, qui est une idée.

L'objet de la pensée, quand l'âme se meut sur elle-même et en elle-même, est une essence une, universelle, toujours identique à elle-même, en un mot, une idée ; et l'âme qui connaît l'idée et toutes choses par l'idée, ne peut être qu'une idée.

L'opération par laquelle elle s'empare de cet intelligible pur, sans lequel il n'y pas de connaissance, est une intuition immédiate de l'essence indivisible et du mouvement ou cercle *du même*.

Mais à ce cercle du même se rattache une troisième essence de l'âme, c'est-à-dire une faculté différente de l'intuition pure de l'intelligible et de l'intuition du sensible. C'est un principe, pour Platon, que deux choses ne peuvent pas être bien liées et unies entr'elles sans l'interposition d'une troisième qui tienne à la fois de l'une et de l'autre. La proportion fait l'harmonie et l'harmonie c'est l'unité, c'est-à-dire la perfection. La proportion la plus simple est celle qui résulte de l'insertion d'un seul moyen entre deux choses données prises pour extrêmes. Pour former le corps du monde, il a fallu deux moyens, parce que le feu et la terre, qu'il s'agissait d'unir, étaient pour ainsi dire incompatibles entr'eux. Pour l'âme un seul moyen a suffi : ce moyen est l'essence mixte, qui, participant de l'intuition sensible et de l'intuition intelligible, placée entr'elles deux, les a unies intimement l'une à l'autre, et a fait de l'ensemble de ces facultés un tout, c'est-à-dire une unité de proportion [1]. Ce moyen unifiant est la faculté du raisonnement discursif, διάνοια, qui part des notions individuelles et sensibles, et s'élève, à l'aide des notions pures de la raison, à des lois générales, qui parcourt et traverse la série des idées intermédiaires placées entre les effets et les causes, les conséquences et les principes, et remonte ou descend des uns aux autres.

Par sa nature complexe cette faculté est peut-être la plus obscure et la plus difficile à analyser ; car précisément parce qu'elle enveloppe les deux autres, elle contient le secret du mécanisme ou plutôt de l'organisme de la pensée humaine. Ramener le sensible à l'intelligible, extraire l'unité de la pluralité, le général de l'individuel, faire un de plusieurs et de plusieurs faire un, voilà l'œuvre de la διάνοια, essence mixte de l'âme, on pourrait dire l'œuvre de l'esprit humain, à qui les opérations pures de la raison pure sont pour ainsi dire interdites à cause de leur perfection même, incompatible avec l'imperfection inhérente à l'homme.

La raison discursive se distingue de la raison pure en ce que le général qu'elle aspire à formuler n'est pas l'universel même,

---

[1] *Tim.*, 35, a. ἓν ὅλον... εἰς μίαν πάντα ἰδέαν.

objet d'une intuition immédiate. L'unité intellectuelle qu'elle forme n'est pas le reflet direct d'une unité réelle, dont sont privés les objets sensibles auxquels elle l'adapte. Cette unité d'ordre logique, formel et abstrait, œuvre de l'entendement, n'a pas de réalité qui lui corresponde. Voilà pourquoi sans doute Platon n'a pas attribué à cette essence mixte de cercle particulier.

La division de l'âme en trois essences ne suffit pas pour en faire bien comprendre la nature : car aucune de nos facultés ne s'isole des autres dans son opération. La composition de l'âme, telle que nous venons de la décrire, est faite à un point de vue tout rationnel ; une analyse de l'âme, d'un caractère plus expérimental, nous présentera une autre division où nous verrons chaque faculté ou partie de l'âme, composée, quoi qu'en proportion différente, de l'essence du *même*, de l'essence de *l'autre* et de l'essence mixte : ce qui revient à dire que l'âme est une unité indivisible, toujours tout entière présente en chacune de ses opérations, et pour chacune de ses opérations mettant à la fois en exercice l'intuition sensible, le raisonnement et l'intuition pure, unis en une seule forme ou idée, εἰς μίαν τινὰ ἰδέαν.

Des deux cercles ou mouvements de l'âme l'un échappe par son essence même à la division : il est absolument indivisible : c'est le cercle du *même*. Le mouvement de *l'autre*, qui participe par nature à la divisibilité, se partage en six mouvements partiels, c'est-à-dire en six facultés, enfermant toutes quelque sensation et se rapportant de plus ou moins près à des objets sensibles.

Il y a donc dans l'âme sept facultés, qui sont entr'elles comme les nombres suivants :

1. 2. 3. 4. 9. 8. 27.

Les trois premiers ne sont que les trois premiers de la série naturelle; le quatrième est le carré du second ($4 = 2^2$); le cinquième est le carré du troisième ($9 = 3^2$); le sixième est le cube du second ($8 = 2^3$); le septième est le cube du troisième ($27 = 9^3$).

Nous avons donc ici deux progressions par quotient, dont l'une a pour raison 2 :

$$1.\ 2.\ 4.\ 8.$$

et dont l'autre a pour raison 3 :

$$1.\ 3.\ 9.\ 27.$$

ayant chacune pour premier terme l'unité, dont il n'est pas tenu compte.

Entre chacun des membres des deux progressions, Platon insère deux moyens, l'un harmonique, l'autre arithmétique. La suite des nombres obtenus par cette opération donne pour la première progression :

$$2 : h :: a : 4.$$

Si on transforme les extrêmes pour avoir des moyens en nombres entiers, on a :

$$384 : 512 :: 576 : 768.$$

où le premier nombre est au second et le troisième au quatrième comme $3 : 4$, tandis que le second est au troisième comme $8 : 9$.

Dans la seconde progression qui présente la série

$$384 : 576 :: 768 : 1152.$$

le premier nombre est au second et le troisième au quatrième comme $2 : 3$, tandis que le second est au troisième comme $3 : 4$.

Par ces moyens insérés on a obtenu les rapports $2 : 3$, $3 : 4$, et $8 : 9$, qui mesurent, suivant Platon, les différentes distances des différentes planètes à la terre, leurs rapports de dimension et de vitesse, comme les différents intervalles qui composent le système musical diatonique.

En appliquant à l'analyse de l'âme cette division mathématique, il semble que Platon a voulu dire non pas que l'âme est un nombre ou une harmonie, mais qu'elle est faite et qu'elle fait tout avec nombre, proportion et mesure ; que le hasard, le désordre n'a pas place dans la constitution de l'âme en tant que pensée et en tant qu'être, comme il est absent de la constitution même des choses. Ces nombres réguliers, ces rapports simples et naturels qui se manifestent dans les sons de la musique, dans les vitesses, les grandeurs, les distances des corps célestes, l'âme les contient puisqu'elle les comprend, et qu'une chose ne peut être connue que par son analogue.

L'âme humaine est donc une substance une et entière, d'essence incorporelle, qui se meut elle-même suivant le nombre[1], en accord avec elle-même et avec la nature, et qui, dans le jeu varié de ses mouvements divers, garde une riche et pleine harmonie. Deux grandes facultés se manifestant par trois actes, produisent trois sortes de connaissances, mais qui toutes trois reposent sur les idées, c'est-à-dire l'essence une, fixe, universelle de chaque objet. Il y a donc trois sortes d'idées : les idées pures contenues dans la raison pure, les idées logiques ou notions générales et abstraites, intermédiaires, τὰ μεταξύ, produites par l'entendement ; enfin les idées des choses sensibles et particulières fournies par la sensation[2].

Cette critique de l'entendement, tirée du *Timée*, est présentée dans la *République* et le *Sophiste* sous une forme plus claire et avec des détails plus complets :

L'intelligence est ce par quoi nous connaissons[3]. Deux facultés s'y distinguent par deux caractères différents ; le premier est la différence des objets que chacune atteint dans son acte ; le second est la différence des effets produits et des modes de la connaissance acquise. L'une de ces facultés, que Platon nomme tour à tour la science, la raison, la pensée, opère par

---

[1] Plut., *de Plac. Phil.*, IV, 2.
[2] Arist., *Met.*, XIII, 1.
[3] *Rep.*, IV, 136, a.

elle-même et par elle seule une certitude inébranlable ; l'autre au contraire, toujours accompagnée d'une opération des sens, tout en nous donnant des connaissances auxquelles nous croyons, les produit enveloppées d'obscurités et troublées par des contradictions. Platon donne à cette faculté des noms différents, et quelquefois la subdivise en deux facultés, l'une appelée la foi, l'opinion, πίστις, δόξα ; c'est celle qui a pour objet les choses visibles et les réalités extérieures ; l'autre qui prend le nom d'imagination ou fantaisie, εἰκασία, φαντασία, a pour objet les images, les reflets, les ombres ou les souvenirs des choses corporelles [1].

Mais entre ces deux grandes facultés fondamentales dont l'une met l'âme en communication avec le monde divin et intelligible, l'autre avec le monde phénoménal et sensible, il en est une troisième intermédiaire et mixte, et que l'esprit doit traverser comme un échelon nécessaire pour s'élever de la perception sensible à l'intuition pure. Malgré le peu d'importance que Platon attache en général à une terminologie technique, il croit devoir chercher pour cette faculté un nom qui la distingue des deux autres, et il n'en trouve pas de meilleur que celui de διάνοια, tout en faisant remarquer lui-même qu'on la nomme quelquefois du nom générique de science, ἐπιστήμη. C'est la faculté du raisonnement discursif, qui partant de la considération des choses visibles obtient, par l'abstraction, la comparaison, la généralisation, des notions intelligibles, et fonde les mathématiques, la mécanique, la géométrie, l'astronomie, la musique, toutes sciences de mesures et de rapports numériques.

Les sciences s'ordonnent en une série liée et progressive de trois groupes qui correspondent aux trois facultés de l'âme : les unes, sciences des choses visibles, sont placées au degré inférieur ; les autres sciences des rapports numériques [2], occu-

---

[1] *Soph.*, 216, a. *Theæt.*, 185, c. *Rep.*, VI, 477, a, b, c ; VI, 507, b.
[2] *Rep.*, VII, 525, 533.

pent l'échelon suivant et intermédiaire; le plus haut degré appartient aux sciences des choses invisibles et purement intellectuelles. Cette hiérarchie est répétée dans le *Philèbe* [1] : aux deux extrémités des connaissances et des choses, Platon pose d'une part la limite, l'idée, la forme, d'autre part l'infini, l'illimité, l'informe, la matière, et, entre ces deux extrêmes, il intercale tout le domaine des rapports et des nombres.

Aristote a compris ainsi la doctrine de son maître, et il la résume en disant que Platon établit trois espèces de notions : d'abord les notions sensibles, ensuite les idées, τὰ εἴδη, enfin les notions mathématiques intermédiaires, τὰ μαθηματικὰ τῶν πραγμάτων εἶναί φησί μεταξύ [2].

Ailleurs il reconnaît que Platon pose trois sortes d'idées : les idées de chaque être particulier; les idées qui embrassent un grand nombre d'objets dans leur unité; les idées des êtres éternels.

On peut donc considérer cette division psychologique, quoi qu'elle ne soit pas expressément formulée par Platon, comme démontrée, et on pourrait y rattacher la division de la science en trois parties qu'on attribue parfois à Platon [3] : on ne trouve il est vrai dans les Dialogues aucune division systématique et fixe, et les divisions et sous-divisions mentionnées par Diogène [4], Albinus, Alcinoüs, Atticus, Aristoclès [5], sont l'œuvre ou de ces philosophes ou de philosophes postérieurs.

Sextus Empiricus [6], après avoir mentionné la division en trois parties : dialectique, physique, éthique, ajoute qu'on ne la trouve guère qu'en germe chez Platon, et que ceux qui l'ont expressément formulée sont Xénocrate, les péripatéticiens et les

---

[1] *Phil.*, 25, a.
[2] *Met.*, I, 6, 987, a, 14; I, 9, 991, a, 4 ; VII, 2, 1028, b, 18 ; 1059, b, 6.
[3] Apul. *de Dogm. Plat* : « Primus Plato tripartitam philosophiam copulavit... tres partes philosophiæ congruere inter se primus obtinuit. » Conf. S. Aug., *de Civit. D.*, VIII, 4.
[4] III, 56.
[5] Euseb., *Præp. Ev.*, XI, 2, 2.
[6] *Adv. Math.*, VII, 16.

stoïciens. Cicéron l'adopte comme Antiochus [1]; Aristote, en distinguant des propositions morales, logiques, physiques, la suppose déjà faite et acceptée [2].

Si cette classification est rapportée à Xénocrate, esprit peu inventif, on peut en inférer que le germe en était déposé dans la tradition de l'enseignement du maître. L'hypothèse qu'un tout ne peut-être constitué dans son unité que par la proportion qui exige trois termes, se retrouve appliquée partout dans Platon et a pour lui la valeur d'un axiome. Le rhythme ternaire n'est pas aussi récent en philosophie qu'on l'imagine : les anciens le voyaient dans les doctrines de Platon, et l'appliquaient au mouvement du développement historique de la philosophie : les Ioniens, disaient-ils [3], avaient apporté à la science naissante une théorie du monde sensible, comme Thespis avait détaché du chœur dithyrambique le premier acteur de la tragédie. Socrate y avait ajouté une méthode, c'est-à-dire une théorie de la connaissance, qui avait été dans le drame philosophique comme le second acteur d'Eschyle; enfin Platon, semblable à Sophocle, par la dialectique qui embrasse une théorie du monde invisible, une théorie de l'âme humaine et une théorie de la nature donne à cette tragédie de la pensée son troisième acteur.

Cette division ternaire de l'âme est le type et le modèle de presque toutes les classifications psychologiques; on en retrouve la trace un peu brouillée, mais visible encore dans la psychologie d'Aristote qui place, on se le rappelle, entre la vie sensible et la vie de la raison pure, une vie intermédiaire et mixte, la vie humaine qui les relie toutes les deux parce qu'elle les contient dans son unité. Suivant lui le nombre 3 se manifeste partout, dans la pensée comme dans les choses ; l'étendue a trois dimensions; le syllogisme a trois termes : « toutes choses sont trois ; trois est partout ; car, ainsi que l'ont dit les pythagoriciens, le tout et tout est déterminé par le nombre 3 [4]. »

[1] *Acad.*, I, 5; *de Fin.*, V, 3.
[2] *Top.*, I, 14, 105, b: *Anal. Post.*, I, 33.
[3] Diog. L., III.
[4] Arist, *de Cal.*, I, 1 ; *Met.*, V, 97, l. 17; XIII, 262, l, 6 ; éd. Brand.

Sur cette division de l'âme s'appuie la théorie des idées, c'est-à-dire la philosophie de Platon, qui n'est guère qu'une psychologie. A la faculté de l'*autre*, ou à la sensation, se rattachent, comme son objet propre, les idées des individus et des espèces des êtres et des choses de la nature. Au-dessus apparaissent les idées logiques, abstraites, que Aristote nomme intermédiaires, τὰ μεταξύ, et que les disciples de Platon nommeront les idées-nombres, parce que ce sont des idées de rapport et que le rapport, la définition même, est un nombre. Cette théorie des facultés de l'essence mixte est une analyse de l'entendement qui prépare, sans l'achever, la dialectique. Enfin il y a des idées-essences, existant par elles-mêmes, immuables, absolues, pures, ὄντως ὄντα, causes suprêmes et dernières, non pas de tout dans les choses, mais de tout ce qui est beau et bon en elles, parce qu'elles sont elles-mêmes la perfection réelle et vivante, principes suprêmes et derniers de la pensée ; car elles sont saisies par une intuition directe de la raison, qui est absolument satisfaite par elles et n'éprouve ni le besoin ni le désir, ne conçoit même pas la possibilité de remonter au-delà.

Nous avons déjà rencontré dans Parménide le principe d'où Platon tire cette théorie : tout ce qui est pensé existe ; car le néant ne peut-être l'objet d'aucune pensée [1]. Mais Platon modère l'axiome éléatique par cette réserve : toute chose pensée existe, mais existe comme elle est pensée ; l'intelligibilité est la marque et en même temps la mesure de l'être. Il y a trois modes ou degrés d'intelligibilité ; il y a donc trois modes d'être des idées. Toutes les idées existent donc ; elles ont toutes une réalité, mais non une réalité du même degré et du même ordre. Les unes sont réellement présentes et actives dans les choses multiples, ἐν πολλοῖς ; les autres sont en nous, ἐν ἡμῖν ; les autres sont à la fois dans les choses par leur efficace, et par leur essence en dehors des choses et en soi, αὐτὰ καθ' αὑτά.

[1] Tout ce que la raison voit et distingue clairement correspond à une réalité substantielle, dira S. Anselme avant Descartes. Conf. B Hauréau, *Hist. de la philosophie, Scol.*, t. I, p. 204.

La science n'est donc pas un vain mot, comme le prétendent les sophistes ; elle n'est pas, comme le disent les physiciens de l'école ionienne, enfermée dans la sensation; elle n'est pas non plus l'intuition pure de l'être pur excluant toute opération comme tout objet des sens. La science humaine est plus complexe et plus variée : elle est fondée sur l'idée, c'est-à-dire sur un principe d'unité et d'universalité, de perfection et d'essence, à la fois immanent et transcendant, absolument nécessaire pour fonder la connaissance comme l'existence des choses et êtres, non seulement actuels, passés et présents, mais encore à venir et possibles. L'idée n'est pas épuisée par les objets qui y participent actuellement ; elle est donc en eux et en dehors d'eux ; elle est une et identique à elle-même ; ils sont multiples, divers, changeants; elle est universelle ; ils sont finis en nombre ; elle est éternelle, ils meurent ; elle est parfaite, ils sont toujours imparfaits : la réalité est toujours impuissante à égaler l'idée.

Saint Thomas [1], comme Leibniz et comme Hegel, répète avec Aristote, « qu'on ne pose les idées que pour expliquer la connaissance des choses » dont la multiplicité infinie, infiniment mobile et changeante, se déroberait à toute connaissance. L'idée est dans l'âme le rejaillissement, l'image de l'essence. L'essence, que la définition exprime, doit être poursuivie par l'analyse et la combinaison des éléments intégrants de la chose ; mais cette synthèse et cette analyse ne peuvent s'opérer que suivant un art et d'après une méthode, et les règles de cet art, les principes de cette méthode sont des notions nécessaires, universelles, antérieures et supérieures à tous nos jugements, auxquels elles donnent la forme, à la sensation qu'elles règlent, à l'expérience qu'elles rendent possible.

Ces idées que nous trouvons de tout temps dans notre raison, avant toute sensation et toute expérience, nous les devons à la réminiscence, « qui, toute fabuleuse qu'elle est, n'a rien d'incompatible avec la raison toute nue [2] », c'est-à-dire, qui n'est qu'un

[1] *Summ. Theol.*, p. 1, qu. XV, art. 1. S. Aug., *de div.*, 83 qu.
[2] Leibn., *Nouv. Essais*, Avant-propos.

autre nom pour désigner la raison en tant que faculté qui saisit directement en elle-même les principes de toute connaissance. L'idée d'être, l'idée d'unité qu'enveloppe et exige toute affirmation, n'est pas dans le sens, pas plus que dans la matière de la chose sensible. C'est l'esprit seul qui les contient, l'esprit qui est évidemment, comme le répète Leibniz, inné à lui-même. L'esprit ne contient pas ces idées par une faculté nue de les entendre ; car cette faculté nue, sans quelqu'acte, réduirait l'esprit à une puissance pure, c'est-à-dire à une pure fiction : « c'est une disposition, une aptitude, une préformation », et si Aristote appelle l'esprit, une pure puissance de penser, avant qu'il pense, il le met néanmoins en communication, en rapport intime quoique mystérieux avec un acte pur de pensée, qui relève sous un nom différent la réminiscence ou la connaissance en acte de certains principes universels et nécessaires, antérieurs à toute connaissance particulière. C'est l'esprit qui voit, c'est l'esprit qui entend, avaient déjà dit Héraclite et Épicharme [1] ; les sens sont aveugles et sourds, parce que la raison seule est capable de lier ces impressions isolées, multiples, successives, fugitives, en une forme une, permanente, présente tout entière et au même instant à son regard : εἰς ἓν ξυναιρούμενον. Même dans la connaissance des choses sensibles, il y a un acte de la raison, l'affirmation d'un rapport. Le jugement ne s'achève pas dans la sensation, s'il y prend naissance [2]. L'esprit seul peut pénétrer jusqu'au principe interne, à l'essence vraie, qui, dans le sujet comme dans l'objet, est une idée. L'idée seule peut connaître l'idée.

Aristote a donné une autre forme à cette théorie, il ne l'a pas changée. Pour lui aussi l'universel est, même dans la sensation, l'objet de la pensée, et cet universel est renfermé dans la chose individuelle comme dans l'âme de l'individu qui la saisit.

---

[1] Plut., de Fort., 3 ; de Virt. Al., II, 3. Νόος ὁρῇ καὶ νόος ἀκούει. τἆλλα κωφὰ καὶ τυφλά. Plat., Phædon, 65.

[2] Cic., Acad., I, 8. Quanquam oriretur a sensibus judicium veritatis, non esse in sensibus.

Sans doute l'expérience est nécessaire; mais la sensation elle-même saisit l'universel précisément parce qu'il est enveloppé dans l'individuel. Nous avons vu ailleurs dans quel sens il fallait entendre dans Aristote cette fameuse comparaison de la tablette, et combien elle est loin de poser une doctrine sensualiste.

Aristote reproche à Platon d'exclure, par la méthode interrogative, la recherche isolée et la philosophie personnelle. Il faut, pour commencer une discussion, l'assentiment d'autrui, puisque les interlocuteurs doivent convenir de principes communs. Si cet assentiment est refusé, et il peut toujours l'être, tout est arrêté. Bien plus : il ne suffit pas d'avoir persuadé Gorgias ; il faut persuader Polus, puis Calliclès, puis Thrasymaque et ainsi de suite à l'infini ; c'est-à-dire que l'enquête n'est jamais terminée et que la vérité des principes comme celle des conséquences est soumise à une épreuve et à des doutes toujours renouvelés. Cette méthode ne peut donc fonder la science, puisque les principes ont besoin de l'adhésion d'autrui et par conséquent en dépendent. Ce ne sont plus des principes, mais des opinions plus ou moins probables. Or la science part de principes nécessaires, qu'on les admette ou non; il ne peut pas dépendre du caprice, de la mauvaise foi ou de la stupidité d'un interlocuteur, de détruire la vérité d'une proposition parce qu'il s'obstine à ne pas y adhérer. Le vrai est le vrai, quand bien même tous les hommes conspireraient à le nier.

Il me semble qu'il y a dans ces critiques quelque chose de sophistique : demander l'adhésion d'autrui avant d'essayer de le convaincre, ne fait pas dépendre la vérité de son consentement. Son refus ne détruit pas la proposition qu'il conteste, pas plus que son adhésion ne la justifie : la vérité ne dépend pas de l'homme, et ce n'est pas certes à Platon qu'il faut le rappeler. Mais à moins de supposer que la science n'est pas faite pour l'homme, il faut bien reconnaître que la seule marque de la vérité d'une proposition pour lui, c'est l'impossibilité où il est de la nier. Le dialecticien ne commence pas par autrui l'application de sa méthode interrogative : c'est lui-même qu'il interroge le premier et surtout ; c'est à lui-même que sur chaque proposition il demande s'il est libre ou non d'y adhérer. Lorsqu'une proposition se présente à lui telle qu'il ne peut s'empêcher d'y acquiescer fermement, ce n'est pas pour cela qu'elle est vraie, mais c'est par ce caractère qu'il la reconnaît pour vraie. En quoi l'aveu de l'interlocuteur porte-t-il atteinte à la nécessité et à l'universalité de la proposition? en rien, pas plus que l'adhésion intérieure de celui qui s'interroge. Toute pensée n'est qu'un dialogue de la raison avec elle-même. C'est se payer d'apparences que de prétendre que la dialectique est réduite par son essence à prendre pour principes des opinions probables : n'est-ce pas Platon qui a dit : « J'aimerais mieux voir tous les hommes contredire mes sentiments que de voir mon esprit en contradiction avec lui-même[1]. » Aristote et aucun philosophe ne pourra se placer sur un autre terrain que celui de l'évidence attestée par la conscience. Quand le philosophe interroge les autres, c'est encore lui-même qu'il interroge ; il fait subir à sa pensée une nouvelle épreuve, et fait appel à la conscience générale de l'humanité, qui est aussi la sienne. Si un lecteur conteste à Aristote ses principes, la doctrine d'Aristote est à l'instant même détruite pour ce lecteur ; elle ne subsiste que pour ceux qui consentent à ces principes. Qu'importe que ce consentement prenne ou non la forme extérieure d'une réponse à une question explicite; pour être sous-entendu dans la lecture isolée et silencieuse, le consentement n'en est pas moins nécessaire, ni moins présent à tous les pas de la démonstration. La dialectique ne ruine donc pas, comme le dit Aristote, les principes de la science et ne conduit pas nécessairement, comme le disent Cicéron et Sextus Empiricus, au scepticisme [2]. On discutait déjà chez les anciens la question de savoir si Platon était ou non un philosophe dogmatique [3], et la négative est encore

---

[1] *Gorg.*, 329, c.
[2] Cic., *Acad.*, I, 13. Cujus in libris nihil affirmatur... de omnibus quæritur, nihil certi dicitur.
[3] D. L., III, 51. οἱ μέν φασιν αὐτὸν δογματίζειν, οἱ δὲ οὔ. Sext. Emp., *Pyrrh. Hypot.*, I, 221.

le sentiment de M. Grote [1] qui prétend qu'il expose sur chaque question toutes les raisons pour et contre, mais ne conclut jamais. C'est abuser de la sincérité et de l'impartialité d'un grand esprit. Platon présente en effet lui-même et avec une rare vigueur, toutes les objections qui s'élèvent contre le système des idées, le fond de sa philosophie, il avoue que cela lui fait parfois l'effet d'un rêve, ὀνειρώττω [2]. Mais où voit-on qu'il l'ait jamais rétracté? Dans le *Parménide*, Socrate défend faiblement et renonce même à défendre une certaine partie de la doctrine, bien digne en effet d'exciter l'attention, puisqu'elle ouvre la porte à la question des universaux ; mais dans ces doutes et ces troubles d'esprit, c'est aux idées du bien et du beau qu'il se rattache, comme à une ancre de salut jetée sur un fond solide et résistant. C'est là pour Platon une conviction ferme, arrêtée, où il va chercher et où il trouve un refuge contre ses propres incertitudes. Sans doute au-dessus de son dogmatisme plane la maxime socratique que la connaissance certaine, la vérité entière, la science absolue n'est pas faite pour l'homme ; que sa seule ambition et son seul devoir est de s'en approcher le plus possible par un effort de recherche libre et volontaire. Aimer et poursuivre la vérité de toutes les forces de sa raison à l'aide d'un art qui l'éclaire et la soutient, c'est là la philosophie ; mais ce n'est pas là le scepticisme. La philosophie platonicienne est dogmatique : elle repose sur des faits de conscience que nul, pas même le sophiste, ne peut contester ; qui lui reprocherait donc de ne pas être un dogmatisme tranchant et hautain, qui exclut avec orgueil toute possibilité d'erreur et s'attribue à lui-même la prétention de l'infaillibilité. Platon a confiance dans la raison ; mais il sait qu'elle a des bornes et des bornes changeantes; il est dans ses affirmations circonspect, réservé; il est ce que tout homme, même le plus convaincu, doit être ferme, clair et net, mais en même temps discret et modeste.

---

[1] *Plato and the other companions of Socrates.*
[2] *Crat.*, 139, c.

Aristote reproche encore à Platon de supprimer la physique en supprimant son objet. Suivant lui, Platon croit que l'intellect diffère essentiellement du sens, est une puissance immatérielle qui n'a pas besoin pour son exercice d'un organisme corporel, que l'acte de la connaissance étant immatériel, la connaissance ne peut avoir pour cause une modification sensible, puisque l'âme absolument immatérielle ne saurait être sensiblement modifiée, c'est-à-dire modifiée par des objets sensibles. Ainsi la connaissance ne peut-être qu'une participation des formes intelligibles séparées. Il en résulte que les choses que nous connaissons n'étant pas celles que nous sentons, mais les espèces qui sont dans notre esprit, les sciences ont pour objets, non les choses mêmes, mais les espèces intelligibles ; que tout est vrai, puisque toute affirmation est dite non d'un objet extérieur, mais de la conception interne du sujet, qui peut tour à tour concevoir les contradictoires ; enfin, si les idées, comme le dit Platon, sont à la fois immatérielles et immobiles, la connaissance de la matière et du mouvement, la démonstration par les causes motrices et matérielles, deviennent impossibles. Ce jugement partagé par saint Thomas est répété par Herbart, qui soutient aussi que toute recherche devient, dans ce système, d'ordre purement abstrait et logique, et n'atteint jamais les réalités.

C'est se faire la partie trop belle. Platon n'a jamais nié l'existence des choses sensibles ni le rôle de la sensation dans la connaissance ; il est si loin de nier le mouvement que l'acte de la connaissance, dont Aristote fait un repos, est pour lui un mouvement. Il dit en termes exprès : sans le réel il est impossible de concevoir le suprasensible ; il faut en toute chose connaître et la cause nécessaire et la cause divine, c'est-à-dire la cause matérielle et la cause idéale, finale[1]. On lit dans le *Théétète* : toute connaissance, toute philosophie part de la sensation ; il est vrai qu'il ajoute que la science n'est pas la

[1] *Tim*, 69.

sensation. Mais Aristote n'est-il pas aussi de cet avis ? La science qui roule sur la définition n'a-t-elle pas pour lui également son objet propre dans l'universel, qui, pour être enfermé dans l'individuel, n'en est pas moins universel? Cet universel est dans l'esprit dont il constitue le fond comme dans les choses dont il constitue l'essence et l'intelligibilité. C'est ce que Platon exprime en disant que l'âme est une idée, c'est-à-dire qu'elle n'est pas vide, qu'elle n'est pas puissance pure et nue, mais qu'elle est comme grosse des vérités premières, μὴ κένος, ἀλλ' ἐγκύμων. Aristote reproduit cette même doctrine sous une forme qui n'est pas assurément plus claire, à savoir celle de l'intellect agent. Qu'est-ce que l'intellect agent s'il n'est pas une pensée en acte? N'est-ce pas la doctrine de Kant comme celle de Leibniz qui répètent à chaque instant que l'esprit n'est pas simplement capable de connaître les vérités premières, mais qu'il les contient et les possède en soi. « L'expérience est nécessaire, dit ce dernier [1], je l'avoue, afin que l'âme soit déterminée à telles ou telles pensées, et afin qu'elle prenne garde aux idées qui sont en nous ; mais le moyen que l'expérience et les sens puissent donner des idées ! L'âme a-t-elle des fenêtres? ressemble-t-elle à des tablettes ? est-elle comme de la cire ? Il est visible que tous ceux qui pensent ainsi de l'âme la rendent corporelle dans le fond. On m'opposera cet axiome reçu parmi les philosophes : *nihil est in intellectu quod non fuerit in sensu: excipe : nisi ipse intellectus*. Or l'âme renferme l'être, la substance, l'un, le même, la cause, et quantité d'autres notions [2]. »

Platon ne supprime pas la science de la Nature en lui fournissant une règle supérieure et un but qui la dépasse. Le principe des causes finales ne revient-il pas à cette proposition qu'Aristote reproduit sous toutes les formes : la Nature est sinon divine, du moins démonique ; elle aspire toujours et partout à la perfection dont elle possède le principe vivant ; elle

---

[1] *Nouv. Essais*, l. II, c. 1, § 8.
[2] Et ailleurs : « L'idée de l'absolu est en nous comme celle de l'être ». « Nous avons la perception de cet absolu *parce que nous y participons* ».

révèle, dans son ensemble comme dans ses parties, un dessein, un plan, une idée, qui a la vertu de se réaliser. On peut dire qu'Aristote s'est approprié la plupart des principes de la philosophie de Platon : comme son maître il professe qu'il y a entre l'intelligence et l'intelligible sinon identité du moins analogie, similitude, affinité de nature. L'âme est une idée, dit l'un ; la raison est acte pur, dit l'autre. La vraie réalité n'est pas la matière : c'est la forme, l'idée, l'esprit ; la vie est la fonction propre de l'âme. Tout ce qui est a une raison d'être, est rationnel ; la Nature et toute chose dans la Nature, du moment qu'elle est et est une, a une âme, une idée. Il y a une raison universelle qui fait la vie de chaque chose [1] et du tout, et qui se révèle par l'harmonie, l'ordre, la beauté, le bien qui éclatent à des degrés divers, mais partout.

Je ne pouvais exposer ici que dans ses traits les plus généraux et dans ses résultats essentiels la psychologie de Platon, qui a été l'objet spécial d'un de mes ouvrages, auquel je me permets de renvoyer le lecteur curieux d'une analyse plus détaillée : mais je crois devoir analyser moins brièvement la théorie platonicienne du beau et de l'art, à laquelle mon livre n'avait pu faire qu'une place restreinte, et cette analyse est d'autant plus nécessaire que l'Esthétique de Platon prépare et commence sur beaucoup de points, même sur celui de la *purification*, la théorie plus systématique mais non plus profonde d'Aristote.

Platon distingue avec une force et une clarté admirables le désir ou l'inclination naturelle vers le plaisir, le plaisir qui est l'état de l'âme en possession de l'objet désiré et la passion, qui est l'état de l'âme où l'inclination n'est plus éclairée par la raison ni gouvernée par la volonté [2]. Le désir est le sentiment instinctif d'une privation, d'une privation dont nous n'avons pas

---

[1] Plotin, *Enn.*, III, VIII, 7. πᾶσα ζωὴ νόησίς τις. Berkeley (Siris) : « Il y a dans tout ce qui existe, de la vie ; dans tout ce qui vit, du sentiment ; dans tout ce qui sent, de la pensée. »

[2] *Psych. de Plat.*, p. 317.

toujours une claire conscience, mais qui nous cause néanmoins une souffrance réelle, quoique vague et secrète. Quand le désir prend, sans l'aveu de la raison, une certaine force toute puissante, qui nous précipite avec une violence irrésistible vers le plaisir que nous promet la beauté, il s'appelle amour [1]. L'amour est donc le violent et puissant désir du plaisir du beau. Tout ce qui est beau excite l'amour, et tout amour a pour objet le beau. Le grand, l'unique moteur de la faculté créatrice, de cette puissance qui pousse l'homme a faire passer le non-être à l'être [2], c'est l'amour. C'est lui qui rapproche et tient réunis tous les éléments des choses, qui n'existent que par ce lien et cette unité de leurs parties multiples : il est donc le principe de l'être et de la persistance dans l'être. C'est lui qui rapproche et tient réunies les âmes, et fonde par ce lien et cette union la société de la famille, la société politique et la société humaine. Il est le seul acte vraiment fécond ; seul il donne l'être et la vie ; seul il est l'agent de la reproduction des individus comme de la perpétuité des espèces dans tous les ordres de l'être. La nature tout entière est sollicitée de ce désir divin et de ce divin tourment de l'amour, qui, résistant aux forces qui semblent la vouer à la destruction, incessamment la renouvelle et la rajeunit. Tout ce qui a vie est l'ouvrage de ce grand artiste [3].

En effet celui qui aime aime à posséder ce qu'il aime et à le posséder éternellement ; car la crainte de le perdre un jour corrompt sa jouissance actuelle et présente. Il voudrait donc donner une vie éternelle à l'objet aimé ; mais aucun de ces objets et de ces êtres réels ne réalise et ne peut réaliser ce désir infini de possession infinie ; il veut alors, enfantant dans le sein de l'objet chéri, par une génération soit physique, soit intellectuelle, soit réelle, soit apparente, reproduire l'objet

---

[1] *Phædr.*, 238, c. ἡ γὰρ ἄνευ λόγου κρατήσασα ἐπιθυμία πρὸς ἡδονὴν ἀχθεῖσα κάλλους... ἔρως ἐκλήθη.
[2] *Symp.*, 205, b. ἐκ τοῦ μὴ ὄντος εἰς τὸ ὂν ἰόντι ὁτῳοῦν αἰτία πᾶσά ἐστι ποίησις.
[3] *Id.*, 197, a. τήν γε τῶν ζώων ποίησιν πάντων τίς ἐναντιώσεται μὴ οὐχὶ Ἔρωτος εἶναι σοφίαν ᾗ γίγνεταί τε καὶ φύεται πάντα τὰ ζῶα.

qui l'a charmé, vivant s'il le peut, ou du moins, s'il ne le peut pas, une image qui le lui rappelle et le lui représente, τόκος ἐν καλῷ [1].

Mais le beau est une idée, et l'idée, c'est l'unité intelligible, fondement de toute existence comme de toute connaissance, principe de l'être comme du connaître, souverainement aimable, souverainement désirable, une, universelle, parfaite, à la fois immanente aux choses et transcendante, ἓν ἐπὶ πολλῶν.

Tels sont le juste, le beau, le bien, idées entre lesquelles la distinction est difficile. Le bien, splendeur de l'être, τοῦ ὄντος τὸ φανώτατον [2], nous échappe, puisqu'il échappe à nos sens, et qu'une chute fatale nous a fait descendre sur la terre, et a enchaîné l'exercice de notre raison aux organes d'un corps matériel. C'est une essence pure, impalpable, à laquelle nous ne pouvons donner aucune forme, que la raison seule peut essayer d'atteindre, et qu'elle n'atteint que rarement et momentanément.

Le beau est l'idée que nous pouvons le plus facilement saisir, parce qu'elle est de toutes, à la fois la plus aimable, φίλον, ἐρασμιώτατον, et la moins inaccessible à nos sens, que son éclat illumine sans les aveugler [3]. Le beau n'est pas la convenance, τὸ πρέπον, qui n'est qu'un rapport, et la beauté a plus de réalité qu'une relation; par la même raison, il n'est pas l'utile, relatif au bien et qui par suite en diffère, comme il diffère du beau, presqu'identique au bien. Il n'est pas davantage ce qui charme nos yeux et nos oreilles ; car il y a des choses morales qui sont belles, et de plus il faut déterminer le caractère commun qui constitue la beauté à la fois pour la vue et pour l'oreille, sens qui n'ont rien de commun ; mais il faut le reconnaître, il se lie à une intuition sensible ; il ne peut pas se détacher du plaisir,

---

[1] *Symp.*, 206, b.
[2] *Rep.*, VII, 518, a.
[3] *Phædr.*, 250, b. c. Ἔλαμπεν ἰδν... κατειλήφαμεν αὐτὸ διὰ τῆς ἐναργεστάτης... αἰσθήσεως... νῦν δὲ κάλλος μόνον ταύτην ἔσχε μοῖραν, ὥστ' ἐκφανέστατον εἶναι καὶ ἐρασμιώτατον.

qui appartient à la région de la sensibilité[1] ; même dans les actes de l'homme, dans ses mœurs et dans ses sciences, il s'enveloppe nécessairement d'une forme sensible, qui le rend propre à la représentation [2].

Malgré cette forme sensible dont elle s'enveloppe, la beauté reste une idée, c'est-à-dire une essence incorporelle, une je ne sais quelle grâce immatérielle qui pénètre et domine la forme sensible [3]; c'est une vision interne qui apparaît à l'imagination, et qui, aussitôt qu'elle est apparue, cause dans l'âme d'ineffables et pures jouissances, jointes à des souffrances divines. A l'aspect de la vision mystérieuse, l'âme, comme un oiseau, sent s'alléger ses ailes appesanties et vole auprès d'elle. Transportée hors d'elle-même, ne pouvant plus se maîtriser, elle éprouve un frémissement divin, un frisson sacré : elle est en proie à une agitation qui la soulève comme un liquide qui bouillonne, sentiment complexe et contradictoire plein d'une joie délicieuse et mélangé de troubles et presque de terreur [4]. Mais quand l'image céleste, dont l'apparition ne dure jamais qu'un moment, vient à s'évanouir, une sorte de désespoir, de douleur poignante s'empare de l'âme, une espèce de folie, de rage, qui cesse lorsque sa fureur amoureuse enflammée s'apaise dans la volupté de l'art générateur [5] ou producteur, qui la délivre des aiguillons du désir et lorsqu'elle est affranchie des douleurs de l'enfantement par le fruit même qu'elle a mis au monde.

Il y a pour l'homme une double génération possible : s'il s'est

---

[1] *Hippias.*
[2] *Symp.*, 210 et 211. διώκειν, ἰδεῖν, θεάσασθαι.
[3] *Phileb.*, 64, d. κόσμος τις ἀσώματος ἄρχων... σώματος.
[4] *Phædr.*, 251, a, b, c, d, e. πρῶτον μὲν ἔφριξε... ἰδόντα δ'αὐτὸν μεταβολή τε καὶ ἱδρὼς καὶ θερμότης ἀήθης λαμβάνει... ζεῖ ὅλη καὶ ἀνακηκίει... ἀγανακτεῖ καὶ γαργαλίζεται... οἴστρᾳ καὶ ὀδυνᾶται πᾶσα κεντουμένη, ἀδημονεῖ, λυττᾷ καὶ ἐμμανὴς οὖσα... ὠδίνων ἔληξε... ἵμερον ἔλυσε.
Symp., 206, c. πολλὴ ἡ ποίησις γέγονε περὶ τὸ καλὸν διὰ τὸ μεγάλης ὠδῖνος ἀπολύειν τὸν ἔχοντα.
[5] Cette impression contradictoire se retrouve dans la jouissance des œuvres d'art, ὅταν ἅμα χαίροντες κλάωσι, *Phileb.*, 48, et c'est ce mélange qui purifie ce qu'il y a de corrupteur dans l'émotion sensible, ἰάσεις χορείᾳ καὶ μούσῃ χρώμεναι; *de Legg.*, VII, 790, 791.

laissé entraîner par la beauté du corps, il peut désirer procréer de beaux corps ; s'il s'est laissé toucher par la beauté de l'âme, il peut désirer enfanter de belles âmes, planter, semer dans la belle âme qu'il aime toutes les vertus ; et comme ces vertus ont des germes capables de reproduire, ils fructifient, et vont à leur tour semer et planter dans d'autres âmes des vertus semblables : ils immortalisent la précieuse semence et font jouir successivement tous ceux qui la recoivent du plus grand bonheur dont on puisse jouir sur la terre [1]. Les choses belles, corps et âmes, ne sont belles que parce qu'elles participent à la beauté : il y a donc toujours en elles un reflet, une image de cette idée : mais ce n'en est que l'ombre ; il faut lever les yeux vers la lumière, et chercher à voir des yeux de l'âme l'idée même du beau. La vie d'un homme qui connaît de belles choses et ne connaît pas la beauté est un rêve plutôt qu'une vie réelle [2].

Il est encore une production inférieure, qui se borne à créer non plus des réalités corporelles ou spirituelles, de beaux corps ou de belles âmes, mais simplement des images, des représentations, des apparences. C'est ce qu'on appelle l'art, ποίησις, qui au fond n'est qu'une imitation ; car tandis que la création, qui n'appartient en propre qu'à Dieu, et dans une faible mesure à l'homme, consiste à faire arriver à l'être le non-être [3], l'imitation consiste à faire qu'une chose paraisse ce qu'elle n'est pas. Elle nous donne donc, par une tromperie volontaire, l'illusion de la réalité et le mensonge de l'être [4]. C'est la vision d'un songe, et comme le vain reflet, dans des eaux limpides ou dans un miroir, de la réalité φαντάσματα, εἴδωλα, ψευδῆ [5].

Tel est l'art, du moins tel qu'il est, qu'il emploie pour moyens d'imitation les figures et les couleurs comme les arts

---

[1] *Phæd.*, 277, a.
[2] *Rep.*, V, 476 et 472, d. Il y a toujours quelque chose de plus beau que la plus belle chose du monde.
[3] *Symp.*, 205, b. ἐκ τοῦ μὴ ὄντος εἰς τὸ ὂν αἰτία... περὶ τὴν μουσικὴν καὶ τὰ μέτρα. *Soph.*, 219, b. τὸν μὲν ἄγοντα (εἰς οὐσίαν).
[4] Lafont., « Le mensonge et les vers sont de tout temps amis. »
[5] *Soph.*, 265, a. ποίησις εἰδώλων, οὐκ αὐτῶν ἑκάστων.

plastiques, ou les sons de la voix humaine ou des instruments, comme les arts musicaux [1]. C'est un pur jeu, παιδιά τις, qui n'a rien de sérieux, οὐδαμῇ σπουδαία, non seulement rien de sérieux, mais rien d'honnête; ces magiciens, ces enchanteurs d'âmes [2], ne poursuivent qu'un but, le plaisir, le plaisir des foules ignorantes, dont il enflamme les sens et les passions, chez lesquelles il provoque la corruption des mœurs, les erreurs de l'esprit, l'impiété religieuse [3], par les funestes exemples qu'il met sous leurs yeux et dont il leur propose l'imitation : à force d'imiter les méchants on devient méchant [4]. Aussi ne faut-il pas lui donner le nom d'art, τέχνη, qui emporte toujours la notion d'une connaissance vraie et scientifique [5]. Ce n'est qu'une pure routine, τριβή, une pratique sans autre règle que l'expérience, ἐμπειρία [6], qui parvient à produire un certain charme extérieur, comme une fleur de jeunesse, dépourvue de durée et vite flétrie. Comment pourrait-il en être autrement? Ces prétendus artistes ne connaissent pas la vraie beauté, ils n'en possèdent pas l'idée. Quelles sont en effet les facultés à l'aide desquelles ils s'efforcent de créer ces pâles et imparfaites copies de la beauté. C'est l'imagination, εἰκασία, d'une part, et de l'autre une faculté plutôt passive qu'active que Platon appelle tour à tour l'enthousiasme, la folie, le délire.

Des quatre facultés intellectuelles de l'âme, la raison, Νοῦς, intuition directe du suprasensible, la raison discursive et réfléchie, διάνοια, l'intuition sensible, πίστις, et enfin l'imagination, que Platon nomme aussi φαντασία, τὸ φανταστικόν, celle-ci est au dernier rang. Elle est une pure représentation mentale de l'objet actuellement absent d'une sensation antérieure. C'est la mémoire d'un objet sensible, un degré inférieur de la perception externe, πίστις, mode déjà lui-même très imparfait de la con-

[1] *Rep.*, III, 313, b.; *Epin.*, 975, d.; *de Legg.*, II, 668.
[2] ψυχαγωγία. *Soph.*, 219 b.
[3] *Rep.*, X, 605, 606; *de Legg.*, 7, 800, d.; X, 885.
[4] *Rep.*, III, 395.
[5] *Phileb.*, 55, c, 56 et 62.
[6] *Gorg.*, 465, 501; *Phædr.*, 270, b.

naissance. Elle part d'un sens, de la vue ; un feu intérieur, par son action propre, produit la vision. Quand l'agitation s'en apaise, naît le sommeil. Mais quand ces excitations internes ont été trop fortes, les mouvements qu'elles ont produits engendrent des représentations des objets, visions dont on se souvient au réveil : c'est l'imagination, ou faculté des images, représentative plutôt que créatrice, qui se rapproche du délire et se confond avec le songe : c'est le rêve éveillé de l'âme [1].

Ce n'est pas assurément à cette faculté, sujette à tous les égarements et à toutes les erreurs, qu'on pourra demander la vision claire et pure de la beauté vraie. Ce n'est pas non plus à la faculté de l'enthousiasme et du délire, quoique peut-être d'un ordre supérieur, qu'il faudra s'adresser, d'autant plus que Platon rapproche de l'imagination le songe et la divination, et rattache l'enthousiasme ou le délire à l'âme inférieure qui habite auprès du foie.

Il y a quatre formes du délire : si l'on excepte le délire prophétique de la divination [2] et le délire purificatif auquel préside Bacchus, qui n'ont pas de rapport à la création esthétique ; si l'on met de côté pour un instant, car nous allons y revenir, le délire érotique ou philosophique, le délire de l'amour du vrai beau, il ne reste que le délire poétique, inspiré par les Muses [3], et dont nous allons analyser les caractères.

Bien que les artistes et les poètes doivent ce talent naturel, cet instinct heureux à un don divin, ou plutôt démonique [4], il

---

[1] C'est dans le foie, où habite l'âme femelle, que se passe le phénomène mystérieux de l'imagination. Les facultés de l'intelligence, ἡ ἐκ τοῦ νοῦ φερομένη δύναμις, envoient sur cet organe dense, poli, doux, brillant, des pensées διανοήματα, qui reçues sur sa surface luisante comme dans un miroir, ὡς ἐν κατόπτρῳ, s'y transforment en images : et l'imagination n'est autre chose que la faculté de se représenter des idées sous la forme d'images. C'est l'âme femelle, résidant au foie, qui a la propriété de recevoir ces idées et de les transformer en représentations sensibles, δεχομένῳ τύπους καὶ κατιδεῖν εἴδωλα παρέχοντι. Tim., p. 71. Voilà l'origine de la distinction que Plotin fera des deux formes de l'imagination, l'une sensible, reflet de la sensation ; l'autre intelligible, miroir de la raison. Ennead., IV, III, 30.

[2] Phædr., 244, d. μαντικῇ χρώμενοι ἐνθέῳ ; Tim., 72, b. ταῖς ἐνθέοις μαντείαις.

[3] Phædr., 245 ; Jon., 533, d. θεία δύναμις ἣ κινεῖ.

[4] θείᾳ δόσει διδομένη. Mais le mot θεῖος a ici son sens populaire et non philosophique.

n'en est pas moins une folie, μανία[1]. Les âmes qui en sont saisies sont des âmes faibles et tendres, qui n'ont point été initiées aux grands mystères de la vérité. Elles perdent la mémoire[2], la pensée, et la raison ; même elles ne savent plus ce qu'elles font ni ce qu'elles disent. Elles sont possédées, dominées, et ne s'appartiennent plus[3]. « L'enthousiasme poétique[4], θεία δύναμις, ressemble à la vertu de l'aimant qui se communique d'anneau en anneau. La Muse inspire elle-même le poète... le poète est comme la Bacchante[5], qui après avoir perdu la raison est transportée dans un monde supérieur... Le poète est chose légère, ailée, sacrée, mais il est incapable de composer, à moins que l'enthousiasme ne le saisisse, ne le jette hors de lui-même et ne lui fasse perdre la raison. Car la raison n'est plus en lui à ce moment, ὁ νοῦς μηκέτι ἐν αὐτῷ ἐνῇ, pour bien montrer que l'homme en tant qu'homme est incapable de cette production, ἀδύνατος πᾶς ποιεῖν ἄνθρωπος, et qu'il faut au préalable que le Dieu lui ravisse son intelligence propre, ὁ θεὸς ἐξαιρούμενος τὸν νοῦν, afin que les mortels sachent que c'est la divinité elle-même qui a parlé par sa bouche[6] ».

Ce n'est pas à un esprit ainsi ravi hors de lui-même, qui a perdu la raison, que pourra apparaître l'idée du beau, que la raison seule peut contempler. La seule faculté qui le puisse, c'est le délire vraiment divin de l'amour du beau, c'est-à-dire, le délire philosophique, pour lequel aimer et connaître ne font qu'un. La grande musique est la philosophie ; qui n'est que l'amour du bien et du beau[7], le vrai artiste c'est le philosophe,

---

[1] *Phædr.*, 263.
[2] *De Legg.*, IV, 719. οὐκ ἔμφρων; *Men.*, 99. νοῦν μὴ ἔχοντες, μηδὲν εἰδότες, κατεχόμενοι; *Apol.*, 22. οὐ σοφίᾳ ἀλλὰ φύσει τινί.
[3] *Phædr.*, 245. ἄνευ μανίας... ἀτελὴς αὐτός τε (le poète) καὶ ἡ ποίησις.
[4] *Phædr.*, 249, e. ἐνθουσιάσεις; *Jo.*, 535. ἡ ψυχὴ ἐνθουσιάζουσα; id., 533. ἐνθουσιαζόντων ὁρμαθός; *Phædr.*, 219, d. ἐνθουσιάζων... λέληθε τοὺς πολλούς; *Tim.*, 71, e. ἐνθουσιασμός. On trouve pour équivalents : ἔνθεος; *Symp.*, 180, b. ; *Jon*, 533, c. ἡ μοῦσα ἐνθέους ποιεῖ... ἔνθεοι ὄντες καὶ κατεχόμενοι.
[5] Bacchatur vates magno si pectore possit
 Excussisse Deum.
[6] *Jo.*, 533, 534.
[7] *Phædr.*, 218; *Lachès*, 188, d.; *Phædon.*, 60, 61 ; *Rep.*, III, 342.

seul capable de contempler les idées, et auquel il suffit de demander en outre un certain don naturel, εὐφυής, sur lequel Platon ne s'explique pas.

Sous quelle forme, à ce véritable artiste, apparaîtra donc la beauté, et sous quelle forme la représentera-t-il ?

Rien n'est beau que dans une âme ; l'âme c'est la vie, principe interne et un du développement de l'être. L'œuvre d'art belle sera donc, dans la mesure où elle le peut, vivante, ὥσπερ ζῶον, et comme le caractère de l'être animé est l'unité et l'individualité, ἕν, puisque tout ce qui n'est pas un est inorganisé, elle devra être individuelle et une, de plus, entière et complète, formant un tout dont les parties soient en rapport intime les unes avec les autres et avec le tout lui-même, ὅλον, τελεῖον, συνιστάναι. Mais cette composition du tout, cette unité du multiple a plusieurs conditions : la proportion, l'ordre, l'harmonie, ξυμμετρία, τάξις, κόσμος [1], le rapport des parties entr'elles, πρέποντα ἀλλήλοις καὶ τῷ ὅλῳ, et de plus la mesure, μετριότης, la limite, τὸ πέρας. Car tout ce qui vit ne vit que par la limite qui le détermine, l'individualise, le constitue. L'illimité est la laideur, ἀμετρίας δυσειδὲς γένος.. Enfin l'œuvre de l'art véritable doit correspondre parfaitement à l'idée vraie de la chose qu'elle représente et contenir une représentation vraie, ὀρθότης, d'une idée vraie, παράδειγμα, ἀλήθεια.

Mais comme ce sont là à peu près les définitions du bien [2], il en résulte que les deux idées sont bien près de se fondre l'une dans l'autre. Pour éviter cette confusion, à laquelle le système des idées l'entraîne, Platon se borne à dire que le bien est plus éblouissant, que l'âme ne saurait en supporter la splendeur, et il semble attribuer au beau quelque forme sensible, au moins dans l'imagination. En résumé le beau a pour caractère de produire dans l'âme qui le contemple une volupté particulière,

---

[1] *Gorg.*, 507, d., 508, a. τάξις καὶ κόσμος καὶ τέχνη.
[2] Dans le *Philèbe*, 64, la beauté de l'âme est ramenée à la mesure, à la proportion et à l'harmonie.

ineffablement douce [1], qui la pousse à en reproduire l'idée dans un objet extérieur et sous une forme sensible, dans laquelle elle s'enveloppe même pour apparaître à l'imagination de l'artiste. Le beau, c'est l'idéal, c'est-à-dire l'idée *in concreto et in individuo*. L'art qui le représente doit avoir pour but le bien ; il doit avoir une connaissance vraie de son objet, qu'on ne peut aimer sans le connaître, ni connaître sans l'aimer ; il doit pouvoir rendre compte de ses procédés et de sa méthode, et être absolument désintéressé [2]. Dans ces conditions, il peut devenir un instrument utile de l'éducation, qui n'est que la discipline du plaisir et de la douleur [3].

Si Platon n'a pas fondé une théorie scientifique du langage, il l'a du moins ébauchée. C'est dans le *Cratyle* qu'il expose à ce sujet son système, ou du moins la solution qu'il présente de ce problème qui a fort occupé les anciens [4], et cette solution est aussi sensée que forte : il y a un élément nécessaire et objectif, et un élément accidentel et subjectif dans l'essence du langage [5].

Voici comment il y arrive : il y a des jugements faux et des

---

[1] *Phileb.*, 31. Le vrai beau emporte avec lui son plaisir propre, ἀεὶ καλὰ καθ' αὑτὰ τινὰ; ἡδονὰς οἰκείας ἔχειν, et ce plaisir provient de la contemplation de quelque chose de divin, qui rétablit en nous l'harmonie de notre propre nature : en quoi consiste précisément le vrai plaisir.

[2] Dans une classification des arts, que je ne veux pas ici exposer, Platon reconnaît que les choses ont une voix, une forme, des couleurs, que l'art vulgaire s'efforce de reproduire ; mais elles ont surtout une essence qu'il est incapable de comprendre et par suite d'imiter. Cependant la parole humaine y pénètre plus avant que la peinture et la musique. *Cratyl.*, 1. 423, d.

[3] C'est une chose assez remarquable que Platon, si sévère aux hommes et aux choses de son temps, reconnaît qu'on ne peut guère rien trouver de mieux que le système de l'éducation pratiquée à Athènes. *Rep.*, III, 376, c. χαλεπὸν εὑρεῖν βελτίω τῆς ὑπὸ τοῦ πολλοῦ χρόνου εὑρημένης.

[4] Sext. Emp., *adv. Math*, I, 37. φύσει τὰ ὀνόματα ἢ θέσει. Aul.-Gell., *N. Att.*, X, 4. « Item sane in philosophiæ dissertationibus celebrem. » Aristote prendra parti contre la thèse d'Héraclite, qu'adopteront, en l'exagérant, les stoïciens.

[5] On a voulu ne voir, dans la théorie de Platon, que le côté purement idéal. *Boeth. de Interpr.*, p. 311. « Plato vero in eo libro qui inscribitur Cratylus aliter (autrement qu'Aristote qui avait dit, οὐχ ὡς ὄργανον ἀλλὰ θέσει) esse constituit, orationemque dicit supellectilem quamdam atque instrumentum esse significandi eas res quæ naturaliter intellectibus concipiuntur, cumque intellectum vocabulis discernendi : quod si omne instrumentum secundum naturam est, ut videndi oculus, nomina quoque secundum naturam esse arbitratur ». Mais Alcinoüs, c. 6, ajoute avec raison : ἀρέσκει δὲ αὐτῷ θέσει ὑπάρχειν τὴν ὀνομάτων τὴν ὀρθότητα.

jugements vrais, c'est-à-dire des jugements qui répondent, et des jugements qui ne répondent pas à la nature vraie des choses. Or les jugements ou propositions sont composés de mots : donc ces mots, parties intégrantes des jugements, doivent et peuvent répondre à la réalité, si les jugements sont vrais. D'ailleurs si l'usage et l'habitude produisaient seuls les mots d'une langue, un individu aurait le droit de donner à une seule et même chose une infinité de noms : ce qu'on ne peut admettre qu'en admettant le principe de Protagoras, à savoir, que les choses n'ont pas d'essence propre et objective, qu'elles ne sont que ce qu'elles paraissent être à chaque individu, dont la sensation est leur seule mesure. Mais cette thèse a été démontrée fausse : les choses ont une nature propre, une essence qui leur appartient, indépendante des sensations des individus et des conventions arbitraires des hommes.

S'il en est ainsi des choses, il en sera de même des actions qui ont rapport à elles. Or parmi ces actions, il faut compter le langage qui n'existe véritablement que lorsque les mots sont conformes à l'essence des choses qu'ils veulent exprimer, et conformes aussi à l'essence, à l'idée du langage. Le nom est un instrument qui doit être confectionné d'après l'idée même de la chose à laquelle il doit servir et l'idée de la fonction qu'il doit remplir. On ne peut couper que comme le veut la nature de la chose à couper et la nature de la chose qu'on appelle couper. Or le langage doit servir à la communication des idées, il faut donc qu'il représente ces idées mêmes. Les mots sont des représentations des idées des choses au moyen de la voix.

On en verra la preuve si l'on examine avec soin la constitution de la langue grecque, dont les mots représentent avec plus ou moins de clarté la chose qu'ils ont à signifier [1].

Ce qu'on dit des mots, il faut le dire même de leurs éléments,

---

[1] Platon entre ici dans une série de recherches étymologiques, dont la plupart sont fausses, quelques-unes étranges et qui, peut-être, ne sont pas toutes sérieuses : je dis pas toutes, car c'est une opinion mal fondée de ne voir partout ici qu'un jeu ironique.

c'est-à-dire des sons primitifs et simples dont ils sont composés. Ces éléments ont aussi leur signification propre, leur vertu naturelle d'expression, et les mots ne seront bien faits que s'ils sont formés de sons qui reproduisent, non les propriétés accidentelles, mais les attributs essentiels des choses.

Si l'on objecte que dans cette hypothèse il n'y a plus place pour l'erreur, puisque si les mots ne répondent pas à l'essence des choses, ce ne sont plus des mots, mais des bruits sans signification, il faut répondre que le mot est, il est vrai, une image de la chose, mais que l'image se distingue toujours de la chose qu'elle imite. Il est donc toujours possible que, par une cause quelconque, on rapporte le mot image à une autre chose que celle à laquelle il se rapporte naturellement. C'est par là qu'interviennent dans la formation des mots, comme aussi des propositions, la convention et l'arbitraire. Il y a ainsi un élément subjectif dans l'imposition des noms qui ne sont pas produits exclusivement par la nature, mais en partie aussi par la convention. Il y a des noms mal faits et plus ou moins mal faits. Maintenant dire que quand un mot est mal fait, le mot n'est plus un mot, c'est une exagération erronée. Cette imperfection est de la nature même de l'image, qui ne peut pas contenir tout ce qui est contenu dans l'essence de l'objet.

Il y a une idée du langage, que le langage fait effort pour réaliser, mais qu'il ne peut jamais réaliser parfaitement, parce qu'il est de l'essence même de l'idée de ne pouvoir jamais trouver son expression adéquate et parfaite dans le monde des formes sensibles auquel appartient la parole [1].

La seule définition de l'éloquence exprime le rapport intime que Platon établissait entre cet art et la psychologie. L'art oratoire est en effet défini par lui $\psi\upsilon\chi\alpha\gamma\omega\gamma\iota\alpha$ τις διὰ λόγων [2], et soit que l'orateur veuille éclairer ou tromper ceux qui l'écoutent, il faut qu'il sache exactement les choses dont il parle, ne fût ce

---

[1] Voir mon ouvrage : *La Vie et les Écrits de Platon*, p. 224. Analyse du Cratyle.
[2] *Phædr.*, 261, a, 271, d.

que pour ne pas se laisser lui-même tromper : il doit donc connaître l'idée vraie des choses. Sans cela point d'art [1]. L'invention est à ce prix.

D'abord il faut définir [2] ; puis établir l'ordre des parties qui fait du discours une unité vivante, un être animé complet, dont les membres sont en rapport intime les uns avec les autres et avec le tout. Pour trouver l'ordre des parties d'un tout, on doit le diviser méthodiquement, suivant sa nature, συναγωγαὶ καὶ διαιρέσεις [3], faire un ce qui est plusieurs et faire plusieurs ce qui est un [4], ἓν καὶ πολλά.

Les préceptes pratiques sur l'emploi de l'exorde, de la narration, du vraisemblable, des témoignages, des preuves, sur la réfutation, l'éloge et le blâme, les moyens d'exciter les passions, sur les tropes et les figures, sur le style en un mot, tout cela n'est pas l'éloquence, mais en est la préparation nécessaire, πρὸ τῆς τέχνης μαθήματα [5]. Tout cela n'arrive pas au but qui est d'entraîner l'âme et de la persuader.

L'éloquence exige trois conditions : le génie, l'art, la pratique.

Pour arriver à la perfection dans un art quelconque, il faut avoir eu commerce avec la philosophie : elle seule donne à l'esprit la hauteur, la largeur, la force, la grandeur. C'est à Anaxagore que Périclès doit son éloquence [6].

Qu'est-ce que l'auditeur ? Un esprit, une âme : comment convaincre ces esprits, comment toucher ces âmes, si on ne sait pas ce que c'est que l'âme, sa nature, ses facultés, ses idées, sa destinée.

Il y a des âmes et des esprits de différentes sortes ; il y a aussi des formes de la pensée et du style diverses. L'art est d'approprier les idées et le discours aux esprits auxquels ils s'adressent.

---

[1] *Phædr.*, 259, b.
[2] *Id.*, 261, e.
[3] *Id.*, 265, e. ; 266, d.
[4] S. Aug.
[5] *Id.*, 269, b.
[6] *Id.*, 270, b. ; 272, b.

Mais l'âme n'est qu'une partie du monde avec lequel elle est dans un rapport nécessaire et constant. Comment donc connaître l'âme, si l'on ne connaît pas l'univers? Ainsi la philosophie est nécessaire à l'orateur sous ce rapport, et sous un autre encore : car il a besoin de la faculté et de l'art de la dialectique, dont la philosophie est la science, et qui est la vraie philosophie, celle qui nous fait connaître les idées du beau et du bien. Ce sont là les vraies matières de l'éloquence, qui se propose de dire non les choses qui plaisent aux hommes, mais celles qui plaisent aux dieux, c'est-à-dire la vérité.

Dire la vérité, τάληθῆ λέγειν, voilà la véritable éloquence.

CHAPITRE VINGT-TROISIÈME

L'ANCIENNE ACADÉMIE [1] — SPEUSIPPE

Des disciples immédiats de Platon qui lui succédèrent dans l'école et propagèrent ses doctrines, nous n'avons guère à relever que les noms de Speusippe d'Athènes et de Xénocrate de Chalcédoine [2], comme ayant apporté quelques contributions personnelles à la théorie du maître sur l'âme, théorie qui avait pris, dans les derniers temps de sa vie, un caractère mystique et pythagoricien.

Speusippe, neveu de Platon, c'est-à-dire fils de Potoné, sa sœur, et d'Eurymédon, prit à sa mort la direction de l'école et la garda pendant huit ans. Parmi les nombreux ouvrages dont il fut l'auteur et qu'Aristote acheta, dit-on, trois talents, on trouve un traité spécial en un livre qui porte le titre : περὶ ψυχῆς, un autre d'un objet plus général, intitulé περὶ φιλοσοφίας, en un livre également; plusieurs ont des titres qui se rapportent à la morale,

---

[1] M. Ravaisson (*Mét. d'Ar.*, p. 178) avait promis un *Essai sur l'Histoire et les Doctrines de l'ancienne Académie*, promesse qui malheureusement n'a pas été tenue.

[2] Philippe d'Opunte n'est guère connu que comme l'éditeur des *Lois* et l'auteur présumé du livre intitulé *Epinomis* qui le termine. D. L., III 37; Suid., v. φιλόσοφος. Hestiée de Périnthe avait simplement mis par écrit, comme beaucoup des autres disciples de Platon, ses leçons orales (Simpl., *Phys.*, f. 3, b, 101 b; Arist., *Phys.*, IV, 2), αἱ ἄγραφοι συνουσίαι, ἄγραφα δόγματα, qu'Aristote les accuse de n'avoir pas toujours comprises (Arist., *Elem. Harm.*, II, p. 30, Meibom). Héraclide du Pont, transfuge de l'école platonicienne, était plutôt d'ailleurs un érudit et un mathématicien qu'un philosophe; Polémon, successeur de Xénocrate, Cratès, successeur de Polémon, et Crantor n'ont été que les fidèles interprètes de la doctrine de l'école (Cic., *Acad.*, I, 9, diligenter ea, quæ a superioribus acceperant, tuebantur), quoique Numérius (Euseb., *Præp. Ev.*, XIV, 5) les accuse au contraire de l'avoir profondément altérée : πολλαχῇ παραλύοντες, τὰ δὲ στρεβλοῦντες, οὐκ ἐνέμειναν τῇ πρώτῃ διαδοχῇ.

par exemple: *Aristippe*, le *Citoyen*, de *l'Amitié*, de *la Justice*, de *la Richesse*, du *Plaisir*, *Aristippe*, et enfin dix livres d'Ὅμοια, fréquemment cités par Athénée, et qui semblent avoir eu surtout pour objet : *l'Histoire naturelle* [1]. Nous ne savons auxquels de ces ouvrages sont empruntés les maigres et insuffisants documents et renseignements, — car ce ne sont pas même des fragments originaux, — que nous ont laissés les anciens sur sa doctrine et en particulier sur sa psychologie.

La définition de l'âme qu'on lui attribue est celle de l'âme du monde ou de l'âme divine, et elle a un caractère très nettement pythagoricien. Dans quel rapport à cette âme concevait-il l'âme de l'homme, c'est ce que nous ignorons. Quoi qu'il en soit, l'âme était pour lui une substance, et une substance d'un ordre absolument distinct et différent des substances d'un autre ordre.

Au lieu de se borner à établir trois sortes de substances, comme l'avait fait Platon, à savoir les idées, les substances mathématiques et la substance des êtres sensibles, Speusippe les avait multipliées [2], sans chercher à les déduire ; il posait d'abord l'un, qui en commençait et en dominait la série ; puis il continuait en posant pour chaque substance des principes différents et distincts, les uns pour les nombres, les autres pour les grandeurs, l'autre pour l'âme, et même s'il faut en croire Asclépius [3], il distinguait et séparait la substance de l'esprit, νοῦς, de la substance de l'âme, ψυχή. Il déchirait ainsi, comme le lui reproche Aristote, la grande unité des choses. Cet esprit n'était identique ni à l'un, qui paraît n'avoir eu qu'une existence logique

---

[1] D. L., IV, 4 et 5; Athen., III, 86 ; III, 105.

[2] Ar. *Met.*, VII, 2. Σπεύσιππος δὲ πλείους οὐσίας ἀπὸ τοῦ ἑνὸς ἀρξάμενος, καὶ ἀρχὰς ἑκάστης οὐσίας ἄλλην μὲν ἀριθμῶν, ἄλλην δὲ μεγεθῶν, ἔπειτα ψυχῆς· καὶ τοῦτον δὴ τὸν τρόπον ἐπεκτείνει τὰς οὐσίας.

[3] Asclep., *Sch. Ar.*, 741. καὶ πάλιν ἄλλην οὐσίαν νοῦ καὶ ἄλλην ψυχῆς. C'est parce que dans cette série progressive des êtres représentés par les nombres, il n'y a ou du moins l'on n'aperçoit aucun rapport de cause à effet, μηδὲν συμβάλλεσθαι ἀλλήλοις τὰ πρότερα τοῖς ὑστέροις, par conséquent, aucun ordre, aucune harmonie, qu'Aristote l'accuse d'avoir déchiré l'unité du monde, comme un mauvais poète déchire l'unité de son œuvre en la composant d'épisodes sans lien, ἐπεισοδιώδης οὖσα ἐκ τῶν φαινομένων ὥσπερ μοχθηρὰ τραγῳδία. *Met.*, XIV, III.

et idéale et n'être pas pour lui une réalité vivante, une substance psychique, ni au bien [1]. C'est une nature individuelle, propre, ἰδιοφυῆ [2].

En quoi consistait-elle? Iamblique semble ranger Speusippe comme le platonicien Sévère parmi ceux qui faisaient rentrer l'essence de l'âme dans l'essence mathématique. Celui-ci la définissait: la figure, parce que la figure est la limite de toute extension, et que l'âme est la faculté, la puissance même de l'extension, πέρας ὂν διαστάσεως καὶ αὐτὴ διάστασις ; Speusippe la plaçait dans l'idée ou la forme de l'extension indéfinie, de ce qui s'étend et se répand partout et en tout sens, ἐν ἰδέᾳ τοῦ πάντη διαστατοῦ [3]. Nous retrouvons cette définition développée, attribuée par Plutarque à Posidonius : l'âme est une substance qui se répand et pénètre partout, suivant un nombre qui enveloppe une constante et persistante harmonie [4].

Cette force vivante, *vim animalem*, dont la fonction et l'essence est de gouverner le monde auquel elle est immanente, *qua omnia regantur* [5], cette substance supérieure et divine, σπάνιόν τι τὸ τίμιον [6], a sa place au centre du monde, à une égale distance de ses deux extrémités [7]. C'est bien là la doctrine du *Timée*, identique elle-même à celle du feu central, ou âme du monde, qui, suivant les pythagoriciens, du centre où elle a sa demeure s'étend aux extrémités du Tout qu'elle enveloppe. C'est une conception toute pythagoricienne [8].

Cette âme qui se répand partout porte partout avec elle sa propre essence, c'est-à-dire la vie et la vie éternelle ; car si,

---

[1] En cela il se sépare de Pythagore qui, outre la dyade indéfinie, identique au démon et au mal, et principe de la pluralité matérielle, posait la monade, identique à Dieu et au bien, qui n'était autre chose que la nature de l'un, ἡ τοῦ ἑνὸς φύσις.
[2] Stob., *Ecl.*, I, 58. Σπ. τὸν νοῦν οὔτε τῷ ἑνί, οὔτε τῷ ἀγαθῷ τὸν αὐτόν, ἰδιοφυῆ δέ. L'un n'est pas un être. Ar. *Met. N.*, 5. μηδὲ ἕν τι εἶναι τὸ ἓν αὐτό.
[3] Stob., *Eclog.*, 41, p. 860-862.
[4] *De Gen., An.*, 22. ἰδίαν τοῦ πάντη διαστατοῦ καθ' ἀριθμὸν συνεστῶσαν ἁρμονίαν περιέχουσα.
[5] Cic., *de Nat. D.*, I, 13, 22. Minuc. Félix, *Octav.*, 19.
[6] τὸ τίμιον le respectable, le saint, l'adorable.
[7] Theophr., *Met.*, 322.
[8] Boeckh, *Fr. Philol.*, p. 167. τῆς τὸ ὅλον περιεχούσης ψυχᾶς.

d'après Philodème, Speusippe ne donne qu'aux âmes des hommes vertueux et bons la nature divine, quoique d'un ordre imparfait et inférieur [1], Olympiodore place notre philosophe en même temps que Xénocrate parmi ceux qui poussaient jusqu'à l'absurdité le dogme de l'immortalité des êtres [2].

Cette âme, si supérieure qu'elle soit dans la fonction qu'elle exerce comme dans la situation qu'elle occupe, n'est pourtant pas le bien en soi, le parfait. Elle a seulement en soi la faculté d'y tendre, de pousser dans la voie d'un progrès et d'un développement continus les êtres, et de réaliser en eux le bien et le beau : nous touchons ici au germe de la théorie évolutionniste dont le principe est précisément celui de Speusippe : le bien est à la fin et non au commencement. « Ceux qui pensent, dit Aristote, avec les pythagoriciens et Speusippe que le premier principe n'est pas le beau et le bien parfait, parce que les principes des animaux et des plantes sont des causes, et que le beau et le bien ne sont pas de l'ordre des causes, ceux-là se trompent [3]... Quelques théologiens ne regardent pas le bien comme un principe; mais ils disent que c'est par un développement de la nature des êtres que se manifeste et se réalise le beau et le bien : ἀλλὰ προελθούσης τῆς τῶν ὄντων φύσεως καὶ τὸ ἀγαθὸν καὶ τὸ καλὸν ἐμφαίνεσθαι [4]. » Aussi cette âme, qui communique à tous les êtres la vie et leur nature, n'est pas la perfection réalisée, c'est le principe latent et sourd de toute perfection déposé dans chaque être, et d'où sort, par la vertu propre et la force spontanée d'un développement progressif, leur beauté et leur perfection. On ne peut faire que des conjectures sur le lien que dans la psychologie de Speusippe pouvait avoir cette doctrine avec la théorie de la connaissance.

---

[1] Philodem., col. 7, b. ψυχὰς τῶν καλῶν κἀγαθῶν θείας λέγων δυνάμεις, πολὺ δὲ καταδεεστέρας καὶ ἐλλειπούσας. Le nom de Speusippe n'est pas conservé; on le rétablit par conjecture d'après la place que le passage occupe avant Aristote.

[2] Sch. in Phæd., p. 98 (Finck). οἱ δὲ μέχρι εἰς ἀλογίας (ἀπαθανίζουσι), ὡς τῶν μὲν παλαιῶν Ξενοκράτης καὶ Σπεύσιππος. Diels, Doxogr., p. 539. Les mots μέχρι τῆς ἀλογίας signifient jusqu'à la classe des êtres sans raison, jusqu'aux animaux.

[3] Met., XII, 7.

[4] Met., XIV, 4.

On y voit poindre le germe naissant de ce scepticisme plus ou moins mesuré qui caractérisera l'Académie. « Il ne faut pas croire, dit Aristote, que celui qui définit et qui divise soit obligé de connaître toutes choses. Il en est *quelques-uns*, τινές [1], qui soutiennent qu'il est impossible de connaître ce qui distingue chaque chose de toutes les autres, si on ne connaît pas chacune d'elles, et si l'on ne connaît pas ce qui distingue une chose des autres, on ne la connaît pas. Pour connaître une seule chose on est donc obligé de les connaître toutes, » et comme elles sont infinies, et qu'on ne peut épuiser l'infini, la connaissance est impossible.

Malgré cela, Speusippe avait formulé une théorie de la connaissance : dont Sextus Empiricus nous fait connaître les traits principaux : « Speusippe se fondant sur ce que, des choses les unes sont sensibles, les autres intelligibles, enseignait que la raison scientifique, τὸν ἐπιστημονικὸν λόγον, était le juge des intelligibles, τὸ κριτήριον, c'est-à-dire la faculté de l'esprit par laquelle il les connaît avec certitude, et que la sensation scientifique, τὴν ἐπιστημονικὴν αἴσθησιν, était le juge des sensibles. Par sensation scientifique il entendait celle qui peut connaître partiellement la vérité fondée sur la raison, τὴν μεταλαμβάνουσαν τῆς κατὰ λόγον ἀληθείας. Car de même que les doigts de l'aulète ou du citharistc possèdent, il est vrai, une faculté d'agir d'après les règles de l'art, mais qui n'est pas éminemment consommée en eux-mêmes et dépend d'un exercice rationnellement disposé ; de même que la sensation du musicien a une perspicacité sûre, ἐνέργειαν, qui lui permet de saisir ce qui est conforme et ce qui n'est pas conforme à l'harmonie, faculté qui n'est ni indépendante ni absolue, οὐκ αὐτοφυῆ, mais qui est le produit de la raison, ἐκ

---

[1] Arist., *Anal. Post.*, II, 13, 97. Philopon, Thémiste, un anonyme qui se réfère à Eudème (*Sch. in Ar.*, 248, a. 11-25), sont unanimes à rapporter le mot τινές à Speusippe. Je ne vois pas de raisons assez fortes pour me décider à le contester, comme le fait Zeller, malgré l'affirmation des plus précises de Thémiste, *Sch. in Ar*, 248, a. : « Speusippe a tort de dire qu'il est nécessaire que celui qui définit sache tout, sous le prétexte qu'il doit connaître toutes les différences de l'objet défini, par lesquelles il se distingue des autres ».

λογισμοῦ περιγεγονυῖαν, de même la sensation scientifique a, par nature, φυσικῶς, et venant de la raison, la faculté de participer à l'activité scientifique et de connaître avec certitude les objets [1]. »

Il semble ainsi que Speusippe, contrairement aux principes de Platon, reconnaissait enveloppé naturellement dans la sensation même un élément rationnel, qui lui permet de connaître les objets qui dépendent d'elle. Sextus Empiricus nous met dans un grand embarras de décider si cet élément rationnel appartient à la nature même de la sensation, ou s'il lui est communiqué, comme à une chose qui en serait naturellement dépourvue, par la raison même. Car d'un côté il nous dit que cette sensation intelligente n'est pas telle *de nature*, οὐκ αὐτοφυῆ, de l'autre qu'elle participe *naturellement*, φυσικῶς, à la connaissance rationnelle. Quoi qu'il en soit, et en laissant indécise la solution d'une question dont les éléments nous font défaut, il est certain que la connaissance expérimentale, l'expérience, l'observation dirigée par la raison, avait pour lui une plus haute valeur que pour le maître, et que l'opposition entre la raison et la sensation était devenue moins profonde et moins tranchée.

Que signifie cet assertion de Diogène que Speusippe fut le premier qui, dans les sciences, chercha à atteindre l'élément universel et commun, et les rapprocha toutes autant que possible les unes des autres [2]? Diogène pouvait-il ignorer ou devait-il ignorer que nul n'avait proclamé en termes plus clairs et plus forts l'unité essentielle des sciences? N'est-ce pas Platon qui avait dit que toute la géométrie, toute la théorie des nombres, tout le système de l'harmonie et de ce merveilleux accord du mouvement des astres, ne constituaient pour celui qui sait voir et regarder en tout l'unité, qu'une seule et même science [3]? Pour qui

---

[1] Sext. Emp., *adv. Math.*, 115 et 116. οὕτω καὶ ἡ ἐπιστημονικὴ αἴσθησις φυσικῶς παρὰ τοῦ λόγου τῆς ἐπιστημονικῆς μεταλαμβάνει τριβῆς πρὸς ἀπλανῆ τῶν κειμένων διάγνωσιν.
[2] D. L., IV, 2 οὗτος πρῶτος.. ἐν τοῖς μαθήμασιν ἐθεάσατο τὸ κοινὸν καὶ συνῳκείωσε καθόσον ἦν δυνατὸν ἀλλήλοις.
[3] *Epin.*, 991, c. μίαν ἁπάντων ἀναφανῆναι δεῖ... ἂν... ὀρθῶς τις εἰς ἓν βλέπων μανθάνῃ.

veut y réfléchir apparaîtra le rapport, le lien naturel de toutes ces sciences et leur unité [1]. Si l'on objecte que les *Lois* et surtout l'*Épinomis* pourraient bien n'être pas l'œuvre de Platon, et ne pas exprimer fidèlement sur ce sujet sa véritable doctrine, *La République*, dont l'authenticité n'est pas sans doute contestée, ne nous présentera-t-elle pas la même pensée, qui est d'ailleurs au fond de toute la philosophie de Platon. Il y parle de cette connaissance rationnelle et méthodique des choses qui aboutit à voir ce qu'elles ont les unes avec les autres de commun et de parenté, leurs rapports intimes et pour ainsi dire de famille [2], et plus expressément encore il dit ailleurs : « l'âme du vrai philosophe est celle qui aspire sans cesse à comprendre le tout et tout, et veut étendre sa connaissance sur l'universalité des temps comme sur l'universalité des êtres : ψυχῇ μελλούτῃ τοῦ ὅλου καὶ παντὸς ἀεὶ ὀρένεσθαι... θεωρία παντὸς μὲν χρόνου, πάσης δὲ οὐσίας [3] Certes Cicéron devait avoir sous les yeux ces profondes pensées quand il disait : « *Est enim illa Platonis vera et tibi, Catule, certe non inaudita vox : Omnem doctinam harum ingenuarum artium uno quodam societatis vinculo contineri* [4]. »

S'il est invraisemblable que Diogène ait attribué à Speusippe l'honneur d'avoir le premier professé sur l'unité des sciences des opinions qui sont formellement exposées et développées dans les livres de Platon, il faut donner un autre sens à cette courte phrase, et c'est ce qu'a essayé Zeller, fort ingénieusement, à mon sens. Il remarque que parmi les ouvrages de Speusippe, il en est un, intitulé les Ὅμοια, qui avait pour objet la botanique et la zoologie, et que dans ce livre, d'après les citations nombreuses d'Athénée, il s'était efforcé d'établir les analogies d'or-

---

[1] *Epin.*, 991. δεσμὸς γὰρ πεφυκὼς πάντων τούτων εἰς ἀναφανήσεται διανοουμένοις. C'est pour cela que Archytas, dans un livre cité par Nicomaque de Gerase, disait : « Toutes ces sciences sont sœurs, ἀδελφεά », mot que répète Jamblique, *in Nicom. Arithm.*, p. 9. ἀδελφὰ ἀλλήλων.
[2] *Rep.*, VII, 531, d. ἡ τούτων πάντων... μέθοδος, ἐὰν ἐπὶ τὴν ἀλλήλων κοινωνίαν ἀφίκηται καὶ ξυγγένειαν... ταῦτα ᾗ ἐστιν ἀλλήλοις οἰκεῖα.
[3] *Rep.*, VI, 485, a.
[4] Cic., *de Or.*, III, 6. Conf., *Pro Arch.*, c. 1, § 2.

ganisation, de structure ou de forme, παραπλήσια ὅμοια, entre les espèces diverses soit de plantes soit d'animaux [1]. Speusippe aurait donc eu le mérite d'avoir le premier ébauché une histoire naturelle expérimentale et comparée, cherchant entre les espèces et les variétés les points communs et les rapprochant autant que possible les unes des autres. Sous cette réserve et dans cette mesure, il n'y a pas lieu de le lui contester.

Il serait plus intéressant de savoir quel rôle jouait dans son système de la connaissance la théorie platonicienne des idées, fondement de la philosophie de l'école : l'avait-il abandonnée ? l'avait-il modifiée, et, s'il l'avait modifiée, dans quel sens et dans quelle mesure? Ce sont des questions qu'il est bien difficile de résoudre.

Aristote mentionne le système de platoniciens dissidents qui niaient l'existence des idées, se refusaient à les confondre avec les nombres pour en faire, comme d'autres membres de l'école, des nombres idéaux, et n'admettaient qu'un seul genre de nombre, le nombre mathématique, séparé des choses sensibles, et posé comme le premier des êtres [2].

Cette opinion est attribuée par Alexandre d'Aphrodisée [3] tantôt à Xénocrate, tantôt à Speusippe et Xénocrate réunis [4] ; Zeller [5], Schwegler, Bonitz [6] et Ravaisson [7] l'attribuent à Speusippe.

---

[1] Athen., III, 86. παραπλήσια εἶναι; id., 105. παραπλήσιά φησιν εἶναι; IV, 133. ἡ κερκώπη ζῶον ὅμοιον τέττιγι; IX, 369. ῥαφανίς, γογγυλίς, ῥάφυς, ἀνάρρινον, ὅμοια.

[2] Met., XIII, 6, 1080, b. 15, sqq. οἱ δὲ τὸν μαθηματικὸν μόνον ἀριθμὸν εἶναι τὸν πρῶτον τῶν ὄντων κεχωρισμένον τῶν αἰσθητῶν; XIII, 103, a. 21. ὅσοι δὲ ἰδέας μὲν οὐκ οἴονται εἶναι οὔθ᾽ ἁπλῶς οὔτε ὡς ἀριθμούς τινας οὔσας, τὰ δὲ μαθηματικὰ εἶναι καὶ τοὺς ἀριθμούς, πρώτους τῶν ὄντων, καὶ ἀρχὴν αὐτῶν εἶναι αὐτὸ τὸ ἕν. C'est en cela qu'ils se distinguaient des Pythagoriciens qui admettaient aussi comme principe le nombre, mais non séparé des choses, πλὴν οὐ κεχωρισμένον. Aristote, comme les Pythagoriciens, pense que les grandeurs mathématiques sont dans les corps, mais non pas en acte, comme ils le disent, et seulement en puissance.

[3] Alex., in Ar., p. 722, 8.

[4] Id., p. 761.

[5] T. II, p. 659.

[6] In Met., l. l.

[7] T. I, p. 178. Speusippe, p. 37.

Il ne fondait pas cette conception sur les raisons qui l'avaient déjà inspirée aux pythagoriciens, à savoir les analogies fondamentales et essentielles des nombres avec les choses, mais sur le principe même qui avait amené Platon à établir les idées, à savoir, que, sans cette hypothèse, il était impossible d'expliquer la science des choses, ἀλλ᾽ ὅτι οὐκ ἔσονται αὐτῶν αἱ ἐπιστῆμαι ἐλέγετο [1], mais d'un autre côté il refusait d'admettre pour l'expliquer soit l'hypothèse des idées, soit celle des nombres idéaux, dont il voyait les difficultés et les erreurs [2]. La racine de son système propre est donc, comme dans Platon, toute psychologique.

Aristote s'est chargé de les réfuter tous, et il oppose à ceux qui, comme Speusippe, ont substitué au système des idées le système des nombres mathématiques, comme principes des choses, qu'ils ont tort de conserver à côté de l'unité mathématique l'αὐτὸ τὸ ἕν de Platon, parce qu'ils sont entrainés par cette concession à placer une dyade en soi à côté du nombre deux, une triade en soi à côté du nombre trois et ainsi de suite. Ils retombent donc dans les absurdités des autres systèmes, en y ajoutant le vice de l'inconséquence.

Quoi qu'il en soit, d'après Speusippe, ce sont les nombres qui, combinés avec l'un en soi, engendrent l'âme et tous les autres réels, tandis que la dyade indéfinie ne donne naissance qu'à l'espace, au vide et à l'infini [3]. Cette âme était-elle soumise, comme l'avaient voulu Platon et Pythagore, aux épreuves de la métempsycose, cela ne nous est dit par aucun témoignage, mais la chose est vraisemblable de la part d'un philosophe qui se rattachait aux deux écoles qui ont professé cette doctrine Ce

---

[1] *Met.*, XIV, 3, 1090, a. 20.
[2] *Id.*, XIII, 9, 1086. οἱ μὲν γὰρ τὰ μαθηματικὰ μόνον ποιοῦντες παρὰ τὰ αἰσθητά, ὁρῶντες τὴν περὶ τὰ εἴδη δυσχέρειαν καὶ πλάνην, ἀπέστησαν ἀπὸ τοῦ εἰδητικοῦ ἀριθμοῦ καὶ τὸν μαθηματικὸν ἐποίησαν.
[3] Theophr., *Met.*, 312. οἱ τὸ ἓν καὶ τὴν ἀόριστον δυάδα ποιοῦντες (les Platoniciens), δηλοῦντες ὅτι τὰ μὲν ἀπὸ τῆς ἀορίστου δυάδος, οἷον τόπων, καὶ κενὸν καὶ ἄπειρον, τὰ δ᾽ ἀπὸ τῶν ἀριθμῶν καὶ τοῦ ἑνὸς οἷον ψυχὴ καὶ ἄλλα ἄττα... οἱ περὶ Σπεύσιππον... Ξενοκράτης.

qui est certain c'est qu'il la considérait comme non soumise à la mort, jusque dans les plantes et les animaux, s'écartant encore en ce point de Platon son maître, qui avait exclu l'âme raisonnable du privilège de l'immortalité, et l'avait même caractérisée par le terme de mortelle [1].

Les autres opinions de Speusippe sur le temps qu'il définissait la quantité en mouvement [2], sur les éléments dont il portait le nombre à cinq au lieu des quatre admis par Platon [3], sur les vertus de la décade, qui contient toutes les essences et les figures géométriques, parce que dans le point se trouve l'unité, dans la ligne le nombre 2, dans le triangle, la plus simple des surfaces, le nombre 3, dans la pyramide, le plus simple des volumes, le nombre est 4, nombres dont la somme $1 + 2 + 3 + 4$ forme le nombre 10, sur la morale, dans laquelle il ne s'écartait pas des principes de son école [4], n'ont pas d'intérêt par elles-mêmes, à cause de l'insuffisance des renseignements qui permettent à peine d'en comprendre le sens vrai, les rapports systématiques et les développements logiques, et n'en ont, en tout cas, aucun pour la psychologie.

[1] Plat., *Tim.*, 69, c.
[2] Plut., *Plat. Qu.*, VIII, 4. τὸ ἐν κινήσει ποσόν.
[3] Iambl, *Theolog. Arithm.*, p. 62.
[4] Cic., *Acad. Pr.*, II, 43; *Acad. Post.*, I, 4; *de Orat.*, III, 18.

CHAPITRE VINGT-QUATRIÈME

L'ANCIENNE ACADÉMIE — XÉNOCRATE

Nous ne sommes guère plus en état de connaître et de juger les opinions psychologiques de Xénocrate, de Chalcédoine, qui succéda à Speusippe comme scholarque de l'Académie, qu'il dirigea de 339 à 315 av. J.-Ch., pendant vingt-cinq ans. C'était un esprit sans pénétration, sans vivacité, sans grâce [1], et Platon, qu'il aimait passionnément [2], et qu'il avait même accompagné dans son dernier voyage en Sicile [3], reconnaissait qu'il avait besoin d'être excité par l'éperon, tandis qu'Aristote devait être contenu par le frein [4]. Par une comparaison plus discourtoise encore, il appelait l'un un cheval et celui-là un âne. Il se livra plus complétement que son prédécesseur à cette sorte d'ivresse pour les mathématiques qui, à la mort de Platon et peut-être déjà antérieurement, envahissait la philosophie et détruisait le sens philosophique même. Cette tendance le rejetait presque fatalement vers les conceptions de l'école pythagoricienne qu'il avait profondément étudiées [5]. La musique, la géométrie, l'astronomie, c'est-à-dire les sciences mathématiques, lui paraissaient les *seules anses* par où l'on peut saisir le vase sacré de la philosophie [6].

---

[1] C'est en vain que Platon lui répéta : Xénocrate, sacrifie donc aux Grâces. D. L., IV, 13.
[2] Simplic., *Phys.*, 268, a. ὁ γνησιώτατος τῶν Πλάτωνος ἀκροατῶν.
[3] Plut., *Dio.*, 17, 22.
[4] D. L., IV, 6.
[5] Iambl., *Theol. Arithm.*, 61. παρὰ Ξενοκράτους ἐξαιρέτως σπουδασθεισῶν ἀεὶ Πυθαγορικῶν ἀκροάσεων.
[6] D. L., IV, 6. λαβαὶ φιλοσοφίας.

Cet homme était d'un naturel austère, jusqu'à en être sombre et farouche [1] ; il vivait enfermé dans l'Académie tout entier aux études spéculatives ou aux travaux de l'enseignement, et n'entrait qu'une fois par an en ville pour la célébration de la grande fête religieuse des Dionysiaques, au jour des tragédies nouvelles [2]. Comme un ascète il sut résister aux séductions et aux charmes de Phryné et de Laïs, qui s'étaient introduites dans son lit [3], et il professait que c'était le même péché de jeter les yeux sur ce qui nous est interdit, εἰς ἃ μὴ δεῖ, et de mettre les pieds sur le domaine d'autrui [4]. Il a une douceur comme une chasteté évangéliques : un petit oiseau, poursuivi par un épervier, s'était réfugié dans les plis de sa robe ; il le sauva des serres de l'oiseau de proie, en disant qu'il ne faut pas trahir un suppliant [5]. Après la guerre Lamiaque (Ol. CXIV, 3), invité à la table d'Antipater auprès duquel il avait été envoyé pour traiter du rachat des prisonniers, il lui adressa, avant de s'asseoir, les vers d'Homère : « O Circé, quel homme de cœur aurait le courage de goûter à ces mets et à ces vins avant d'avoir vu libres ses amis et ses compatriotes. »

Malgré le respect [6] qu'inspirait un tel caractère, modèle de chasteté, de vertu, de désintéressement, de dévouement à la science, Xénocrate ne pouvant payer le tribut imposé aux

---

[1] Id., σκυθρωπός.
[2] D. L., IV, 13 ; Plut., de Exil., 10, καίνοις τραγῳδοῖς ἐπικοσμῶν, ὥς φασιν, τὴν ἑορτήν. Sur les tragédies nouvelles, cf. Bekker, Anecd., p. 309, Lex. Rhet. τραγῳδοῖσι. Æl., H. Var., V, II, 13; Welck., Griech. Trag., p. 909. Speusippe n'est pas mentionné, comme Xénocrate et Polémon, pour avoir fait sa demeure habituelle de l'Académie, où, à cause de sa mauvaise santé, il se rendait en voiture. D. L., IV, 3. ἐρ᾽ ἁμαξίου.
[3] D. L., IV.
[4] Æl., H. V., XIV, 42. N'est-ce pas, avec plus de réserve et de chasteté dans l'expression, le mot de S. Mathieu, V, 28 : « Quiconque aura regardé une femme avec un mauvais désir pour elle, a déjà commis l'adultère dans son cœur. »
[5] D. L., IV, q.
[6] C'est à ce respect qu'on attribue le silence que garde sur sa personne Aristote, qui, dans les vives et parfois injustes critiques dont il poursuit les théories de l'école platonicienne, ne le désigne pas une seule fois par son nom. Il se souvenait que tous deux étrangers, ils avaient dû chercher ensemble un asile à la cour d'Hermias, tyran d'Assos et d'Atarné.

étrangers domiciliés ne fût sauvé de la servitude que par l'éloquence courageuse de Lycurgue, ou même, suivant une autre tradition, n'en fût racheté que par la générosité de Démétrius de Phalère.

Parmi ses écrits, trop nombreux pour que nous puissions reproduire ici le Catalogue que nous en a conservé Diogène[1], et qui traitent de la physique, de la morale, de la politique et surtout des mathématiques, nous ne voulons citer que ceux qui ont quelque rapport à la psychologie : *Un Traité de l'Ame,* — *de la Dialectique,* — *de la Science,* — *des Genres et des espèces,* — *des Idées,* — deux livres intitulés περὶ τὴν διάνοιαν, c'est-à-dire, *de la Raison discursive,* — *de la Mémoire,* — *des Passions.*

C'est à Xénocrate que Sextus Empiricus attribue la division explicitement formulée de la philosophie, en trois parties : la physique, l'éthique, et la logique, division contenue implicitement en puissance, δυνάμει, comme dit Sextus, dans les ouvrages de Platon, et qui fut plus tard adoptée par les péripatéticiens et les stoïciens[2].

Cette division n'est pas sans importance : elle implique une conception de l'ensemble des sciences et de ses parties, et en institue une classification systématique qui révèle un sentiment exact des nécessités de la science. Il ne suffit pas d'accumuler les matériaux des connaissances, il faut encore les amener à l'unité par la coordination des parties, c'est-à-dire les organiser. La division de Xénocrate est déjà une organisation.

Dans cette organisation imparfaite, je n'ai pas besoin de dire que la psychologie, dont le nom même n'était pas connu des anciens, n'a pas de place propre : elle reste, en ce qui concerne la nature et les fonctions de l'âme, confondue avec la physique, en ce qui concerne les principes des mœurs et les facultés

---

[1] D. L., IV, 13.
[2] Sext. Emp., *adv. Math.*, VII, 16; D. L., 155, 56 ; Atticus, dans Euseb., *Præp. Ev.*, XI, 2; Cic., *Acad.*, 1, 5 ; Apul. *de Dogm. Plat* : « Primus Plato tripartitam philosophiam copulavit..., tres partes philosophiæ congruere inter se primus obtinuit. »

morales avec l'éthique, en ce qui concerne la théorie de la connaissance et de la méthode avec la logique ou la dialectique.

Chez Xénocrate comme chez Speusippe se manifestent le besoin et l'effort de rapprocher et de lier, avec plus de précision que n'avait fait le maître, les deux formes de la connaissance, la perception sensible d'une part et la connaissance intuitive de l'autre, qui saisit immédiatement les idées. Mais il est difficile de croire qu'il ait, mieux que les autres platoniciens, réussi à expliquer et à perfectionner la théorie de la connaissance.

Se fondant, comme Platon, sur les divers modes de la connaissance, Xénocrate établit trois sortes de substances, l'une connaissable par la raison, νοητή, l'autre connaissable par la sensation, αἰσθητή, la troisième connaissable par l'opinion, δοξαστή. La raison fonde une science vraie et infaillible, βέβαιόν τε καὶ ἀληθές; la sensation, une science vraie, mais dans un moindre degré; l'opinion, une connaissance qui participe à l'erreur comme à la vérité [1].

L'âme n'est point une chose qui ait figure; elle n'est point un corps [2]. Si elle est nourrie, elle n'est nourrie que de l'incorporel, puisque ce sont les sciences, incorporelles de leur nature, qu'on peut appeler la seule nourriture de l'âme. Or les corps ne sont pas nourris par l'incorporel : donc l'âme n'est point un corps. Si on dit qu'elle ne se nourrit pas, la conclusion sera la même : car puisque tout corps d'être animé se nourrit, l'âme qui ne se nourrit pas, ne saurait être un corps [3]. Elle est immortelle [4].

Elle entre dans un corps, et y vient du dehors, θύραθεν [5], mais dans un corps déjà organisé : car les astres et le soleil, la lune,

---

[1] Sext. Emp., adv. Math., VII, 118. Suivant Theodor., V, 18. Xénocrate n'attribue à l'âme que deux facultés : τὸ μὲν αἰσθητικὸν (εἶναι) τῆς ψυχῆς ἔφη, τὸ δὲ λογικόν.
[2] Cic., Tusc., I, 10. Animi figuram et corpus esse negavit.
[3] Nemes., de Nat. homin., c. 2, qui, après la première branche du dilemme, ajoute : tel est l'argument de Xénocrate, mots qui semblent devoir également s'appliquer à la seconde.
[4] Theodor., de Gr. cur. aff., V, 23. ἄφθαρτον εἶναι τὴν ψυχήν.
[5] Stob., Ecl., I, 48. « Xénocrate pense : θύραθεν εἰσκρίνεσθαι τὸν νοῦν. »

la terre et l'eau, sont des êtres composés, les premiers, du feu pur et du premier dense, πυκνόν ; la seconde, du second dense et de l'air propre qui l'environne, ἴδιον ; la terre et l'eau, du feu et du troisième dense. En un mot, ὅλως, ni le dense par lui-même ni le rare en soi, καθ' αὑτό, ne peuvent recevoir l'âme, εἶναι δεκτικὸν ψυχῆς. Ces êtres, les astres, la terre et l'eau, sont vivants ; ils ont donc une âme, et par conséquent leur corps, comme tout corps d'être vivant, n'est pas simple, mais composé et en quelque sorte organisé [1].

L'âme, ou du moins la raison, τὸ ἡγεμονικόν, a son siège au sommet de la tête [2], dans la partie la plus élevée du corps qui l'a reçue. Mais elle peut vivre à l'état de substance séparée [3]. Elle n'est pas née dans le temps, et même elle n'est pas soumise à la génération, μηδὲ γεννητή, pas plus qu'à la multiplicité et au mélange. Dans son essence simple, elle a plusieurs fonctions, plusieurs facultés entre lesquelles elle paraît se diviser ; mais c'est une division toute idéale, toute logique, imaginée pour les besoins de la démonstration, comme celle de Platon qui représente l'âme comme née et résultat d'un mélange, γενομένη καὶ συγκεραννυμένη [4].

Cette âme, capable de connaître le divin, τὴν περὶ τοῦ θείου ἔννοιαν, dont elle porte en soi la pensée, immortelle et éternelle, n'est pas refusée même aux animaux sans raison [5]. Il en résulte que toutes les espèces vivantes, et particulièrement le genre humain n'est pas né, qu'il a existé de tout temps [6]. Tel est en

---

[1] Plut., de Fac. in Orb. lun., 29.

[2] Tertull., de An., c. 15. In vertice potius præsidere (principale istud) secundum Xenocratem.

[3] C'est en effet dans le développement des critiques qu'il fait de la théorie de Xénocrate sur l'âme, que se trouve l'objection d'Aristote, de An., I. 4, 22. Si l'âme est un point, le point étant une limite et non une partie, qui ne peut-être séparée de la ligne qu'elle limite, comment les points pourront-ils être séparés et détachés des corps, si les lignes ne peuvent pas être divisées en points : ce que contestait Xénophane par sa doctrine des lignes insécables, non résolubles, ἀτόμας.

[4] Plut., de An. Procr., I, 2, 3.

[5] Clem., Str., V, 590, c. τὴν περὶ τοῦ θείου ἔννοιαν Ξενοκράτης οὐκ ἀπελπίζει καὶ ἐν τοῖς ἀλόγοις ζώοις.

[6] Censor., de Die Nat., c. 4, 3, p. 9. Prior illa sententia qua semper genus humanum fuisse creditur auctores habet.. et Xenocratès non aliud videntur opinati.

effet le sentiment de Xénocrate et même de toute l'ancienne Académie.

L'âme est pour chaque homme son démon [1], et est le lieu où s'accomplit, pour lui, la félicité, qui n'est que la possession de la vertu propre à l'être, et de la faculté qui sert à la vertu d'organe et d'instrument. Les vertus sont comme les forces par lesquelles agit la vertu ; les belles actions, les dispositions et les habitudes, les mouvements et les manières d'être, σχέσεις, en sont les parties [2].

Xénocrate distingue la science, σοφία, de la sagesse, φρόνησις. La science est la connaissance des causes premières et de l'essence intelligible, τῆς νοητῆς οὐσίας. La sagesse, φρόνησις, est double : l'une pratique, l'autre spéculative, θεωρητική. Celle-ci peut-être appelée la science humaine, σοφία. Aussi toute science est sagesse ; mais toute sagesse n'est pas science [3].

Qu'était au fond, dans son essence intime, cette âme séparable, venue du dehors dans le corps qu'elle anime, immortelle, éternelle, capable de connaître et les essences intelligibles et les choses sensibles, possédant en soi, même dans les derniers degrés des êtres animés, la notion du divin, et capable de goûter le bonheur par la possession de la vertu ? Au lieu d'en faire une idée, comme Platon, Xénocrate avait fait de l'âme un nombre, comme Pythagore, mais il avait complété sa définition, en ajoutant que c'était un nombre capable de se mouvoir lui-même [4]. Cette définition est, d'après Aristote, la plus absurde

---

[1] Ar., *Top.*, II, 6.
[2] Clem., *Str.*, II, p. 119, a. ὡς μὲν ἐν ᾧ γίνεται (le bonheur), φαίνεται λέγων τὴν ψυχήν, ὡς δ' ὑφ'ὧν τὰς ἀρετάς, ὡς δὲ ἐξ ὧν ὡς μερῶν τὰς καλὰς πράξεις καὶ τὰς σπουδαίας ἕξεις τε καὶ διαθέσεις καὶ κινήσεις καὶ σχέσεις.
[3] On ne voit pas, du moins dans les maigres fragments que nous possédons, la preuve de l'assertion de Galien, qui prétend que la philosophie a un caractère éthique dans Xénocrate. *Hist. phil.*, 8 αἰτία δὲ φιλοσοφίας εὑρέσεώς ἐστι κατὰ Ξενοκράτη, τὸ ταραχῶδες ἐν τῷ βίῳ καταπαῦσαι τῶν πραγμάτων. C'est l'ataraxie qui commence à poindre.
[4] Arist., *de Anim.*, I, 4 ; *Anal. Po*., II, 1. C'est, dit Aristote, de toutes les théories sur l'âme, la plus absurde, τὸ λέγειν ἀριθμὸν εἶναι κινοῦνθ' ἑαυτόν. Macrob., *Somn. Scip.*, I, 14, 19. Xenocrates (dixit animam) numerum se moventem. Stob.,

de toutes celles qui aient été données à l'âme, et il en attaque avec une vigueur égale les deux parties : l'âme est une essence qui se meut elle-même.

Une partie des objections d'Aristote tombe, si l'on se reporte à l'explication de Plutarque, de laquelle il résulte que le mouvement n'est pas en acte dans l'âme, mais seulement en puissance, et que si elle a la puissance de se mouvoir, elle a également la puissance de se maintenir immobile et en repos. Le nombre provient, non par une génération réelle mais par une génération idéale, du mélange de l'essence indivisible et de l'essence divisible [1], ou de l'un et de la multiplicité, τὸ πλῆθος : car l'un est indivisible, et la multiplicité est divisible. C'est de ces facteurs que provient le nombre, parce que l'un détermine la multiplicité et met une détermination, πέρας, à l'indéterminé, que ces philosophes appellent encore la dyade indéterminée [2].

Mais ce nombre n'est pas encore une âme : car il lui manque pour cela la puissance de mouvoir et la propriété d'être mu, τὸ κινητικὸν καὶ τὸ κινητόν. L'âme est créée par le mélange des deux éléments, le même et l'autre, dont l'un sera pour elle le principe du mouvement et du changement, et l'autre le principe de l'immobilité et du repos, μονή. Car l'âme n'est pas moins la puissance de rester en repos et de produire le repos, que la puissance d'être mue et de produire le mouvement [3].

En opposition à ceux qui rejetaient le nombre mathématique

Ecl., I, 49. Pythagore a défini l'âme, ἀριθμὸν αὐτὸν κινούμενον δὲ ἀριθμὸν ἀντὶ τοῦ νοῦ παραλαμβάνει, et Xénocrate a fait de même. Théodoret, *Gr. Aff. Aur.*, V, 17, et Nemesius, *de Nat. Hom.*, 2, p. 28, reproduisent le passage de Stobée. Cic., *Tusc.*, I, 10. Numerum dixit esse, cujus vis, ut antea Pythagoræ visum erat, in natura maxima esset. Procl., *in Tim.*, 190. Xénocrate, λέγων κατ' ἀριθμὸν εἶναι τὴν ψυχὴν οὐσίαν. Iambl., dans Stob., II, 862. « Xénocrate considère l'âme, ὡς αὐτοκίνητον. »

[1] Crantor, par une différence d'expressions sans valeur réelle, la composait de l'essence intellectuelle, νοητῆς, et de l'essence sensationnelle, περὶ τὰ αἰσθητὰ δοξαστῆς φύσεως. Plut., *de An. Procr.*, I, 2, 3.

[2] Stob., *Ecl.*, I, 10, appelle le principe que Xénocrate oppose à l'un τὸ ἄενον, c'est-à-dire la matière ainsi figurée διὰ τοῦ πλήθους. On retrouve la même dénomination dans Théodoret, IV, 12. « Xénocrate, ἄενον τὴν ὕλην ἐξ ἧς ἅπαντα γέγονε, προσηγόρευσε. »

[3] Plut., *de Procr. An.*, c. 2.

et n'admettaient que le nombre idéal, ou l'idée, comme à ceux qui au contraire rejetaient les idées et n'admettaient, comme causes et essences premières des choses, que le nombre mathématique, Xénocrate identifiait le nombre mathématique et le nombre idéal. L'âme était donc pour lui une idée et un nombre, ou plutôt une idée qui était elle-même un nombre.

Qu'entendait-il par là? Tout nombre est un rapport, c'est-à-dire l'unité d'une pluralité. On peut dire que toute pensée, comme toute vie, comme tout être, est également unité d'une pluralité, la synthèse du même et de l'autre, le point de contact où se touchent et se pénètrent le mouvement et le repos. La conscience et la conscience de soi, n'échappent point à cette nécessité de concilier l'unité et le repos avec la pluralité et le mouvement. Car toute pensée est un mouvement qui tend à rapprocher, à unir, à arrêter le sujet et le prédicat, comme le sujet et l'objet. L'acte de l'intelligence est une assimilation. Le semblable ne connaît que son semblable et le semblable n'est connu que par son semblable. Némésius ne semble pas loin de la vraie intelligence de cette obscure et peut-être symbolique définition, dans le passage où il dit : « Si Xénocrate, avec Pythagore, définit l'âme un nombre se mouvant, ce n'est pas qu'elle soit vraiment un nombre, mais c'est qu'elle se trouve [1] dans toutes les choses nombrées et multiples, et parce que c'est l'âme qui différencie et individualise les êtres, διακρινοῦσα, en leur imposant à chacun des formes et des caractères propres, μορφὰς καὶ τύπους ἑκάστοις ἐπιβάλλειν [2].

Sans que nous puissions deviner par quels moyens il y arrivait, Xénocrate maintenait l'individualité des âmes, qu'Aristote déclare inconciliable avec la théorie de l'âme nombre, en même temps qu'il posait une âme du tout, ψυχὴ τοῦ παντός [3], dont les puissances divines [4] pénètrent et animent tous les éléments

---

[1] Parce qu'elle contient tous les nombres et tous les rapports constitutifs des choses.
[2] De Nat. Hom., c. 2. p. 14.
[3] Stob., Ecl., I, 1 (2, 29).
[4] Id., ἀρέσκει δὲ αὐτῷ (θείας εἶναι δυνάμεις, lacune ainsi remplie par Krische) καὶ ἐνδιήκειν τοῖς ὑλικοῖς στοιχείοις.

matériels; au-dessus de cette âme, il semble en avoir conçu une plus divine, plus parfaite, *Hypercéleste*, ὑπερουράνιος, comme aurait dit son maître. Car contrairement à Speusippe qui semble avoir conçu une série ascendante des êtres et des choses, s'élevant de l'imparfait, de l'être le plus vide et l'unité la plus nue [1], jusqu'à la réalité parfaite et la plus riche, Xénocrate concevait le monde comme composé d'une série descendante d'existences.

Au sommet de cette hiérarchie, que par un penchant très prononcé au symbolisme mythologique il appelle des dieux et qu'il compose de dix degrés, il place la Monade, l'un premier, principe mâle, jouant le rôle de père du monde, qu'il nomme encore Zeus, l'Impair, le Νοῦς, le Dieu premier dont la royauté s'exerce dans le Ciel. Au-dessous de lui vient la Dyade, non pas la dyade indéfinie, mais le nombre deux, principe formel, mère des dieux et présidant à toute la région située au-dessous du Ciel : c'est l'âme du Tout [2].

Puis viennent le soleil, les planètes, au nombre de sept, et enfin le monde, τὸν κόσμον, qui se compose de tous ces êtres réunis [3] que domine l'Un premier et la Dyade, pour former une décade, nombre parfait et sacré.

Dans le monde sublunaire vivent encore des démons invisibles, qui sont peut-être ces puissances divines par lesquelles l'âme du tout se répand dans tous les éléments matériels [4] et les pénètre de sa propre vertu, c'est-à-dire de la vie, de la pensée et de l'ordre qui est l'essence même du nombre. L'une de ces puissances démoniques est Hadès, l'autre qui règne dans l'élément liquide, Poséidon, l'autre qui préside aux productions de la terre et en fructifie les semences, Déméter.

---

[1] Quelque chose comme l'idée de Hegel.
[2] Stob., *Ecl*, I, 1 (2, 29).
[3] Clem. Al., *Protr.*, p. 58. οὗτος ἑπτὰ μὲν θεοὺς τοὺς πλανήτας, ὄγδοον δὲ τὸν ἐκ πάντων αὐτῶν συνεστῶτα κόσμον αἰνίττεται.
[4] Stob., *Ecl.*, I, 1. ἐνδήκειν τοῖς ὑλικοῖς στοιχείοις. Ces éléments étaient composés des atomes, ἀμερῆ τὰ ἐλάχιστα ὡρίζοντο Ξενοκράτης et Diodore, Stob., I, 14, et suivant le même, I, 17, Empédocle et Xénocrate. ἐκ μικροτέρων ὄγκων τὰ στοιχεῖα συγκρίνει, ἅπερ ἐστὶν ἐλάχιστα καὶ οἱονεὶ στοιχεῖα στοιχείων.

C'est ainsi que Xénocrate, qui altère les idées de Platon en croyant les exprimer plus clairement, donne l'exemple et prépare la voie au symbolisme mythologique des stoïciens, χορηγήσας τοῖς Στωϊκοῖς [1].

[1] Stob., *Ecl.*, I, 1, 1. 1. Stobée, *Ecl.*, I, 18, rapporte de Xénocrate une définition du temps, μέτρον τῶν γεννητῶν καὶ κίνησιν ἀΐδιον, dont Aristote se souviendra.

DEUXIÈME PARTIE

LA PSYCHOLOGIE DES GRECS DANS L'ÉCOLE D'ARISTOTE

CHAPITRE PREMIER

THÉOPHRASTE

L'histoire de la philosophie d'Aristote, et encore moins l'histoire de sa psychologie ne doit être confondue avec l'histoire de son école. On ne peut pas nier que des penseurs appartenant à des systèmes différents et même opposés ont parfois plus profondément pénétré, plus intimement compris et développé, soit pour les combattre, soit pour se les assimiler en les modifiant, le sens vrai, la portée secrète et obscure des principes du maître, que ses disciples immédiats, que ceux-là même qui ne s'étaient guère proposé, dans leur activité scientifique, d'autre dessein que de les propager et de les interpréter. Il ne faut pas s'en étonner : l'influence directe, l'action personnelle et vivante d'un grand génie sur des esprits relativement inférieurs, est une sorte de tyrannie et d'oppression, ou du moins de compression. Ils subissent à leur insu une domination qui les déshabitue de la libre recherche, de l'effort indépendant de la pensée personnelle et émousse ainsi en eux le sens philosophique même. Ils ont une telle confiance dans la parole du maître qu'ils finissent par accepter tout ce qu'il dit, et ne s'efforcent pas de pénétrer jusqu'au fond de sa pensée, dont les formes et les formules devenues habituelles et familières à leur esprit, leur font l'illusion de la clarté et de l'évidence. Les dissidents et les adversaires ont à cet égard une situation plus favorable, parce qu'ils ont, sous un certain rapport, une liberté d'esprit plus entière. L'opposition, la lutte où ils sont engagés aiguise leur clairvoyance jalouse, et éclaire la critique aussi souvent qu'elle l'égare. Mais d'un autre côté ils sont bien obligés de rendre hommage à la force de la vérité, et de faire entrer dans le corps de leurs propres doctrines et dans le tissu de leurs systèmes, tout en en dissimulant l'origine et en en altérant le caractère, les principes et les théories dont ils n'ont pu méconnaître la certitude et à la puissante influence desquelles ils n'ont pu dérober leur esprit. On ne s'étonnera donc pas de voir, dans la suite de cette histoire, figurer des philosophes appartenant à des directions, à des écoles opposées au péripatétisme, où nous en retrouverons plus ou moins altérés, transformés, dissimulés, les caractères et les résultats essentiels. Pour le moment c'est dans le cercle exclusif de l'école péripatéticienne même que nous suivrons les transformations et les altérations de la doctrine psychologique de son chef et de son fondateur.

À la mort d'Aristote, dit Brandis, et il aurait pu ajouter d'Alexandre, commence l'ère des Épigones, c'est-à-dire des successeurs. Le règne des imitateurs, des vulgarisateurs, des commentateurs succède à la période magnifique de création féconde et puissante, marquée par les noms de Pythagore, de Démocrite, de Parménide, de Socrate, de Platon, d'Aristote. Cependant s'il est vrai, en ce qui concerne la poésie et l'éloquence, que le génie grec a perdu pour toujours son originalité et une partie de sa force créatrice, il n'en est pas ainsi dans d'autres domaines de l'activité intellectuelle, et particulièrement de la philosophie. Après une période de déclin, qui est aussi une période de travail intérieur et de renouvellement, apparaîtront les systèmes de Zénon[1], d'Épicure[2], de Plotin[3], dont il est impossible de méconnaître la grandeur.

Dans le cercle de la philosophie péripatéticienne, il est vrai, la vie active et féconde s'affaiblit, et semble peu à peu s'épuiser, peut-être parce qu'elle se disperse sur trop d'objets. L'intérêt scientifique, la passion de la recherche spéculative, sont combattus dans les esprits par des tendances d'ordre positif, pratique, dont le germe est manifestement au sein de la doctrine péripatéticienne, dont l'acte est le principe. On peut dire de cette école ce qu'a dit Cicéron de celle d'Isocrate qu'il en sortit, comme du cheval de Troie, des esprits éminents dans tous les genres, dans les sciences physiques et mathématiques, les lettres, la politique, la guerre, l'histoire, la médecine, la poésie et la musique[4]. En rayonnant ainsi en tous sens, en se répandant dans toutes les branches de l'activité humaine, il n'est pas étonnant que l'école péripatéticienne ait perdu la puissance de la pensée spéculative, de la recherche scientifique pure, qui a besoin de se concentrer pour garder sa force, et qui réclame, sans partage, l'esprit tout entier.

Cet affaiblissement du sens philosophique se manifeste très visiblement dans les successeurs d'Aristote[5], et déjà même

---

[1] Depuis 321.
[2] Depuis 306.
[3] Depuis 204.
[4] Cic., de Fin., V, 3 : « Ab his oratores, ab his imperatores, ac rerum publicarum principes exstiterunt. Ut ad minora veniam, mathematici, poetæ, musici, medici denique ex hac tanquam omnium artium officina profecti sunt. Id., de Or., II, 22. Cujus e ludo, tanquam ex equo Trojano, meri principes exstiterunt.
[5] Réduits à eux-mêmes, καθ'ἑαυτοὺς γιγνόμενοι, les péripatéticiens, dit Plutarque, (Sylla), ne sont plus que des rhéteurs agréables, des littérateurs, χαρίεντες καὶ φιλόλογοι : nous dirions aujourd'hui des amateurs. Ils ont recours à l'érudition pour suppléer à l'insuffisance des idées propres; ayant conscience de leur impuissance, sentant en eux le doute qui commence, ils ne font guère que commenter, développer, refaire sous les mêmes noms les œuvres du maître, qui leur a bien laissé ses doctrines, mais n'a pu leur communiquer le souffle vivant et puissant de son esprit. Les grammairiens et les philosophes péripatéticiens eux-mêmes, pendant près de deux siècles (250 à 50 av. J.-Ch.), négligent Aristote et surtout ses ouvrages de philosophie; on se contente de répéter et de réciter pour ainsi dire sa doctrine, sans chercher à l'approfondir, non point par manque de ses livres, comme le croyait Strabon, réfuté déjà par Paul Béni (in Plat. Tim. Decad. tres. Rom., 1594, p. 74),

dans Théophraste, le plus considérable d'entr'eux [1], et que Simplicius appelle le coryphée du chœur [2] péripatélicien.

Théophraste est né à Érésos, ville maritime située sur la côte occidentale de l'Île de Lesbos, qu'il avait, nous dit Plutarque [3] sans autre explication, deux fois affranchie du joug des tyrans qui l'opprimaient. La date de sa naissance, qu'on ne peut fixer que par rapport à celle de sa mort, tombe dans l'Olympiade CII, c'est-à-dire entre les années 373/72 et 368, s'il est vrai qu'il mourut à l'âge de 85 ans dans l'Olympiade CXXIII [4], c'est-à-dire en 288 ou 287. Mais si, contre toute vraisemblance, on le considère comme l'auteur de la première des Préfaces qui précèdent *les Caractères*, où il se donne l'âge de 99 ans, il faudrait faire remonter sa naissance à l'Olympiade XCVII, c'est-à-dire à l'année 392 av. J.-Ch. Mélantas, son père, qui semble s'être enrichi dans le commerce et la fabrication des tissus foulés, après lui avoir fait donner une première éducation par un nommé Alcippe ou Leucippe, l'envoya jeune encore à Athènes, où il n'est pas impossible qu'il ait suivi les leçons de Platon, mais où il est certain qu'il devint l'ami personnel et le disciple préféré d'Aristote.

---

mais par suite d'un courant d'idées qui détournait les esprits des fortes études, et surtout des austères recherches de la métaphysique. On s'attachait à maintenir les points essentiels et distinctifs de la secte, surtout dans la morale (Conf. Cic., *de Fin.*, V, 25). C'est ce qu'on appelait θέσιν φυλάττειν (Galien., 17, 735), ταῦτα, εἴ τις φυλάττοιτο θέσιν ὡς Ἀριστοτέλης εἴωθε λέγειν, et d'après Straton, θέσει ληκυθίζειν. Athen., IV, 130. σὺ δὲ μόνον ἐν' Ἀθήναις μένων εὐδαιμονίζεις τὰς Θεοφράστου θέσεις ἀκούων. Θέσεις sunt, dit Rose, p. 31 : « placita in philosophia paradoxa quæ cuique sectæ maxime propria. » Arist., *Top.*, I, II, 104, b. 19. θέσις δέ ἐστιν ὑπόληψις παράδοξος τῶν γνωρίμων τινὸς κατὰ φιλοσοφίαν. Définition reproduite et commentée par Hermogène, *Progymn.*, II. Theon., *Progymn.*, 13.

Crantor (D. L., IV, 27), parmi ses mots piquants, disait que les θέσεις de Théophraste ὀστρέῳ γέγραφθαι, avaient été écrites pour ou par une huître, mot que reproduit Hésychius.

[1] D. L., V, 1. διαφέρων. Il lui donne en outre les épithètes très caractéristiques de συνετώτατος, φιλοπονώτατος, εὐεργετικὸς et φιλόλογος.

[2] *In Phys.*, 225, a. u. Ailleurs, *in Categ.*, 92, b. 22, il le nomme le plus éminent, τὸν ἄριστον.

[3] Plut., *adv. Colot.*, XXXIII, 3. *Num pot. suavit. viri sec. Epic.*, 15, 6

[4] D. L, V, 10, id , Straton, 58. C'est la date de l'olympiade, sans désignation d'année, où Straton lui succède.

Cette préférence se révèle, outre l'anecdote peut-être suspecte par laquelle il est censé avoir été indirectement désigné, comme le successeur dans la direction de l'école, par les dispositions testamentaires de son maître. Il est institué en effet, s'il le veut et s'il le peut, conjointement avec Aristomène, Timarque, Hipparque et Diotélès, tuteur des enfants et d'Herpyllis, la veuve ; il est prié, si Nicanor vient à mourir, d'épouser Pythias, la fille. La reconnaissante affection du disciple se montre également dans son testament : il témoigne le plus tendre intérêt à Nicomaque, fils d'Aristote, et à Aristote, son petit-fils [1], recommande à ses héritiers les statues qu'il avait dressées pour honorer la mémoire de son maître, et leur prescrit de les entretenir avec un soin pieux.

Suidas, Ammonius, Strabon, Diogène de Laërte [2], d'autres encore, cités par Ménage, prétendent que son nom était Tyrtame, et que celui de Théophraste n'est qu'un surnom qui lui fut donné soit par Aristote, soit par ses admirateurs, à cause de la beauté de son élocution. Cela sent un peu la fable, quoique Cicéron [3], Pline [4] et Quintilien [5] aient reproduit le fait en l'amplifiant d'une phraséologie oratoire ; mais il est encore plus vraisemblable que la raison donnée par Diogène, que ce changement avait été amené pour éviter les sons discordants de son premier nom.

Théophraste prit la direction de l'école dans l'année 323, au moment où Aristote, ne se sentant plus en sécurité à Athènes, s'était réfugié à Chalcis, occupée par une garnison macédonienne. Son immense érudition, ses rares facultés de travail [6],

---

[1] Cette affection si naturelle fut odieusement travestie en un amour infâme par Aristippe, dans son livre περὶ παλαιᾶς τρυφῆς. D. L., V, 39.

[2] D. L., V, 1, et Menag., *ad loc.*

[3] *Or.*, 18.

[4] *Præf.*

[5] X, 18.

[6] D. L., V, 37. φιλοπονώτατος... καθ' ὑπερβολὴν ὀξύτατος πᾶν τὸ νοηθὲν ἑξερμηνεύων. Il s'appelle lui même, dans sa lettre à Phanias (D. L., V, 37), le Scholastique, σχολαστικός. Ce n'est pas, comme on le dit, le premier emploi connu de ce nom ; Aristote l'emploie déjà, en parlant des Athéniens, σχολαστικώτεροι

et surtout, à ce qu'il paraît, un merveilleux talent d'exposition lui attirèrent de nombreux auditeurs, plus de deux mille, qui se succédaient sans doute dans les différents cours et se répartissaient dans les diverses années dont se composait l'enseignement philosophique de l'école. Moins par vanité que par respect pour son auditoire et pour la dignité de sa fonction, il ne se présentait dans sa chaire que dans un costume très soigné [1]. Un Eumolpide, Agonidès, intenta sans succès contre lui une accusation d'impiété ; mais il se crut plus tard obligé de quitter temporairement Athènes, à la suite d'une loi, portée par Sophocle, fils d'Amphiclidas, aux termes de laquelle, sous peine de mort, l'exercice du droit d'enseigner et de tenir une école de philosophie était soumis à l'autorisation préalable du sénat et du peuple [2]. Plutôt que d'accepter cette restriction nouvelle, et d'autant plus dure, de la liberté de la parole et de l'enseignement, Théophraste et ses disciples et amis [3] quittèrent la ville, sans qu'on sache où ils se rendirent.

L'exil ne fut pas long. Athènes, déchue de sa puissance politique, sentit le dommage que portaient, à ce qui lui restait de grandeur morale, le départ de cet illustre professeur et la suppression de sa florissante et nombreuse école. Sur la proposition de Philon, la loi de Sophocle fut abrogée ; son auteur

---

γὰρ γενόμενοι (*Polit.*, 1311, a. 19), nous le retrouvons ensuite dans Chrysippe (Plut., *Stoïc.*, *Rep.*, 3, 2), τὸν σχολαστικὸν βίον, pour exprimer une vie consacrée à l'étude et à la science. La lettre à Phanias est fort obscure. Théophraste semble vouloir écarter la proposition de se faire entendre dans une *Panégyrie*, « car c'est à peine, dit-il, si l'on peut se faire un auditoire d'élèves, συνέδριον, tel qu'on le désirerait. Et cependant, les lectures publiques ont l'utile résultat de permettre au professeur de rectifier ses opinions... mais c'est là un travail lent, dont mon âge ne permet plus les longs ajournements.

[1] *Hermipp. ap. Athen.*, I, 28. »

[2] D. L., V, 2, 38. μηδένα τῶν φιλοσόφων σχολῆς ἀφηγεῖσθαι, ἂν μὴ τῇ βουλῇ καὶ τῷ δήμῳ δόξῃ. Conf. Athen., XIII, 610. Poll., *Onom.*, IX, 5, § 42. Cette loi fut promulguée sous l'Archonte Coræbus, *Ol.* 158, 3 = 306/5, et sous le gouvernement de Démétrius Poliorcète, qui avait délivré Athènes de la domination macédonienne, et rétabli les institutions démocratiques. Voir Franz Hoffmann, *De Lege contra philosophos, imprimis Theophrastum... Athenis lata*, Carlsruhe, 1842.

[3] On relève parmi eux les noms de Ménandre, le poète comique, et du médecin Érasistrate.

condamné à une amende de cinq talents, et Théophraste vint reprendre possession de sa chaire [1]. Après avoir enseigné pendant près de quarante ans, dans l'école organisée complètement et définitivement constituée par ses soins, il mourut, suivant l'opinion la plus vraisemblable, à l'âge de 85 ans, accablé d'infirmités et se plaignant cependant que la nature accordât aux hommes une vie trop courte, et les fit mourir juste au moment où ils commencent à vivre. Les Athéniens, qu'il n'avait pas flattés, car il leur reproche durement d'avoir élevé des autels à l'impudence et à l'insolence [2], lui témoignèrent par leur attitude à ses funérailles les regrets que leur causait sa mort, et le juste respect que leur avaient inspiré son talent et son caractère. On a de lui une effigie en marbre trouvée dans les jardins des Pisons, à Tibur, et reproduite par Fulvius Orsinus [3].

Théophraste était resté célibataire ; du moins ni son testament ni aucun autre document ne fait allusion à sa femme ou à ses enfants. Son goût, un peu égoïste, pour la paix et la liberté intérieures, lui avait inspiré des opinions peu favorables au mariage. Il le permettait, dit-on [4], si la femme était belle, d'honorable famille et de mœurs vertueuses, et si le mari était riche et vigoureux : conditions bien difficiles à trouver réunies. Même en ce cas, pour un philosophe, le mieux est encore de s'abstenir ; car, disait-il, « *impediri studia philosophiæ, nec posse quemquam libris et uxori pariter inservire.* » Les enfants causent plus de soucis et de dépenses qu'ils ne procurent de joies et d'appuis. Pour mener sa maison, il vaut mieux faire choix d'un bon serviteur ; pour sa société, d'hommes instruits, et s'ils lui font défaut, le sage s'entretiendra avec Dieu.

Son testament, qu'on trouvera presque en entier, à la fin de

---

[1] Sans doute avec lui et comme lui rentrèrent à Athènes les philosophes des autres sectes qui avaient également pris le parti de ne pas se soumettre à la nécessité de l'autorisation préalable.
[2] Theophr. Fragm. 100.
[3] P. 59. *Elog.*
[4] S. Jerom., *adv. Jovin.*, I, 47 ; IV, 189.

ce volume, dans le chapitre consacré à l'histoire de l'éco[le]
proprement dite, dispose en faveur de Callinos, d'une te[rre]
située à Stagire. Cela fait supposer un assez long séjour [en]
Macédoine, dans le pays même d'Aristote, qui ne s'expliq[ue]
guère que dans l'hypothèse où il aurait accompagné son maît[re]
appelé à la cour de Philippe pour y faire l'éducation d'Alexand[re.]
C'est encore par ce séjour qu'on se rend compte de son affe[c-]
tion si vive pour Callisthènes, ce neveu d'Aristote, si cruelleme[nt]
traité par Alexandre dont il avait été le camarade d'études. [Il]
lui a consacré et dédié un ouvrage intitulé *Callisthène* ou
la Douleur, περὶ πένθους, dans lequel il déplorait sa perte et [se]
plaignait d'avoir rencontré sur sa route un homme élevé par [la]
fortune au comble de la prospérité, mais qui ne savait pas us[er]
de la puissance [1].

Théophraste, que Théophylacte de Simocatta [2] appelait u[ne] mer de science, τῆς γνώσεως θάλατταν, avait écrit un nombre cons[i-]dérable d'ouvrages, 205 environ, qui formaient, d'après le calc[ul] de Diogène, le nombre total de 232,808 lignes [3], et qu'Andronic[us] avait méthodiquement distribués, comme ceux d'Aristote, s[ui-]vant la nature des sujets traités [4]. Hermippe en avait égaleme[nt] dressé une liste avec une critique plus sévère, et sans dou[te] trop sévère, puisqu'il excluait, comme Andronicus, des œuvr[es] authentiques le fameux fragment de la Métaphysique, que [ne] mentionne pas, il est vrai, Diogène, mais que Nicolas Dama[s-]cène, dans une table générale des ouvrages d'Aristote affirm[e] être de la main de Théophraste [5]. Cette longue liste d'ouvrage[s]

---

[1] Cic., *Tuscul.*, III, 9. Interitum deplorans Callisthenis, sodalis sui... dicit Calli[s]thenem incidisse in hominem summa potentia summaque fortuna, sed ignarum que[m]admodum rebus secundis uti conveniret.

[2] *Problem., Phys. Ultim.*

[3] D. L., V, 50. Μ'χ'γ'Β'ω'η'. La traduction latine de l'édition de Ménage, tradu[it] ces chiffres par *centum millibus duobus et octoginta*; Fabricius et la version latine [de] l'édition Cobet (Didot) par 230 808. Je donne à B', dans cette numération inusité[e] la valeur de 2000.

[4] Porphyr., *Vit. Plot.*, 24. τὰ 'Αρ. καὶ Θεοφ... εἰς πραγματείας διεῖλε, τ[ὰς] οἰκείας ὑποθέσεις εἰς ταὐτὸν συναγαγών.

[5] Scholl. Met. Theophr., τοῦτο τὸ βιβλίον Ἀνδρόνικος μὲν καὶ Ἕρμιππο[ς] ἀγνοοῦσιν, οὐδὲ γὰρ μνείαν αὐτοῦ ὅλως πεποίηνται ἐν τῇ ἀναγραφῇ τῶν Θεοφράστο[υ]

permet de se faire une idée de la variété et de l'étendue des connaissances de leur auteur, dont l'esprit semble emporté par une ardente curiosité, dans toutes les directions du savoir.

Les œuvres de physique étaient naturellement les plus considérables : elles sont désignées sous les titres suivants : περὶ Φυσικῶν en 18 livres, περὶ Φυσικῶν ἐπιτομή, en 2 livres, τὰ Φυσικὰ en 8 livres, dont les deux premiers traitaient du *Mouvement*[1], notion qui tient une si grande place dans la métaphysique et la psychologie de Théophraste, le troisième, traitait *du Ciel, de la Génération* et *de la Destruction des Choses*[2]; les 4ᵉ et 5ᵉ de l'*Ame*, qu'il ne faut pas s'étonner de voir figurer ici, puisque dans la tradition des philosophes, que ne répudie pas absolument Théophraste, pas plus d'ailleurs qu'Aristote même, l'âme est un produit des mêmes facteurs dont se compose le monde, et que par conséquent le psychique est une partie de la physique. Puis viennent : περὶ Γενέσεως, en 1 livre; πρὸς τοὺς φυσικούς, en 1 livre; περὶ φυσικῶν αἰτιῶν, en 10 livres, où il faut lire probablement φυτικῶν; — φυσικαὶ δόξαι, en 17 livres, et φυσικῶν ἐπιτομή, en 1 livre[3], le long fragment sur *la Métaphysique*;

βιβλίων. Νικόλαο: δ' ἐν τῇ θεωρίᾳ τῶν Ἀριστοτέλους, μετὰ τὰ φυσικὰ μνημονεύει, λέγων εἶναι Θεοφράστου. Fabric., *Bib. Gr.*, t. III, p. 411. L'énumération de Diogène de Laërte reproduit quatre catalogues qui suivent en général chacun l'ordre alphabétique. Le premier commence au segm. 42; le second au milieu du segm. 46 : περὶ Ἀτέχνων; le troisième au segm. 49; le quatrième au segm. 50. Il est vraisemblable que Diogène a puisé dans des sources différentes pour compléter le sien, car s'il est des livres qu'il omet, il en est d'autres qu'il désigne deux fois, et d'autres qui, sous des titres changés, font sans doute double emploi. L'ordre alphabétique est interrompu à la fin du segm. 48; il est supprimé dans le segm. 49 et depuis dans le segm. 50. Nous ne connaissons pas les sources de Diogène; nous voyons, par la scholie citée dans cette note, qu'Andronicus et Hermippe avaient fait un catalogue, ἀναγραφή, des ouvrages de Théophraste, fait que je ne vois aucune raison de révoquer en doute, comme Val. Rose, p. 30/. De plus, au dire d'Athénée, XV, 673, Adraste avait écrit des commentaires en 5 livres sur les livres de morale de Théophraste, καθ' ἱστορίαν καὶ λέξιν ζητουμένων.

[1] C'est par erreur que Simplicius (*in Phys.*, 24), donne ιά ou ιδ' au lieu de α et β. Est-ce là l'ouvrage *Sur le Mouvement*, auquel Diogène (v. 44 et 49) donne tantôt 2, tantôt 3 livres, tandis que Simplicius (l. l.) lui en attribue 10?

[2] *Schol. Ar.*, p. 468, II.

[3] C'est une véritable histoire de la philosophie (v. l'Appendice). On attribue parfois à Théophraste le mémoire *de Xenophane, Zenone, Gorgia*, arrivé à nous sous le nom d'Aristote, mais qui est plus probablement l'œuvre d'un péripatéticien posté-

le mémoire historique *sur la Sensation;* 10 extraits plus ou moins complets sur *les Pierres, le Feu, les Odeurs, les Vents, les Signes, la Lassitude, les Vertiges, les Sueurs, les Défaillances,* et *la Paralysie;* enfin les deux grands ouvrages d'Histoire naturelle, intitulés l'un, *Histoire des Plantes,* en 10 livres, dont nous avons perdu le 10ᵉ sauf un petit fragment, l'autre intitulé περὶ φυτῶν αἰτιῶν, en 8 livres, dont nous possédons les 6 premiers, et qui semble identique à celui que nous avons déjà trouvé sous le titre rectifié περὶ φυτικῶν αἰτιῶν, quoique le nombre de livres ne soit pas exactement le même.

La psychologie proprement dite est représentée par un petit nombre d'ouvrages. Nous avons déjà vu que le 4ᵉ et le 5ᵉ livre des φυσικά traitaient *de l'Ame;* nous rencontrons encore sur ce sujet, dans le Catalogue de Diogène : περὶ ψυχῆς θέσις μία, que Meursius propose de changer en θέσεις μά, c'est-à-dire, 41 thèses sur l'âme, un ouvrage déjà mentionné *sur la Sensation;* un *sur les Odeurs;* un *sur les Passions;* un *sur le Sommeil et les Songes;* un *sur l'Intelligence et les Mœurs des Animaux.*

La logique semble avoir été de sa part l'objet d'études particulières, et même de conceptions plus ou moins nouvelles ; le catalogue mentionne entr'autres : un livre *sur l'Affirmation et la Négation,* commenté par Galien et Porphyre; un livre : περὶ κρίσεως συλλογισμῶν ; deux livres *sur les Sophismes;* deux livres *sur la Solution des Sophismes;* deux livres de *Topiques;* un livre *d'Introduction aux Topiques;* un livre *d'Analytiques premières* que semble viser Boèce quand il nous apprend que Théophraste et Eudème, approuvés par Porphyre, avaient ajouté cinq modes à la première figure, et un septième à la troisième ; 18 livres de πρώτων Προτάσεων; 7 livres *d'Analytiques secondes,*

---

rieur à l'un et à l'autre. Il avait consacré des travaux particuliers à la philosophie et spécialement à la physique de Démocrite, comme le prouvent les titres des ouvrages suivants, tous en un livre : *de l'Astrologie de Démocrite,* περὶ μεταρσιολεσχίας ; *des Images, des Humeurs, des Couleurs, de la Peau, des Chairs,* suivant Démocrite ; *du Diacosmos, des Hommes, de Démocrite.* Diogène mentionne encore six livres d'un abrégé de l'ouvrage d'Aristote sur les Animaux, et six livres de ὑπομνήματα Ἀριστοτελικὰ ἢ Θεοφράστεια.

et un *Abrégé des Analytiques ;* un livre sur *les Enthymèmes*, et enfin une sorte de critique réfutative, Ἀγωνιστικόν, des procédés de la logique éristique.

Le disciple d'Aristote ne pouvait négliger ni la morale ni la politique : cependant nous ne rencontrons sur ce sujet que des traités isolés, tousen un seul livre et probablement fort courts : tels que : *sur l'Injustice ; sur les Hommes ; sur la Vertu et les Vertus ; sur les différences des Vertus ; sur la Royauté,* signalé tantôt en un, tantôt en deux livres et probablement identique à l'ouvrage intitulé : *à Cassandre ; sur l'Éducation d'un Roi ; sur le Mariage; sur la Vieillesse; sur l'Amitié; sur l'Acte volontaire; l'Eroticos ; sur le Bonheur ; sur la Piété ; sur la Bonne Chance ; sur le Plaisir ; sur les Plaisirs faux ; sur la Douleur ; sur la Mélancolie ;* et enfin *les Caractères.*

Les œuvres politiques étaient plus étendues : Diogène mentionne une *Politique* et des ouvrages différents, tantôt en 8 livres, tantôt en 6, tantôt en 2, un autre en 4 livres, portant le titre singulier Πολιτικὰ πρὸς τοὺς καιρούς, qu'on pourrait traduire par : politique de circonstance ou opportuniste ; 24 livres *sur les Lois ;* un abrégé sur ce même sujet en 10 livres ; un autre livre isolé *sur les Lois; un abrégé de la République de Platon;* trois livres *sur les Législateurs;* quatre livres *sur les Mœurs politiques ;* un livre *sur le Meilleur gouvernement*[1].

Les arts ont eu leur part, et une part assez grande dans les travaux de Théophraste. Parmi les ouvrages qui se rapportent à ce sujet, on peut relever dans les catalogues les suivants, tous en un seul livre : *les Harmoniques ; sur le Ridicule ; sur l'En-*

---

[1] Je ne trouve nulle part l'ouvrage cité par M. Perrot, *Hist. de l'Art*, t. III, p. 503, sous le titre βασιλεία τῶν Κυπρίων. Le savant archéologue, qui est un écrivain d'un rare talent, appelle Théophraste le Montesquieu de l'Antiquité, faisant sans doute allusion au passage de Cicéron (*de Fin.*, V, 4) : « Omnium fere civitatum, non Græciæ solum, sed etiam barbariæ, ab Aristotele mores, instituta, disciplinas, a Theophrasto leges etiam cognoscimus; quum uterque eorum docuisset, quem in republica principem esse conveniret, pluribus præterea quum scripsisset, qui esset optimus reipublicæ status : hoc amplius Theophrastus, *quæ essent in republica inclinationes rerum et momenta temporum,* quibus esset moderandum utcunque res postularet. »

thousiasme; sur la Comédie; sur la Musique; sur les Musiciens; sur la Poétique, d'où il semble que Diomède a tiré sa définition de la tragédie; *sur la Rhétorique*, un ouvrage intitulé : τεχνῶν ῥητορικῶν εἴδη devait contenir 17 livres.

De ces ouvrages qui, placés dans la bibliothèque d'Apellicon, ont dû subir le même sort que ceux d'Aristote, nous avons conservé quelques-uns, si non en totalité, du moins en parties assez étendues, les autres, et c'est de beaucoup le plus grand nombre, 177 environ, ne sont représentés que par des fragments très courts, que nous devons pour la plupart aux commentateurs d'Aristote et particulièrement à Simplicius.

Théophraste [1] garde encore une certaine indépendance dans la fidélité avec laquelle il suit les traces de son maître. Il a, comme lui, consacré des recherches spéciales à l'étude de l'âme; mais ce qui est caractéristique et digne d'être relevé, les deux livres de son traité περὶ ψυχῆς, etc.... font partie de sa physique[2] dont ils forment les 4e et 5e livres. La psychologie n'est plus qu'une partie de la physique, parce que le principe qu'avait posé Aristote, que l'âme est un être de la nature, est étendu au delà des limitations et des réserves, où le maître l'avait renfermé. On croit voir apparaître la pensée que la nature pourrait enfermer sans exception tout le monde de l'être, qu'elle se suffit à elle-même, qu'elle s'explique par elle-même, et qu'il n'y a rien en dehors et au dessus d'elle. En ramenant l'activité psychique à un mouvement, il fait rentrer tout le psychique dans l'ordre des êtres et du développement de la nature, même les facultés de l'âme. Par là Théophraste prépare la conception naturaliste et monistique de l'âme, et la suppression du dualisme

---

[1] Comme Aristote et presque tous les péripatéticiens, il divise la philosophie en pratique et théorétique (Plut., *Plac. Phil.*, I, 3). La division tripartite est attribuée aux Stoïciens : ἧς τὸ μὲν φυσικόν, τὸ δὲ ἠθικόν, τὸ δὲ λογικόν (id , id , I, 2). Mais Sextus Empiricus (*adv. Math.*, VII, 16) l'attribue à Xénocrate, en faisant remarquer que si ce dernier lui a donné une formule expresse (où la dialectique remplace la logique des Stoïciens), elles existent en fait dans Platon, comme le dit Cic., *Acad. Post*, I, 5. 19.

[2] Themist., *de Anim.*, 91, a. v.

des facultés supérieures et des facultés inférieures de la connaissance. La raison ne tardera pas à perdre tout caractère d'une origine *à priori*, et ne sera que le plus haut degré du développement organique de l'essence de l'âme. De là la répugnance manifeste que Théophraste éprouve à admettre, d'une part que l'âme ne peut pas subir le mouvement, que les mouvements apparents de l'âme doivent être attribués au corps, et qu'en général l'acte est différent du mouvement et lui est de beaucoup supérieur, et d'autre part que l'âme humaine, pour être parfaite et complète, doit comprendre dans l'unité de son essence un Νοῦς ἐπίθετος, venant d'ailleurs que de la constitution naturelle de son être, et introduit en elle du dehors et comme par la porte. Le grand principe de la cause finale, du but, sur lequel repose toute la philosophie, et également toute la psychologie d'Aristote, Théophraste le met en question plutôt qu'il ne l'adopte, et sur la question même d'un moteur premier, principe de tout mouvement et par conséquent de toute la nature, qui est essentiellement mouvement, il soulève tant d'objections et de difficultés qu'on croit deviner qu'il sent là des contradictions internes qu'il est impuissant à résoudre, des oppositions absolues entre lesquelles il ne sait pas prendre parti.

On en sera convaincu par les extraits de ses fragments concernant chacune des questions que nous venons de relever.

Sur la question de méthode, il est d'accord avec Aristote : il part également de l'expérience, de l'observation des faits particuliers donnés par la sensation : car il faut que les théories s'accordent avec les faits, et la loi avec les phénomènes qu'elle explique [1]. Il serait sans doute plus logique de rechercher d'abord les principes universels des choses ; mais c'est une méthode trop difficile, et par cela même interdite. Qu'il y ait une seule

[1] *De Caus. Plant.*, I, 1, 1. εὐθὺ γὰρ χρὴ συμφωνεῖσθαι τοὺς λόγους τοῖς εὑρημένοις; *id.*, I, 17, 6. ἐκ δὲ τῶν καθ'ἕκαστα θεωροῦσι σύμφωνος ὁ λόγος τῶν γιγνομένων. Ce sont presque les termes dont se sert Aristote, *De Mot. An.*, I, τοῦτο μὴ μόνον τῷ λόγῳ καθόλου λαβεῖν ἀλλὰ καὶ ἐπὶ τῶν καθ'ἕκαστα καὶ τῶν αἰσθητῶν, δι'ἅπερ καὶ τοὺς καθόλου ζητοῦμεν λόγους, καὶ ἐφ'ὧν ἐφαρμόττειν οἰόμεθα δεῖν αὐτούς.

cause, ou qu'il y en ait plusieurs, on les trouvera plus facilement dans les faits particuliers et individuels. Dans les deux sens, la sensation nous fournit les principes [1], car elle nous fait connaître les différences, et toute science porte sur les différences propres. La substance, l'essence, le τὸ τὶ ἦν εἶναι est propre à chaque être individuel. Mais sur ce point même, comme s'il craignait de s'être trop avancé, Théophraste se complète ou se corrige en ajoutant : la sensation voit sans doute les différences et recherche les causes ; mais peut-être serait-il plus exact de dire qu'elle soumet les différences qu'elle a perçues à la raison,

---

[1] *Id.*, II, 3, 5. ἡ γὰρ αἴσθησις δίδωσιν ἀρχὰς ἐπ'ἄμφω. Fragm. 18 « C'est de la sensation et des choses sensibles qu'il faut partir pour chercher la vérité des choses naturelles ». Fragm. 13 « La sensation est le principe de la conviction, πίστις ; c'est d'elle que partent les principes qui aboutissent à la raison qui est en nous et à la pensée ». Il en donne la raison, frag. 18 : « Puisque sans le mouvement on ne peut parler de rien, que tout ce qui est dans la nature est en mouvement; que, sans le mouvement d'altération et d'affection, il n'est pas possible même de parler des choses intermédiaires, περὶ τὸ μέσον (intermédiaires entre les choses sensibles et les intelligibles, sans doute), si l'on veut traiter de ces choses et de celles qui s'y rattachent, il n'est pas possible d'omettre la sensation ; il faut, au contraire, commencer par elle toute tentative de connaître, ou en s'appuyant sur les faits eux-mêmes, ou sur les lois qu'on en déduit, si l'on croit qu'il y a des principes supérieurs et antérieurs aux phénomènes. La meilleure méthode est de s'élever des choses qui nous sont le plus connues aux principes », car Théophraste ne réduit pas la connaissance aux objets sensibles : comme son maître, il admet qu'à la double forme des objets réels, sensibles et intelligibles, correspond une double forme de connaître, la sensation et la pensée pure, νόησις (fragm. 27). Il distingue (fragm. 57 *bis* et 57 c) :
1° Une connaissance singulière, καθ'ἕκαστα, définie ;
2° Une connaissance particulière, μερικήν, qui est indéfinie ;
3° Une connaissance générale en tant que générale, τῆς καθόλου ὡς καθόλου, opposée à la particulière ;
4° Une connaissance absolument universelle, ἁπλῶς καθόλου, opposée à la singulière.

Le fragment I qui contient le traité intitulé : *De Sensu*, est une histoire intéressante des théories de la sensation antérieures à Aristote qui n'y est pas nommé, et où l'on ne rencontre aucun exposé d'une doctrine personnelle. La critique repose sur les principes d'Aristote.

Tout en reconnaissant avec lui que la connaissance résulte de la notion rationnelle et de l'expérience sensible, que la sensation est le critérium des choses sensibles, la raison celui des choses intelligibles, que ces deux procédés ont pour caractère commun l'évidence (Sext. Empir.., *adv. Dogm.*, I, 217), Théophraste attache encore plus d'importance que lui à la sensation qui est le principe de la créance et d'où naissent les notions primitives qui pénètrent dans notre esprit. Il distingue l'imagination de la sensation (Simplic., *de An.*, 80, a. m. Prisc., *Philipps.*, Ἴλη ἀνθρ., p. 245) ; mais il ne sait à quelle partie de l'âme, la raisonnable ou l'irraisonnable, la rattacher.

poursuivant tantôt uniquement son objet, tantôt soulevant des doutes, grâce auxquels, si elle ne peut les résoudre et les franchir, elle peut du moins, par une recherche plus profonde, jeter quelque lumière dans ces ténèbres [1].

C'est à ce qu'il semble, d'après ses fragments, l'état à peu près général de son esprit et de sa raison. Il recherche avec une conscience et une sincérité admirables les faits ; mais il les soumet à sa raison, avec peu d'espérance d'arriver à la certitude, et se déclare satisfait s'il peut éclairer les profondeurs des problèmes.

Sur les rapports de la philosophie première et de la physique, c'est-à-dire du suprasensible et de la nature physique, son esprit n'est pas moins perplexe et partagé. Il répète avec Aristote qu'il y a entre ces deux domaines de l'être un rapport, un lien, une sorte de contact et comme une pénétration réciproque [2]. L'intelligible n'est pas borné aux principes mathématiques ; car les figures, les formes, les proportions, domaine des mathématiques, sont l'œuvre de l'esprit humain, et d'ailleurs n'ont pas la puissance de communiquer aux choses sensibles le mouvement et la vie. C'est un principe supérieur, antérieur, un en nombre, en espèce, en genre, c'est Dieu, principe de toute la nature, par qui tout est et tout demeure, qui met le mouvement dans le monde sans y participer lui-même et seulement par sa puissance causatrice, qui s'exerce en ce qu'il est, par sa perfection et sa beauté souveraines, pour les êtres inférieurs à lui l'objet de leur désir. C'est de ce désir que naît l'éternel mouvement du ciel, c'est-à-dire la vie universelle

On reconnaît bien la pure doctrine d'Aristote ; mais en présence de cette grande pensée métaphysique l'esprit de Théophraste se trouble ; le doute reprend sur lui son empire, et il ajoute : mais là-dessus que de difficultés, que d'objections s'élèvent ! Les corps mus en cercle et leurs mouvements sont opposés :

---

[1] *Met.*, fragm. XII, n. 19, 20, 21.
[2] *Met.*, fragm. XII, 2. συναφή τις καὶ οἷον κοινωνία πρὸς ἄλληλα.

d'où vient cette diversité, s'il n'y a qu'un moteur unique, ou s'il y en a plusieurs, il n'est donc pas certain qu'il n'y en a qu'un, comment expliquer l'accord et l'harmonie de ces mouvements [1].

Pourquoi tous les êtres de la nature désirent-ils le mouvement et non le repos, supérieur au mouvement, qui n'est qu'un acte imparfait, suivant Aristote? Le désir, et surtout le désir du bien parfait, suppose l'âme, à moins qu'on ne donne aux êtres de la nature le désir que par métaphore : et alors il faut considérer comme ayant une âme tous les êtres qui se meuvent [2].

Si le principe premier est cause du mouvement circulaire, il est cause ici d'une chose qui n'est pas la meilleure [3]. Car à l'âme il faut attribuer le mouvement, puisque le mouvement, c'est la vie, pour les êtres qui le possèdent. Or le mouvement de l'âme est supérieur au mouvement circulaire, qui entraîne les astres et surtout le mouvement de la raison, d'où part le désir du bien parfait. Le mouvement circulaire du ciel est-il de son essence, et le ciel serait-il détruit si ce mouvement venait à s'arrêter? ou bien n'a-t-il ce mouvement et le mouvement que par accident?

Comment faut-il se représenter les principes des choses, en forme et déterminés, ou informes et indéterminés? Si le monde et ses parties possèdent l'ordre, la proportion, les figures, les

---

[1] *Met.*, fragm. XII, 2.
[2] *Id.*, id., 8.
[3] Fragm. XII. *Met.*, 308, 11. Puisqu'il est immobile, il est évident qu'il ne saurait être, par son mouvement, cause des choses de la Nature qui sont mouvement même. Proclus (*in Tim.*, 177 a). « Théophraste ne trouve pas utile de dériver l'âme, comme cause du mouvement, de principes supérieurs, car il dit lui-même que le Ciel a une âme (à moins qu'il ne faille lui appliquer la réserve qu'il pose lui-même, *Met.*, segm. 8, εἰ μή, τις λέγοι καθ'ὁμοιότητα καὶ διαφοράν), et par cela même est divin. Car s'il est divin, dit-il, et même la vie la plus parfaite, il a une âme, puisque rien n'est supérieur sans âme, comme il l'a écrit dans son traité : περὶ Οὐρανοῦ. Clem., *Protreptic.*, c. 5. 41 : « Théophraste voit Dieu tantôt dans le Ciel, tantôt dans l'Esprit, Πνεῦμα ». Il y a toute une théorie de ce πνεῦμα, dans la psychologie des Grecs, et qui y prend tantôt un caractère franchement matérialiste, tantôt un caractère hautement spiritualiste, comme il arrive dans les Pères de l'Église grecque, voir Siebeck, tom. 2, p. 136.

propriétés diverses, comment les refuser aux principes élémentaires dont tout le reste est formé? Faut-il donc croire que chaque chose, les animaux, les plantes, la cellule même, ἐν αὐτῇ πομφόλυγι, ont une fin, une raison finale, τὸ ἕνεκά του? Jusqu'où, dans le monde, s'étend la loi de l'ordre, et pourquoi ne peut-il pas y en avoir plus qu'il n'y en a, et pourquoi cette rechute des choses dans le désordre et le mal¹?

Ainsi ce grand principe de la fin, de la cause finale, qui domine toute la philosophie d'Aristote, l'esprit curieux et inquiet de Théophraste, non seulement le veut renfermer dans une mesure assez étroite, mais semble même le mettre en doute. Aristote avait dit que la nature manque parfois son but, qu'elle n'atteint pas toujours dans ses créations la fin qu'elle se propose : Théophraste va plus loin : mais pourquoi donc cette impuissance de la nature, s'il est vrai, comme le disait le maître, qu'elle a quelque chose de divin, δαιμόνιόν τι? Pourquoi toutes les choses ne sont-elles pas bonnes, les unes comme les autres? Comment se fait-il que la nature consiste dans les contraires, que le mal fasse équilibre au bien, ou plutôt l'emporte de beaucoup sur le bien²? Est-il donc vrai que tout à sa fin en ce monde, et que rien n'est inutile et sans but, μηθὲν μάτην? N'y a-t-il pas des choses et beaucoup de choses qui se dérobent à cette loi de la fin et de l'ordre, qui arrivent par hasard, par une sorte de nécessité mécanique fatale, comme on le voit dans les phénomènes célestes, et dans la plupart des événements qui se passent sur la terre... Par exemple, dans les animaux que de choses sont qui semblent n'avoir pas de raison d'être? Pourquoi des mamelles dans les animaux mâles, pourquoi, dans les femelles, l'émission du sperme, puisque cela ne sert à rien? Pourquoi la barbe et les poils dans telles parties? pourquoi telle grandeur des cornes à des animaux à qui cela est nuisible? Il n'y a là évidemment aucune fin, mais des faits acci-

---
¹ *Met.*, fragm. XII, 9.
² *Id.*, XII, 18.

dentels, comme une sorte de nécessité fatale dûs au hasard et à la révolution du monde, περιφορᾷ. Si ces êtres et ces choses n'ont pas de fin, le principe des causes finales ne s'applique qu'à un ordre particulier de phénomènes, et il ne faut pas l'introduire partout. Et la seule réponse que fait Théophraste à ces questions que sa raison se pose, ne s'éloigne pas moins de l'esprit du dogmatisme péripatéticien : à savoir qu'elles portent sur des objets dont la science nous est probablement interdite, et inaccessible à l'intelligence de l'homme : ἀλλ' ἥδε μὲν οἷον ὑπέρβατός τις σοφία.

Ses considérations sur la science même ne sont pas sans force et sans profondeur. Puisque la fin d'un être est le rapport de l'individuel et de l'universel, l'œuvre de la science est de saisir et d'embrasser l'unité d'une pluralité [1]. La science est multiple; pour chaque objet d'un genre différent, il y a une méthode propre pour le connaître, et la connaissance de cette méthode est le principal et le plus important [2]. Aristote avait dit à peu près la même chose, mais avec plus de précision. Suivant lui toute science, en tant que science, doit avoir la forme de la science, et il n'y en a qu'une, qu'enseignent les *Analytiques ;* mais il y a plusieurs sciences, et chacune d'elles, de même qu'elle a ses conclusions propres et ses principes propres, doit avoir aussi, outre la forme et la méthode scientifiques générales, ses procédés propres de recherche et d'exposition. Théophraste est plus original et plus profond dans ce qui suit.

S'il est vrai, dit-il, comme quelques-uns le prétendent, que certaines choses sont connaissables par cela même qu'elles sont inconnaissables τῷ ἄγνωστα εἶναι, ce serait là un procédé de connaissance très particulier et qui aurait besoin de distinction. Il serait peut-être mieux de dire des choses qui rentrent dans ce genre qu'elles sont connaissables par analogie, plutôt que de dire qu'elles sont connaissables par leur inintelligibilité même ;

---

[1] *Id.*, id., 20.
[2] *Id.*, id., 21.

car ce serait presque dire qu'une chose est visible par le fait même qu'elle n'est pas visible [1].

On devrait, avant tout, définir ce que c'est que savoir : mais c'est une chose bien difficile, pour ne pas dire impossible. Comment saisir la notion universelle dans des termes auxquels s'appliquent des sens différents et qui ont un contenu différent ? Jusqu'où d'ailleurs faut-il pousser la recherche des causes, aussi bien dans l'ordre des intelligibles que dans l'ordre des sensibles, et de quelles choses faut-il les rechercher ? Car les poursuivre de toutes choses, et jusqu'à l'infini est absurde et destructif de la pensée même [2]. Lorsque nous arrivons aux termes extrêmes, aux premiers principes, nous ne pouvons plus les saisir, soit parce qu'ils n'ont pas de cause, soit par suite de notre faiblesse, de même que nous ne pouvons regarder les objets éclairés d'une trop vive lumière. La vue des premiers principes est une sorte de contact, de toucher, ce qui fait que l'erreur n'y a pas place.

Le plus important, comme le plus difficile, dans tous les ordres de sciences, c'est de savoir où poser le terme de la recherche, aussi bien dans les sciences de la nature que dans celle qui les domine et les conditionne. Car ceux qui cherchent la raison de tout détruisent la raison et la science. Ceux qui pensent que le monde est éternel et cependant cherchent la raison et la cause de cette éternité, cherchent une chose dont il n'y a pas et ne peut pas y avoir de raison [3].

Un des principes essentiels à la doctrine péripatéticienne, à

---

[1] *Id.*, id.
[2] *Id.*, id., 23 et 24.
[3] *Id.*, id., 26. Dans l'ordre même des faits et des êtres de la nature, il ne faut pas partout rechercher les causes, le διὰ τί (*Procl. in. Tim.*, 170). Ainsi, l'âme, être de la nature, est principe du mouvement : il n'y a rien avant elle, et il n'y a pas lieu de rechercher son principe : ce serait, en effet, rechercher le principe du principe (*id.*, 177). εἰκότως ἀρχὴν κινήσεως τὴν ψυχὴν εἰπὼν, οὐδὲ ἄλλο πρὸ αὐτῆς ὑποθέμενος, ἀρχῆς οὐκ οἴεται δεῖν ἀρχὴν ἐπιζητεῖν. Il ne recherche pas davantage l'origine des idées premières, ou qui semblent telles. Comme Aristote, il considère le mouvement comme un fait donné par l'évidence, et il paraît, ainsi qu'Eudème, avoir adopté, sans modification, la définition et la conception du temps qu'avait donnée Aristote. *Scholl. Ar.*, 394, b.

savoir que l'acte est supérieur et étranger au mouvement, ne peut entrer dans l'esprit de Théophraste. Son bon sens pratique et positif résiste à l'accepter. Si le repos est identique à l'inertie, comme il semble manifeste, comment l'attribuer, mais aussi comment le refuser aux premiers principes? Il paraît manifeste que toute chose, lorsqu'elle est en acte, est mue, comme on le voit dans les animaux, les plantes, le ciel lui-même : car le ciel en repos est une abstraction, une fiction, l'homonyme du ciel [1]. La vie est mouvement, et l'acte est la vie [2].

Des faits plus importants et plus considérables encore se manifestent dans les modes d'élever les animaux et leurs modes de reproduction. Il n'y a là évidemment aucune fin ; mais des faits accidentels dûs aux combinaisons du hasard ; car s'ils étaient conditionnés par une fin, ils se produiraient partout les mêmes et de la même manière [3]. Il semble que Théophraste fasse ici allusion aux variations que peuvent produire, dans les espèces animales, certaines conditions particulières de nourriture, d'éducation, de reproduction où les placent soit le hasard des circonstances, soit la volonté de l'homme. La variabilité des espèces, si elle étonne justement dans un disciple d'Aristote, est loin d'être une idée nouvelle en philosophie, et Lamarck et Darwin ont eu, dès l'antiquité la plus reculée, d'illustres précurseurs.

Cependant Théophraste ne s'abandonne pas tout entier à ces entraînements ; il ne déserte pas complètement et sans réserve les principes de son maître A considérer les choses en général, dans l'ensemble, tout dans la nature tend au mieux, τοῦ ἀρίστου, et dans la mesure du possible participe à l'ordre et à la durée éternelle. Partout où le mieux est possible, il ne fait jamais défaut. Le monde de la vie est restreint ; le monde des êtres inorganisés est infini ; dans les êtres animés, le bien est rare,

---

[1] Id., id., 28, 29.
[2] C'est pour cela que les végétaux ont une vie, quoiqu'ils n'aient ni mœurs ni actions, ἤθη καὶ πράξεις. Hist. Plant., I, 1.
[3] Id., id., 30.

le mal très répandu ; mais il faut ne pas oublier qu'il vaut mieux être que n'être pas. L'être est de l'ordre du bien, βέλτιον τὸ εἶναι, et, par cela seul qu'ils sont, les êtres et les choses participent déjà à la beauté, τὰ μὲν οὖν ὄντα καλῶς ἔτυχεν ὄντα [1].

Dans la définition aristotélique de l'âme, Théophraste semble réclamer une modification [2], parce qu'il ne peut comprendre que l'acte, même l'acte de la pensée, soit pur de mouvement, ou plutôt ne soit pas un mouvement. On peut bien, disait-il, dans son livre *du Mouvement* [3], ramener les instincts, les désirs, les passions, à des mouvements du corps, où ils ont leurs principes. Mais tout ce qui est jugement, intuition, il n'est pas possible de le ramener à autre chose qu'à l'âme, à la raison, partie supérieure et divine de l'âme. Or il est unanimement reconnu que ce sont là des mouvements. Il faut donc voir s'il n'y aurait pas lieu d'introduire quelque distinction dans la définition qui donne à l'acte, et à l'âme en tant qu'acte, l'impassibilité et l'immobilité pour caractères spécifiques [4].

La distinction même qu'Aristote n'a pas négligé de faire, mais sans l'introduire dans sa définition, soulève d'autre part des difficultés et des objections nouvelles. Le Νοῦς est distinct de l'âme ; mais comment jamais, puisqu'il vient du dehors, ἔξωθεν, puisqu'il est comme surajouté à l'âme, ἐπίθετος, comment

---

[1] Id., id., 31 et 32.
[2] Iamblique (Stob., *Eclog.*, I, 870). « D'autres (peripatéticiens) définissent l'âme la réalisation substantielle du corps divin, τελειότητα κατ'οὐσίαν τοῦ θείου σώματος, ἣν ἐντελέχειαν καλεῖ Ἀριστοτέλης, ὥσπερ δὴ ἐν ἐνίοις Θεόφραστος. Il n'est pas certain que ce dernier membre de phrase s'applique à la définition même, et l'on pourrait plutôt croire qu'elle s'applique au nom ἐντελέχεια, que Théophraste entre plusieurs, a dû accepter et recevoir d'Aristote. Peu de philosophes ont entrepris de donner une définition scientifique de l'âme. Quels que soient les défauts ou les lacunes de celle d'Aristote, il en restera toujours quelque chose : l'idée d'une fin se réalisant, car l'âme est pour lui la réalisation du corps, conformément à une fin.
[3] Simplic., *Phys.*, 225, a, u.
[4] L'âme est si bien mouvement pour Théophraste, que Thémiste (*de An.*, 68, b. o), dit : « Il avoue que le mouvement est l'essence même de l'âme, et c'est pour cela que plus elle se meut, plus elle perd de son essence ». Cette dernière proposition est étrange, comme le dit Zeller, qui veut l'attribuer à un autre Théophraste. Mais ne pourrait-on attribuer à celui-ci même l'opinion que le mouvement s'use lui-même et finit par détruire l'essence de l'âme, comme de toutes les choses qui se meuvent ?

peut-il être de la même essence qu'elle? Quelle est donc l'essence même de ce Νοῦς? Dire qu'il n'est rien en acte et qu'il est tout en puissance, comme la sensation, on le peut; mais à la condition de ne pas entendre par là qu'il n'est absolument pas en acte. Car même pour les choses matérielles, il y a pour substrat de l'acte une puissance, une force, δύναμις, qui n'est pas concevable sans quelqu'action. De même aussi si l'on veut ne pas détruire l'unité de l'âme par l'intervention de ce Νοῦς, il faut entendre par le mot ἔξωθεν, qu'étranger, il est vrai, au premier développement des facultés psychiques, il était néanmoins, quoique caché et invisible, enveloppé dans les profondeurs de la constitution première de l'âme, et comme dit Théophraste, de sa première génération, c'est-à-dire au moment où pour la première fois apparaît et est engendrée l'âme.

Et toutes ces interprétations complaisantes ne lèvent pas encore les difficultés. Comment le Νοῦς, l'intelligence, devient-il l'intelligible [1]? Comment faut-il entendre sa passivité? car il faut bien qu'il en éprouve une, comme la sensation, pour arriver à l'acte. Quelle passivité un incorporel peut-il éprouver d'une chose corporelle, et quelle espèce de changement? Ce changement vient-il de l'objet ou de lui-même? D'un côté il semble que le Νοῦς doit subir le changement de la part de l'objet; car aucune des choses soumises à la passivité ne la subit d'elle-même; de l'autre côté, le Νοῦς est principe de tout; il n'en est pas de lui comme de la sensation qui dépend de l'objet. Il dépend de lui seul de penser, et si sa pensée est une modification de son essence, un état passif qu'il subit, cette passivité sort du fond de son essence même. Enfin dire qu'il n'est rien en acte, et tout en puissance, n'est-ce pas le faire descendre dans l'ordre de la matière, dont c'est précisément l'essence d'être tout en puissance et rien en acte [2].

---

[1] Themist., *de An.*, 91, a, o.
[2] Thémiste nous apprend que cette discussion est empruntée au V⁰ l. de la Physique de Théophraste, qui était le 2⁰ l. de son traité de l'âme, et qui était rempli πολλῶν μὲν ἀποριῶν, πολλῶν δὲ ἐπιστάσεων, πολλῶν δὲ λύσεων. Il est regrettable que

Il résulte de là, comme l'a observé Thémiste, que sur le Νοῦς en puissance Théophraste élève les mêmes objections contre l'hypothèse qu'il vient du dehors et contre l'hypothèse qu'il vient du dedans et de la nature même de l'être.

Quant au Νοῦς agent, il est impassible et séparable, sans doute, sous certains points de vue, mais sous d'autres, ἄλλως, cela n'est pas admissible [1]; car s'il était absolument impassible, ἀπαθής, il ne penserait pas. De plus quel est le rapport de ces deux natures qui se confondent ou se fondent dans le Νοῦς? Quel est le substrat, τὸ ὑποκείμενον, du Νοῦς agent et de son corrélat, τὸ συνηρτημένον? car il semble que le Νοῦς est un composé, un mélange, et un mélange du Νοῦς agent et du Νοῦς en puissance. Quoi de plus contraire à l'analyse d'Aristote qui le déclare expressément simple et sans mélange, ἀμιγής? Or si le Νοῦς moteur, κινῶν, est de même nature, immanent en nous, il aurait dû mouvoir dès le commencement et devrait mouvoir éternellement

On voit encore, par la substitution peut-être involontaire du mot κινῶν au mot ποιητικός, combien l'esprit de Théophraste résiste à la conception d'Aristote d'un acte pur de mouvement. L'acte descend dans la sphère du mouvement et s'identifie avec lui. Le mouvement reste alors sans cause et sans raison puisque, suivant la doctrine d'Aristote, tout mouvement suppose un moteur immobile, sans quoi on se perd dans l'infinité et on ne trouve aucun point où s'arrêter.

D'un autre côté, si ce Νοῦς agent arrive dans le Νοῦς en puissance du dehors et postérieurement à la naissance de celui-ci, comment ce phénomène se produit-il? avec quoi y est-il introduit? Puisqu'il est ἀγέννητος, comment n'y est-il pas toujours [2]? Comment expliquer l'oubli et l'erreur?

---

nous ne connaissions guère que les premières, et que Thémiste nous ait laissé ignorer les solutions, si toutefois il y en avait; car Théophraste, qui sait si bien élever des objections contre les solutions données aux problèmes de la philosophie, n'en a pour ainsi dire jamais aucune à présenter pour son compte.

[1] Theophr., fragm LIII, b. ἀπαθὴς γὰρ, φησίν, ὁ Νοῦς, εἰ μὴ ἄρα ἄλλως παθητικός.
[2] Theophr., fragm. LIII, b.

La seule solution que propose Théophraste et qu'accepte Thémiste pour concilier ces contradictions relevées avec tant de force, c'est d'entendre ici les mots dans un sens différent de celui qu'ils ont habituellement, quand ils sont appliqués aux autres choses. Priscien [1] confirme sur un autre point ce mode d'interprétation de Thémiste, dans un esprit très philosophique. Théophraste rappelle qu'il faut entendre dans un sens très particulier la proposition que le Νοῦς en acte et en puissance est les choses mêmes, afin qu'on n'entende pas, comme lorsqu'il s'agit de la matière, l'être en puissance dans le sens de la privation, et l'être en acte dans le sens d'un achèvement, τελείωσις, opéré par un mouvement passif et extérieur ; ni non plus comme lorsqu'il s'agit de la sensation, où la production des idées est opérée par le mouvement des organes des sens, puisqu'elle est une intuition des choses extérieures. C'est dans un sens tout intellectuel qu'il faut entendre ce qu'on dit de la raison, qu'en acte et en puissance elle est les choses mêmes.

En effet les choses sont les unes dans une matière, les autres sans matière, par exemple : les substances incorporelles et séparées. Dans les substances séparées, le sujet pensant et l'objet pensé ne sont, comme l'avait dit Aristote, qu'une seule et même chose [2] ; car le Νοῦς sans se porter à l'extérieur, mais demeurant en lui-même, pense les choses : c'est pourquoi il est identique aux choses pensées. Toutes les choses immatérielles et indivisibles, qui possèdent la vie et la connaissance, sont elles mêmes intelligibles.

Pour conclure, Théophraste ajoute : « Lorsque ce fait se produit, quand la pensée se réalise, il est évident que le Νοῦς possède les choses (qu'il pense), et quand ce sont des intelligibles, qu'il les possède toujours, puisque la connaissance

---

[1] Philosophe grec, né en Lydie, disciple de Damascius, auteur d'une Μετάφρασις τῶν Θεοφράστου περὶ αἰσθήσεως, publiée par Wimmer, dans son édition des œuvres de Théophraste, t. III, p. 232. On trouve à la fin du Plotin de l'édition Didot, ses *Solutiones eorum de quibus dubitavit Chosroes, Persarum rex*.

[2] Ar., *Met.*, XII, 9 ; *de An.*, III, 4.

intuitive est identique aux choses mêmes, la connaissance intuitive en acte, bien entendu ; car c'est là la connaissance au sens propre et éminent, κυριωτάτη. Les intelligibles subsistent toujours dans la raison, puisque par essence elle coexiste avec eux et est ce qu'ils sont.

Les êtres qui sont dans une matière, quand ils sont pensés, sont eux aussi dans la raison, mais non pas comme naturellement portés par elle ; car des choses matérielles ne peuvent jamais être, en tant que telles, dans la raison, immatérielle par essence. Mais lorsque la raison pense les choses matérielles, non pas seulement telles qu'elles sont ou plutôt apparaissent, mais dans leurs causes, alors les choses matérielles sont dans la raison selon leur cause, leur essence, ὑπάρξει κατὰ τὴν οὐσίαν.

Théophraste a déjà un penchant très marqué à rapprocher dans l'homme le spirituel du physique, et l'âme humaine de l'âme des bêtes. Entre les unes et les autres il n'y a pas de différences d'essence, de nature ; elles sont ἀδιάφοροι ; elles sont toutes également susceptibles de désirs, de passions, de raisonnement et surtout de sensations. Sans doute il y a entre elles des différences de degré : de même que le corps, certains animaux ont l'âme plus parfaite, d'autres moins parfaite : mais tous ont l'âme composée des mêmes principes, πᾶσί γε μὴν αὐτοῖς αἱ αὐταὶ πεφύκασιν ἀρχαί, ce que prouve la ressemblance de leurs affections, δηλοῖ δὲ ἡ τῶν παθῶν οἰκειότης. C'était un des arguments par lesquels il démontrait la commune origine des hommes et des bêtes, et la parenté de tous les hommes entr'eux. Nous croyons, disait-il, que les hommes sont de la même famille et de la même race, οἰκείους τε καὶ συγγενεῖς, ou parce qu'ils descendent des mêmes ancêtres, ou parce qu'il ont en commun la nourriture, les mœurs, la race, mais surtout parce que l'âme en eux n'a pas de différence de nature et d'essence [1]. Aristote avait déjà dit que si les bêtes n'ont pas l'entendement ni la raison,

---

[1] Porphyr., *de Abstin.*, III, 25. Théophraste avait écrit un traité intitulé : *De la raison et du caractère moral des animaux*, d'où semble être tiré l'extrait de Porphyre.

elles ont du moins un principe analogue. Les végétaux eux-mêmes ont la vie : mais il n'ont ni mœurs ni actions [1].

Comme Aristote, Théophraste définit la sensation : une assimilation par le sens de la forme de l'objet sensible, sans sa matière, κατὰ τὰ εἴδη καὶ τοὺς λόγους ἄνευ τῆς ὕλης γίνεσθαι τὴν ἐξομοίωσιν [2]; assimilation qui suppose entre le sujet et l'objet une ressemblance, une affinité qu'il constate sans en déterminer le caractère et la nature. Il s'opère, suivant lui, dans l'appareil des sens, des changements qui rendent les organes de la sensation semblables à l'objet perçu, non pas matériellement sans doute, mais formellement; car il est impossible de se représenter comment la matière même des objets pourrait pénétrer dans le sens. Ce ne pourrait être qu'au moyen d'une sorte d'émission, d'émanation, ἀποῤῥοή [3]. Mais comment par l'émanation pourrions-nous expliquer les jugements que nous portons sur le lisse et le rude? Cette émission d'ailleurs constituerait pour l'objet une perte de sa substance matérielle; les objets qui ont une odeur forte devraient diminuer rapidement de volume : ce qui est loin d'être confirmé par l'expérience. Dans la sensation du goût qui se reproduit par contact, on ne peut concevoir une émanation. Ce ne serait plus une sensation, et si c'en est une, elle doit s'opérer par un rapprochement intime, διὰ τὸ συγκρίνεσθαι, et non par émanation. Le sujet et l'acte de la sensation ne font qu'un. Nous voyons quelque chose d'analogue se produire dans la chaleur qui est à la fois dans le feu, comme acte de l'échauffant, et dans l'objet, comme état passif de l'échauffé [4].

La sensation ne dépend pas exclusivement des propriétés de l'objet, comme le croit Démocrite, mais aussi de la disposition du sujet sentant : καὶ τὸ ὑποκείμενον ἀποδιδόναι ποῖον. Il y faut le concours de l'agent et du patient : μὴ μόνον τὸ ποιοῦν, ἀλλὰ καὶ τὸ πάσχον. Cela est manifeste, puisque le même objet ne cause pas

---

[1] *Hist. Plant.*, I, 1.
[2] *Prisc.*, p. 241, fragm. I. Philippson.
[3] *De Sens.*, 20.
[4] Prisc., *Metaphr.*, I, 18.

à tous les êtres capables de sentir la même sensation, et il n'y a rien d'impossible à ce qu'un objet amer pour une espèce d'êtres vivants soit doux pour une autre [1]. Le fait de sentir dépend, non pas des canaux intermédiaires qui le transmettent, πόροι, mais de la constitution et du tempérament du sujet, πρὸς τὴν διάθεσιν καὶ τὴν κρᾶσιν [2].

On peut soutenir, avec Anaxagore, que la sensation s'opère par les contraires ; car l'altération, ἀλλοίωσις, nécessaire à la sensation, ne semble pas pouvoir être produite par les semblables, mais par les contraires. Mais c'est une erreur de croire que toute sensation est accompagnée de douleur : l'expérience le prouve, aussi bien que le raisonnement. Des sensations, les unes sont accompagnées de plaisir, les autres ne sont accompagnées d'aucune douleur. La sensation en effet est conforme à la nature, et rien de ce qui est conforme à la nature ne se produit avec violence et souffrance : au contraire, et plutôt avec un sentiment de plaisir. Le fait même de sentir, nous ne le recherchons pas sans un certain désir de l'objet. Ni la pensée ni la sensation ne sont accompagnées de douleurs. L'excès même des objets sensibles et la durée trop prolongée de la sensation ne prouvent pas que la sensation est nécessairement accompagnée de douleur, mais plutôt qu'elle consiste dans un certain mélange, dans une certaine proportion quant à l'objet : ἐν συμμετρίᾳ τινὶ καὶ κράσει πρὸς τὸ αἰσθητόν [3]. C'est pour cela qu'un défaut de proportion en moins dérobe l'objet à la sensation, et qu'un défaut de proportion en trop la rend douloureuse et endommage l'organe. En réalité l'acte de sentir en soi ne comporte ni le plaisir ni la douleur : il est neutre, μετ' οὐδετέρου [4].

Toutes les sensations s'opèrent par un médium, qui, dans le toucher, est la chair, dans les autres sens certaines matières

[1] Theophr., *de Caus. Plant.*, VI, 2, 1.
[2] Id., id., VI, 5, 4.
[3] *De Caus. Plant.*, VI, 1, 1. La saveur, l'odeur, et toutes es sensations en général sont des mélanges faits avec proportion, μικτά πως κατὰ λόγον.
[4] Theophr., *de Sens.*, 31.

extérieures à nous : le diaphane pour la vue, l'air pour l'ouïe, l'eau pour le goût, l'air et l'eau pour l'odorat¹. Tout cela est parfaitement conforme à la théorie d'Aristote, avec lequel il s'accorde encore en composant d'eau et d'air les appareils organiques immédiats de la perception sensible dans la vue, l'ouïe, et l'odorat². Il admet, comme son maître, qu'il y a un sens commun pour percevoir les propriétés générales des corps; mais il trouve inadmissible l'opinion que ces propriétés générales et du moins la forme des corps soient perçues à l'aide du mouvement: ἄτοπον εἰ τὴν μορφὴν τῇ κινήσει ³.

Nous possédons tous les sens possibles et nécessaires; mais il n'est pas moins certain qu'un sens unique pourrait suffire pour deux genres différents d'objets sensibles; et s'il en était ainsi, si par le même sens nous percevions des objets de plusieurs genres différents, nous n'en aurions pas conscience ⁴. Sa critique de la théorie de la sensation de Démocrite prouve qu'il admet la véracité du témoignage de nos sens : il y a dans les choses senties une réalité qui correspond à la sensation éprouvée et qui la cause. La sensation n'est pas une simple modification, une affection pure de la faculté de sentir, comme le croit Démocrite: c'est quelque chose de plus qu'un phénomène psychique purement subjectif. Ce que ce philosophe accorde pour les sensations de la pesanteur, de la rudesse et de leurs contraires, doit être étendu à toutes les sensations. La plus grande contradiction du système de Démocrite est de faire de la sensation en même temps un phénomène purement subjectif, πάθη, et d'en ramener la cause aux figures des atomes qui sont des réalités objectives ⁵. A cette question : pourquoi dans la veille avons nous souvenir de ce que nous avons rêvé, et pourquoi, dans le rêve, n'avons nous pas souvenir des actes de notre vie éveillée, il répond, c'est

---

¹ Prisc., dans le Théophr. de Wimmer, t. III, p. 276, sqq.
² Id., id.
³ Id., p. 237.
⁴ Prisc., *Metaphr.*, I, 31, 12. εἰ δι' αὐτοῦ πλείω (αἰσθανόμεθα), οὐ πάντως ὁ τοῦτο ἔχων καὶ τὰ πλείω εἴσεται.
⁵ Theophr., *de Sens.*, 63-70.

qu'on ne se souvient que de ce que l'on a perçu par la sensation, ou de ce que l'on se représente par l'imagination : or ni l'une ni l'autre de ces opérations mentales ne se produit dans le sommeil. L'état du sommeil suspend l'activité de la sensation, et en même temps par cela même suspend la mémoire [1].

Nous avons peu d'observations psychologiques proprement dites, à attribuer à Théophraste : il considère comme absurde de se représenter le phénomène de la vision comme une impression, faite dans l'air, par les objets sensibles, d'une forme semblable. L'air qui n'a aucune solidité n'est pas susceptible de recevoir une forme : l'eau la recevrait mieux encore, et cependant on voit moins bien dans l'eau que dans l'air [2]. Ce qui n'empêche pas Théophraste d'expliquer le phénomène des images dans les miroirs comme une impression de la forme dans l'air, τῆς μορφῆς ὥσπερ ἀποτύπωσιν ἐν τῷ ἀέρι [3].

Beaucoup d'odeurs, sensibles à plusieurs animaux, échappent aux hommes, parce que l'odorat est pour ainsi dire le plus imparfait de leurs sens, διὰ τὸ χειρίστην ἔχειν τὴν αἴσθησιν ταύτην. En revanche la bonne odeur ne semble pas faire par elle-même et pour elle-même plaisir aux animaux qui ne recherchent par elle que la nourriture. L'homme est presque le seul animal qui l'aime pour elle-même et comme telle [4].

L'excès de la méthode expérimentale, le penchant prédominant des sciences naturelles, ont éteint ou abaissé dans Théophraste le sens métaphysique : la même et fâcheuse influence se manifeste dans sa morale qui prend un caractère

---

[1] *Prisciani Solutiones* (Plotin, ed. Dübner, p. 565). Théophraste n'est pas nommé dans le passage même ; mais comme dans l'Introduction, p. 563, Priscien annonce que les solutions des questions que lui a soumises Chosroès sont tirées des anciens, *veterum exceptas libris*, et que, parmi ces anciens, il cite nommément Théophraste, — « Theophrastus item plurimas occasiones sermone dignas præstitit his quæ quæsita sunt ex *Naturali Historia* et *Naturali auditu*, et ex his quæ dixit *de Somno et Somniis*, etc. », c'est une conjecture très vraisemblable de Dübner que ce passage, qu'on ne retrouve pas dans le mémoire d'Aristote, est tiré du livre de Théophraste, *de Somno*, dont Priscien déclare s'être servi.

[2] *De Sens.*, 51.

[3] Prisc., 280.

[4] *De Odor.*, II, 4 ; *de Caus. Plant.*, VI, 5, 1.

non seulement pratique, mais positif, sans hauteur comme sans chaleur. Cicéron relève vivement cette absence de noblesse et d'idéal dans sa conception de la vie : *spoliavit virtutem suo decore, imbecillamque reddidit*[1], et le blâme, avec toutes les écoles et tous les philosophes, d'avoir approuvé la maxime de Callisthène : *Vitam regit fortuna, non sapientia.* Sur ce point seulement, je veux dire un certain relâchement des principes de la morale, il s'est écarté des maximes de son maître, dont il suit, partout ailleurs, fidèlement les traces, autant que nous pouvons en juger d'après les courts extraits que nous avons conservés de ses livres, et les jugements, peut être suspects, des écrivains postérieurs.

La raison est pour lui le vrai fondement de la moralité ; la science, le but souverain de la vie, le bien le plus parfait de l'homme. Se rendre autant que possible semblable à Dieu[2] ; pour cela, enflammer en soi le désir de connaître par le spectacle de la beauté que nous pouvons contempler même ici-bas[3], voilà le but et le moyen d'atteindre au bonheur. La vie spéculative est ainsi au-dessus de la vie pratique[4].

Aristote n'a pas laissé une théorie psychologique des sentiments et des passions : il ne les avait analysés que dans leur rapport à la morale pratique et à la rhétorique. Théophraste, qui avait écrit un traité spécial περὶ Παθῶν, semble avoir été provoqué, par une polémique contre Zénon[5], à approfondir davantage ce sujet.

Les instincts, les désirs, les passions, ὀρέξεις, ἐπιθυμίαι, ὀργαί, sont des mouvements, non de l'âme, mais du corps : c'est là qu'ils ont leur principe, tandis que les jugements, les notions intuitives, θεωρίαι, ne peuvent être rapportés qu'à l'âme, qui en est le principe, l'acte et la fin. Ajoutons que le Νοῦς est une

---

[1] Cic., *de Fin.*, IV, 5; *Acad.*, I, 9.
[2] Julian., *Orat.*, VI, 185, a.
[3] Cic., *Tuscul.*, I, 9.
[4] Cic., *de Fin.*, V, 4 ; Plut., *Plac. Phil.*, Proœm., 4.
[5] Senec., *de Ira*, I, 14; Simplic., *Scholl. Ar.*, 86, b, 28.

partie de l'âme, μέρος τι, supérieure, plus divine, puisqu'elle nous vient du dehors, et même absolument divine [1].

La volonté, γνώμη, est en général une déclaration, ἀπόφανσις, des choses à faire ; les unes sont contraires à nos jugements, παράδοξοι, les autres y sont conformes : il en est pour lesquelles il y a doute et incertitude [2]. L'homme est libre, mais dans une certaine mesure. Son libre arbitre est une des causes de ses actions ; mais il en est deux autres : à savoir, le hasard et la nécessité. La nature personnelle les réunit tous les quatre [3].

La vertu n'est pas, comme se l'imaginent les stoïciens, un état de l'âme, qui, une fois acquis, ne peut jamais être perdu [4]. Ce n'est pas une possession immuable, ἀναπόβλητον, comme l'avait reconnu Aristote.

Les passions et les sentiments ne sont pas tous et toujours contraires à la nature : ainsi il est impossible même à l'honnête homme, et surtout à l'honnête homme de ne pas éprouver un sentiment de colère contre les méchants [5]. Les passions que distinguent les mots μῆνις (ou μέμψις), ὀργή, θυμός, diffèrent

---

[1] Fragm. 53. Simplic., *in Phys.*, 225. C'est là que Théophraste ajoute la restriction : « Sur ce point, il faudrait se demander s'il n'y avait pas quelque distinction à faire dans la définition, puisque même ces faits de l'âme, c'est-à-dire nos pensées pures, sont des mouvements, ἐπεὶ τό γε κινήσεις εἶναι καὶ ταύτας ὁμολογούμενον, des mouvements de l'âme, il est vrai.

[2] Fragm. 70, d.

[3] Stob., *Eclog.*, I, 206. Θεόφραστος προσδιατίθεμαι — (La leçon προςδιαρθεῖ, certainement vicieuse, est corrigée en προςδιαρθροῖ ou διαρθροῖ, par Heeren et Meineke : je propose προςδιατίθεμαι, qui convient mieux au sens, et est un mot grec usité) — ταῖς αἰτίαις τὴν κατὰ προαίρεσιν· φέρεται δέ πως εἰς τὸ εἱμαρμένην εἶναι τὴν ἑκάστου φύσιν ἐν ᾗ τόπον τεττάρων αἰτιῶν προαιρέσεως... τύχης καὶ ἀνάγκης. Meineke, pour retrouver la quatrième cause, ajoute, sur le conseil d'Heeren, le mot φύσεως, correction difficile à adopter, puisque, d'après elle, la nature ferait partie de la nature personnelle de chacun.

[4] Simplic., *Scholl., Ar.*, 86, b. 28.

[5] Non potest, inquit Theophrastus (Senec., *de Ira*, I, 14) fieri ut ne bonus vir irascatur malis. Dans l'ouvrage de Bernhardt Barlaam (moine de Calabre, mort en 1348, envoyé en ambassade par l'empereur Andronicus auprès du pape Benoît XII), intitulé *Ethica sec. Stoïcos.*, II, 13, on lit : Theophrasto quidem post Aristotelem Peripateticorum principi non videtur omnem perturbationem adversam esse constantiæ. Conf. Brandis, III, p. 350, n. 323. Rose, *Aristot. Pseudepigr.*, 107 ; Cic., *Tusc.*, IV, 17, 19, 43 ; Senec., *Ep.*, 85, 116.

entr'elles par le plus ou moins, c'est-à-dire en degré, mais non en espèce [1].

Certains traits d'observation, sans se rattacher à aucun système psychologique, sont intéressants à relever. L'excès dans l'amour risque de devenir de la haine [2]. Si les choses sont communes entre amis, à plus forte raison les amis doivent être communs entre amis [3]. Il faut parfois sacrifier à l'amitié même le devoir [4]. Il ne faut pas juger les autres lorsque déjà on les aime; mais il ne faut les aimer qu'après les avoir jugés [5]. La vie humaine est remplie par le bienfait, l'honneur et la vengeance [6].

Il nous reste bien peu de chose de ses théories sur la psychologie de l'art. Il professait, comme son maître, que les sensations de l'oreille sont celles qui produisent sur l'âme l'impression la plus vive et la plus pathétique [7]; car rien de ce que nous goûtons, touchons, voyons, ne cause des agitations, des terreurs, des extases semblables à celles qui fondent sur notre âme, lorsque certains bruits, certains sons arrivent à nos oreilles [8]. Mais en constatant le fait, il néglige de l'expliquer et d'en rechercher la cause : du moins dans les extraits de ses écrits, et dans les renseignements des historiens, rien ne se rapporte à cette question, d'ordre vraiment psychologique, et sur laquelle Aristote, ou l'auteur quelqu'il soit des *Problèmes*, n'avait pas omis de proposer une solution.

Il y a, suivant Théophraste, trois principes de la musique : la douleur, le plaisir et l'enthousiasme, et chacun de ces sentiments imprime à la voix des inflexions qui la font sortir de son caractère ordinaire et habituel [9].

---

[1] Fragm. 72. Je lis εἶναι ὁμοειδῆ, et non μὴ εἶναι, ce qui détruirait la distinction en degrés qu'on veut précisément établir.
[2] Fragm. 82.
[3] Id., 75.
[4] Id., 81.
[5] Id., 71
[6] Id., 80, c.
[7] Fragm. 89. Plut., *de rect. aud. rat.*, 2.
[8] Brandis (t. III. p. 366,-n. 341) croit que cette dernière partie de la phrase appartient à Plutarque.
[9] Fragm. 90. Plut., *Quæst. Symp.*, I, 5, 2.

La musique a pour essence caractéristique d'être la grande excitatrice de l'âme. Le mouvement, que cet art excite en elle, l'affranchit et la délivre des souffrances que les sentiments passionnés amènent, ou au contraire, si ces sentiments ne sont pas encore nés en elle, la musique a la puissance de les éveiller et de les faire éclater [1]. Par les troubles profonds qu'elle déchaîne dans l'âme, par la vertu d'apaisement qu'elle possède sur elle, la musique ne peut manquer d'avoir des effets sur le corps, et on peut s'en servir ainsi comme d'un moyen thérapeutique [2]. Elle guérit les maladies et par exemple la sciatique au moyen d'un air de flûte sur le mode phrygien, joué sur l'endroit malade [3].

Prantl [4] a donné des raisons très fortes et presque décisives contre l'authenticité des *Problèmes*, qui portent le nom d'Aristote. Il les suppose extraits des ouvrages de ses disciples et particulièrement de ceux de Théophraste, où l'auteur de cette compilation aurait le plus souvent copié les formules des questions, absolument conformes aux titres des écrits, tels qu'ils sont reproduits dans le catalogue de Diogène [5].

Parmi ces *Problèmes*, se trouve celui qui traite des *Tempéraments* [6], et que V. Rose, avec beaucoup de vraisemblance, mais avec plus d'assurance encore, affirme être extrait du livre περὶ Μελαγχολίας, mentionné par Diogène dans le catalogue des écrits de Théophraste [7].

La signification psychologique des tempéraments se présente pour la première fois dans Aristote; mais il n'en traite pas

---

[1] Fragm. 88, 89, 90. La musique est définie (fr. 89) κίνησις τῆς ψυχῆς ἡ κατὰ ἀπόλυσιν γιγνομένη τῶν διὰ τὰ πάθη κακῶν.
[2] *Athen.*, XIV, 624, a
[3] Fragm. 87. ἰᾶται μουσικὴ ἰσχιακούς... εἰ καταυλήσοι τις τοῦ τόπου τῇ φρυγιστὶ ἁρμονίᾳ.
[4] *Über die Problem. d. Arist.*, Mém. de l'Acad. de Munich, VI, 341, 377.
[5] Ainsi, les problèmes relatifs à la botanique sont ou paraissent extraits du livre *de Causis Plantarum* : Probl. XX, 8 = V, 6, 3, du *de Causis*: Probl. XX, 9 = V, 6, 4, du même ouvrage: XX, 4 = V, 6, 5 et VI, 20, 17, du même ouvrage.
[6] Probl. XXX, 1.
[7] Val. Rose, *de Arist., lib. Ord.*, p. 191. Fragmentum illud longum Theophrasti e libro περὶ Μελαγχολίας a Diogene memorato sumptum esse patet.

expressément, ne mentionne pas même le sujet dans ses écrits psychologiques, et se borne à en faire des applications pratiques dans ses ouvrages de morale et de rhétorique. Il avait adopté le principe à la fois physiologique et psychologique d'Hippocrate [1], que formule plus tard Philopon en ces termes généraux et précis, ἕπεσθαι ταῖς κράσεσι τοῦ σώματος τὰς τῆς ψυχῆς δυνάμεις [2]. La proportion dans le mélange des éléments matériels qui forment la constitution physique de l'être vivant détermine le caractère d'une très grande partie, sinon de la totalité de ses états psychiques [3]. Cette heureuse harmonie du sang, particulièrement au cerveau, garantit le fonctionnement paisible et sûr des sensations, tandis qu'un sang plus froid ou plus léger est la condition des fonctions plus hautes de la raison [4].

Théophraste, ou l'auteur présumé de ce fragment contenu dans les *Problèmes* étudie exclusivement le tempérament mélancolique et la disposition psychique qui en est la conséquence. Ce tempérament provient de la prédominance, dans la constitution physiologique [5], de la bile noire. Les autres tempéraments sont le cholérique, le sanguin, le phlegmatique. La bile noire, quand elle est très échauffée, produit dans l'âme la sérénité, ou des extases, agit sur la voix et dispose à l'expression de nos sentiments par le chant et la musique. Si cette bile est à la fois abondante et froide, le naturel est paresseux, l'intelligence bornée, νωθροί καὶ μωροί. Quand elle est en même temps

---

[1] Hippocr., *de aere aqua et loc.*, Conf. Galen., IV, 795.
[2] Philop., *de An.*, I, f. B. a. Galien, l. l., cite expressément Aristote comme partisan de cette maxime.
[3] Plut., *Quæst. Nat.*, 26. La théorie du pneuma se lie à celle des tempéraments. La proportion du mélange facilite ou empêche les communications du pneuma avec l'âme, dont il est l'organe, Themist., *de An.*, II, 195; Arist., *Ethic. Nic.*, VIII, 15, 1154, b. II, *de Partib.*, *An.*, IV, 686, a, 9. ἐξέθετο δὴ φύσις ἐν αὐτῇ (dans la tête) καὶ τῶν αἰσθήσεων ἐνία; διὰ τὸ σύμμετρον εἶναι τὴν τοῦ αἵματος κρᾶσιν καὶ ἐπιτηδείαν πρός τε τὴν τοῦ ἐγκεφάλου ἀλέαν καὶ πρὸς τὴν τῶν αἰσθήσεων ἡσυχίαν καὶ ἀκρίβειαν; *id.*, II, 648, a, 3. αἰσθητικώτερον δὲ καὶ νοερώτερον τὸ λεπτότερον καὶ ψυχρότερον (αἷμα).
[4] Le caractère, dit Dichat, est la physionomie du tempérament.
[5] Qui n'est jamais qu'un mélange des qualités de la matière, mélange tantôt bien proportionné, εὐκρασία, tantôt mal proportionné, δυσκρασία.

abondante et chaude, le naturel est excitable, facile à émouvoir, amoureux, spirituel, et disposé à l'éloquence. L'influence de la chaleur dans la bile, quand elle vient à se rapprocher du siège et de l'organe de la pensée, produit, dans une organisation normale, un penchant à des états maniaques ou enthousiastes. Si la chaleur se retire vers le centre de l'organisme, le mélancolique est plus intelligent et moins bizarre ; il déploie plus de pénétration et d'activité. C'est ainsi que la vie réelle nous montre en général un tempérament mélancolique chez les hommes supérieurs, dans toutes les branches de l'activité humaine, tels qu'Hercule, Ajax, Bellérophon, Lysandre, Empédocle, Socrate, Platon [1].

L'inégalité de nos humeurs et de nos dispositions morales provient de l'inégalité de température de la bile, qui devient tantôt très froide, tantôt très chaude. Le froid de la bile rend lâche en face du danger ; elle prédispose à l'affection de la peur, qui, à son tour, refroidit l'organisme. La chaleur au contraire arrête les mouvements de la crainte. La bonne humeur et l'esprit morose, qu'on voit se manifester chez les hommes, souvent sans raison visible, dépendent l'une de la chaleur, l'autre du froid de la bile.

On peut encore pousser plus loin la recherche de la cause : comme le vin, dont les effets, quoique momentanés, sur le tempérament, offrent beaucoup d'analogie, la prédominance, dans l'organisme, de la bile noire, ἡ κρᾶσις ἡ τῆς μελαίνης χολῆς, est *pneumatique*, c'est-à-dire que la bile contient ou développe le *pneuma*. Tous les mélancoliques sont pneumatiques, πνευματώδεις : ils ont les veines saillantes, non pas parce qu'elles sont plus pleines de sang, mais parce qu'elles contiennent plus de *pneuma* [2].

Nous voyons affirmer ici par Aristote ou par Théophraste le

---

[1] πάντες ὅσοι περιττοὶ γεγόνασιν ἄνδρες ἢ κατὰ φιλοσοφίαν ἢ πολιτικὴν, ἢ ποίησιν, ἢ τέχνας, φαίνονται μελαγχολικοὶ ὄντες.
[2] Problem. XXX, 1.

lien de la théorie des tempéraments[1] avec celle du pneuma, dont les communications avec l'âme sont facilitées ou empêchées par la proportion du mélange qui constitue l'état physiologique.

---

[1] Cette théorie, due à Hippocrate, acceptée par Galien, a disparu de la science, quoique Müller l'ait déclarée, dans sa *Physiologie* (t. II, trad. fr., p 556), excellente, à la condition d'y voir surtout une théorie psychologique et non physiologique. Ce sont, suivant lui, les différents modes dont se distribue la faculté du plaisir et de la douleur d'après les individus, c'est-à-dire les quatre types principaux de l'humeur et du caractère chez les hommes. Conf. Kant, *Anthropol.*, trad. fr., part. II, A, 2, p. 271.

CHAPITRE DEUXIÈME

LE PNEUMA

Nous trouvons sur ce sujet, qui joue un grand rôle dans la psychologie physiologique des anciens, et spécialement des stoïciens, deux traités, contenus tous deux dans les manuscrits d'Aristote, mais dont on conteste également l'authenticité. C'est d'abord le X⁰ chapitre du livre du *Mouvement des animaux*, et le traité spécial intitulé *Du Pneuma*.

Je ne suis nullement convaincu par les arguments de V. Rose, que le X⁰ chapitre du traité *du Mouvement des animaux* ne soit pas d'Aristote, mais il est difficile, pour ne pas dire impossible de lui attribuer le livre : περὶ Πνεύματος. Ce n'est pas seulement parce que la discussion du sujet est sans plan, les pensées sans ordre et sans suite, le style incohérent et obscur, si obscur qu'il est souvent inintelligible ; l'ouvrage n'a ni commencement ni fin ; l'auteur y procède par des questions, des objections qui se présentent comme au hasard, sans qu'on puisse connaître sur chacune d'elles son sentiment propre. Des lacunes nombreuses [1], de graves altérations dans le texte contribuent à rendre la lec-

---

[1] Ainsi, par exemple : IX, 485, b. 6. Le traducteur latin anonyme traduit la phrase : ἀλλ'αἱ μὲν τέχναι ὡς ὀργάνῳ χρῶνται ἡ δὲ φύσις ἅμα καὶ ὡς ὕλῃ, οὗ δὴ τοῦτο χάλεπον, en ces termes : *differentia tamen artis ad naturam est ; nam illa tanquam instrumento utitur (igne) : hæc et ut instrumento et ut materia. Qui enim ab arte ad opus adhibetur ignis, ipsius pars operis non est ; at qui in natura habetur calor, diffusus per ipsum opus est, atque una cum ceteris substantiam ejus explet :* et nulla in hoc difficultas est Les mots soulignés ne répondent à rien dans le texte, et à moins que la traduction ne soit une paraphrase et un commentaire explicatif, il faut supposer que l'auteur avait un texte plus complet.

ture pénible et l'intelligence difficile. Mais ce qui est une raison décisive contre l'authenticité de ce livre, c'est qu'on y expose, au chapitre 2, une doctrine relative au pneuma, dont l'auteur était Aristogène de Cnide, qui avait été disciple de Chrysippe de Cnide en même temps qu'un neveu d'Érasistrate, appelé Médios, et que Métrodore, troisième mari de Pythiade, fille d'Aristote, et, dit-on, maître d'Érasistrate. L'auteur du livre *du Pneuma*, était donc contemporain d'Aristogène, par conséquent de Théophraste : il pourrait être Théophraste même, dont Érasistrate était le disciple ou l'ami.

Les disciples d'Aristote ont porté une attention toute particulière aux études physiologiques, physiques, médicales, astronomiques. Ainsi Héraclite du Pont, avait écrit un traité *des Maladies;* Eudème et son contemporain Hérophile s'étaient acquis une grande réputation de savoir anatomique [1]. Théophraste intimement lié avec Érasistrate, n'avait pas négligé cette branche spéciale d'études, et était, entr'autres, l'auteur d'un ouvrage que Diogène cite sous le titre περὶ Πνευμάτων [2] et qui pourrait bien avoir porté celui de περὶ Πνεύματος : sans rien affirmer à cet égard, il n'y a aucune invraisemblance historique ni philosophique à rattacher à l'exposé de la psychologie de Théophraste la doctrine contenue dans ce traité, et qui était presqu'universellement adoptée de son temps. Aristote en avait certainement posé les fondements; développée par son école, qui ne s'en détacha jamais, elle fut transmise par elle aux stoïciens [3] qui la transformèrent, plus tard, à la philosophie scolastique, et eut la fortune singulière et inattendue d'être

---

[1] V. Rose., *de Ar. libr. Ord.*, p. 167, sqq.
[2] Diog. L., V, 45.
[3] Plut., IV, 5. τὸ περὶ τὴν καρδίαν πνεῦμα; Galen., *Hist. Phil.*, 13, τὸ ἡγεμονικὸν πνεῦμα σωματογενές. Ils définiront l'âme un πνεῦμα πῶς ἔχον; Plotin (*Enn.*, IV, 7, 4), se le représente comme un mélange des propriétés de l'âme (IV, 4, 28) et de celles des choses extérieures. Nemesius (VI, p. 173) et S. Augustin le considèrent comme une matière semblable à la lumière ou à l'air. Scaliger le définit : vincula inter corpus et animam; S. Thomas le rejette. Bacon, *Nov. Org.*, II, 7, propose à ce sujet plusieurs questions : déterminer ce qu'il y a d'esprit dans chaque corps; sa quantité, sa nature, son état, son mouvement, son action, sa demeure, son mode de distribution dans le corps.

encore accueillie par Bacon, Descartes [1], Mallebranche [2] et Hobbes [3].

Cette hypothèse n'était pas absolument nouvelle, même pour Aristote. La raison populaire, frappée des coïncidences du phénomène de la vie et du phénomène de la respiration, a partout, et chez les Grecs comme partout, assimilé ou comparé le principe de la vie avec l'air que la respiration introduit dans le corps et en expulse. Pour Anaximène, notre âme est de l'air. A mesure que l'opposition entre l'âme et le corps prend le caractère d'une opposition d'essence, on fait effort pour trouver un lien, un intermédiaire qui explique, parce qu'il la produit, l'unité de la vie physique et de la vie psychique, c'est-à-dire les rapports mutuels de l'âme et du corps.

On ne trouve pas encore dans Hippocrate, dont Platon, dans le *Timée*, se borne à reproduire les théories physiologiques, le pneuma considéré comme un organe physiologique distinct, faisant partie essentielle et primitive du corps de l'animal vivant; mais cependant on y voit partagé le pneuma en ἀήρ ou air vital extérieur, et φῦσα, ou air vital interne : ce dernier toutefois, et avec lui la vie animale, est conditionné par la puissance du premier [4], c'est-à-dire de l'air extérieur, et n'en paraît être qu'une modification, une élaboration. « Le pneuma est attiré de l'air extérieur et se distribue dans les veines; de là il arrive dans les cavités de l'intérieur du corps et particulièrement du

---

[1] *Pass. de l'âme*, I, 5 : « On a cru, sans raison, que notre chaleur naturelle et tous les mouvements de notre corps dépendent de l'âme, au lieu qu'on devait penser au contraire que l'âme ne s'absente, lorsqu'on meurt, qu'à cause que cette chaleur cesse, et que les organes qui servent à mouvoir le corps se corrompent ». C'est-à-dire que la vie ne dépend pas de l'âme, mais que l'âme dépend de la vie et de la chaleur. Conf. Siebeck : *Die Entwickelung d. Lehre vom Geist* (Pneuma). *Zeitschr. f. Volkerpsychol.*, vol. XII, p. 361.

[2] Théorie des esprits animaux : Extraits de Pierre Janet (II° l. *de la Recherche*, p. 163). Willis, célèbre médecin anglais (1622-1675) avait déjà développé la théorie des esprits animaux qu'il considérait comme une matière continuellement agitée, qui refluait avec violence vers le cerveau et y produisait des effets semblables à ceux de la poudre à canon; il plaçait le sens commun dans les corps striés, la mémoire dans les circonvolutions cérébrales, l'imagination dans le corps calleux.

[3] *Elem. Phil.*, 25.

[4] *Corp. Hipp., de Flatib.*, I, 171.

cerveau, d'où il conditionne les mouvements du corps et ceux de la pensée [1]. »

Qu'est-ce que le pneuma pour Aristote, et je veux bien ici considérer le traité spécial du *Pneuma* comme ne lui appartenant pas immédiatement, quoi qu'il soit parfaitement conforme à toute sa doctrine physiologique et psychologique? Je crois qu'il est déjà pour lui un organe corporel, un corps, organe de l'âme, et par lequel l'âme, animée du désir, commence et opère le mouvement. Cet organe corporel fait partie de la constitution primitive de l'être vivant, et est né avec lui : σύμφυτον; il a son siège dans le cœur, et, chez les animaux qui n'ont pas de cœur, dans un appareil analogue. Telle est l'explication donnée par l'auteur du livre du *Mouvement*, contesté il est vrai par Rose, mais qu'on peut retrouver dans des ouvrages qui ne peuvent pas l'être du moins sérieusement. V. Rose en attribue l'invention à Érasistrate, médecin péripatéticien [2], probablement un disciple, certainement un familier de Théophraste, et qui aurait confondu la chaleur, désignée avec le froid, par Aristote, comme organes de l'âme et causes efficientes de l'alimentation et du mouvement, avec le pneuma qui n'est que le résultat et l'organe de cette chaleur vitale, et aurait ainsi identifié la θερμότης ζωτική [3] d'Aristote avec le pneuma ζωτικὸν ψυχικόν, qui est de son invention.

Il est facile de prouver que cette confusion [4], si c'en est une, est déjà dans Aristote même.

Sans doute la chaleur ou plutôt l'agent de la chaleur, τὸ καλούμενον θερμόν [5], τὸ φυσικὸν πῦρ [6], τὸ φυσικὸν θερμόν [7], τὸ σύμφυτον

---

[1] Je ne sais pas où Hecker (*Gesch. d. Heilkunde*, I, 75) a trouvé que les pythagoriciens se représentaient la fonction vitale et la faculté de la sensation comme primitivement liées au pneuma du sperme.
[2] *Galen.*, II, 88; IV, 729.
[3] *De Resp.*, 6.
[4] Voir *Galen.*, II, 730; Alex. Aphr., *de Febr.*, I, 2.
[5] *De Somn.*, 458, a. 27.
[6] *De Gen. An.*, 736, b. 31.
[7] *De Resp.*, 474, b. 12; voir encore, id., b. 14, la formule ἡ φύσις ἐμπεπύρευκεν αὐτὴν (l'âme); *de Vit.*, 469, b. 16. τῆς ψυχῆς ὥσπερ ἐμπεπυρευμένης.

θερμόν[1], est l'organe de l'âme, c'est-à-dire un instrument par lequel elle fait tout : ἐργάζεται... τῷ φυσικῷ θερμῷ... πάντα[2] : πυρὶ γὰρ ἐργάζεται πάντα[3]; c'est cet agent qui élabore la nourriture, imprime le mouvement à l'animal, produit le battement du cœur et des veines[4] et rend les spermes et les germes féconds, ὅπερ ποιεῖ γόνιμα εἶναι τὰ σπέρματα[5]. Sans doute encore, le pneuma est parfois considéré comme un produit de la nourriture, la partie liquide de la nourriture, une sorte de vaporisation ἀναθυμίασις, ἀτμίς, des liquides élaborée, comme le sang, par la chaleur vitale, interne, innée[6], en un mot, c'est une πνευμάτωσις τοῦ ὑγροῦ.

Mais le mot pneuma a plusieurs sens dans Aristote, même si on ne veut pas le considérer comme l'auteur du *De Mundo*, où cette diversité de signification est signalée en termes exprès et où le pneuma dont nous parlons ici est défini : la substance animée et fécondante qui agit et circule dans les plantes, dans les animaux, dans tous les êtres[7]; non seulement il a la vie, mais il a la puissance de la communiquer. Si, dis-je, on rejette la valeur de cette distinction parce qu'elle est contenue dans un ouvrage d'une authenticité suspecte, on sera bien obligé de reconnaître qu'elle éclate dans les œuvres les plus certainement attribuées à Aristote.

Qu'est-ce donc, dit-il, que cette chaleur vitale ? Il ne faut pas croire que ce soit le feu même, ni quelqu'autre élément analogue. Cette chaleur, ce feu n'est autre chose que le pneuma enveloppé dans le sperme, dans la partie écumeuse du sperme[8],

---

[1] *De Vit.*, 469, b. 12.
[2] *Id.*, id., b. 13., *de Gen. An.*, V, 789, b. 8. τῷ πνεύματι ἐργάζεσθαι τὰ πολλὰ εἰκὸς ὡς ὀργάνῳ.
[3] *De Resp.*, 474, a. 28.
[4] *De Resp.*, 20; *Hist. An.*, III, 19; 521, b.
[5] *De Gen. An.*, 736, b. 34. Il est le principe de la distinction des parties de l'animal; id., 741, b. 37. διορίζεται δὲ τὰ μέρη τῶν ζῴων, πνεύματι.
[6] *De Somn.*, 458, a. 27. ἡ ὑπὸ τοῦ σωματώδους τοῦ ἀναφερομένου ὑπὸ τοῦ συμφύτου θερμοῦ.
[7] *De Mund.*, 4, 394, b. 10. λέγεται δὲ καὶ ἑτέρως πνεῦμα, ἥ τε ἐν φυτοῖς καὶ ζῴοις καὶ διὰ πάντων διήκουσα ἔμψυχός τε καὶ γόνιμος οὐσία.
[8] Le sperme est épais et blanc, parce qu'il s'y mêle du *pneuma* et de l'eau; le

τὸ ἐμπεριλαμβανόμενον ἐν τῷ σπέρματι καὶ τῷ ἀφρώδει πνεῦμα, et la substance de ce pneuma est analogue à celle qui constitue les astres, à l'Éther céleste, à la matière sidérale : c'est un corps assurément, mais un corps autre que les quatre éléments que nous connaissons, et d'une nature plus divine.

Ce corps contient l'âme à l'état de puissance ; en lui est le sperme, le germe du principe psychique, τῆς ψυχικῆς ἀρχῆς, non pas seulement de cette partie de l'âme qui préside à la nutrition et à la fonction de sensation, mais aussi de la partie qui est séparable du corps, qui est quelque chose de divin, et qu'on appelle Νοῦς [1].

Il y a donc, pour Aristote, deux sortes de pneuma, l'un qui n'est que de l'air extérieur, introduit par le phénomène de la respiration dans l'intérieur, et qui est chauffé et élaboré par la chaleur vitale interne ; l'autre qui fait partie de la constitution primitive physiologique de l'être vivant, c'est le pneuma intérieur, enveloppé dans le sperme qui lui a donné naissance, et qui se confond avec la chaleur, le feu vital, ou en est le principe.

C'est le développement de cette théorie que présentent, sans altération ni modification réelles, le Xe chapitre du traité *du Mouvement des animaux*, et le traité spécial *du Pneuma*, que nous rattachons à la théorie psychologique de Théophraste ou de son école.

C'est de la recherche sur la nature du mouvement dans les êtres vivants qu'on arrive à reconnaître l'existence nécessaire du pneuma. Nous savons que pour expliquer chez eux le mouvement on doit admettre un intermédiaire qui à la fois est mû et meut. Dans les corps qui ont une âme, c'est-à-dire qui vivent, il faut qu'il y ait un corps doué de ces deux propriétés, à savoir de mouvoir et d'être mû. Le corps lui-même, mobile

---

pneuma lui-même est un air chaud, θερμὸς ἀήρ; *de Gen. An.*, II, 736, a. 1. Tous les animaux sont mus pour ainsi dire par le *pneuma* inné du corps, τῷ συμφύτῳ πνεύματι τοῦ σώματος ; *de Part. An.*, II, 659, b 18. Il existe naturellement dans tous les animaux, φύσει, et n'est pas introduit en eux du dehors: οὐ θύραθεν ἐπεισακτόν, *id.*, l. l.

[1] Voir Chaignet, *Ess. s. la Psych. d'Ar.*, p. 298 et 514.

sans être moteur, a sans doute la puissance de recevoir l'action d'une force étrangère : mais ce qui meut a une vraie puissance, une force propre, faisant partie de la nature des êtres, de leur constitution première : c'est le pneuma inné, Πνεῦμα σύμφυτον. Il est merveilleusement approprié à donner le mouvement et à fournir de la force ; car les actes du mouvement sont de pousser et de tirer à soi. Il faut donc que l'instrument du mouvement puisse facilement s'augmenter et se ramasser : et telle est la nature du pneuma, qui devient, suivant l'âge et la constitution du sujet, plus vigoureux et plus volumineux, πλέον καὶ ἰσχυρότερον.

Ce pneuma est, par rapport au principe psychique, πρὸς τὴν ἀρχὴν ψυχικήν, dans le même rapport que, dans les articulations le point moteur et mû au point immobile et fixe, et puisque le principe psychique est chez certains animaux placé dans le cœur, chez les autres dans un organe analogue, le pneuma inné semble avoir également là son siège.

Voilà donc la partie du corps, à la fois mue et motrice, par laquelle l'âme meut le corps, sans avoir besoin d'être présente dans chaque partie de ce corps : il suffit que les autres parties lui soient unies par la nature, pour qu'elles accomplissent chacune leur fonction propre.

Mais comment cet esprit inné s'entretient-il dans l'être vivant ? Reste-t-il toujours identique à lui-même ou subit-il des modifications constantes du mouvement général de la vie ? Quelle est au fond sa véritable nature, son opération et son siège [1]. C'est ce que nous allons chercher à déterminer.

Le pneuma est un corps ; mais c'est un corps plus pur que tous les autres, et son essence est analogue à celle de l'âme, τῇ ψυχῇ σύμφυσις. Il fait partie de l'organisation première et primitive de l'être, quoiqu'il naisse en lui : mais il est ce qui naît le pre-

---

[1] *De Mot. An.*, 181, a. 1, 310, 763, a. 4, sqq. Le traité du *Pneuma* commence presque dans les mêmes termes : τίς ἡ τοῦ ἐμφύτου πνεύματος διαμονή. Aristote avait déjà posé les mêmes questions : σωτηρία τοῦ θερμοῦ, *de Somn.*, 2, 156, 9 ; *de Vit.*, 4, 169, b. 18, 170, 22.

mier en lui. Cela semble étrange, à moins d'admettre que l'âme ne naisse postérieurement au pneuma, après que les principes séminaux se sont répartis pour constituer l'être naturel ; car il semble qu'il est comme une sorte de gaz, de vapeur, d'air interne qui s'exhale de la nourriture [1] ; c'est en quelque sorte la partie la plus légère et la plus ténue de la nourriture [2], celle qui n'a pas trouvé son emploi, qui n'a pas été dépensée dans le fonctionnement de la vie animale, une force de réserve, économisée, et qui excède la dépense, τὸ περίττωμα τροφῆς. S'il n'est pas l'âme même ou l'une de ses facultés [3], il est du moins le premier organe qui la reçoit, le premier principe placé immédiatement au dessous d'elle, πρῶτον ὑπὸ τὴν ψυχήν [4], τὸ πρῶτον δεκτικὸν ψυχῆς [5]. Qu'est-ce que l'âme, sinon la force, cause du mouvement respiratoire et du mouvement du pouls qui constatent et constituent la vie [6]. Car la respiration commence aussitôt que l'enfant est détaché de la mère, et le pouls bat aussitôt que le cœur est formé. Le pouls [7] semble même être le

---

[1] Ch. 2. διὰ τῆς τροφῆς ἡ τοῦ πνεύματος γένεσις, de même que sa vie est entretenue par le sang, dernière forme de la nourriture, et par le calorique qu'il contient (ch. 1), plutôt que par l'air extérieur introduit par la respiration.

[2] Quoique cette explication ne soit pas à l'abri de très fortes objections ; car, par exemple, comment sera-t-il alors le premier moteur ?

[3] *De Pneum.*, IV, 482. b. 22. εἴτε ψυχῆς δύναμιν εἴτε ψυχὴν δεῖ λέγειν ταύτην, le mouvement respiratoire, l'un des mouvements dus au pneuma.

[4] 483, a. 26. ὁ ἀὴρ πρῶτον ὑπὸ τὴν ψυχήν.

[5] 483, b. 10.

[6] 483, a. 27. τί οὖν ἡ ψυχή; δύναμιν τὴν αἰτίαν τῆς κινήσεως τῆς τοιαύτης. L'âme est dans cet air, à moins qu'elle ne soit elle-même quelque chose de semblable au pneuma, et non une essence absolument pure et sans mélange.

[7] Aristote distingue les veines des artères, ou du moins il distingue deux espèces de veines, différentes par leur nature (*Hist. Anim.*, III, 3, 513, b. 8 ; 515, 30), et par l'espèce de sang qu'elles transportent (*de Part. An*, III, 1, 666, b. 27), αἷμα ἄσφυξι. La cause de ces différences est pour lui une différence de chaleur, pour Galien une différence de la quantité de pneuma qu'elles contiennent, ce qui revient à peu près au même. Les veines et les artères contiennent les unes comme les autres du sang et du pneuma, mais dans des proportions différentes.

Praxagoras de Cos, vers la fin du IVe siècle, fit le premier des observations attentives sur le pouls, et tandis qu'Aristote semble avoir attribué ce phénomène à tous les vaisseaux sanguins, qu'il appelait πόροι, et pensait que le pneuma était poussé par la respiration aux deux ventricules du cœur, par l'artère et la veine pulmonaire pour y rafraîchir le sang, Praxagoras soutenait, avec Érasistrate, que les artères seules ont un pouls, parce que seules elles contiennent du pneuma. Mais Érasistrate prétend que la

premier de ces mouvements : sa cause est dans une force propre et particulière, et n'a rien de commun avec la respiration.

Mais le mouvement de la respiration lui-même a une cause interne, et si l'on ne veut pas appeler le principe de ce mouvement âme, ou une faculté de l'âme, on peut le considérer comme un certain mélange spécial particulier d'éléments corporels, qui, par le moyen de ces éléments, opère ce mouvement alternatif, ὁλκή, c'est-à-dire l'aspiration qui attire l'air extérieur au dedans de l'être vivant.

Le pouls, qui n'a aucun rapport avec le phénomène de la respiration, dont le rhythme est absolument indépendant, et qui semble n'avoir aucune fin, aucun but, et n'être qu'un pur accident, fonctionne dès le principe de la vie, comme un effet nécessaire de l'action de la chaleur sur la substance matérielle de l'animal. Ce qui est inné, σύμφυτον, fait partie des premiers principes de l'être. Il semble en effet nécessaire que lorsqu'il y a dans un liquide tel que les parties liquides des aliments une surabondance de chaleur, il s'en dégage une sorte de vapeur volatilisée, ἐκπνευματούμενον, dont l'ébullition produit le battement du liquide, c'est-à-dire le pouls.

Le pneuma, par un troisième mouvement qui élabore la nourriture se répand dans l'être tout entier, dont toutes les parties ont besoin de nourriture ; mais il a cependant son siège premier et principal dans l'artère, dans la trachée artère qu'il remplit. C'est pour cela que l'artère seule a la faculté de sentir ; c'est pour cela que la partie intellectuelle et la partie passionnée de l'âme, τὸ λογικὸν καὶ θυμικόν, ont la faculté de mouvoir l'artère. L'âme en effet réside dans cet air du pneuma dont l'artère est baignée. Cet air est pour ainsi dire psychique ; et l'on comprend que l'âme se porte naturellement vers un élément qui a

---

cause du pouls est le pneuma lui-même, qui est projeté par le violent mouvement du cœur dans l'artère, tandis que Praxagoras, Philotime, son disciple, Hérophile et Galien, étaient d'avis que les artères battaient d'elles-mêmes, et d'un mouvement propre. Conf. Spengel, *Hist. de la Médec.*, trad. Jourdan, et Galien, V, 508; VIII, 702, 731.

tant d'affinité avec elle, que la ψυχή soit εὔψυχον, et que le semblable soit nourri par le semblable, c'est-à-dire que l'air alimente et nourrisse le pneuma.

Le pneuma diffère de l'air extérieur que l'aspiration introduit dans le poumon. L'air extérieur s'arrête dans les poumons ; le pneuma inné pénètre l'être entier et se répand dans toutes ses parties et dans toute sa masse. L'air extérieur n'est pas l'âme ni le pneuma, il n'en est pas du moins la substance complète, τὸ γὰρ ὅλον οὐκ ἀήρ, quoi qu'il puisse contribuer à son activité et concourir, pour une part, à en former et à en développer la puissance : il en serait alors non le principe, mais une des conditions. Il se transforme en pneuma, ou plutôt le pneuma interne s'assimile l'air extérieur, quand ce dernier, emprisonné longtemps dans les canaux internes et condensé, finit par se distendre et se disperser, πυκνωθεὶς καὶ διαδοθεὶς πως. C'est un air ayant subi certaines modifications et altérations, πέπων γέ τι καὶ ἀλλοιούμενος. Il est, de toutes les parties corporelles de l'organisme vivant, ce qu'il y a de plus léger et de plus pur. Ou bien il est chaud par nature, se confond même avec le calorique vital, élabore par son mouvement propre, échauffe la nourriture et produit seul la digestion ; ou bien il emprunte cette chaleur nécessaire à la cuisson des aliments et à leur transformation, au calorique dont la puissance se trouve comme lui dans l'artère, qui seule est susceptible de recevoir le pneuma. Mais cela même, je veux dire que la chaleur réside au siège même du pneuma, n'est pas sans difficulté [1], et la plus considérable naît de la nécessité du refroidissement. Comment s'expliquer alors la persistance du pneuma, διαμονή, dans tous les êtres qui ont une chaleur naturelle, si rien n'en vient contre-

---

[1] Difficulté telle que l'auteur, au risque de se contredire, soutient que c'est dans les nerfs ou appareils analogues que se trouvent primitivement le πνεῦμα κινητικόν (135 b.), et la plus grande quantité de calorique (181, a. 1). Mais dans cette hypothèse, il serait difficile de comprendre comment l'air vital opère la respiration, le pouls, l'élaboration de la nourriture et sa distribution dans tout le corps, et puisse se nourrir de sang et être refroidi par la respiration.

balancer les effets et opérer un refroidissement, dont tous les êtres vivants ont besoin [1].

Mais il n'en est pas moins vrai que la chaleur est l'agent actif, opérant dans les corps vivants, l'agent de transmission et de division des matières. Dans les choses inanimées le feu ne produit pas sur toutes les matières les mêmes effets : il condense les unes, raréfie et fond les autres : il en est qu'il solidifie. Il faut assimiler le feu de la nature à celui de l'art. Dans les arts, nous voyons le feu du forgeron, de l'orfèvre, du cuisinier, produire des effets très différents, et imprimer aux molécules matérielles une proportion et comme un rhythme divers. Les natures des êtres animés produisent les mêmes effets, et c'est pour cela qu'elles sont différentes les unes des autres. Leurs actions sont différentes suivant la nature propre des êtres qui se servent de la chaleur. Les arts n'usent du feu que comme d'un instrument et d'une matière. Mais le difficile est de comprendre quelle est cette nature, qui use ainsi de la chaleur et imprime en même temps aux propriétés sensibles une sorte de rhythme, de proportion.

Il n'est guère possible que ce soit le feu ni le pneuma, surtout quand on observe qu'outre ces effets, cette nature a encore la puissance de penser. Cela est merveilleux, même quand on attribue cette puissance à l'âme ; car l'âme est formée de ces éléments mêmes, c'est-à-dire du feu et du pneuma.

En tout cas il est logique de conférer la puissance formatrice, τὸ δημιουργοῦν, et l'acte du mouvement, toujours semblable à lui-même, soit à une seule et même chose, soit à une seule partie de cette chose, mais qui agit diversement, selon qu'elle est plus grande ou plus petite, tantôt pure et simple, tantôt mélangée et composée, ici dans tel substrat, là dans tel autre. C'est ainsi qu'on peut expliquer l'unité de la force qui agit dans

---

[1] Les parties humides et liquides ont besoin de pneuma pour être réchauffées, et le pneuma a besoin de l'humide, τοῦ ὑγροῦ, pour être refroidi : c'est pour cela que les veines et les artères s'embranchent les unes dans les autres, les unes ne contenant que du sang, les autres que du pneuma, du moins dans l'état de santé.

tous les êtres vivants, avec la variété infinie des actions qu'ils produisent et qui constitue leur individualité; car c'est toujours la nature qui fait le mélange et qui crée, ἐγκαταμίγνυται καὶ ποιεῖ.

De cet exposé confus, incomplet et obscur au point d'être souvent inintelligible et même contradictoire, de la doctrine du pneuma, professée dans l'école péripatéticienne, peut être par Théophraste même, dont on croit reconnaître les incertitudes et les hésitations, il semble résulter que le pneuma, pour la plupart du moins des disciples du Lycée, n'était pas l'âme même; mais une partie corporelle de l'organisme, dont l'essence se rapprochait, autant que possible, de celle de l'âme, sans se confondre avec elle; c'était une sorte d'air, de vapeur, de gaz chaud, analogue à la substance éthérée des astres, intermédiaire entre la matière proprement dite, dont le corps est composé, et l'âme, considérée comme un être absolument simple, pur et sans mélange.

Ce pneuma, cet air chaud interne, semble être à la fois la cause et l'effet de l'organisme, le résultat et l'agent de la vie : il n'est qu'une essence volatilisée du sang, forme dernière de la nourriture, et cependant il est le principe du triple mouvement qui constitue la vie de l'être organisé, à savoir le battement premier du cœur, des artères et du rhythme alternant et intermittent de la respiration, d'où dépend le mouvement qui apporte et distribue la nourriture [1], ἡ θρεπτικὴ κίνησις. Il se répand dans le corps tout entier [2], dans la chair, dans les muscles, les os, les nerfs et les tendons, confondus sous la même dénomination de νεῦρα. Il est donc, sinon le principe, du moins l'organe corporel de la vie, du mouvement [3], même de la pensée [4] et de l'ordre

---

[1] Ce mouvement se distingue des deux premiers qui sont rythmés et intermittents, en ce qu'il est constant, continu, toujours et partout identique à lui-même, τὴν ὁμαλίζει τοῖς χρόνοις.

[2] C'est pour cela qu'il est appelé dans le *Timée*, 101, a., πνεῦμα σύμφυτον, et par Chrysippe le stoïcien πνεῦμα συνεχές.

[3] ἐν ᾧ πρώτῳ τὸ κινητικόν.

[4] C'est du moins le sens qu'on peut attacher à ce membre de phrase, d'ailleurs

que la raison imprime aux choses. Ce n'est plus là en effet un acte qu'on puisse attribuer ni au feu ni au pneuma ; mais, et c'est ce qu'il y a de merveilleux, ce sont des actes, ce sont des forces auxquels le pneuma prend une part et auxquels il se mêle[1]. La psychologie n'est pas encore une psychophysique : on sent qu'elle est sur la pente où elle le deviendra entre les mains des stoïciens, pour qui l'âme ne sera plus qu'un certain état du pneuma. Jusqu'à Platon, l'âme n'est qu'une partie intégrante du monde, et la psychologie une partie intégrante de la physique. Le dualisme de la force et de la matière, de la nature et de l'esprit, de l'âme et du corps n'a jamais jeté de profondes racines dans l'esprit des Grecs, et les doctrines stoïciennes, issues très certainement des doctrines péripatéticiennes, rouvrent, plutôt qu'elles ne la rompent, la tradition de la philosophie grecque.

obscur : ἀλλὰ μᾶλλον τὸ τὴν φύσιν νοῆσαι, τὴν χρωμένην ἥτις ἅμα τοῖς αἰσθητοῖς πάθεσι (καὶ) τὸν ῥυθμὸν ἀποδώσει, 185, b. 7.

[1] 185, b. 10. τούτοις δὴ καταμεμίχθαι τοιαύτην δύναμιν θαυμαστόν.

CHAPITRE TROISIÈME

EUDÈME

Eudème de Rhodes [1] est signalé comme le plus intime ami d'Aristote, ὁ γνησιώτατος [2]. Rivalisant avec Théophraste de passion pour l'étude et la science, ce qui le fait appeler par Simplicius φιλήλοης [3], il a écrit un grand nombre d'ouvrages, dont quelques-uns seulement, ont été conservés.

Ce sont :

1º *Une histoire de l'Astrologie* [4], mot qui ne signifie sans doute ici que l'astronomie; les anciens avaient tiré de cet ouvrage tout ce que nous savons de l'histoire des hautes mathématiques, de leur origine et de leurs progrès dans l'antiquité, et par exemple que c'est Œnopidès qui avait le premier mesuré le cercle du Zodiaque et la période de la grande année [5].

2º *L'histoire de l'Arithmétique*, dont le premier livre est cité par Porphyre [6].

---

[1] Conf. Fritzsche : *De Eudemi Rhod. vit. et Scriptis*, dans l'édition de l'*Éthique à Eudème*, Regensburg, 1881. Spengel, *Eudemi Fragmenta*, Berlin, 1870.
[2] Simplic., *in Physic.*, 270.
[3] Id., id., 239.
[4] On trouve un ouvrage cité sous le titre : Ἀστρολογικῆς ἱστορίας, en 6 livres, dans le catalogue des écrits de Théophraste. Diog. L., V, 50.
[5] Anatolius (dans un fragment cité par Fabricius), *Biblioth. Græc.*, III, p. 464. Εὔδημος Ἱστορεῖ ἐν ταῖς Ἀστρολογίαις, ὅτι κ. τ. λ. Simplic., *in Ar. de Cœl Schol.*, p. 498, 36; 497, 11 ; 500, 25. ἐν τῷ δευτέρῳ τῆς ἀστρολογικῆς ἱστορίας. Clem. Al., *Strom.*, I, 11. ἀστρολογικαὶ ἱστορίαι; Diog. L., I, 1; II, 23. ἐν τῇ περὶ τῶν ἀστρολογουμένων ἱστορίᾳ.
[6] Porphyr., *ad Harmonic. Ptolemæi*, p. 283, ed. Wallis, cité par Fabric., *Bibl. Græc.*, V, 619. ἐν τῷ πρώτῳ τῆς ἀριθμητικῆς ἱστορίας.

3° Une *histoire de la Géométrie*, cité par Eutocius [1], Simplicius [2] et Proclus [3].

4° Un livre *sur l'Angle*, cité par Proclus [4], qui en rapporte quelques belles propositions de géométrie.

5° Une *Physique*, dont trois livres sont cités par Simplicius [5], et qui semble n'en avoir pas compris davantage, quoiqu'elle traitât tous les sujets de la *Physique* d'Aristote, excepté ceux contenus dans le livre VIIe.

6° Un ouvrage intitulé περὶ Λέξεως, sur lequel Galien [6] déclare avoir composé des commentaires et auquel il semble faire allusion dans son opuscule *sur les Sophismes* περὶ τὴν λέξιν, cap. 3, où il cite Eudème.

7° Des traités des *Catégories*, de l'*Herménéia*, et des *Analytiques* [7].

8° Un traité περὶ συλλογισμῶν Λύσεως, dont Boèce, au 2e livre de son ouvrage: *de Syllog. Categorico*, déclare avoir fait usage.

9° Une *Éthique* en sept livres dont les trois premiers et le septième ont été conservés [8]. Cet ouvrage a été longtemps attribué à Aristote: c'est le sentiment de Simplicius [9] et de Diogène de Laërte, suivis par les anciens manuscrits. Le titre Ἠθικὰ Εὐδήμεια s'expliquerait dans cette hypothèse, soit par ce qu'il avait été dédié ou adressé par l'auteur à Eudème, soit parce qu'il aurait été écrit par

---

[1] Eutoc., *in Archimed. de mensura Circuli*, γεωμετρικὴ ἱστορία.
[2] Simplic., *in Ar. Phys.*, 13, b. ἐν τῷ δευτέρῳ τῆς γεωμετρικῆς ἱστορίας.
[3] Procl., *In Euclid.*, Elem, III. 92, cité par Fabric., *Bibl. Græc.*, III, p. 492.
[4] *In Euclid. Elem.*, cité par Fabric. *Id., id.*, III, p. 492.
[5] *In Physic.*, en nombreux endroits de ses commentaires, et, par exemple: *Schol. Ar.*, p. 399, 24. ὁ μὲν Εὔδημος ἐν τοῖς ἑαυτοῦ Φυσικοῖς; id, p. 370, b. 25. Eudème s'était acquis, avec son contemporain Hérophile, une grande réputation de science anatomique (Rufin d'Éphèse, p. 26, 31; Galen., 2, 890; 3, 203; 4, 616; 5, 650; 8, 213).
[6] Fabric., l. l. III, 493.
[7] Fabric., *Bibl. Gr.*, l. III, p. 208, 216, 492. *Schol. Ar.*, 28, a. 40. Ammon., οἱ γὰρ μαθηταὶ αὐτοῦ Εὔδημος καὶ Φανίας καὶ Θεόφραστος κατὰ ζῆλον τοῦ διδασκάλου γεγράφασι Κατηγορίας, καὶ περὶ Ἑρμηνείας, καὶ Ἀναλυτικά. Conf. David, *Schol. Ar.*, 19, a. 31; 30, a. 5; Anon., 32, b. 91, b. 14.
[8] Les trois livres IV à VI sont identiques aux livres V, VII, de l'*Éthique à Nicomaque*.
[9] *In Categor*, Diog L., V, 21; Fabric., l. l. III, 269.

Eudème, mais pour ainsi dire sous la dictée du maître. L'opinion de Spengel, adoptée par Brandis et Zeller, qui considère cet ouvrage comme un remaniement par Eudème de l'*Éthique à Nicomaque*, s'appuie sur des arguments plus spécieux que décisifs : la question reste, et restera, je crois, longtemps encore pendante : elle a d'ailleurs assez peu d'importance, puisqu'il est reconnu d'un commun accord que l'ouvrage n'a dans la doctrine rien d'original.

Simplicius [1] rapporte que la vie d'Eudème avait été écrite par un certain Damas, d'ailleurs complètement inconnu et dont Jonsius [2] propose, avec beaucoup de vraisemblance, de restituer le nom probablement altéré en celui de Damascius [3]. De cette biographie perdue, il ne nous est rien resté. On ne connaît rien de sa vie ni de sa mort ; on ne sait ni où, ni quand, ni comment il connut Aristote. Du nom de Rhodien qui lui est fréquemment donné par les anciens, pour le distinguer d'autres personnages de même nom, on conclut qu'il était natif de Rhodes. Un passage de Simplicius [4], qui cite une phrase où Eudème, parlant de la doctrine pythagoricienne du renouvellement intégral des choses dans une période à venir du monde, ajoute : « Je veux, moi aussi, vous exposer ce mythe, puisque j'ai le bâton de chef d'école, τὸ ῥαβδίον ἔχων, et que vous êtes assis sur ces bancs comme mes disciples ». Ce passage autorise à croire qu'il avait fondé une école en dehors d'Athènes, où il n'aurait pu l'établir qu'en faisant concurrence à Théophraste. Loin d'avoir conçu contre ce disciple préféré d'Aristote le moindre ressentiment, par un beau trait de caractère il entretint avec lui un commerce

---

[1] In l. VI, in *Phys. Ar.*
[2] *Histor. Philos.*, IV.
[3] Le philosophe de Damas, disciple et successeur d'Isidore dans l'Académie, et qui occupait la chaire de Platon quand le décret de Justinien fit fermer toutes les écoles de philosophie en 529. La correction de Jonsius est d'autant plus plausible que Damascius s'était occupé d'Eudème, et nous apprend (*de Princip.*, 382), qu'il avait, dans un de ses ouvrages, exposé le contenu d'une Théogonie Orphique, qui faisait de la nuit le principe des choses.
[4] *In Phys.*, 173, a. m.

amical de lettres, dont Simplicius nous a conservé quelques extraits[1]. C'était une nature généreuse et un cœur haut placé, puisque la préférence donnée à Théophraste ne refroidit pas l'affection tendre qu'il garda à son maître, ni même les relations amicales qu'il ne cessa d'entretenir avec son heureux compétiteur. Il s'est occupé sans aucun doute et avec une conscience scrupuleuse de publier les textes authentiques des œuvres de son maître ; on le voit écrire à Théophraste pour obtenir une copie plus certaine du 5º livre de la *Physique*[2], et Alexandre d'Aphrodisée, supposant qu'une partie d'un argument, dans la *Métaphysique*, a été omise par Eudème, nous atteste qu'Eudème était l'auteur de cette édition de la *Métaphysique*[3], sur l'état de laquelle Asclépius nous donne des renseignements plus intéressants que certains[4]. On le prend à chaque instant à témoin pour justifier une leçon du texte[5]. Quant à ses propres écrits, ils ne sont guère que des paraphrases[6].

Parmi les fragments des ouvrages d'Eudème le Rhodien, à qui Aristote doit avoir confié le soin de publier sa *Métaphysique*[7], on en trouve peu concernant la psychologie. Il cherche moins à modifier les doctrines du maître qu'à les rendre claires. Il y soutient que tout ce qui est mû est mû par quelque chose, et il le prouve par le principe de la relativité en vertu duquel tous les corrélats se conditionnent réciproquement. Mais ce qui

---

[1] Simplic., *in Phys.*, 216, a. o *Schol. Ar.*, 101, b. 1.
[2] *Schol. Ar.*, 104, b. 10. Chaignet, *Essai s. la Psych. d'Ar*, p. 72.
[3] *Schol. Ar.*, 760, b. 20. καὶ οἶμαι καὶ ταῦτα ἐκείνοις ἔδει συντάττεσθαι... ὑπὸ δὲ τοῦ Εὐδήμου κεχώρισται.
[4] *Id., id.*, 518, b. 38. « Après avoir écrit cet ouvrage, il l'envoya à son élève et ami Eudème le Rhodien, qui jugea qu'il n'était pas convenable de livrer à une publicité un tel ouvrage dans l'état où il se trouvait. Dans l'intervalle, il mourut (qui ? Aristote ou Eudème ?) et plusieurs livres furent perdus », que les disciples remplacèrent par des emprunts faits à d'autres traités d'Aristote.
[5] Simplic., *in Phys.*, 108, 31. οὕτω γράφει ὁ Εὐδ; id., 93, b. m μαρτυρεῖ δὲ τῷ λόγῳ καὶ ὁ Εὐδ; id., *Schol. Ar*, 313, b. 28. ὡς καὶ ὁ Εὐδ... μαρτυρεῖ λέγων.
[6] Simplic., *Schol. Ar.*, 399, 21. ὁ μὲν Εὐδ... ἐν τοῖς ἑαυτοῦ φυσικοῖς παραφράζων; id., 435, 7; id., 370, b. 25. παρακολουθῶν τοῖς ἐνταῦθα λεγομένοις.
[7] On peut le conclure d'Alex. d'Aphrodisée. *Scholl. Ar.*, 760, b. 20. Asclépius (id., 519, b. 28), le dit expressément.

se meut soi-même suppose un moteur immobile ; tous les mouvements ont pour causes, du moins dans la région terrestre, des mouvements vitaux, ζωτικαί. C'est le mouvement du ciel qui est la cause du mouvement des éléments, et le mouvement céleste est lui-même un mouvement vital ; car le ciel n'est pas mû par un autre, mais par lui-même [1]. Ainsi la vie est le mouvement autogène dont le principe est l'âme. L'âme, dont la fonction est de faire vivre [2], a plutôt des facultés que des parties [3].

Si l'on considère Eudème comme l'auteur des 7 livres d'*Éthiques* qui portent son nom, et qu'il écrivit, dit-on, après la mort d'Aristote, il suit en morale pas à pas la doctrine de son maître. Il pose dans la raison le caractère éminent et distinctif de l'action vertueuse ; tout en faisant remarquer que certaines vertus ne peuvent s'y ramener, c'est-à-dire qu'elles n'ont pas pour principe une détermination libre et réfléchie de la personne. Il distingue deux sortes de mobiles, ὁρμαί ; les uns viennent de la réflexion, les autres d'une impulsion instinctive et sans raison ; cette distinction s'étend à la raison spéculative ; à moins de se perdre dans l'infini, on est bien obligé de s'arrêter à une pensée qui nous vient d'ailleurs, et qui donne le premier coup, le premier choc générateur du mouvement intellectuel. Ce n'est pas une pensée qui peut être le principe de la pensée ; c'est quelque chose qui est au-dessus de la pensée et de la raison. Or qu'est-ce qui peut être au-dessus de la raison humaine, si ce n'est Dieu [1] ? Pour expliquer les faits moraux aussi bien que les faits intellectuels de l'âme, Eudème posait ainsi une cause divine, un acte pur et parfait, qui dépasse et surpasse la nature et n'est point soumis à ses lois. On voit percer dans la doctrine morale un caractère religieux, presque mystique, moins étranger qu'on

---

[1] Simplic., 283. *Scholl. Ar.*, 433, a. 37.
[2] ψυχῆς ἔργον τὸ ζῆν ποιεῖν. *Ethic. Eud.*, 1219, a. 28.
[3] *Ethic. Eud.*, II, 1, 1219, b. 32. C'est pour cela que la question de savoir si l'âme est divisible ou indivisible lui semble avoir peu d'importance. Ce sont des pouvoirs, δυνάμεις, différents qu'elle possède.
[4] *Eudem.*, VII, 14, 1248 ; Brandis, II, 1387, n. 132 ; III, 247.

ne serait disposé à le croire, à la Métaphysique théologique d'Aristote. Ce n'est pas sans raison que Thomas d'Aquin, le grand théologien du moyen âge, fait entrer *les principes d'Aristote dans ses conceptions* platoniciennes et chrétiennes, et que Mélanchton en a fait le fondement de l'enseignement de la morale dans les universités protestantes de l'Allemagne. Ce germe mystique, réel mais caché, se dégage des développements donnés par Eudème, qui arrive à placer la souveraine perfection de l'homme dans la contemplation, dans la vision de Dieu. Tous les biens ne sont des biens que dans la mesure où ils favorisent cet acte contemplatif. Ce qui y fait obstacle est un mal. La fin supérieure de l'âme est de sentir le moins possible la partie inférieure d'elle-même en tant que telle, parce que ce n'est pas là qu'est Dieu [1]. Sans doute le germe de cette conception de la félicité humaine se trouve déjà dans les *Magna Moralia* [2] et, plus marqué encore, dans la *Métaphysique* ; mais elle prend dans Eudème une forme, un accent, un esprit qu'on pourrait appeler théosophiques et anthromorphiques. La vertu est une grâce, εὐφυΐα. Il y a en nous des pensées, des émotions, qui ne nous appartiennent pas, οὐκ ἐφ' ἡμῖν [3]. N'y a-t-il pas là, dans l'école d'Aristote, le premier pas vers l'extase alexandrine ?

---

[1] *Eth. Eud.*, 1249, b. 6, ἥτις οὖν αἵρεσις καὶ κτῆσις τῶν φύσει ἀγαθῶν ποιήσει τὴν τοῦ θεοῦ μάλιστα θεωρίαν.
[2] II, 10, 1208, 9.
[3] *Id.*, 1225, 29.

CHAPITRE QUATRIÈME

ARISTOXÈNE

Aristoxène, dont le nom est presque toujours associé à celui de Dicéarque, était comme lui un disciple immédiat d'Aristote. Né à Tarente, on ne sait pas à quelle date précise [1], dans une ville dont les pythagoriciens Philolaüs, Eurytus, Archytas, Archippus et Lysis avaient fait un centre florissant d'études mathématiques, musicales et philosophiques, il n'est pas étonnant qu'Aristoxène ait subi l'influence de cette école, et ait suivi cette double direction. Comme son père, Spintharos, qui fut son premier maître, il voyagea beaucoup, dans le Péloponnèse d'abord, en Italie ensuite où il revint passer quelque temps, et enfin à Athènes où il devint le disciple d'Aristote pendant assez longtemps pour s'y acquérir, dans l'école, une grande réputation [3]. Dans les années qui précèdent immédiatement l'avènement d'Alexandre, nous le retrouvons dans le Péloponnèse, à Corinthe, où il se lia, comme il le dit lui-même, avec Denys le Tyran, qui y vivait dans l'exil depuis 343, et de la bouche même de qui il tenait l'histoire touchante de Damon et de Phintias, qu'il a racontée [4]. Suidas, dans l'article qu'il lui consacre, rapporte

---

[1] *Tusc.*, I, 13. Dicæarchum vero cum Aristoxeno, æquali et condiscipulo suo.
[2] Suid. voc
[3] Suid., 5. ἀκουστής· Ἀριστοτέλους. A. Gell, N. Att., IV, 11. Aristoxenus Aristoteles philosophi auditor.
[4] Iamblich, *Vit. Pythag.*, § 233. Porphyr., *Vit. Pyth.*, § 60.

qu'à la mort d'Aristote, irrité de voir passer entre les mains de Théophraste la direction de l'école qu'il avait espérée pour lui-même, il se vengea de cette préférence, qu'il considéra comme un affront, en répandant sur son maître les propos les plus malveillants. Il semble qu'il y ait là une erreur de nom ; Aristoclès [1] prétend que c'est à Platon que s'adressaient ces injures, car, malgré l'opinion de quelques personnes, Aristoxène n'a jamais dit que du bien d'Aristote. Son caractère a sans doute prêté appui à cette tradition, car il était, suivant Élien [2], l'adversaire déclaré du rire, et, Proclus, dans un mot assez joli, juge que ce personnage, dont le surnom caractéristique était ὁ μουσικός [3] n'avait guère de musique dans le caractère, οὐ πάνυ τὸ ἦθος· ἀνὴρ ἐκεῖνος μουσικός [4]. Les livres écrits par Aristoxène sur la musique, l'histoire, la philosophie et sur les sujets les plus variés, παντὸς εἴδους, s'élevaient au nombre de 453 ; mais son œuvre la plus importante et la plus considérable concerne la musique [5], dont il a écrit l'histoire et la théorie. Ses études philosophiques ont pris surtout la forme historique : ce sont des biographies de philosophes et particulièrement de philosophes pythagoriciens, et un ouvrage intitulé Πυθαγορικαὶ ἀποφάσεις, sorte d'exposé des doctrines pythagoriciennes [6]. On ne sait duquel de ces deux ouvrages est tiré le peu

---

[1] Lib. VII, de Philos. Platonic., cité par Eusèbe, Praep., Ev., c. II. Ἀριστοξένου διὰ παντὸς εὐφημοῦντος Ἀριστοτέλην.
[2] Hist. V., VIII, 13.
[3] Par ex. Athen., XII, 545, a. Ἀριστόξενος ὁ μουσικός. Themist., Or., XXXIII, p. 361, 61. Hard., id.
[4] In Plat. Tim., III, p. 192.
[5] Cic., de Fin., v. 19. Quantum Aristoxeni ingenium in musicis consumptum videmus. Nous avons conservé les trois livres, περὶ ἁρμονικῶν στοιχείων, et un long fragment περὶ ῥυθμικῶν στοιχείων, qui sont les sources les plus précieuses et les plus authentiques de notre connaissance de la musique grecque.
[6]   1. Πολιτικῶν νόμων, au moins en 3 livres. (Conf. Athen., XIV, 648, d
    2. τὰ Μαντινέων ἔθη. Osann. Anecdot. Roman., p. 305.
    3. παιδευτικῶν νόμων. Ammon., fr. 78, de Müller, t. II, p. 289. Diog. L., VIII, au moins en 10 livres.
    4. Πυθαγορικαὶ ἀποφάσεις. Stob., Floril., X, 67.
    5. Βίοι ἀνδρῶν. Plut. Moral., 1093, D. Βίους ἀνδρῶν Ἀριστόξενος ἔγραψεν. Jerom., Hist. Eccl. Praef., Fecerunt hoc (écrire les biographies des hommes illustres), apud Graecos Hermippus peripateticus, Antigonus Carystius, Satyrus doctus vir, et omnium longe doctissimus, Aristoxenus musicus.

qui nous a été conservé par Cicéron de sa doctrine sur l'âme, qui ne diffère pas sensiblement de celle des pythagoriciens, ses premiers maîtres, et où l'on ne reconnaît guère l'influence de son second.

Aristoxène, encore plus pythagoricien que péripatéticien, reproduisait la définition de l'âme qu'avait formulée l'école italique, et que Platon avait déjà fait connaître et avait réfutée [1]. L'âme était pour lui une certaine tension (*intentionem*, les stoïciens diront τόνος, une harmonie du corps même), semblable à l'harmonie des sons qui naissent de la tension et des rapports de tension des cordes de la lyre ; de l'organisme du corps, de sa figure, et des tensions de tous les éléments qui le constituent, naissent les mouvements divers, les fonctions diverses qui constituent une espèce d'âme, *quamdam animam* [2]. Cette âme en effet, si c'en est une, comme en doute Cicéron et comme le nie Lactance, est conçue plus grossièrement encore que par les pythagoriciens qui en avaient fait une cause de l'harmonie, tandis que par les termes dont se servent Cicéron et Lactance, il semble manifeste qu'elle était pour Aristoxène, sinon un effet, du moins une résultante de l'organisme, un rapport abstrait, et en même temps incompréhensible, entre les parties du corps. C'est au corps même, à la constitution physique, à la vie une et harmonieuse dont ses membres sont animés qu'appartient la faculté de sentir, *vim sentiendi*, c'est-à-dire sans doute, la pensée même identifiée à la sensation [3]. Lactance a donc bien raison de dire qu'Aristoxène niait, au moins implicitement, l'existence de l'âme, et plus encore l'existence de

---

[1] Plat., *Phædr.*, 390, 392.
[2] Cic., *Tuscul.*, I, 10... Ipsius corporis intentionem.., ex corporis totius natura et figura varios motus cieri, tanquam in cantu sonos... id., 18, membrorum vero situs et figura corporis, vacans animo, quam possit harmoniam efficere, non video.
[3] Lact., *Instit. Div.*, VII, 13... In corporibus ex compage viscerum ac vigore membrorum *vim sentiendi* existere. Id. *de Opif. Dei*, XVI, quasi harmoniam ex constructione corporis et compagibus viscerum vim sentiendi existere... Volunt igitur animam simili ratione constare in homine, qua corporis partium forma conjunctio, membrorumque omnium consentiens *in unum* vigor, motum illum sensibilem faciat, animumque concinnet.

l'esprit [1]. D'un ton assez méprisant, Cicéron lui conseille de laisser ce grave et profond sujet de méditation à son maître, et de borner son ambition à la mesure de sa capacité : à savoir l'art d'enseigner à chanter : *hæc magistro concedat Aristoteli : canere ipse doceat* [2].

[1] Lact., *Instit. Div.*, VII, 13. Quid Aristoxenus? Qui negavit omnino ullam esse animam, etiam dum vivit in corpore. Id. *de Opific. Dei*, c. XVI. Aristoxenus dixit mentem omnino nullam esse.

[2] On ne peut s'étonner qu'un musicien si consommé, et un philosophe professant sur la nature de l'âme de telles idées, ait attribué comme Théophraste, et avec tous les anciens d'ailleurs, une influence considérable à la musique sur l'âme et sur le corps (Plut., *de Music.*, 1146, c).

CHAPITRE CINQUIÈME

DICÉARQUE

Comme Aristoxène, et peut être avec plus de netteté encore, Dicéarque [1], son ami et son compagnon d'études, s'éloigne de la haute pensée métaphysique d'Aristote dans la conception de l'âme. On ne sait presque rien de sa vie, sinon qu'il a été le contemporain d'Aristoxène, et le disciple immédiat d'Aristote [2]. Suidas est le seul qui lui donne pour père Phidias, personnage d'ailleurs inconnu : il était certainement originaire de Messine en Sicile [3], issu peut être de parents émigrés du Péloponnèse, où il passa une partie de sa vie [4]. On ignore à quelle date, par

---

[1] Dicéarque avait écrit plusieurs ouvrages dont un petit nombre de fragments sont conservés : 1. Βίος Ἑλλάδος en trois livres ; — 2. Une collection des constitutions politiques des Athéniens, des Corinthiens, des Pelléniens, des Lacédémoniens ; — 3. Un traité de philosophie politique sur la meilleure forme de gouvernement, intitulé Τριπολιτικός, et qui faisait peut-être partie d'un ouvrage complet, intitulé Σύλλογοι πολιτικοί ; — 4. Une lettre à Aristoxène, citée par Cicéron, ad Att., XIII, 32, mais dont on ignore le sujet ; — 5. Βίοι φιλοσόφων au moins en deux livres ; — 6 et 7. Deux dissertations sur Homère et sur Alcée ; — 8. Des Didascalies sur Sophocle, Euripide et Aristophane ; — 9. Sur les concours musicaux ; — 10. Un Voyage autour de la Terre, Γῆς περίοδος ; — 11. Des villes de la Grèce, titre donné par conjecture par K. Müller à 3 fragments attribués à Dicéarque ; — 12. Mesures de la hauteur des montagnes ; 13. Un traité : περὶ ψυχῆς en deux parties, intitulées : l'une, Κορινθιακός, l'autre Λεσβιακός, et divisées chacune en 3 livres ; — 14. Un traité de la divination ; — 15. Un voyage dans l'Antre de Trophonius. Les maigres fragments de ces ouvrages ont été réunis par K. Müller, Fragm. Histor. Graecor., t. II ; p. 225. C'est probablement dans les Βίοι qu'il avait été amené à parler des sept sages qu'il considérait comme οὔτε σοφοὺς οὔτε φιλοσόφους, συνετοὺς δέ τινας καὶ νομοθετικούς. Diog. L., I, 40.

[2] Cic., de Leg., III, 6, 14. Suid , v Δικ. et v. Ἀριστ.

[3] Zenob., II, 15 ; Tertull., de An., 15. Messenius aliquis Dicaearchus.

[4] Cic., ad. Att., VI, 2. Vixerat in Peloponneso.

suite de quelles circonstances, il entra dans l'école d'Aristote, dont Thémiste veut qu'il soit devenu un ennemi acharné et passionné [1], on ne sait sur quel fondement. Tout ce qu'on sait, d'après Cicéron [2], c'est qu'il ne partageait pas le sentiment de Théophraste sur l'emploi que l'homme doit faire de sa vie. Il témoigne une vive préférence pour la vie pratique, et s'exprime en termes dédaigneux qui atteignent Aristote même, sur ces personnages qui, oubliant que l'action politique est une philosophie, au lieu de surveiller leurs terres ou de visiter leurs amis, passent leur temps à aller et venir, à se promener de long en large sous les portiques [3] des gymnases. Pour lui, il a non seulement suivi l'exemple du maître, en faisant une collection des constitutions des principales cités de la Grèce, mais encore en consacrant un ouvrage spécial, le *Tripolitique*, à l'étude philosophique des trois formes monarchique, aristocratique et démocratique auxquelles se réduisent les gouvernements, dont la conclusion était que le meilleur serait un composé bien tempéré des trois, chacun d'eux apportant dans ce mélange les avantages et les supériorités qui lui sont propres [4]. Je serais étonné que ces traits caractéristiques de son esprit n'aient pas contribué à lui attirer la sympathie si marquée de Cicéron, qui, malgré ses goûts d'artiste et sa passion pour les lettres, reste un vrai Romain, pour qui l'action et l'action politique surtout, la pratique des affaires et du gouvernement, sont le seul emploi de la

---

[1] Themist., *Soph.*, 285.
[2] *Ad Att.*, II, 16.
[3] Plut., *An seni ger. Resp.*, 36. ἐν ταῖς στοαῖς ἀνακάμπτοντας περιπατεῖν... ὅμοιον δ'ἐστὶ τῷ φιλοσοφεῖν τὸ πολιτεύεσθαι.
[4] Le renseignement n'est pas très sûr. Photius (*Bibl. Cod.* 37, éd. Bekk), après avoir dit qu'il a lu des dialogues qui traitaient de la politique, ajoute que l'auteur y signale un genre particulier de gouvernement qu'il appelle τὸ Δικαιαρχικόν, et qui devrait être composé des trois espèces connues des anciens : ἐκ τῶν τριῶν εἰδῶν τῆς πολιτείας ἴδιον αὐτὴν συγκεῖσθαι φησί, βασιλικοῦ καὶ ἀριστοκρατικοῦ καὶ δημοκρατικοῦ, τὸ εἰλικρινὲς αὐτῆς πολιτείας συνεισαγούσης, κἀκείνην τὴν ὡς ἀληθῶς ἀρίστην πολιτείαν ἀποτελούσης. On peut conjecturer avec quelque vraisemblance, comme Osann, *Beitraege z. Rom. Litt.*, I, p 9), mais sans aucune certitude, que ce γένος Δικαιαρχικόν avait été conçu et formulé par Dicéarque dans son *Tripolitique*, où allèrent les emprunter plus tard Polybe (VI, 3 et 10), et Cicéron (*de Rep.*, I, 29, et II, 39).

vie digne d'un homme. Après l'avoir appelé ses délices [1], il le caractérise et le loue en des termes qui expriment non seulement l'admiration d'un raffiné et d'un délicat pour un écrivain de talent, mais un respect sincère pour l'homme et le caractère : « *Luculentus homo*, dit-il, *et civis haud paullo melior quam isti nostri* [2] ».

Tous les auteurs qui le citent s'accordent à le qualifier de péripatéticien, et on ne peut guère refuser cet honneur à un disciple direct d'Aristote. Mais il faut avouer qu'en psychologie surtout, c'est un péripatéticien singulièrement indépendant. La tendance naturaliste, qui apparaît déjà dans Aristoxène, s'accuse, s'accentue dans Dicéarque, qui est franchement matérialiste. Il nie absolument l'existence de l'âme. C'est pour lui un mot complètement vide de sens. Il n'y aucune raison pour donner à certains êtres les noms d'animaux ou d'êtres animés ; car il n'y a ni dans l'homme ni dans la bête ni âme ni esprit. Il y a sans doute une force qui fait que nous agissons, que nous sentons ; mais cette puissance de sensation et de vie est également répandue, diffuse dans tous les corps *vivants*, dans tous les organismes ; elle n'est pas quelque chose de distinct et de séparable du corps, car elle n'existe pas, *quippe quæ nulla sit*, et n'est autre chose que le corps même, un et simple [3], que l'unité de l'organisme qui, par un art merveilleux de la nature, a été disposé et conformé de telle sorte qu'il vive et sente [4]. L'âme, ou plutôt la vie et la sensation,

---

[1] Cic., *Tusc.*, I, 31. Deliciæ meæ.

[2] *Ad Attic.*, II, 12 et II, 20. *Tusc.*, I, 31. Peripateticus magnus et copiosus. Varro, *de R. R.*, I, I, l'appelle doctissimus homo, et Pline, *H. N.*, II, 65, vir imprimis eruditus

[3] Cic., *Tusc.*, I, 10. Nec sit quidquam nisi corpus unum et simplex. M. Ravaisson, t. II, p. 31, entend autrement ce passage : il traduit « ce qu'on appelle âme .., n'était rien qu'un corps simple, fait de telle sorte que par la constitution de sa nature, il agit et il sent. Par ce corps simple, il est probable qu'il faut entendre l'éther, dont Aristote faisait le premier organe de l'âme » Je crois que par les mots *corpus unum et simplex*, Cicéron entend parler non d'un corps simple, mais du corps même, dont l'harmonie et la proportion réglée par la nature, *temperatione naturæ*, fait l'unité et la simplicité. Comment comprendre autrement le passage de Némésius, cité plus loin, p 41, n 2, d'après lequel l'âme, suivant Dicéarque, est τῶν τεσσάρων στοιχείων . . ἐναρμόνιον κρᾶσιν καὶ συμφωνίαν.

[4] Cic. *Tusc.*, I, 10. Ita figuratum ut temperatione naturæ vigeat et sentiat.

dont on la considère faussement comme le principe, ne sont que certaines propriétés du corps, et n'ont aucun support substantiel [1]. C'est l'être même du corps, τὸ τοῦ σώματος ὄν. Le fait d'être vivant est une propriété inhérente au corps, un élément de son essence, du moins de certains corps, à savoir du corps vivant. Car la vie et la sensation ne paraissent pas appartenir à la matière même, aux éléments matériels; elles sont le résultat, ou la résultante d'une certaine disposition particulière, d'une combinaison déterminée, d'un mélange réglé et harmonieux des quatre éléments, ou plutôt des couples contraires qu'ils renferment : froid et chaud, sec et humide. L'âme n'est pas substance [2].

Mais d'où vient que les éléments matériels ont tantôt pris, tantôt n'ont pas pris ou reçu cette disposition, cette proportion, cette harmonie réglée, ce *consensus* qui fait qu'ils s'organisent [3] en corps vivant et sentant, c'est ce que Dicéarque ne paraît pas avoir recherché, c'est une question qu'il ne s'est pas posée, et à laquelle Épicure fournira la réponse, si c'en est une, par l'infinité des combinaisons produites dans un temps infini par le hasard des mouvements [4] des éléments.

Si l'âme n'existe pas en tant que substance, si elle n'est qu'une propriété mal nommée de l'organisme, produite par certaines

---

[1] Sext. Empiric., *adv. Math.*, VII, 319. μηδὲν φασιν εἶναι αὐτὴν παρὰ τὸ πὼς ἔχον σῶμα. Iambl. ap. Stob. *Eclog.*, I, 870. τὸ τοῦ σώματος ὄν, ὥσπερ τὸ ἐμψυχοῦσθαι, αὐτῇ δὲ μὴ παρὸν τῇ ψυχῇ, ὥσπερ ὑπάρχον. Sext. Emp., *Hyp.*, II, 5. οἱ μὲν μὴ εἶναι τὴν ψυχὴν ἔφασαν. Tertull., *de An.*, 15. Denique qui negant principale, ipsam prius animam nihil censuerunt.

[2] Nemes., *de Nat. Hom.*, 68. Δικαίαρχος... ἁρμονίαν τῶν τεσσάρων στοιχείων... κρᾶσιν καὶ συμφωνίαν... τὴν ἐν τῷ σώματι θερμῶν καὶ ψυχρῶν καὶ ὑγρῶν καὶ ξηρῶν ἐναρμόνιον κρᾶσιν καὶ συμφωνίαν... Ἀριστοτέλης καὶ Δικαίαρχος ἀνούσιον τὴν ψυχὴν εἶναι λέγουσιν. Conf. Plut., *Plac.*, IV, 2, 5.

[3] L'organisation n'est qu'une tendance à l'unité par la coordination des parties : mais d'où vient cette tendance, c'est-à-dire ce mouvement? D'où vient ce mouvement vers l'unité, et d'où vient l'ordre qui ordonne ce mouvement et coordonne les parties?

[4] Cic., *Tusc.*, I, 31. Acerrime autem, deliciae meae, Dicæarchus contra hanc immortalitatem disseruit. Is enim tres libros scripsit, qui Lesbiaci vocantur..., in quibus vult efficere animos esse mortales. Lact., *Inst. Div.*, VII, 13. Falsa est ergo... Dicæarchi de animæ dissolutione sententia. Galen., *Hist. Phil.*, 24. Θνητὴν μὲν ψυχήν... καὶ Δικαίαρχος ᾠήθησαν.

dispositions des éléments qui le constituent, il est trop clair qu'elle est mortelle, c'est-à-dire que le changement des combinaisons peut détruire avec le corps la vie et la sensation [1].

Dicéarque, adoptant sans doute la vieille doctrine des anciens que la matière existe de toute éternité, en a conclu que le genre humain et les espèces animales, comme lui, ont existé de tout temps [2], car il n'y a pas de raison pour que de tout temps les combinaisons qui donnent naissance à l'organisation, à la vie et à la sensation ne se soient pas produites. Il n'y a pas eu de commencement pour les espèces vivantes ; il n'y a pas eu d'interruption dans leur succession ; il est naturel de supposer qu'il ajoutait : il n'y en aura pas davantage dans la suite des temps à venir.

Chose singulière et contradiction inexplicable, ce naturaliste décidé, on pourrait dire ce franc matérialiste, subissant à son insu l'influence des croyances générales et traditionnelles de son pays et de son temps, ne met pas en doute la divination : s'il en réduit à deux les espèces nombreuses et variées, par la raison qu'il y a dans les choses à venir beaucoup de choses qu'il vaut mieux pour nous ignorer que connaître d'avance, il en admet encore deux modes, l'un par les songes, l'autre par l'inspiration divine, un transport divin [3], τὸν ἐνθουσιασμόν. Bien que n'admettant pas une âme immortelle, il croit qu'il y a en nous quelque chose qui participe du divin [4]. Quelle notion pouvait-il se faire du divin dans le monde, et du divin auquel l'homme

---

[1] Comme l'observe Simplicius (*in Categ*., 8, b), il accorde l'existence de l'animal, du vivant, et il en supprime la cause, l'âme : τὸ μὲν ζῶον συγχωρεῖ εἶναι, τὴν δὲ αἰτίαν αὐτοῦ, ψυχήν, ἀναιρεῖ.

[2] Censor., *de D. N.*, c. 1. Prior illa sententia, qua semper humanum genus fuisse creditur, auctores habet... sed et Plato et Xenocrates et *Dicæarchus* Messenius... non aliud videntur opinati. Aristoteles quoque Stagirites et Theophrastus, multique præterea nec ignobiles peripatetici idem scripserunt. Varr., *de R. R.*, II, 1, 2. Igitur inquam, et pecua quum semper fuisse sit necesse natura... necesse est humanæ vitæ a summa memoria gradatim descendisse ad hanc ætatem, ut scribit Dicæarchus.

[3] Cic., *de Div.*, I, 3 Dicæarchus Peripateticus cetera divinationis genera sustulit, somniorum et *furoris* reliquit... id., 50 ; id., II, 51. Magnus Dicæarchi liber est, nescire ea (quæ ventura sunt) melius esse quam scire.

[4] Plut., *Placit.*, v. 194.

peut participer, à quelle partie de notre être, réduit à un organisme composé d'éléments matériels, pouvait s'attacher et se prendre cette participation divine, c'est ce qu'il nous est impossible de nous représenter, même par conjecture, tant les fragments qui nous restent sont rares et incomplets.

On pourrait croire qu'il n'y a plus rien de la psychologie d'Aristote dans cette doctrine qui nie la substantialité de l'âme et ne fait de la vie et de la pensée, réduite à la sensation, qu'une fonction de la matière organisée : ce serait une erreur. Le germe du naturalisme, qui se montre sous une forme grossie à l'excès dans le disciple, était déjà, à peine caché, dans la doctrine du maître. N'avait-il pas dit le premier que l'âme est quelque chose du corps, que l'âme et le corps sont des corrélatifs indissolublement liés l'un à l'autre, que le corps est la puissance dont l'acte est l'âme, que l'âme est l'acte dont le corps est la puissance, c'est-à-dire que le corps est l'âme en puissance ou l'âme le corps en acte. L'idéalisme absolu ou le matérialisme absolu sont également contenus dans les conséquences logiques de la célèbre définition d'Aristote, et quand la notion très métaphysique, très idéaliste de l'acte s'altéra, et elle dût promptement s'altérer, et descendit à la notion du mouvement de la vie, dont l'unité est la marque, l'âme ne fut plus que le corps vivant, ou l'une des fonctions de l'organisme, inséparable de lui, et périssable avec lui et comme lui. Sans doute au-dessus de cette âme, forme et fin du corps organisé, Aristote en avait conçu une autre, d'origine divine, de nature immatérielle, séparable du corps et impérissable par essence. Mais l'impossibilité de l'unir rationnellement avec l'autre, dans une unité réelle et substantielle, qui avait provoqué les doutes d'une force significative de Théophraste, décida Dicéarque comme Aristoxène et la plupart des autres péripatéticiens à trancher la difficulté en niant l'existence de cette forme supérieure de l'âme.

CHAPITRE SIXIÈME

STRATON

Straton, de Lampsaque, fils d'Arcésilas [1], prit à la mort de Théophraste, son maître [2], dans l'Ol. CXXIII [3], la direction de l'école péripatéticienne qu'il conserva pendant 18 ans [4]. Ce n'est donc pas sans raison que Plutarque l'appelle le plus éminent des péripatéticiens, Diogène le plus illustre [5] et que Simplicius le compte parmi les plus grands d'entr'eux [6]. Mais il faut avouer, et ils sont les premiers à le reconnaître, que ce titre ne l'a pas obligé à une soumission absolue aux doctrines de l'école qu'il dirigeait, et lui laissait, vis-à-vis d'elles, une si grande indépendance d'opinion, une si entière liberté d'esprit qu'elle touche souvent à une opposition vive et nette. Sur les théories considérables assurément du mouvement, de la raison, περὶ Νοῦ, de l'âme, du devenir, du temps, Straton non seulement n'accepte pas les solutions proposées et exposées par Aristote, mais encore il les critique, il les réfute, il les repousse, et cherche à s'ouvrir une voie toute nouvelle, et à se faire sur tous les

---

[1] Suidas, qui reproduit en l'abrégeant la notice de Diogène, dit : fils d'Arcésilas ou d'Arcésius.

[2] Cic., Acad., I, 9. Theophrasti auditor. Suid. Θεοφ· γνώριμος.

[3] Sans désignation d'année = 288 — 284 av. J.-Ch.

[4] Il était d'une constitution si faible qu'il mourut sans agonie, ὡς ἀναισθήτως τελευτῆσαι.

[5] Adv. Col., 11. κορυφαιότατος. Diog., ἐλλογιμώτατος.

[6] Simplic., in Phys., Scholl. Ar., 109, a. 31. καὶ τοῖς ἀρίστοις περιπατητικοῖς ἀριθμούμενος.

problèmes une opinion propre, καινοτέραν ἐβάδιζεν ὁδόν[1]. Cependant ce péripatéticien si indépendant n'était pas ou du moins pouvait croire n'être pas infidèle au véritable esprit, à la pensée dominante et générale de la philosophie dont il avait l'honneur d'être le représentant avoué et pour ainsi dire officiel. Tous les anciens l'appellent ὁ φυσικός, le physicien[2], ou plutôt le naturaliste, et Galien, avec un sens sinon profond, du moins perspicace, n'hésite pas à dire que c'est Aristote même qui a imprimé ce caractère particulier à la doctrine de Straton[3].

Il faut bien reconnaître dans la métaphysique d'Aristote une double tendance, que la doctrine de l'entendement agent et de l'acte pur de la pensée ne parvient pas à concilier avec une clarté manifeste et une force invincible, pour tous les esprits. Beaucoup s'y sont trompés et pouvaient s'y tromper, et ce n'est pas absolument sans raisons au moins spécieuses, qu'Aristote a été longtemps considéré comme le chef de toutes les écoles sensualistes, naturalistes et même matérialistes. Sans doute il y a dans la psychologie d'Aristote un principe supérieur qui domine le dualisme apparent ; dans la théorie du Νοῦς, venu du dehors, c'est-à-dire d'en haut, qui n'est lié à aucun organe, à aucune fonction physiologique, qui n'est la forme d'aucune matière, l'acte d'aucun corps, mais acte pur, il posait au naturalisme contenu dans sa définition, une barrière ; il rompait avec ses conséquences extrêmes, et se montrait enfin

---

[1] Plut., *Adv. Col.*, 14. οὔτε Ἀριστοτέλει κατὰ πολλὰ συμφέρεται... περὶ κινήσεως, περὶ νοῦ, περὶ ψυχῆς, καὶ περὶ γενέσεως. Simplic., *in Phys.*, Scholl., Ar., 391, a. 31. αἰτιασάμενος τὸν ὑπ᾽ Ἀριστοτέλους ἀποδοθέντα τοῦ χρόνου ὁρισμόν... καινοτέραν ἐβάδιζεν ὁδόν. — Id , id , 187, a. u., πολλὰ ἀντειπὼν πρὸς τὴν Ἀριστοτέλους ἀπόδοσιν. Cic., *Acad.*, I, 9, plurimum discedit a suis .. a disciplina Peripatetica omnino semovendus est ; *de Fin* , V, 5, nova pleraque.

[2] Plut., *Utr. An. an Corp. sit libido*, I, 4. Diog. L., V, Sext. Emp., *Adv. Math.*, VII, 319. Cic., *Acad.*, I, 9, totum se ad investigationem naturæ contulisset. Polyb., *Exc.*, lib., XII, 25, qui d'ailleurs le juge avec une sévérité poussée jusqu'à une exagération ridicule. Il le qualifie de prodigieux menteur, θαυμάσιος ψευδοποιεῖν, quand il expose les opinions des autres, et d'être stupide, quand il se mêle de formuler une opinion personnelle.

[3] Gal., *Hist. Phil.*, 3, p. 228. Ἀριστοτέλης τὸν Στράτωνα προήγαγεν εἰς ἰδιόν τινα χαρακτῆρα φυσιολογίας.

ce qu'il est réellement malgré les apparences, un platonicien et un monothéiste convaincu ; mais il y a un revers à cette noble médaille : le rapport du Νοῦς à l'âme même, entéléchie du corps, était resté inexpliqué et restait inexplicable. Théophraste avait élevé contre cette théorie des doutes, des objections auxquelles ses propres solutions, très hésitantes et très peu solides, ne répondaient pas d'une manière satisfaisante, pas même pour lui-même. La méthode expérimentale dont Aristote avait constamment fourni l'exemple et le précepte, les concessions manifestes faites au naturalisme dans sa psychologie, détournaient des esprits vigoureux mais étroits, qui recherchaient dans la philosophie et dans ses problèmes complexes, la certitude logique des sciences mathématiques, de conclusions et de principes ruinés par une contradiction interne, et qui ne donnaient plus satisfaction vraie ni aux besoins de la spéculation pure, ni aux besoins de la science expérimentale [1]. Il fallait choisir, et pour le chef de l'école péripatéticienne, dont la réaction contre le spiritualisme platonicien était pour ainsi dire la marque distinctive et caractéristique [2], le choix était indiqué et on dirait presque commandé.

Diogène et Suidas expliquent le surnom de ὁ φυσικός, dont il est partout qualifié, par la direction de ses recherches et de ses travaux, presqu'exclusivement consacrés à cette partie de la science que de leur temps on désignait par la physique [3]. Cicéron avait déjà remarqué qu'il s'était adonné presque tout entier à l'étude de la nature, *totum se ad investigationem naturæ contulisset* [4]. Cette interprétation ne paraît pas confirmée par le catalogue

---

[1] Avant de devenir l'idole de la scolastique, il faut se le rappeler, Aristote, du moins sa philosophie de la nature et sa métaphysique avaient soulevé une opposition formidable de l'Église, et des condamnations sévères ; car on y avait méconnu le grand caractère théiste qui la signala plus tard à l'admiration enthousiaste d'Albert, de Saint Thomas, et de tous les grands docteurs de la scolastique de la seconde époque.

[2] Plut., *Adv. Col.*, 11. Πλάτωνι τὰς ἐναντίας ἔσχηκε δόξας.

[3] Suid., διὰ τὸ παρ' ὁντινοῦν ἐπιμεληθῆναι τῆς φυσικῆς θεωρίας. Diog. L., V. ἀπὸ τοῦ ἐπὶ τὴν θεωρίαν ταύτην παρ' ὁντινοῦν, ἐπιμελέστατα διατετριφέναι... Sub fin. διατρίψας ἐν παντὶ λόγων εἴδει, καὶ μάλιστά γε ἐν τῷ καλουμένῳ φυσικῷ.

[4] Cic., *Acad.*, I, 9.

des ouvrages, tous perdus aujourd'hui sauf un petit nombre de fragments conservés, mais dont les titres, mentionnés par Diogène, indiquent une direction d'études et de travaux assez différente. Sur quarante-six ouvrages que dénomme le catalogue, quatre seulement se rapportent à la physique proprement dite : les traités : 1. *du Vide* ; 2. *du Ciel* ; 3. *des Machines métalliques* ; 4. *du Lourd et du Léger;* sept sont des ouvrages de logique : 5. *Introduction aux Topiques* ; 6. *de l'Accident* ; 7. *de la Définition* ; 8. *du Plus et du Moins* ; 9. *de l'Antérieur et du Postérieur* ; 10. *du Genre antérieur;* 11. *du Propre*. Il en est quelques-uns dont il n'est pas facile de deviner le contenu et le sujet : ce sont douze *Mémoires*, d'une authenticité déjà suspecte aux anciens; 13. *Solutions d'Objections;* 14. *Réfutations de découvertes* (prétendues). On avait recueilli en un volume spécial, 15, ses *Lettres*, dont une était adressée à Arsinoë, sœur et femme de Ptolémée Philadelphe, qui avait été son élève et lui avait fait, dit-on, une magnifique libéralité de 80 talents, destinés sans doute à l'école.

Tous les autres ouvrages, à en juger par leur titre, ou presque tous avaient pour objet la morale, mais surtout la psychologie liée, comme celle d'Aristote, à la physiologie ; c'étaient des livres : 16. sur *la Royauté;* 17. sur *l'Injustice;* 18. sur *la Justice;* 19. sur *le Bien* ; 20. sur *les Dieux;* 21. sur *le Bonheur;* 22. sur *le Courage* ; 23. περὶ βίων, soit un traité de psychologie morale, soit une biographie de philosophes ; 24. sur *la Philosophie;* 25. sur *les Principes;* περὶ ἀρχῶν; 26. sur *les Causes*.

Les derniers que nous avons à citer ont un caractère nettement psychologique : 27. περὶ πνεύματος; 28. *de la Nature humaine;* 29. *de la Génération des Animaux;* 30. *du Mélange*, soit en général, soit des éléments matériels qui entrent dans la composition des êtres vivants et constituent leur tempérament, 31. *du Sommeil;* 32. *des Songes* ; 33. *de la Vue;* 34. *de la Sensation;* 35. *du Plaisir ;* 36. *des Couleurs ;* 37. *des Maladies ;* 38. περὶ κρίσεων, peut être *des Crises dans les Affections morbides;* 39. *des Facultés*, περὶ δυνάμεων sans doute de l'âme ou des forces naturelles; 40. *de la Faim et du Vertige*; 41. *de l'Enthousiasme*; 42. *du Temps*; 43. *de l'Alimentation et de la Croissance*; 44. *des Animaux d'espèce douteuse*; 45. *des Animaux fabuleux*; 46. *de l'Avenir*.

Ce que nous apprenons de sa philosophie, aussi bien que les titres de ses ouvrages, justifie le sens que nous avons donné au mot ὁ φυσικός qui semble désigner ici le caractère très exclusivement naturaliste des solutions données par Straton aux problèmes de la philosophie et particulièrement de la psychologie. C'est ce que prouvera, je l'espère, l'analyse que nous allons en présenter.

Straton n'accepte pas le pur mécanisme de Démocrite; l'hypothèse du vide et des atomes, polis, rudes ou crochus, lui paraît un vain songe, imaginé pour expliquer l'origine et la nature des choses, et qui répond mal à l'attente et à l'espoir de l'inventeur, car il n'explique rien [1]. Mais il n'accepte pas davantage la haute pensée métaphysique d'Aristote, qui, sans supprimer les causes efficientes, suspendait le ciel et la terre, et rattachait, en la lui subordonnant, les forces de la nature à un principe premier, qui lui est supérieur et étranger, moteur immobile de toute chose mue, fin suprême et perfection absolue de toutes les fins et de toutes les perfections relatives. Le monde n'est pas un être animé, vivant [2]; pour expliquer la formation des choses il n'est pas nécessaire et il est inutile d'imaginer, en lui ou hors de lui, une cause divine, un être doué de pensée, de sentiment, de figure, se proposant et réalisant une fin [3]. Tout s'expli-

---

[1] Cic., *Acad.*, IV, 38. Strato... negat opera Deorum se uti ad fabricandum mundum... Quæcumque sint docet omnia esse effecta natura : nec ut ille qui asperis, et lævibus, et hamatis uncinatisque corporibus concreta hæc esse dicat, interjecto inani. Somnia censet hæc esse Democriti, non docentis, sed optantis.
[2] Plut. *adv. Col.*, 14 τὸν κόσμον αὐτὸν οὐ ζῶον εἶναι φησί, τὸ δὲ κατὰ φύσιν ἕπεσθαι τῷ κατὰ τύχην· ἀρχὴν γὰρ ἐνδιδόναι τὸ αὐτόματον, εἶτα οὕτω περαίνεσθαι τῶν φυσικῶν παθῶν ἕκαστον. Le sens d'αὐτόματον est celui de principe spontané, mais sans raison et sans intelligence, plutôt que celui de fortuit. C'est dans ce sens que l'emploie aussi Platon. *Soph.*, 168. τὴν φύσιν πάντα γεννᾶν ἀπό τινος αἰτίας αὐτομάτης καὶ ἄνευ διανοίας φυούσης.
[3] C'est-à-dire un Dieu, du moins si on persiste à appeler la nature un Dieu (Min., Félix, *Octav.*, 19, 9. Straton quoque et ipse naturam (Deum loquitur). Max. Tyr.

que par la nature, c'est-à-dire par un système de forces spontanément actives, de lois physiques, ποιότητες, agissant par une nécessité interne et produisant, à l'aide de la pesanteur et du mouvement, tous les phénomènes de la génération, du développement et du dépérissement des choses [1]. Les agents de l'organisation et de la désorganisation sont, non pas la matière sensible, mais les propriétés, les forces ou puissances [2], dont elle forme ou contient les substrats et qui se manifestent par le froid dont le substrat est l'air, et surtout par la chaleur, dont le substrat est le feu et qui est pour lui le fondement immédiat et positif de l'existence et de la vie [3]. Le conflit de ces forces naturelles contraires [4] donne naissance, par leur prédominance alternative, à l'infinie variété des phénomènes dont le monde est le théâtre ou plutôt dont il est le système et la réalité.

Si le monde est sans Dieu, si la vie, le sentiment et la sensation, la pensée elle-même ne sont que des formes, des accidents, des qualités ou propriétés, tantôt actives, δυνάμεις, tantôt passives, πάθη, de la matière sensible, douée par elle-même de la force vitale, plastique, spermatique, si en un mot par elle-

---

I, 17. « L'athée lui-même a l'idée d'un Dieu, quand bien même il mettrait à sa place la nature, κἂν ὑπαλλάξῃς τὴν φύσιν (comme Straton), c'est à dire un Dieu sans âme et sans intelligence». Senec. (dans Aug., Civ. D., VII, 1), alter (Strato) fecit Deum sine animo.

[1] Cic., Acad., IV, 38... Quidquid sit aut fiat naturalibus fieri aut factum esse docet ponderibus et motibus... De Nat. Deor., I, 13. Omnem vim divinam in natura sitam censet, quæ causas gignendi, augendi, minuendi habeat, sed careat omni sensu et figura. Lactant., De ira, D. 10.

[2] Sext. Emp., Pyrrh., III, 33. Conf. Galen., Hist. Phil., V. τὰς ποιότητας (ἀρχὴν λέγει). Clementin. recognition (Fabric., VIII, 15). Callistratus (lege Strato) qualitates, scilicet principia mundi dixit.

[3] Stob., Eclog., I, 298. Στράτων στοιχεῖα τὸ θερμὸν καὶ τὸ ψυχρόν. Epiphan., Expos. Fid., 1090, a., τὴν θερμὴν οὐσίαν ἔλεγεν αἰτίαν πάντων ὑπάρχειν. Plut., Prim. Frig., 9. τῷ ὕδατι (πρώτως ψυχρὸν ἀποδίδοντες) Στράτων.

[4] Senec., Nat. Quæst., 9, VI, 13. Hujus tale decretum est : Frigidum et calidum semper in contraria abeunt, una esse non possunt. Vices hujus pugnæ sunt. Ces deux qualités se combattent, s'expulsent, se détruisent partout où elles se rencontrent. C'est cette ἀντιπερίστασις qui joue un si grand rôle dans l'explication des phénomènes physiques dans Aristote, Meteor., I, 12, de Somn., 3; dans Théophraste, de Ign., 10, 13, 15, 18, 74. ἀντιπεριέστηκε τὸ θερμόν, de Sudor., 23, de An. defect., 6; Cens., Plaut., 1, 12; VI, 18; chez les stoïciens, Senec., Quæst. Nat., II, 7, et même déjà dans Platon, Tim., 56, b, 80, c).

même la matière vit et pense, il est clair qu'il est inutile de supposer dans l'homme un principe distinct, soit corporel soit incorporel, pour expliquer en lui les phénomènes de la vie, de la sensation et de la pensée. Straton professe, et il est le premier à professer, un clair et franc hylozoïsme [1]. Les mots dont il se sert toujours, âme, fondement, principe supérieur et dirigeant, ψυχή, νοῦς, ἡγεμονικόν ne peuvent plus garder le sens qu'ils ont habituellement, à savoir d'une essence, d'une substance, l'être même, en général, n'étant pour lui que la cause de la permanence τὸ τῆς διαμονῆς αἴτιον, c'est-à-dire la qualité, la force qu'on retrouve toujours agissante dans un être et qui en constitue la nature spécifique. Ce qui n'empêche pas qu'il ait pu assigner à la faculté de la pensée, inséparable des autres facultés et dont tout être vivant est doué, un siège particulier dans la région frontale entre les sourcils [2], et qu'il ne l'ait rattachée, comme Aristote, à la propriété du sperme de contenir un esprit vital et inné [3], lié sans doute à l'air de la respiration. Bien qu'il soit difficile de se représenter un mode et un attribut non substantiels, ayant une situation déterminée et propre dans une partie du corps, cette âme enveloppée dans le sperme, animé lui-

---

[1] Hippocr., *Epidem.*, VI, sect. 5, avait dit aussi : ἀπαίδευτος ἡ φύσις καὶ οὐ μαθοῦσα τὰ δέοντα ποιεῖν... ἀνευρίσκει ἡ φύσις αὐτὴ ἑαυτῇ τὰς ἐξόδους, οὐκ ἐκ διανοίας. La nature n'a pas besoin d'étude et de leçons pour faire ce qu'elle doit faire, elle trouve sa voie elle-même et sans réfléchir. Mais il est certain que comme Platon et Aristote, en donnant à la nature une faculté plastique innée accomplissant sans réflexion des actes, Hippocrate entendait qu'elle réalisait, sans les connaître, des fins qu'un principe supérieur avait voulues et pensées.

[2] Plut., *Plac.*, Στράτων (τὸ τῆς ψυχῆς ἡγεμονικόν εἶναι λέγει) ἐν μεσοφρύῳ... Poll., *Onom.*, II, 226. κατὰ τὸ μεσόφρυον. Tertull., *de An.*, 15. Nec in superciliorum meditullio principale culmen putes ut Strato. Galen., *H. Phil.*, c. 28. Theodor., *Cur. Græc. Aff.*, V, 23... Epiph., *Synt. Exp. Fid.*, 1090, a... πᾶν ζῶον ἔλεγε νοῦ δεκτικὸν εἶναι. C'est sans doute parce que dans l'effort de la méditation et dans le travail de la pensée, le front se plisse ou se contracte, c'est-à-dire qu'on y voit comme certains signes mimiques représentant l'indication de la pensée et de l'activité de l'âme.

[3] Plut., *Plac. Phil.*, V, 4. Στράτων... τὴν δύναμιν (τοῦ σπέρματος)... πνευματικὴ γάρ. Tertull. *de An.*, 43. Strato... consati spiritus... Galen., *Hist. Phil.*, c. 31. C'est le seul passage, dont les leçons sont fort incertaines, qui contienne une composition matérielle de l'âme, si tant est que πνεῦμα soit une matière, et non simplement une force δύναμις ; mais cette force paraît résider dans le sperme, qui est une substance vraiment matérielle.

même par le πνεῦμα, est absolument une et parfaitement simple, diffuse dans tout le corps et partout tout entière et toujours elle-même ; comme un même souffle qui se répand à la fois dans tous les trous d'une flûte, elle se porte une et tout entière, sans se diviser, à travers les divers organes de la sensation, pour recevoir les impressions des objets, et les transmettre à l'ἡγεμονικόν [1], qui seul les peut transformer en une sensation perçue et consciente, sans que Straton nous dise comment et par où avait lieu cette transmission. C'est pour cela que lorsque nous éprouvons une souffrance, nous fronçons les sourcils, parce que c'est là qu'est le siège de l'âme, et si nous croyons souffrir à l'endroit du corps frappé, c'est parce que l'ἡγεμονικόν transmet et transporte, localise la sensation à la partie blessée. De même, si nous suspendons notre respiration, si nous lions un membre avec des bandages ou si nous le serrons fortement avec les mains, nous arrêtons, par cette résistance, la transmission de l'impression matérielle sensible, nous enfermons le coup dans les parties insensibles, afin qu'il ne soit pas communiqué à l'âme pensante, τὸ φρονοῦν, et transformé par elle en une douleur, c'est-à-dire en un fait psychique conscient. L'âme ne peut pas être vide de sensations, quoiqu'elle puisse être vide de désirs [2].

L'âme est identique à ses sensations, n'est que ses sensations [3] mêmes, que la série une de ses sensations, et toutes ses modifications, toutes ses sensations ont lieu dans l'ἡγεμονικόν et non dans les lieux du corps frappés par les objets. Toute sensation doit être rapportée à l'âme ; toute sensation est dans l'âme, et

---

[1] Le mot est probablement emprunté des stoïciens ; mais il se trouve cependant déjà dans Aristote : καὶ αὐτοῦ εἰς τὸ ἡγούμενον Ethic., Nic., III, 5, 1113, a. b.
[2] Simplic., in Categ. Scholl., Ar. 90., a. 31. ἄνευ μὲν γὰρ αἰσθήσεως εἶναι τὴν ψυχὴν ἀδύνατον.
[3] Sext. Emp., adv. Math. VII, 350 : « Les uns disent que l'âme diffère de ses sensations, les autres, et Straton à leur tête, disent que : αὐτὴν εἶναι τὰς αἰσθήσεις, καθάπερ διά τινων ὀπῶν τῶν αἰσθητηρίων προκύπτουσαν. » Tertull., de An., 15. Ipsi (Straton, Ænésidème et Héraclite) unitatem animæ tuentur, quæ in totum corpus diffusa, et ubique ipsa, velut flatus in calamo per cavernas, ita per sensualia variis modis emicet, non tam concisa quam dispensata.

appartient à l'âme. Ce n'est pas le pied que nous nous sommes heurté, ce n'est pas la tête que nous nous sommes frappée, ce n'est pas le doigt que nous nous sommes coupé, qui éprouvent la sensation, qui sentent. Tous les organes sont insensibles : il n'y a de sensibles que l'ἡγεμονικόν qui est toute l'âme, et dont participent par conséquent tout être vivant [1] ; c'est à lui que nous rapportons rapidement le coup; c'est sa sensation que nous appelons douleur. De même que nous croyons extérieur le son qui retentit dans nos oreilles, attribuant à la sensation l'intervalle qui en sépare le point d'origine de l'ἡγεμονικόν, de même nous nous imaginons que la douleur de la blessure est non pas là où elle est devenue sentie, mais là où elle a pris origine, parce que l'âme s'est en un instant transportée à l'endroit même d'où sa souffrance est partie [2]. Tout ce que nous appelons désirs, chagrins, terreur, envie, peine, douleur, en un mot toute sensation subsiste dans l'âme, est une chose de l'âme, et aucune sensation ne peut se produire sans l'acte de l'ἡγεμονικόν, sans la pensée, la réflexion, ἄνευ τοῦ νοεῖν, comme il est facile de s'en convaincre, par le fait suivant : que de fois n'arrive-t-il pas que tout en attachant les yeux sur les lettres d'un livre, ou lorsque des paroles ont frappé nos oreilles, nous n'avons en réalité rien lu ni rien entendu, parce que notre esprit était ailleurs [3].

Cependant s'il n'y a point de sensation ni de perception sans un acte de la raison qui l'accompagne et même le constitue, si c'est la raison seule qui prend conscience de l'impression physique et la transforme en un phénomène psychologique, d'un autre côté, l'impression sensible, la sensation est la condition et l'antécédent nécessaires de la plupart des phénomènes de l'âme.

---

[1] Plut., *Placit.*, IV, 23. Στράτων... τὰ πάθη τῆς ψυχῆς ἐν τῷ ἡγεμονικῷ... ἐν γὰρ ταύτῃ (leg. τούτῳ) κεῖσθαι τὴν ὑπομονήν. Epiph., *Synt. Exp. Fid.*, 1090, a., πᾶν ζῶον ἔλεγε νοῦ δεκτικὸν εἶναι. Plut., *Soll. An.*, 3, 6. οὐδὲ αἰσθάνεσθαι τὸ παράπαν ἄνευ τοῦ νοεῖν ὑπάρχει.
[2] Plut., *Utr. An. an Corp. sit. lib...* ταῦτα τὰ πάθη τῇ ψυχῇ φέροντες ἀνθέσαν... ὅλως πᾶσαν αἴσθησιν ἐν τῇ ψυχῇ συνίστασθαι φάμενος καὶ τῆς ψυχῆς τὰ τοιαῦτα πάντα εἶναι.
[3] Plut., *Soll. An*, 3, 6. πρὸς ἑτέροις τὸν νοῦν ἔχοντας.

Ce qu'elle n'a pas vu, elle ne saurait le penser, ὅτα γὰρ μὴ πρότερον ἑώρακε ταῦτα οὐ δύναται νοεῖν, par exemple les lieux, les ports, les tableaux, les statues, les hommes, et toutes les choses de cette nature [1]. Il y a des idées que nous ne pouvons nous faire, si nous n'avons pas eu antérieurement la sensation correspondante. Car il y a des sensations que l'âme se donne à elle-même, et d'autres qui lui sont données à l'occasion des sensations [2]; il y a une âme sans raison, ἄλογος, et une âme pensante λογικήν; mais l'une et l'autre se meuvent; ou plutôt, dans cette double fonction, l'âme une, simple et indivisible, se meut, et ses actes, ἐνεργείας, comme ses modifications, πάθη, ne sont que des mouvements [3]. Ce qui pense est en mouvement, comme ce qui voit, qui entend, qui odore. La pensée est l'acte de la raison comme la vision l'acte de la vue [4]. Les deux phénomènes psychologiques sont également des actes d'un être en puissance, c'est-à-dire des mouvements.

Dans l'acte de la connaissance, il n'y a que deux choses, l'objet que le hasard nous présente, τὸ τυγχάνον, et le mot par lequel il est désigné, τὸ σημαῖνον; en sorte d'une part que les idées n'ont aucun mode d'existence que dans le langage — c'est la première apparition du nominalisme, — et d'autre part que le langage est le seul critérium de la vérité et de l'erreur, ce qui revient à dire qu'elles n'ont pas de critérium [5].

Le sommeil, si je comprends bien la brève explication de Tertullien, est produit par la séparation de ce souffle inné qui constitue la vie, *segregationem consati spiritus* [6]. Le πνεῦμα se retire du corps, non pas absolument sans doute, car ce serait la mort, mais sa quantité, ou sa force diminue, et il arrive alors

---

[1] Simplic., *in Phys. Scholl.*, 409, a. 34.
[2] Id., id. ἃς ἡ ψυχὴ καθ'αὑτὴν κινεῖται διανοουμένη, καὶ ἃς ὑπὸ τῶν αἰσθήσεων ἐκινήθη πρότερον.
[3] Id., id. κινήσεις λέγων εἶναι τὰς ἐνεργείας τῆς ψυχῆς.
[4] Id., id.
[5] Sext. Emp., *adv. Math.*, VIII, 13. περὶ τῇ φωνῇ τὸ ἀληθὲς καὶ τὸ ψεῦδος ἀπολείπειν.
[6] Tertull., *de An.*, 43.

pendant ce sommeil, que l'âme devient plus accessible aux sensations, que l'activité complexe et agitée de la vie éveillée ne laisse pas arriver toutes ni entières à elle : d'où les rêves [1], qui appartiennent ainsi, il est vrai, à la fonction irrationnelle, inconsciente de la pensée, mais qui par suite des circonstances où la plonge le sommeil reçoit de la fonction intelligente et rationnelle, τῷ γνωστικῷ, une excitation, un mouvement plus vifs.

Nous n'avons que des renseignements très insuffisants sur la manière dont Straton se représentait les phénomènes psychologiques et physiologiques des sensations. La sensation de la couleur était produite par une modification de la forme de l'air intermédiaire, coloré lui-même par les couleurs venues des objets [2]. Mais il n'admettait pas une semblable explication pour le phénomène du son.

Ce n'est pas, ainsi que l'avait dit Aristote [3], par une modification éprouvée par l'air intermédiaire dans sa forme, et causée par le mouvement reçu du corps sonore, que nous en avons la perception. Sur ce point, comme sur tant d'autres, Straton se sépare de son maître. La cause du son réside dans le fait du relâchement de la tension du coup, τῷ ἐκλύεσθαι τὸν τόνον τῆς πληγῆς, et de l'inégalité de la vibration qui le constitue, τῇ τῆς πληγῆς ἀνισότητι [4]. Si comme le croit Brandis [5], le mémoire περὶ ἀκουστῶν, doit être attribué à Straton ou à quelque autre péripatéticien plutôt qu'à Aristote, chaque son doit être considéré

---

[1] Cette explication est donnée par Plutarque (*Plac.*, V, 2, 2), et répétée par Galien (*Hist. Phil.*, 30), dans les termes suivants, qui laissent deviner plutôt qu'ils n'expriment la pensée, car le texte n'est pas sûr ni peut être complet : Στράτων (τοὺς ὀνείρους γίνεσθαι) ἀλόγῳ φύσει τῆς διανοίας ἐν τοῖς ὕπνοις αἰσθητικωτέρας μέν πως γιγνομένης, παρ'αὐτὸ δὲ τοῦτο τῷ γνωστικῷ κινουμένης. On ne trouve nulle part, dans Straton, ni la notion ni le mot de partie appliqués à l'âme ; les termes d'ἄλογος φύσις τῆς διανοίας me semblent très remarquables : je les traduis sans hésiter *par la fonction inconsciente de la pensée*. Straton aurait alors reconnu des idées inconscientes.
[2] Stob., *Floril.*, IV, 173. χρώματά φησιν ἀπὸ τῶν σωμάτων φέρεσθαι συγχρώζοντα αὐτοῖς τὸν μεταξὺ ἀέρα.
[3] *De Sens*, 6, 116.
[4] Alex. Aphrod., *de Sens.*, 117, a, 0.
[5] Aristoteles, II, 2, p. 1201.

comme un composé de mouvements, πλήγια, partiels, distincts, que nous ne percevons pas comme tels, mais que nous percevons comme un mouvement unique et continu. Les diverses qualités des sons, graves et aigus, durs et doux, dépendent de la nature du mouvement de l'air mis en mouvement par le corps sonore, chaque parcelle d'air ébranlant la parcelle la plus voisine et lui imprimant le même mouvement dont elle est animée [1]. La perception du son n'est donc que la perception d'un mouvement.

Après avoir défini, à peu près comme l'avait fait Aristote, l'espace comme l'intervalle qui sépare le corps enveloppé du corps enveloppant[2], Straton se sépare de son maître sur la définition du temps qui, pour ce dernier, était le nombre du mouvement. Il n'y a pas de temps sans âme, avait-il dit, et c'est l'âme qui compte, qui crée, avec le nombre, le mouvement dont le nombre est la mesure. Straton élève contre cette notion du temps des objections nombreuses, et entr'autres [3] : le temps et le mouvement sont, dit-il, des grandeurs continues qui n'ont pas de relation avec la grandeur discrète du nombre. Si l'on dit que le mouvement a des parties distinctes [4], que de ces parties l'une est antérieure, l'autre postérieure, et que par conséquent il y a un nombre du mouvement, il faudra conclure aussi que l'étendue est également numérable : car il y a aussi des parties distinctes dans cette quantité dans laquelle, quoique continue, on peut poser un antérieur et un postérieur[5], de sorte que tout continu serait numérable, et qu'il y aurait dans le temps un temps du temps, puisque dans le temps il y a un antérieur et un postérieur. Remarquons en outre que le nombre n'est ni engendré ni détruit, quoique les choses nombrées le soient, tandis que le temps naît et périt continûment, συνεχῶς. Le nombre con-

---

[1] Arist., 803, b. 4.
[2] Stob., Ecl., I, 380.
[3] Simplic., in Phys., 187. Schol. Ar., 391, b.
[4] ἄλλο καὶ ἄλλο τὸ μέρος τῆς κινήσεως.
[5] ὥστε καὶ τοῦ χρόνου εἴη ἂν χρόνου χρόνος.

tient en soi toutes ses parties; car si l'on supprime les trois unités, le nombre trois ne sera plus. Au temps cela est impossible; car on confondrait dans un seul le temps antérieur et le temps postérieur. Il y aurait coïncidence du passé et de l'avenir.

S'il en était comme on le suppose, c'est-à-dire si le temps était un nombre, l'unité et l'instant ne seraient plus qu'une seule et même chose, car le temps est composé d'instants, comme le nombre d'unités.

Autre objection : Pourquoi le temps serait il le nombre de l'antérieur et du postérieur des choses en mouvement plutôt que des choses en repos? Car il y a là aussi un antérieur et un postérieur. Si l'on dit qu'être dans le temps, c'est être embrassé par le temps, aucune des choses éternelles ne serait dans le temps. Il n'est donc pas possible d'admettre la définition d'Aristote, dit Straton, qui propose de définir le temps : la grandeur, le quantum, τὸ ποσόν, dans les actions, ἐν ταῖς πράξεσι [1], la mesure du mouvement et du repos; car on dit qu'on est resté longtemps ou peu de temps en voyage, en mer, en campagne, assis, endormi, oisif. La grandeur ou le quantum de l'action constitue la grandeur ou le quantum du temps... C'est pour cela qu'il n'y a pas dans le repos de lenteur ni de vitesse, parce que le repos demeure toujours égal à son quantum ; c'est pourquoi encore nous disons : plus ou moins de temps, et non un temps plus ou moins vite ; car si l'action ou le mouvement est plus ou moins rapide, le quantum dans lequel ils se réalisent, c'est-à-dire le temps, est plus ou moins grand, mais non plus ou moins rapide [2]. Ainsi on ne doit pas désigner le jour, la nuit, l'année comme des temps ou parties de temps, mais seulement le quantum dans lequel ces phénomènes s'accomplissent, τὸ ποσὸν ἐν ᾧ

---

[1] Stobée et Sext. Empiricus reproduisent à peu près la même définition. Stob., *Ecl.*, I, 250. τὸν ἐν κινήσει καὶ ἠρεμίᾳ ποσόν. Sext. Emp., *Pyrrh.*, III, 137. μέτρον κινήσεως καὶ μονῆς. Id., *adv. Math.*, X, 177. παρήκει γὰρ πᾶσι τοῖς κινουμένοις ὅτε κινεῖται καὶ πᾶσι τοῖς ἀκινήτοις ὅτε ἀκινητίζει.

[2] πρᾶξις μὲν γὰρ καὶ κίνησίς ἐστι θάττων καὶ βραδυτέρα, τὸ δὲ ποσὸν τὸ ἐν ᾧ πρᾶξις οὐκ ἔστι θάττον καὶ βραδύτερον, ἀλλὰ πλέον καὶ ἔλαττον, ὥσπερ καὶ χρόνος.

ταῦτα; car il faut distinguer le phénomène qui s'accomplit, et le quantum dans lequel il s'accomplit: ce quantum, c'est le temps. Mais qu'est-ce encore que ce quantum? Quelle qualité lui attribuer [1]? C'est une chose dont on ne peut se rendre compte, et qui reste obscure. Ce n'est donc pas par l'idée qu'on s'en peut faire, qu'on peut se faire une idée du temps. Il faut avoir cette idée antérieurement: c'est une notion *a priori* [2]. Cela est d'autant plus manifeste qu'il y a un autre quantum que celui des états de mouvement et des états de repos; car nous disons qu'il s'est accompli beaucoup de mouvement en peu de temps, quand le mouvement a été rapide, et peu de mouvement en beaucoup de temps, quand il a été lent. Mais qu'est-ce donc alors que ce quantum des phénomènes qui diffère de celui du temps? C'est ce que notre raison ne peut parvenir à voir clairement [3]. Quoiqu'il en soit, nous disons que tout est dans le temps parce que le quantum accompagne toutes choses et celles qui sont et celles qui deviennent [4]; il serait aussi exact de renverser les termes, et de dire: le temps est dans tout. Mais il y a beaucoup de locutions où ce renversement est admis: on dit que l'État est dans le trouble et que le trouble est dans l'État; que l'homme est dans la crainte ou le plaisir, et que la crainte et le plaisir sont dans l'homme [5].

Le temps n'est donc pas, comme l'enseignait Aristote, le nombre du mouvement, par la double raison que la chose qui demeure dans l'être, sans mouvement ni changement, est dans le temps comme celles qui deviennent et changent, et d'autre côté parce que le nombre ne peut être appliqué aux continus, divisibles à l'infini, comme le mouvement. L'idée du nombre ne peut nous venir des déterminations du quantum des choses, il doit être *a priori* en nous. C'est une notion de notre esprit;

---

[1] ὁποῖον δὲ ποσόν, ἄδηλον.
[2] διὸ οὐδὲ ἔστιν ἀπὸ τούτου ἔννοιαν τοῦ χρόνου λαβεῖν τὸν μὴ προειληφότα.
[3] τί δὲ τοῦτο οὐ διετέφρασεν ὁ λόγος.
[4] πάντα ἐν χρόνῳ εἶναι φαμέν, ὅτι πᾶσι τὸ ποσὸν ἀκολουθεῖ καὶ τοῖς γινομένοις καὶ τοῖς οὖσι.
[5] Simplic., *in Phys.*, 187.

il n'a pas d'être objectif[1] : c'est quelque chose de purement subjectif?

Il me paraît que si l'on se remet sous les yeux l'ensemble des opinions que l'on attribue à Straton, dont nous n'avons les formules que de seconde ou troisième main, dont le lien est rompu par l'état mutilé et fragmentaire des documents où nous les retrouvons, on ne pourra s'empêcher de souscrire au jugement de Galien et de reconnaître avec lui que nous avons affaire à un esprit vraiment original, et qui suit sa voie propre.

Je l'ai caractérisé comme un hylozoïste ; il ne conçoit certainement pas de matière sans force ni de force sans matière : la vie, la sensation, la pensée ne sont que des formes, soit passives, πάθη, soit actives, δυνάμεις, en un mot, des propriétés ou qualités, ποιότητες, de la matière[2]. Mais il ne serait peut-être pas téméraire, et en tout cas ce ne serait pas en opposition avec les renseignements que nous avons fidèlement reproduits, de croire qu'il est allé plus loin, et qu'il a lui aussi, devançant de plusieurs centaines d'années des doctrines qui se croient toutes nouvelles, pensé que les substances ne sont rien ; que l'âme, parfaitement une, n'a ni parties ni facultés ; que comme les choses, elle n'est qu'une succession de faits, de mouvements, de fonctions, les uns conscients, les autres inconscients[3], que la sensation ne consiste pas dans une impression physique, mais dans une prise de possession de cette impression par l'âme, c'est-à-dire dans un acte de conscience, dans une pensée ; que

---

[1] Simplic., in Phys., b. o. 189, b. n. Στράτωνος ἀπορίας περὶ τοῦ μὴ εἶναι τὸν χρόνον.

[2] Il y a bien déjà dans Théophraste et même dans Aristote une tendance à expliquer les influences et les rapports mutuels de l'âme et du corps par l'unité organique de l'être humain. Le corps et l'âme, dans leur doctrine, sont si étroitement unis, qu'un changement dans l'un conditionne un changement correspondant dans l'autre, parce que tous les phénomènes de l'être vivant ne sont que des formes, ou plutôt des manifestations d'un seul et même principe : ἅπαντα ἐν τοῖς ζώοις τοῦ αὐτοῦ τινος δηλωτικά (Arist., Physiogn., 808, b. 28). Mais Théophraste lui-même avait reconnu, comme son maître, un principe différent et supérieur, une âme qui n'est l'acte d'aucun corps (fragm. 53) et à laquelle il fallait ramener les pensées pures en opposition aux sensations, bien que toutes fussent également des mouvements.

[3] ἄλογος φύσις τῆς διανοίας.

par suite tous les êtres qui vivent et sentent, sont doués de cette conscience sans laquelle ils ne pourraient sentir ; que le temps n'est qu'une forme subjective, une notion *a priori* de notre entendement avec laquelle nous mesurons les actes ou états de notre âme, comme aussi les phénomènes extérieurs et physiques avec lesquels il ne faut pas le confondre, quoique nous les placions en lui. Dans tous ces traits, il sera facile d'en reconnaître plusieurs que des écoles célèbres vantent orgueilleusement comme caractéristiques de leurs systèmes psychologiques, et qui n'ont pas du moins, parmi tous leurs mérites, le mérite de l'originalité. Reportons-le, quel qu'il soit d'ailleurs, à leur premier auteur, à Straton [1].

Il ne sera pas sans intérêt peut-être de connaître les arguments qu'opposait Straton à la théorie de la réminiscence et à la doctrine de l'immortalité de l'âme, dans Platon, et que nous a conservés Olympiodore dans son commentaire sur le Phèdre [2].

S'il y a réminiscence, comment n'acquérons-nous pas la science sans l'effort de la démonstration ; comment se fait-il que personne ne devienne un joueur de flûte et ne sache jouer de la lyre sans l'avoir appris par l'étude et l'exercice ? Il résulterait d'ailleurs de l'hypothèse que l'âme aurait la science avant le temps et de tout temps ; il n'en est rien, les faits le montrent : elle acquiert la science dans le temps et par le temps : il y a

[1] M. Ravaisson, t. II, p. 42, rappelant que la nature est, pour Straton, un mouvement pondéré, que l'origine de ce mouvement est dû à la nécessité, à la spontanéité, pense que sous ce mot il faut entendre Dieu, que l'indétermination de l'idée qu'on s'en peut faire a pu faire nommer le hasard. A mon sens, la cause de Straton n'est que la puissance d'Aristote qui, par des progrès successifs et sériés, arrive à l'acte, réalise son développement mesuré ; mais quand bien même on admettrait que cette puissance active enferme en germe la suite de ses mouvements postérieurs et le principe de ses actes futurs, on ne voit pourquoi ni comment elle sort de son indétermination primitive ; car on ne trouve rien dans Straton qui ressemble au bien absolu d'Aristote. On pourrait cependant conclure d'un passage de Stobée (*Eclog.*, II, 80), qu'il a distingué l'acte de la puissance, puisqu'il appelle bien : « Ce qui réalise la puissance par laquelle nous atteignons à l'acte ». Il faut donc reconnaître que, dans sa doctrine, le principe de l'ordre est le désordre ; le système contient ainsi une contradiction interne inconciliable. Il ne faut pas s'en étonner : le naturalisme des Grecs, superficiel dans l'observation, est hésitant et incertain dans sa méthode.

[2] Scholl. *Olymp. ed. Finck*, 127, 177, 183 — 150, 191.

un commencement premier de son savoir. Donc elle connaît autrement que par la réminiscence. Pourquoi d'ailleurs la réminiscence n'est-elle pas à la portée de tous, pourquoi est-elle facile aux uns, et exige-t-elle de la part des autres l'exercice et l'étude ?

Les objections contre l'immortalité de l'âme sont plus nombreuses et peut-être plus fortes.

1. Si l'âme humaine est immortelle, ne doit-on pas dire, par suite des mêmes raisons, que tout animal est immortel, puisque l'âme en tant que principe de vie, ne peut, dit-on, recevoir la mort. De plus, toute propriété naturelle de chaque substance excluant son contraire, le composé lui-même ne se dissoudra pas. La composition n'est pas moins inconciliable avec la dissolution que l'être avec la destruction. La négation a plusieurs sens, et l'âme sera considérée comme immortelle, non pas dans le sens qu'elle est une vie, ou possède une vie qui ne se peut éteindre, mais dans le sens qu'étant susceptible de recevoir un seul des contraires ou elle existe avec lui, ou n'existe pas.

2. Ne devrait-on pas dire que les âmes des êtres sans raison sont immortelles, puisqu'elles apportent la vie et sont incapables de recevoir le contraire de ce qu'elles apportent ? Il faudrait ainsi étendre l'immortalité aux âmes des végétaux, qui donnent la vie aux corps organisés, et même à chaque être de la nature, car l'essence de cet être apporte ce qui est conforme à sa nature ; il ne saurait donc recevoir ce qui lui est contraire, et ne pouvant le recevoir, il ne saurait être détruit. Ainsi tout ce qui arrive à l'existence serait indestructible ; car il reçoit lui aussi un seul contraire.

3. D'ailleurs n'a-t-on pas conclu trop vite que si l'âme ne peut recevoir la mort, elle est pour cela même indestructible ; car par la même raison, la pierre serait immortelle et non pas indestructible.

On dit qu'elle apporte la vie, afin de conclure qu'elle n'est pas susceptible de recevoir le contraire de ce qu'elle apporte ; mais parfois n'est-elle pas elle-même apportée ? C'est-à-dire que la mort n'est pas quelque chose qui s'ajoute à la vie pendant la durée : c'est la perte de la vie. On n'a pas démontré que la vie est une propriété inséparable de l'âme et qui se communique par elle à toutes choses. Ne pourrait-elle pas être une propriété apportée, ἐπιφερομένη? Le vivant est, mais il a une vie apportée, introduite en lui, en sorte qu'il n'est pas impossible qu'à un moment donné il la perde.

4. L'âme ne reçoit pas la mort contraire de la vie apportée ; on l'accorde, mais ne pourrait-elle recevoir une autre mort, contraire de la vie apportant? Comme le feu qui reste inextinguible, tant qu'il est, l'âme tant qu'elle est, est immortelle ; car elle n'apporte la vie que tant qu'elle est.

5. Ne pourrait-on pas dire, sans craindre d'être réfuté, quand nous *accorderions* [1] tout le reste, que l'âme est une essence finie qui a une puissance finie. Soit donc ! elle apporte la vie ; elle est séparable par essence, elle ne peut pas recevoir la mort contraire de la vie apportée : mais est-il impossible, n'est-il pas nécessaire que, livrée à elle seule, καθ' ἑαυτὴν οὖσα, elle languisse, se détruise et s'éteigne d'elle-même, à moins que quelque chose ne lui arrive du dehors pour la faire subsister.

Une partie des objections de Straton était spécialement dirigée contre les arguments des contraires.

1. Si les choses qui existent ne viennent pas de celles qui ont péri, comme celles qui ont péri viennent de celles qui ont existé, quelle raison de croire au mouvement qui, dit-on, ramène de la mort à la vie?

2. Puisqu'une partie du corps morte, par exemple un doigt coupé ou un œil enlevé, ne revit pas, pourquoi le tout aurait-il le privilège de revivre ?

3. Les choses qui naissent les unes des autres sont spécifiquement les mêmes, mais non pas numériquement. Les espèces demeurent, se continuent, on peut dire qu'elles revivent, mais les individus ne revivent pas.

---

[1] Le texte donne διαφύγωμεν, qui n'offre guère de sens.

4. La nourriture devient chair, mais la chair ne devient pas nourriture. On fait des flèches avec du fer, du charbon avec du bois, mais non pas l'inverse.

5. Les jeunes deviennent vieux, mais non la réciproque.

6. Si tant que le sujet (le substrat des contraires) demeure, les contraires peuvent naître les uns des autres, il n'en est plus ainsi quand le sujet même est détruit.

7. Le devenir (le renouvellement des choses) n'est pas supprimé parce qu'il n'a lieu que dans l'espèce : ainsi se renouvellent les objets fabriqués par l'industrie des hommes [1].

On n'a pas le droit de dire que (par la mort) la vie qui est dans le sujet (le substrat) reçoit son contraire. Il ne faut pas dire que la vie demeure et reçoit ensuite la mort, comme il ne faut pas dire que le froid demeure et reçoit ensuite la chaleur. Certes, la vie dans le sujet, tant qu'elle y subsiste, est immortelle, comme le froid tant qu'il demeure est sans chaleur : mais il disparaît quand la chaleur arrive. La destruction n'est pas l'admission, la réception de la mort; car, alors, aucun être vivant ne périrait. L'être vivant ne demeure plus quand il reçoit la mort; c'est parce qu'il perd la vie, qu'il meurt. La mort est la disparition, ἀποβολή, de la vie [2], et non son contraire.

L'importance des doctrines philosophiques et surtout des théories psychologiques, dans l'école péripatéticienne après Straton, est trop faible pour qu'elles puissent trouver place dans cette histoire. Tout en donnant une fausse raison, à savoir qu'ils manquaient de livres, Strabon ne fait que constater un fait réel, en signalant l'absence de profondeur scientifique et philosophique dans les travaux des péripatéticiens de l'époque : μηδὲν ἔχειν φιλοσοφεῖν πραγματικῶς. Ils s'adonnent sans grande originalité, d'ailleurs, à des études grammaticales, oratoires, histo-

---

[1] Id., id., p. 186.
[2] Id., id., p. 131. Straton combattait également la définition d'Aristoxène : Si l'âme est une harmonie, disait-il, comme il y a des harmonies plus aiguës et plus graves, il y aura des âmes plus graves et plus aiguës que les autres. Conf., *Olymp.*, I. I. 112, 14.
[3] Strab., XIII, 1, 54.

riques : ce sont des amateurs en tout, comme les appelle Plutarque [1]. Nous nous réservons de mentionner les noms qui nous sont parvenus, avec quelques renseignements sur les doctrines et la vie, dans la liste des péripatéticiens qui termine cet ouvrage.

[1] Plut., *Sylla*, 26. χαρίεντες καὶ φιλόλογοι.

APPENDICE

§ 1er. — HISTOIRE EXTERNE DE L'ÉCOLE D'ARISTOTE.

Sous le nom d'école péripatéticienne, on peut entendre deux choses : l'institution même de l'établissement d'enseignement philosophique fondé par Aristote, et qui reçut de Théophraste et de ses successeurs une organisation plus complète et une existence plus assurée. Envisagée sous cet aspect, l'école péripatéticienne a déjà une histoire, c'est-à-dire des origines, des vicissitudes, une destinée, qu'il ne nous paraît sans intérêt de connaître et que nous nous proposons de raconter.

On peut comprendre aussi par école péripatéticienne l'ensemble et la succession des savants qui ont, par leurs leçons ou leurs ouvrages, dans son tout ou partiellement, fait connaître, maintenu et propagé la philosophie d'Aristote, ou en ont simplement pour eux-mêmes adopté les principes. Ce sont ce qu'on appelle les μαθηταί, parmi lesquels il faut, bien entendu, compter les amis personnels du maître, ses disciples immédiats, qui avaient vécu avec lui dans l'intimité plus ou moins complète du Lycée, ou avaient entendu sa parole : ils forment le groupe plus restreint des ἑταῖροι, des γνώριμοι, des ἀκουσταί, des συνήθεις, quoique ces mots aient parfois reçu une application plus étendue et plus générale. Le nombre des membres de l'école péripatéticienne, ainsi entendue, est pour ainsi dire infini ; l'histoire de quelques-uns d'entr'eux, de ceux qui ont apporté quelques modifications personnelles, soit par des commentaires critiques, soit par des développements à la doctrine, tout en restant fidèles aux principes essentiels qui la caractérisent, fait partie de l'histoire de la psychologie péripatéticienne.

Mais les autres — et le nombre en est considérable, comme il est naturel si l'on réfléchit combien longue a été la vie et combien étendue a été l'influence de cette école qui s'est fait sentir jusqu'au XVIIe siècle et n'est peut-être pas encore aujourd'hui absolument éteinte, qui s'est répandue sur tout l'Occident et sur une grande partie du monde arabe, dont la philosophie, comme la scolastique, n'est qu'un aristotélisme plus ou moins altéré, — les autres, qui ne devaient pas trouver place dans cette histoire, par suite de leur peu d'importance, ne méritaient pas non plus d'être entièrement oubliés. Il manquerait peut-être quelque chose à l'impression de respect et d'admiration que doit produire l'image de cette grande philosophie péripatéticienne, si nous négligions de montrer au milieu de quel cortège, de quel chœur d'esprits, tous dignes d'estime, quelques-uns éminents, elle se présente à la postérité. J'ai donc cru utile de faire connaître au moins leurs noms et de reproduire, en la modifiant et en la complétant sur quelques points, la liste des péripatéticiens, dressée par ordre alphabétique, telle qu'elle se trouve dans Fabricius [1], qui l'emprunte lui-même en grande partie à Patrizzi [2] et à Brucker [3].

Cette double histoire des opinions et des doctrines philosophiques d'une part, comme de la vie des écoles et des membres les plus distingués qui les avaient rendues célèbres ou glorieuses de l'autre, avait été, déjà, dans l'antiquité, l'objet de travaux considérables, qui restent encore, dans le cas trop fréquent où les ouvrages mêmes des philosophes ne sont pas parvenus jusqu'à nous, la seule source où nous puissions puiser la connaissance de leurs doctrines.

---

[1] Tom. III, p. 158, *ed. Harless.*
[2] *Discuss. peripat.*, l. X.
[3] *Histor. Critic. Philos.*, t. IV.

Un écrivain d'Alexandrie, nommé Nicandre, dont l'époque est ignorée et dont le livre a été perdu, avait écrit, au témoignage de Suidas [1], un ouvrage intitulé περὶ τῶν Ἀριστοτέλους μαθητῶν, que rien ne pourra remplacer.

Le stoïcien Arius Didyme, également d'Alexandrie, l'ami et le conseiller moral d'Auguste, avait composé, avec une science et une exactitude que Théodoret admire, peut-être avec excès [2], sous le titre d'ἐπιτομή, une histoire des doctrines des philosophes, sans remonter plus haut que Platon. Cet ouvrage, outre une introduction générale, où la philosophie était considérée dans ses trois parties, logique, physique, éthique, classification devenue à ce moment d'un usage général, contenait trois parties et peut-être quatre : La première exposait l'abrégé des doctrines de Platon et des autres Académiciens; la deuxième celles d'Aristote et des autres péripatéticiens; la troisième celles de Zénon et des autres stoïciens. Il est vraisemblable qu'une quatrième partie, dont il ne reste aucune trace, était consacrée à l'exposition des doctrines d'Épicure et des épicuriens. C'est à cet ouvrage que Stobée a emprunté tout ce qu'il nous rapporte de la philosophie morale des péripatéticiens et des stoïciens.

Un autre écrivain, probablement élevé à l'école des péripatéticiens, dont l'époque ne peut remonter au-delà d'Auguste, ni descendre plus bas que les Antonins, a composé également un ouvrage de même nature intitulé ἡ περὶ ἀρεσκόντων (τοῖς φιλοσόφοις) ξυναγωγή, qui fait aussi le fond des extraits de Stobée et des 5 livres des *Placita* de Plutarque [3].

Les écrits si nombreux intitulés βίοι φιλοσόφων, ou περὶ τῶν

---

[1] V. Αἰσχρίων.
[2] Theodor., IV, 9, commenté par Nicephor., IV, 17, en ces termes : ἐπὶ τόσον τὰς διαφόρους δόξας τῶν φιλοσόφων ἠκρίβωσεν, ὡς ἄλλο μηδὲν εἰδέναι δοκεῖν.
[3] Varron avait écrit deux ouvrages de ce genre : l'un intitulé : *de Philosophia*, où, suivant S. Augustin (*de Civ. D.*, XIX, 1) : Tam multam dogmatum varietatem diligenter et subtiliter scrutatus advertit, ut ad 288 sectas, non quæ essent sed quæ esse possent, adhibens quasdam differentias, facillime perveniret; l'autre, intitulé : *de Sectis* (περὶ αἱρέσεων), satire que mentionnent Nonius (aux mots *nobile*, *satullem* et *dextim*) et Priscien, au liv. III.

φιλοσόφων αἱρέσεων, publiés par Cléarque de Soles, Dicéarque de Messénie, Aristoxène de Tarente, disciples d'Aristote, Hermippe, élève de Callimaque, le bibliothécaire d'Alexandrie, sous Ptolémée Philadelphe, avaient déjà frayé la voie à ce genre nouveau de littérature historique. Théophraste lui-même et le premier en avait donné l'exemple et fourni le modèle et comme le type. Parmi ses nombreux ouvrages, il en est deux qui avaient ce caractère. L'un, qui porte le titre περὶ αἰσθήσεως et que nous avons conservé, ne contient, du moins dans l'état où il nous est parvenu, qu'un exposé historique et critique des théories des anciens philosophes sur la sensation. Nous n'avons de l'autre que des fragments isolés, peu nombreux, connus surtout par les citations des commentateurs d'Aristote, et particulièrement de Simplicius qui, suivant M. Diels[1], n'a pas eu lui-même l'ouvrage entre ses mains, et tirerait ses extraits d'Alexandre d'Aphrodisée. Diogène de Laërte le mentionne sous des titres divers[2], qui, probablement, ne se rapportent qu'à un seul et même ouvrage dont il avait fait lui-même un abrégé. Le caractère en était certainement historique, et il semble, par quelques fragments, qu'en même temps qu'il exposait les opinions, δόξαι[3], des anciens philosophes, il donnait quelques détails sur leur personne et sur leur vie.

Philopon, par exemple, cite[4] un extrait du philosophe platonicien Taurus, où il est dit « que Théophraste, dans son ouvrage sur *les Opinions des Philosophes*, fait connaître l'opinion de Platon sur l'origine du monde », tandis que Diogène de Laërte rapporte que, dans son *Abrégé*[5], Théophraste disait que Parmé-

---

[1] *Doxographi Græci*, Berlin, 1879, p. 108-113.
[2] περὶ φυσικῶν, en 18 l.; — περὶ φυσικῶν ἐπιτομῆς, en 2 livres; — Φυσικῶν, en 8 l.; Πρὸς τοὺς φυσικούς, en 1 l.; — Φυσικῶν δοξῶν, en 17 l.; — Φυσικῶν ἐπιτομή, en 1 l.
[3] Il n'est pas hors de propos de faire remarquer la réserve et la discrétion du mot : ce ne sont ni des théories, ni des doctrines qu'on expose : ce sont simplement des opinions, les opinions qui ont paru vraies, δόξαντα, qui ont agréé, ἀρέσκοντα, aux philosophes.
[4] VI, de Æternit. Mund., 8. Theophr. Fragm. 28.
[5] ἐν τῇ Ἐπιτομῇ, IX, 21.

nide avait été le disciple d'Anaximandre. Cependant, puisqu'il est certain par Thémiste [1] que le 2º livre du περὶ ψυχῆς de Théophraste formait le 5º des φυσικά, comme il est vraisemblable que le περὶ ἀρχῶν en était le 1ᵉʳ livre, que le traité περὶ αἰσθήσεως en faisait partie, que les traités du *Monde* et des *Étoiles* y occupaient deux autres sections, on doit supposer que les φυσικαὶ δόξαι de Théophraste n'avaient pas encore ni la forme propre ni le contenu exclusif d'un ouvrage historique, mais que les résumés historiques, comme ceux d'Aristote, y étaient destinés à préparer, par l'exposé critique des opinions antérieures, l'intelligence et la solution des problèmes philosophiques [2].

Quoi qu'il en soit de ce dernier point, il importe de remarquer que tous ces travaux sur l'histoire des philosophes et de la philosophie, qui forment désormais une branche spéciale et considérable de la littérature, datent seulement d'Aristote, et ont été conçus ou entrepris à l'exemple et sous l'impulsion de ce grand et universel esprit. C'est encore un caractère de sa philosophie qu'il ne faut pas négliger de relever.

Nous avons déjà, dans la vie d'Aristote [3], raconté sommairement l'origine de l'école péripatéticienne. C'était, comme toutes les autres écoles, une société libre, dont les membres s'engageaient volontairement, sous la direction d'un chef accepté, sinon élu, à mettre en commun leurs travaux et leurs études philosophiques. συσχολάζειν καὶ συμφιλοσοφεῖν, à s'assujétir à certains règlements d'ordre scolaire ou de vie sociale, et probablement à maintenir, dans la diversité des recherches et des aptitudes individuelles, une certaine unité de doctrine, une tendance et un esprit scientifiques qui marquassent le caractère propre, distinctif et original de l'école.

L'École dans le sens intellectuel du mot s'appelait Σχολή; le local où elle se tient est désigné sous le nom de διατριβή. Les

---

[1] *De An.*, 91, a, o.
[2] Des mémoires spéciaux de ce même ordre de recherches critiques et historiques sont cités par D. L. sur les doctrines d'Anaxagore, d'Anaximène, d'Archélaüs, Empédocle, sur l'astronomie de Démocrite, etc.
[3] *Essai s. la Psych. d'Arist.*, p. 29.

directeurs d'études, sous l'autorité librement acceptée desquels travaillaient tous les membres jeunes ou vieux, prenaient le titre de σχολάρχαι, ou celui de διάδοχοι, parce qu'ils se succédaient dans cette charge, longtemps gratuite.

Aristote avait donné à cette association, fondée par lui, un commencement d'organisation ; il avait d'abord établi un lieu fixe ou du moins habituel de réunion : c'était le gymnase public du Lycée, où, comme dans tous les gymnases d'Athènes [1], se trouvaient, à côté des emplacements destinés aux exercices du corps, des locaux réservés pour les exercices de l'esprit, des salles de cours ou de conférences. Il avait distribué en cours différents les programmes de ses leçons, et déterminé pour chaque matière les heures d'enseignement, au moins d'une façon générale ; c'est-à-dire qu'il y avait un règlement d'études. Il avait même, à l'exemple de Platon, organisé des repas communs [2], coutume chère aux philosophes grecs, et, pour les empêcher de dégénérer, avait soumis à des règles qu'il n'avait pas dédaigné d'écrire, ces réunions où l'on s'entretenait des choses de l'esprit, des études communes, et qui conservaient entre les membres de l'association des relations suivies, régulières et affectueuses, et en même temps contribuaient à maintenir l'unité des doctrines et la fixité des principes qui la distinguaient des autres écoles.

Ce fut, il semble, Théophraste, le premier qui installa l'école dans un domaine appartenant en propre à la société, et qu'il acheta,

---

[1] Les quatre Écoles qui fixèrent à Athènes leur résidence, c'est-à-dire celles de Platon, d'Aristote, de Zénon et d'Épicure, sont les seules aussi qui ont eu une vie longue et une action puissante. Celles, au contraire, qui se fondèrent ou émigrèrent dans d'autres villes grecques, n'ont eu qu'une courte carrière et une influence médiocre. Telles l'école d'Élis fondée par Phædon, l'école de Mégare par Euclide, l'école cynique, ouverte, il est vrai, à Athènes par Antisthène, dans le Gymnase du Cynosarge, mais transportée à Corinthe par Diogène de Sinope, et ramenée seulement plus tard par Cratès à Athènes. L'école cyrénaïque se fondit promptement dans celle d'Épicure. L'école de Rhodes était consacrée plutôt à l'enseignement de l'éloquence qu'à celui de la philosophie. La seule grande exception est l'école d'Alexandrie.

[2] Ces syssities, qui se célébraient également à Alexandrie, y furent supprimées par Antonin Caracalla, Conf. Dion, l. 77, p. 873 (ou t. II, éd. Reimar, p. 1293).

après la mort d'Aristote, pour cette destination, à l'aide de fonds qui lui avaient été libéralement donnés par Démétrius[1]. Ce jardin, le Péripatos, et les maisons attenantes, avaient-ils appartenu à Aristote? Était-ce là le local où avait enseigné le maître, et que rachetèrent les disciples à ses héritiers? On l'ignore, et l'on ne sait même pas si Aristote ne s'était pas contenté du gymnase public du Lycée pour y faire ses leçons, et s'il avait acquis un immeuble particulier pour cet usage, et qui dût faire retour à sa succession. En tout cas le testament n'en fait nulle mention.

C'est dans le testament[2] de Théophraste qu'on voit apparaître des mesures légales précises destinées à assurer la perpétuité de l'établissement nouvellement créé, et sa prospérité. Si par une disposition étrange, il lègue à Nélée tous ses livres, toute sa bibliothèque[3], dans laquelle, au dire de Strabon, se trouvait celle d'Aristote, dont il l'aurait reçue par donation testamentaire[4], sans doute[5], il lègue le jardin qu'il avait acheté, le Péripatos, et les habitations attenantes, aux amis dont les noms sont inscrits dans le document testamentaire, et qui veulent continuer à étu-

---

[1] D. L. V. λέγεται δ'αὐτὸν ἴδιον κῆπον σχεῖν μετὰ τὴν Ἀριστοτέλους τελευτὴν, Δημητρίου... τοῦτο συμπράξαντος.

[2] Ces testaments des péripatéticiens sur lesquels V. Rose élève des doutes (*de Ar. lib. Ord.*, p. 40), semblent empruntés aux mêmes sources, c'est-à-dire d'une part à un recueil spécial d'Ariston de Chio (D. L., V, 64), d'autre part à Hermippe, dans son livre sur Aristote (Ath., XIII, 589).

[3] Le testament ne mentionne pas les livres d'Aristote, dont il est bien étrange que Théophraste aurait cru pouvoir disposer en faveur d'une personne, qui ne s'est pas cru tenue de le léguer à l'établissement. Il est vrai que Nélée fait partie des membres de l'Institut.

[4] Strab., XIII, 608 ἐν ᾗ ἦν καὶ ἡ τοῦ Ἀριστοτέλους· ὁ γὰρ Ἀριστοτέλης τὴν ἑαυτοῦ Θεοφράστῳ παρέδωκεν, ᾧ καὶ τὴν σχολὴν ἀπέλιπε. Tout est bizarre dans ce récit. On comprend encore qu'Aristote ait laissé sa bibliothèque à Théophraste, puisqu'il lui laissait son école; mais s'il en avait privé ses héritiers naturels, c'était manifestement pour en faire bénéficier avec Théophraste les membres de cet institut philosophique qu'ils fondaient. Que voyons-nous au contraire? Théophraste lègue, non seulement sa propre bibliothèque, mais encore celle d'Aristote, dont il aurait dû se considérer comme un simple dépositaire, et il la lègue non à son école, mais à Nélée, qui n'a pu la recevoir qu'à titre d'héritier naturel, puisqu'il l'emporte à Skepsis et en dispose en faveur de personnes étrangères à la société, τοῖς μετ' αὐτὸν παρέδωκεν.

[5] Ce qui fait croire que nous n'avons pas dans son entier le testament d'Aristote, où nulle disposition relative à ses livres ne figure.

dier ensemble et à se livrer en commun à la philosophie. Cette donation est soumise à la condition expresse que les bénéficiaires n'aliéneront pas ces biens, qu'ils ne se les approprieront pas, mais qu'ils en jouiront en commun, comme si c'était un lieu sacré, et qu'ils y vivront dans une amitié intime les uns avec les autres. Les ayants droit à cette communauté sont Hipparque, Nélée, Straton, Callinus, Démotime, Démarate, Callisthène, Mélantès, Pancréon et Nikippos. Ce même privilège est donné à Aristote, fils de Métrodore et de Pythias [1], s'il veut se livrer à l'étude de la philosophie, et entrer dans l'association.

On reconnaît dans ces dispositions l'intention expresse de réaliser ce que nous appellerions une fondation, c'est-à-dire une copropriété entre certaines personnes désignées, avec interdiction d'aliéner, et obligation de rester dans l'indivision. Il n'est pas parlé des acquêts possibles, ni rien prévu au sujet de l'accroissement qui peut subvenir ; mais, ainsi qu'on l'a observé, il semble que le testament a été compris et exécuté comme si les accroissements entraient dans la communauté, et étaient soumis aux mêmes conditions, à savoir l'inaliénabilité et l'indivision. Nous voyons en effet le successeur de Théophraste, Straton, devenir seul propriétaire de tous les biens et en disposer à son tour en faveur de Lycon. C'est donc bien un fidéicommis. Ce ne sont pas les seules mesures que prescrit Théophraste dans l'intérêt de l'école. Par une disposition, qui ne se retrouve pas au testament, et que seul nous fait connaître Athénée [2], il laisse les revenus nécessaires pour suffire aux dépenses des repas communs, dont il consacre et perpétue l'usage ; mais il ordonne formellement que Pompylos, c'est un

---

[1] C'est donc le petit-fils d'Aristote. Au lieu de Métrodore, Diogène lui donne le nom de Midias, qu'on corrige avec certitude par le passage suivant de Sextus Empiricus (adv. Math., I, 258). « La fille d'Aristote avait eu trois maris : Nicanor, le stagirite, ami de son père; Proclès, descendant de Démarate, roi de Lacédémone, qui lui laissa deux fils, l'un nommé Proclès, l'autre Démarate, tous deux disciples de Théophraste; et enfin Métrodore, le médecin, élève de Chrysippe de Cnide et maître d'Érasistrate, dont elle eut Aristote le jeune. »

[2] Athen., V, 186.

de ses esclaves qu'il affranchit, sera chargé de veiller à la conservation et à l'entretien du Hiéron où, d'après ses dernières volontés, sera élevée la statue de son maître, des autres objets votifs (ἀναθήματα) qu'il renferme, du jardin et du Péripatos, et que, pour mieux s'acquitter de cette mission, il devra continuer à demeurer dans l'établissement. Sur les fonds déposés chez Hipparque, son banquier [1], on prélèvera les sommes nécessaires pour l'achèvement du Musée et des déesses, pour faire les dépenses qu'exigeront la décoration et les ornements de ces statues, pour élever dans le Hiéron la statue d'Aristote, pour reconstruire dans son premier état le petit portique attenant au Musée, pour faire dresser dans le portique d'en bas les cartes géographiques, πίνακες, où sont représentés les itinéraires terrestres, αἱ γῆς περίοδοι [2], pour restaurer convenablement l'autel afin qu'il soit d'un bel effet, pour terminer dans les mêmes proportions que les autres la statue de Nicomaque, pour laquelle Praxitèle [3] a déjà reçu le prix du travail, et la placer dans l'endroit qu'il est laissé aux exécuteurs testamentaires le soin de choisir.

Straton, qui succède à Théophraste dans les fonctions de scolarque, en 287 et meurt en 269, prend, dans son testament, des dispositions analogues. Après avoir institué neuf exécuteurs testamentaires, il lègue à l'un d'entr'eux, Lycon, l'école, τὴν διατριβήν, parce que des autres sociétaires les uns sont trop âgés, les autres n'ont pas le loisir suffisant. Toutefois, ils feraient bien de coopérer tous avec lui à l'administration et à la direction, συγκατασκευάζοντες τοῦτο.

Par le mot διατριβή il faut sans doute entendre les immeubles

---

[1] Cela résulte de plusieurs faits énoncés dans le testament et entr'autres : ἐκ τῶν παρ' Ἱππάρχου συμβεβλημένων, et plus loin : ἃ νῦν παρ' Ἱππάρχου αὐτοῖς συντέταχα.
[2] Dodwell, dans sa *Dissertation sur Dicéarque*, 3, 6 et 7, conjecture que ces cartes avaient été dressées par Dicéarque et offertes par lui à Théophraste, de même qu'il lui dédiait une Ἀναγραφὴ τῆς Ἑλλάδος, poème iambique, destiné à compléter et à éclaircir la lecture de ces cartes.
[3] Ce ne peut pas être le grand statuaire qui a fleuri de 392 à 350.

qui seuls peuvent être l'objet d'une donation, mais aussi la direction spirituelle de l'école, qui sans cela n'aurait pas eu de chef. Ce n'est pas une nomination réelle ; c'est une désignation, une indication qui prend sa force dans la nature même du document où elle est exprimée : c'est, non pas la volonté dernière, mais la dernière pensée d'un mourant, que ses élèves et ses confrères ne manqueront pas de respecter, sans cependant renoncer au droit d'agréer et même de choisir le successeur, droit que nous leur verrons entièrement réservé par Lycon.

Straton, par le testament de Théophraste, est donc devenu le seul propriétaire : il renouvelle le fidéicommis, mais il dispose, à son tour, non plus en faveur d'une collectivité, comme l'avait fait son prédécesseur, mais en faveur d'une seule personne. Comment donc est-il devenu le chef de l'école ? Ce ne peut être que par l'élection libre de ses confrères, qui avait peut être été précédée de quelques indications orales plus ou moins expresses, comme celles par laquelle Aristote avait exprimé, dit-on, son désir d'avoir pour successeur Théophraste.

Straton [1] laisse à Lycon, mais probablement aux mêmes conditions que les immeubles, c'est-à-dire l'inaliénation et la possession indivise, tous ses livres, à l'exception de ceux dont il est lui-même l'auteur. Cette exception bien étrange s'explique, dit M. Dareste, par l'obligation onéreuse où se serait trouvée la société de les faire publier à ses frais. Pour ceux-là il en fait don à deux de ses amis particuliers, si toutefois ils sont compris, comme il est vraisemblable, dans la donation générale des meubles de la maison, τὰ μὲν οἴκοι.

Il lui laisse en outre, et toujours sans doute sous les mêmes conditions et réserves, tous les meubles de la salle à manger, avec les couvertures de lit et les coupes à boire : ce qui prouve qu'il y avait toute une installation, tout un mobilier pour les repas communs. C'était une institution tirée des habitudes

---

[1] Le testament de Straton avait été recueilli par Ariston, de Chio, ou, suivant le texte de l'édition de Londres, son intime ami ou son parent, ὁ οἰκεῖος.

sociales grecques et particulièrement pratiquée par les péripatéticiens, et les plus illustres d'entr'eux. Aristote laisse un règlement écrit sur ce sujet ; Théophraste lègue pour les entretenir des ressources spéciales; ses successeurs, comme on le voit, pourvoient à l'entretien du mobilier. Il semble même qu'il y eut des abus. Cléarque de Soles, le plus savant des péripatéticiens, si l'on en excepte Théophraste, avait reçu le sobriquet de ὁ τρεχέδειπνος [1], c'est-à-dire le coureur de banquets. Lycon les rendit mensuels et nous avons vu plus haut [2] que la magnificence en fut portée à l'extrême.

Nous retrouvons des dispositions analogues dans le testament de son successeur Lycon. « Si je ne survis pas, dit-il, à la maladie dont je suis actuellement atteint, je lègue tout ce qui se trouve dans ma maison aux deux frères Astyanax et Lycon... Je laisse le Péripatos (par où il faut entendre l'école même), avec ses dépendances, à ceux qui veulent l'accepter, savoir, Boulon, Callinus, Ariston, Amphion, Lycon, Python, Aristomaque, Héracléios, Lycomède et mon neveu Lycon. Ils remettront la direction à celui d'entr'eux qu'ils jugeront le plus en état de rester dans cette fonction et de la bien remplir, sans que tous les autres soient par là dispensés de concourir à cette œuvre par affection pour moi et par respect pour le lieu, τοῦ τόπου χάριν. Je donne à Charès [3] deux mines et ceux de mes livres qui ont été publiés. Quant aux ouvrages inédits je les laisse à Callinus pour qu'il les publie avec soin. Sur les plantations d'oliviers que je possède à Égine, Lycon donnera aux jeunes gens, τοῖς νεανίσκοις, le droit de se fournir d'huile pour les frictions (du gymnase), afin que ma mémoire et celle de celui qui m'aura rendu cet hommage (en exécutant mes dernières volontés)

---

[1] Il est vrai que Casaubon s'empresse d'adopter une leçon qui supprime cette tâche ignominieuse du nom du célèbre philosophe. Casaub., in Athen., c. 4. Il change également, et par un scrupule de même nature, l'ancienne leçon (Athen., V, 2, 185), δοκεῖ γὰρ ἔχειν πρὸς φιλοσοφίαν τι ὁ οἶνος ἐλκυστικόν, et établit la leçon πρὸς ᾠδὴν, qui a passé dans nos éditions.
[2] Chaignet, Ess. s. la Psych. d'Ar., t. I, p. 31.
[3] Un esclave affranchi par le testament.

soient perpétuées, comme il convient, par les services de cette fondation. »

Lycon reprend la forme de la donation collective adoptée par Théophraste ; mais il continue le fidéicommis verbal qui assure la transmission indéfinie de la propriété. Je ne comprends pas plus que M Brems [1] la distinction des livres édités et des livres inédits. Si l'on peut admettre la raison présentée par M. Dareste comme très naturelle en ce qui concerne Callinus, à savoir que la publication des livres inédits devait être confiée à une personne compétente et au courant des études philosophiques, c'est toujours pour moi un problème de voir les livres d'Aristote, de Théophraste, de Lycon, passer par la volonté de leurs auteurs et de leurs propriétaires en d'autres mains que celles auxquelles le fidéicommis livre la propriété et la jouissance des autres biens communs de l'école. Pour la prospérité, pour la durée, pour la vie même de l'institution, qui avait à lutter contre des écoles rivales, qu'y avait-il de plus nécessaire que la possession d'une bibliothèque spéciale, et pour le maintien de son originalité philosophique, que la possession des livres mêmes des fondateurs et des chefs intellectuels de la secte. Aussi je ne puis m'empêcher de croire qu'un ou plusieurs exemplaires de chacun de leurs ouvrages étaient déposés à l'école, faisaient partie du fonds commun, et que le reste de l'édition, seul, était, à cause de sa valeur vénale, laissé à des particuliers qui en pouvaient tirer parti.

Quand on voit Lycon prendre soin que les jeunes gens, οἱ νεανίσκοι, sans doute les jeunes élèves, ne manquent pas d'huile pour les exercices gymnastiques, on peut être moralement certain que lui et ses prédécesseurs avaient pris aussi des mesures pour qu'ils ne manquassent pas de livres pour leurs travaux intellectuels, qui, dans une école de philosophie, ne devaient pas paraître moins nécessaires que les exercices du

---

[1] *Die Testamente d. Griech. Philosophen. Zeitschrift. d. Savigny Stift*, t I, p. 1, 53.

gymnase, quelque prix que les anciens y attachassent. A partir de Lycon nous n'apprenons plus rien de nouveau sur la vie intérieure de l'école.

Ariston, l'un des disciples, γνώριμοι [1], auxquels Lycon avait légué l'administration de l'école, lui succéda [2]. La Vie anonyme de Ménage compte onze διάδοχοι après Aristote dans l'ordre suivant : Théophraste, Straton, Praxitelès, Lycon, Ariston, Lyasius, Praxiphanès, Hiéronymus, Prytanis, Phormion et Critolaüs. Entre Straton et Lycon on voit placé un Praxitelès absolument inconnu ; entre Ariston et Critolaüs sont introduits cinq philosophes, comme διάδοχοι, qui occuperaient, à moins d'une mortalité singulière, un espace de temps plus considérable que celui qui a dû s'écouler depuis la fin du scolarchat d'Ariston jusqu'au commencement de celui de Critolaüs, d'ailleurs désigné par Clément [3] d'Alexandrie comme le successeur immédiat de Lycon. Nous rappellerons ce que l'on sait de chacun d'eux dans la liste des scolarques.

Chez les Grecs c'était un usage général, depuis les sophistes, que les professeurs de ce que nous appellerions l'enseignement supérieur reçussent de leurs auditeurs absolument volontaires des honoraires que chacun d'eux fixait à son gré [4].

---

[1] D. L., V, 70.
[2] Le V° l. de Diogène, qui traite de l'école péripatéticienne, ne contient que l'histoire d'Aristote, de Théophraste, de Straton, de Lycon, de Démétrius de Phalère et d'Héraclide d'Héraclée dans le Pont.
[3] *Strom.*, I, 301, b.
[4] Le principe de cette rémunération était tellement passé dans les habitudes et dans les mœurs qu'elle donnait lieu à des procès contre ceux qui ne s'exécutaient pas au terme convenu. Lucien (*Hermot.*, 9), raconte un procès de ce genre : ἐπεὶ τὸν μισθόν... μὴ ἀπεδίδου κατὰ καιρὸν (le disciple, μαθητής, qui suivait depuis longtemps ses cours, ὃς ἐκ πολλοῦ συνεφιλοσόφει αὐτῷ, et qui était un tout jeune homme, νεανίσκος) ἀπήγαγε (le vieux professeur) παρὰ τὸν ἄρχοντα ἔναγχος, et, dans le trajet, se mit si fort en colère, qu'il voulait le défigurer et lui arracher le nez. Justin le martyr, dans son dialogue avec Tryphon, racontant l'histoire de son éducation, déclare qu'il quitta l'enseignement de la philosophie stoïcienne parce que le maître ne put lui donner sur l'essence de Dieu une solution qui lui parut satisfaisante, mais qu'il renonça à aller la demander à l'école d'un péripatéticien, à cause des honoraires trop élevés qui lui étaient demandés, avidité qui lui parut indigne d'un philosophe. Ce dialogue a été écrit vers 150 ap. J.-Ch. La mort de l'auteur est placée par la Chronique d'Alexandrie dans l'année 166.

On sait que Gorgias avait ainsi acquis une fortune considérable. L'État n'intervenait ni dans le traitement ni dans la nomination des professeurs. L'enseignement était absolument libre. Du temps de Théophraste, on voulut l'assujettir à une autorisation préalable du sénat et du peuple ; plutôt que de se soumettre à cette loi restrictive d'une liberté dont ils avaient toujours joui, les philosophes quittèrent Athènes, qui bientôt les rappela en abrogeant cette loi malencontreuse. Cependant les choses changèrent peu à peu, et le développement même des écoles, leur prospérité qui amenait à Athènes un grand nombre d'hommes et particulièrement d'hommes jeunes, dut nécessiter l'intervention des pouvoirs publics dans leurs affaires. C'est ainsi que l'on voit Cléanthes, disciple de Zénon vers 258, mandé par l'Aréopage, et interrogé par lui sur ses moyens d'existence [1].

Il semble que l'autorité publique n'autorisait le séjour d'Athènes ou du moins la fréquentation des écoles qu'aux étudiants qui justifiaient de leurs moyens d'existence. Sur la prière de Cicéron, l'Aréopage pria, par un décret, le péripatéticien Cratippe de ne pas donner suite à son intention de quitter Athènes, et de continuer à y consacrer son talent et son savoir à l'éducation de la jeunesse [2].

Cette intervention successive et lente s'accrut avec le temps et les évènements. Longtemps Athènes fut le seul centre des hautes études comme de la production artistique. Il n'était pas besoin d'y attacher ou d'y retenir, par des honoraires officiels, les hommes de talent. Mais vers les premières années de l'ère chrétienne, cette suprématie fut disputée à Athènes, et des villes rivales, Alexandrie, Antioche, Rhodes, Éphèse, Rome même et Marseille, lui enlevèrent une partie des étudiants et par là même des professeurs. Pour lutter contre cette concurrence devenue redoutable, il fallut bien faire des sacrifices. Les

---

[1] D. L., VII, 168.
[2] Plut., *Vit. Cic.*, 20.

honneurs, les couronnes, même les exemptions d'impôt ne suffirent pas, et il fallut recourir à la rémunération par l'État, dont Rome [1] et Alexandrie [2] avaient donné l'exemple.

Elle institua donc une chaire payée par la ville, πολιτικὸς θρόνος, dont fut investi pour la première fois Lollianus d'Éphèse [3], qui vivait, suivant Suidas, sous le règne d'Adrien [4]. Une seconde chaire, payée par le fisc de Rome et appelée pour cette raison βασιλικὸς θρόνος fut fondée par Marc-Aurèle, aux appointements de 10,000 drachmes, en faveur du sophiste Théodulus [5]. Ces deux chaires étaient destinées à l'enseignement de la rhétorique.

L'empereur compléta cette organisation vers 176, en attribuant le même traitement aux professeurs de philosophie [6]. La plaisante histoire que Lucien raconte dans son *Eunuque*, nous montre qu'il s'était produit, dans le mode de nomination des

---

[1] *Chron.*, Euseb., 89 ap. J.-Ch. Quintilianus primus Romæ publicam scholam et salarium e fisco accepit. Adrien y fonde l'Athénée, appelé par Aurélien Victor (*Cæs.* 14). Ludus ingenuarum artium, et Antonin le Pieux généralise la mesure : « Rhetoribus et philosophis per omnes provincias et honores et salaria detulit. » (J. Capitol., c. 11).

[2] Le musée d'Alexandrie avait des fonds propres, χρήματα κοινά, dus aux libéralités des rois d'Égypte, sur lesquels étaient pris les traitements des professeurs. Strab., XVII, 793.

[3] Philostr., *Vit. Soph.*, I, 23.

[4] 117 à 138 après J.-Ch.

[5] Philostr., *Vit. Soph.*, II, 2.

[6] Philostr., *id.*, II, 2. Luc., *Eunuch.*, 3. συντέτακται μέν... ἐκ βασιλέως μισθοφορά τις οὐ φαύλη κατὰ γένη τοῖς φιλοσόφοις. Les stoïciens, les platoniciens, les épicuriens et les péripatéticiens... τὰ ἴσα τούτοις ἅπασιν... καὶ τὰ ἆθλα... μύριαι κατὰ τὸν ἐνιαυτόν. Il y avait donc huit chaires de philosophie, deux par école dont une à la charge de la ville, l'autre à la charge de l'État. M Gaston Boissier (*Revue des Deux-Mondes*, 15 mars 1881), suppose que tout en fixant les honoraires, l'empereur les faisait payer par les villes. Je ne vois rien dans les textes qui autorise cette conjecture que semblerait plutôt détruire le passage de Lucien : ἐκ βασιλέως μισθοφορά. Ce qui paraît certain, c'est que le traitement officiel n'exonéra pas les étudiants de l'obligation de payer leurs maîtres. Le sophiste Chrestus, collègue du sophiste Adrien, appointé par l'empereur, avait 100 élèves payants. Philostr., II, 11. On ne voit pas que le traitement fixe payé par les villes ou par l'État ait supprimé le traitement éventuel exigé des étudiants, et qui correspond à ce que nous appelons les droits d'inscription. Les professeurs officiels et publics avaient le droit de donner des leçons particulières. Damianus d'Éphèse payait à chacun des sophistes, Aristide et Adrien, 10,000 drachmes, pour un cours complet d'études. Philostr., II, 23, 2.

titulaires des chaires, des changements corrélatifs à ceux qui s'étaient produits dans leur rémunération. L'un des deux péripatéticiens qui occupaient les chaires de l'école étant venu à mourir, il fallut pourvoir à son remplacement. Deux candidats se présentaient, Dioclès et Bagoas qui passait pour être eunuque. Ils durent comparaître devant une commission, δικασταὶ ψηφοφοροῦντες, composée des ἄριστοι καὶ πρεσβύτατοι καὶ σοφώτατοι τῶν ἐν πόλει, j'entends par là les plus honorables [1], les plus âgés et les plus savants de chaque école pour y subir un examen, δοκιμασθέντα, qui par le fait devenait un concours.

Ils devaient chacun prouver leur talent de parole, la connaissance pratique de leurs doctrines philosophiques, et particulièrement puisqu'il s'agissait d'une chaire de philosophie péripatéticienne, faire profession ouverte d'attachement aux principes d'Aristote et de son école [2]. Les juges, par des raisons, sans doute moins bouffonnes que celles que donne le spirituel satirique, ne purent s'entendre, et la décision fut remise à l'empereur.

Ainsi, à ce moment, le choix du chef de l'école n'était pas enlevé aux membres de l'institut, mais il devait être le résultat d'un examen, d'un concours public, destiné à prouver qu'on possédait le talent de la parole, qu'on connaissait la philosophie, et qu'on était attaché aux doctrines particulières de la secte où la chaire était vacante. En cas de désaccord, la nomination était remise à l'empereur.

Les renseignements que Philostrate nous fournit sur la persistance et l'organisation de l'enseignement de la rhétorique, à Athènes, pendant les règnes de Marc-Aurèle[3], Commode[4], Sévère[5].

---

[1] M. Zumpt l'entend de l'Aréopage, qui aurait été, dans l'espèce, un jury bien peu compétent, Ahrens, de tous les philosophes, à quelqu'école qu'ils appartinssent, ce qui aurait constitué un tribunal bien peu impartial.

[2] Luc., *Eun.*, 4. τὰ μὲν οὖν τῶν λόγων προηγώνιστο αὐτοῖς, καὶ τὴν ἐμπειρίαν ἑκάτερος τῶν δογμάτων ἐπεδείκνυτο, καὶ ὅτι τῶν Ἀριστοτέλους καὶ τῶν ἐκείνῳ δοκούντων, εἴχετο.

[3] 161-180.

[4] 180-192.

[5] 193-211.

Caracalla[1], nous manquent en ce qui concerne la philosophie. Nous savons seulement par Longin[2] qu'il a connu trois péripatéticiens, Héliodore, Ammonius et Ptolémée, tous trois professeurs, et le premier seulement aussi un écrivain d'ouvrages philosophiques. Mais en même temps qu'il rappelle qu'il y avait eu dans sa jeunesse un grand nombre de philosophes, il constate qu'au moment où il écrit — sous le règne des XXX tyrans[3], — il y en avait une incroyable disette. On peut supposer qu'elle n'aurait pas été si grande, si l'État et les villes avaient continué à doter les chaires de leurs émoluments fixes, et il n'y a pas de témérité à conclure de cette disette de professeurs que les traitements, qui les faisaient vivre, avaient été suspendus ou supprimés[4], par suite du malheur des temps. L'école péripatéticienne, outre le sort commun qui la frappa comme toutes les autres, reçut par le caprice d'un empereur insensé, un coup plus particulièrement sensible. Caracalla s'imaginait être un second Alexandre, et voulait l'imiter en tout. Ayant appris que sur la fin de sa vie, il avait pris en haine Aristote, son précepteur, il retira, en 216, aux philosophes péripatéticiens du Musée d'Alexandrie leurs traitements et tous leurs autres avantages[5].

On peut suivre, depuis Plutarque, fils de Nestorius, sous Théodose[6], une nouvelle série de διάδοχοι platoniciens, jusqu'en 529 ; mais on n'entend pas plus parler de l'école péripatéticienne que des autres. Peut être s'était-elle fondue avec l'Académie : nous savons que dans les leçons de Plutarque on lisait Aristote aussi bien que Platon, et cette fusion s'accorde bien avec l'esprit d'un temps qui ne faisait entre les deux systèmes que des différences plus apparentes que réelles. Tout disparut en 529 : sous le consulat de Décius, Justinien envoya un édit à Athènes pour y interdire absolument, avec l'enseignement du

---

[1] 211-217.
[2] Préf. περὶ τέλους Fabric., *Bibl. Gr.*, IV, p. 127.
[3] 268-284.
[4] Probablement après le meurtre d'Alexandre Sévère, 235.
[5] *Dio Cass.*, 77, 7.
[6] 379-395.

droit, l'enseignement de la philosophie [1]. Il fit plus : il s'empara des capitaux de fondation grâce auxquels l'école de Platon avait pu, même privée des subventions publiques, continuer à vivre et il les fit verser dans les caisses de l'État [2].

Sept philosophes, à la tête desquels se trouvaient Damascius, le dernier successeur de Platon, s'exilèrent à la cour du roi des Perses, Chosroès, où ils avaient espéré trouver, ce qui leur manquait dans la patrie, la sécurité et la liberté. Ils furent assez vite désenchantés : à la conclusion de la paix signée entre l'Empire et la Perse en 533, ils rentrèrent en Grèce, où un article du traité leur garantissait la vie sauve, la possession de leurs biens et leur liberté de conscience personnelle : mais le droit d'enseigner ne leur fut pas rendu, et les écoles de philosophie de la Grèce restèrent fermées pour toujours.

[1] J. Malala, L. XVIII, p. 449 et 451.
[2] Procop., *Hist. Anecd.*, c. 26.

§ 2. — TABLEAU DES SCOLARQUES PÉRIPATÉTICIENS.

DATES et GOUVERNEMENTS	SCOLARQUES PÉRIPATÉTICIENS
Alexandre, roi de Macédoine de 336-322.	Aristote de Stagire, de 335 à 322.
Ptolémée, fils de Lagus, de 323-283.	Théophraste d'Érèse, de 322 à 287.
Démétrius de Phalère, de 317 à 307.	
Ptolémée Philadelphe, de 283 à 247.	Straton de Lampsaque, de 287 à 269.
Antigone Gonatas, roi de Macédoine, de 278 à 243.	
Euménès I, roi de Pergame, 263 à 241	Lycon de Troade, de 269 à 226.
Ptolémée Évergète, de 247 a 222.	Hieronymus de Rhodes, cité par Cicéron.
Antigone Doson, roi de Macédoine, de 233 à 221.	? Praxiphanès de Rhodes. cité par Strabon, XIV, 655 avec Eudème et Hieronymus Un autre Praxiphanès est qualié de péripatéticien par les scholies de Denys le Thrace.
Ptolémée Philopator, de 222 à 204.	? Prytanis, cité par Plutarque, Symp. Init., (Bekk, Anecd., 729).
Philippe III, roi de Macédoine, de 221 à 179.	Ariston de Julis dans l'ile de Céos, de 226 à (?) dont les ouvrages et le nom ont été souvent confondus avec ceux d'Ariston de Chio, philosophe stoïcien. ? Ariston de Cos, disciple d'Ariston de Céos. ? Lykiskus, absolument inconnu. ? Phormion, cité par Cicéron comme péripatéticien, de Or., II, 18.
Euménès II, roi de Pergame, de 197 à 159.	

DATES et GOUVERNEMENTS	SCOLARQUES PÉRIPATÉTICIENS
Attale Philadelphe, roi de Pergame, de 159 à 138.	Critolaüs de Phasélis en Lycie, qu'on trouve dans un âge avancé, à Rome, en 155.
(155. Ambassade de Carnéade, Critolaüs et Diogène à Rome).	
(146. Destruction de Carthage et prise de Corinthe).	
	Diodore de Tyr, jusqu'à 110, disciple de Critolaüs d'après Cicéron, son successeur d'après Clément d'Alexandrie.
(87. Athènes assiégée par Sylla).	Érymneus, absolument inconnu, cité comme péripatéticien tenant école, par Athénée, V, 43, de 110 à 89.
(48. Bataille de Pharsale).	? Athénion ou Aristion, auditeur d'Érymneus. — Athénée, V, 48. Andronicus de Rhodes, vers 70 (ἑνδέκατος ἀπὸ τοῦ Ἀριστοτέλου) qui eut pour élève Boëthus de Sidon, dont Strabon suivit les leçons en Phénicie ou à Alexandrie.
(44. Meurtre de César).	Cratippe de Mitylène, vers 44.
(31. Bataille d'Actium).	
Gouvernement d'Auguste jusqu'en 14 ap. J.-Ch.	? Xénarque de Séleucie 'enseigne à Alexandrie, Athènes et Rome).
Tibère de 14 à 37.	
Néron de 54 à 68.	? Ménéphylus, vers la fin du premier siècle ap J.-Ch (Plut., Symp., IX, Init.
Vespasien de 70 à 79.	? Aspasius d'Aphrodisée, vers 120 Galien assista en 145 a des cours faits par un de ses élèves (Galen., t VI, p. 661, éd. Paris).
Domitien de 81 à 96.	
Trajan de 88 à 117.	Herminus, très fréquemment cité dans les scholies et qu'Alexandre d'Aphrodisée avait entendu Scholl. Ar., 494, b.
Adrien de 117 à 138.	
Antonin le Pieux de 138 à 161.	Aristoclès de Messine en Sicile, qu'Alexandre d'Aphrodisée nomme son maître (Simplic, in de Cœl, p 34), mais les scholies de Berlin, p 477, donnent Ἀριστοτέλην au lieu d'Ἀριστοκλέα.

DATES et GOUVERNEMENTS	SCOLARQUES PÉRIPATÉTICIENS
Marc-Aurèle de 161 à 180. Commode de 180 à 192. Septime Sévère de 193 à 211. Caracalla de 211 à 217. Alexandre Sévère de 222 à 235. Philippe l'Arabe de 243 à 249.	Alexandre de Damas, vers 176 (Galen., t. I, p 119; t. III, p 455). Alexandre d'Aphrodisée, au temps de Septime Sévère, vers 200. Ammonius le péripatéticien, qu'il ne faut pas confondre avec Ammonius Sakkas, d'Alexandrie
Gallien de 253 à 263. Les XXX Tyrans. Dioclétien de 284 à 305.	Ptolémée cité avec Ammonius, par Longin, Praef. περὶ τέλους, comme ses contemporains, vers 250 apr. J.-C.
Justinien de 527 à 565.	Fermeture de toutes les écoles en 529.

§ 3. — LISTE ALPHABÉTIQUE RAISONNÉE DES PÉRIPATÉTICIENS DU LYCÉE [1].

1. Abailard Pierre (1079-1142). L'esprit de ses doctrines, ou du moins la tendance de ses idées, le portait plutôt vers les idées de Platon, qu'il loue en ces termes : *Non sine causa maximus Plato philosophorum præ cæteris commendatur* [2]. Mais la logique était la seule partie de la philosophie qu'il fut alors permis de pratiquer et de professer ouvertement, et dans cette partie de la science Abailard est universellement désigné et se désigne lui-même comme un péripatéticien, comme un disciple d'Aristote. Jean de Salisbury, qui était son élève, l'appelle, dans son *Metalogicus* [3], *Peripateticus Palatinus Abailardus noster*, et le prieur Gautier de Saint-Victor [4], dans le traité qu'il écrivit contre Abailard, Pierre Lombard, Gilbert de la Porée et Pierre de Poitiers les signale tous les quatre comme inspirés d'un même esprit, de l'esprit d'Aristote : *Uno spiritu Aristotelico afflati*. Mais ces mots étaient sous sa plume encore plus un anathème, une condamnation qu'un jugement critique. Ce qu'il reconnaît et redoute en eux c'est un certain esprit de libre recherche, un goût de la science pour la science elle-même, dont il attribue, non sans raison, le réveil à la lecture de quelques ouvrages de logique

---

[1] C'est-à-dire des philosophes qui ont accepté en tout ou en partie les principes essentiels de la philosophie d'Aristote. Les Grecs les nommaient parfois ainsi ἐκ Λυκείου pour les distinguer des platoniciens désignés quelquefois sous le nom de péripatéticiens ἐξ Ἀκαδημίας. Ammon., 32, b *ad* V *voces*, Porphyr.

[2] *Theol. Christ.*, I, 1191. Il existait au XIe siècle une version latine du *Timée*, de Chalcidius (Murator., *Antiq. Ital.*, t. III, p. 1032, 1104).

[3] II, 17.

[4] *Hist. Univ. Paris.*, Boulé, I, 401.

d'Aristote : *Dialectici*, dit-il, un peu plus haut, *quorum Aristoteles princeps est, solent argumentationum vitia tendere, et vagam rhetoricæ* LIBERTATEM *et syllogismorum spineta concludere*[1]. C'est en effet l'honneur de ces grands esprits que l'on ne peut avoir quelque commerce avec eux, même dans la partie purement formelle de leur œuvre philosophique, sans que le sens et le goût de la science ne s'allument dans l'intelligence et que la raison ne reprenne possession d'elle-même.

Abailard reconnaît Aristote pour son maître et le maître par excellence dans l'art du raisonnement : « *Si Aristotelem peripateticorum principem culpare præsumamus, quem amplius in hac arte recipiemus*[2] ». Il ne le suit pas cependant, comme on vient de s'en assurer, les yeux tout à fait fermés, et on le voit même jeter à ses adversaires le mot assez méprisant : « *Aristoteles vester*[3] ». Il a composé des Gloses sur l'*Introduction de Porphyre*, les *Catégories* et le *De Interpretatione*, et il cite un petit nombre de passages des *Réfutations des Sophismes* et des *Topiques* : toutes ses citations sont empruntées aux traductions de Boèce. Il dit lui-même dans sa *Dialectique*[4] : « *Aristotelis enim duos tantum Prædicamenta scilicet et Perihermeneias libros, usus adhuc latinorum cognovit* », et il avoue qu'il n'a pu lire ni la *Physique* ni la *Métaphysique* parce qu'elles n'avaient pas encore été traduites : *Quæ quidem opera ipsius nullus adhuc translata latinæ linguæ aptavit, ideoque minus natura eorum nobis est cognita*[5].

Au XIIe siècle la domination d'Aristote, au moins dans la logique, est déjà universelle : jusqu'au XVIe siècle elle ne fera que s'étendre à toutes les branches des connaissances humaines. Marsile Ficin constate, en s'efforçant de réagir contre elle, cette invasion aussi profonde qu'étendue du péripatétisme : *Totus*

---

[1] *Id.*, t. I, p. 402. V. Ch. Jourdain, p. 25.
[2] *Opp. Ab.*, t II, p. 112.
[3] *Theol. Christ.*, III, 1275-1282.
[4] *Opp. Ab.*, ed. Cous., p 228.
[5] *Ouvr. Ined. d'Ab*, p. 200.

fere terrarum orbis a peripateticis occupatus [1]. C'est seulement à la Renaissance que les humanistes, surtout au point de vue de la forme et du style, combattent l'aristotélisme scolastique comme une barbarie. Les philosophes reviennent au texte et aux commentateurs grecs, et particulièrement à Alexandre d'Aphrodisée Malgré le mot irrité de Luther : *Aristoteles ad Theologiam est tenebra ad Lucem* [2], Mélanchton, poussé par une nécessité pratique, n'hésite pas à conserver ses livres dans le régime nouveau des études des réformés : *Carere monumentis Aristotelis non possumus ; ego plane ita sentio magnam doctrinarum confusionem secuturam esse, si Aristoteles neglectus fuerit, qui unus ac solus est methodi artifex* [3].

2. Abraham Ben David, juif de Tolède, écrit en 1160, en arabe, un ouvrage intitulé : *La Foi sublime*, dans lequel il expose, en en démontrant la vérité, les doctrines philosophiques d'Aristote.

3. Abus, esclave affranchi de Straton [4].

4. Achaïcus, cité comme péripatéticien par Simplicius [5], Clément d'Alexandrie et Théodoret, et que Fabricius nomme à tort un stoïcien [6]. Zeller [7] croit avec beaucoup de vraisemblance que les remarques citées par Simplicius sur les *Catégories* étaient tirées d'un commentaire sur cet ouvrage, et qu'il est sans doute l'auteur de l'éthique citée par Diogène, VI. 99.

5. Adam, péripatéticien anglais, cité par Jean de Salisbury [8].

6. Adimante, disciple de Théophraste [9].

7. Adraste d'Aphrodisée, cité par Galien [10], Porphyre [11] et Simplicius [12], qui le nomme un vrai et fidèle péripatéticien, ἀνὴρ

---

[1] *Præf., ad. Plotin.*
[2] *Epp.*, t. I, 61, ed. de Wette.
[3] *Corp. Reformat.*, XI, 282.
[4] D. L., V, 63.
[5] *Sch. Ar.*, 61, a. 22; 66, a. 12, b. 35; 73, b. 20, 71, b. 21.
[6] Fabric., t. III, p. 536.
[7] T. IV, p. 693 et 701.
[8] *Metal.*, p. 145.
[9] D. L., V, 51.
[10] T. IV, p. 367.
[11] *Vit. Plotin.*, 14.
[12] *In Categ.*, 1.

τῶν γνησίων Περιπατητικῶν. Il cite de lui un ouvrage sur l'*Ordre des écrits d'Aristote*. περὶ τῆς τάξεως τῶν Ἀριστοτέλους γραμμάτων [1], un commentaire sur les *Catégories* [2], un commentaire sur la *Physique* [3], et un autre sur le *Timée* [4]. Claudius Mamertus [5] le désigne comme un mathématicien, et Fabricius [6] croit que ses *Harmoniques* en trois livres doivent exister encore en manuscrit. Achille Tatius [7] nomme un mémoire de lui sur *le Soleil*, et M. Th H. Martin [8] pense que la plus grande partie de l'*Astronomie* de Théon est tirée d'un de ses ouvrages C'est un défenseur éclairé et un interprète habile et instruit de la philosophie d'Aristote. Ses écrits étaient lus dans l'école de Plotin. On ne sait où il a professé.

8. Adraste de Philippes, disciple d'Aristote [9].

9. Ænéias de Mégalopolis, disciple de Théophraste [10].

10 Æschrion de Mytilène, disciple d'Aristote et compagnon d'Alexandre [11]. Tzetzès le cite comme auteur d'Ἔπη, d'Iambes et d'autres ouvrages [12].

11. Agatharchides de Cnide, qui vivait sous Ptolémée Philométor, 181-147 av. J.-Ch , ὁ ἐκ τῶν περιπάτων dit Strabon [13], sécrétaire d'Héraclide Lembus, et précepteur d'un prince que Müller suppose être Ptolémée Physcon. Il avait composé des écrits historiques et ethnographiques, dont Müller a publié les fragments [14].

12. Agathon, esclave de Lycon [15].

[1] *In Phys.*, I, b. m.
[2] Gal., *Libr propr.*, II, XIX, 42.
[3] Simplic., *in Phys.*, 26, b. m.
[4] Porphyr.. *In Ptolem. Harmon. Wallis. Opp.*, III, 270.
[5] *De Stat., An.*
[6] T. III, 459-653.
[7] C. 19, p. 139.
[8] Theo Smyrn.. *Astronomia*, p. 74.
[9] Step Byz., V, Φίλιπποι.
[10] Step. Byz., V, Μεγάλη Πόλις.
[11] Suidas et Eudoxia, V, qui donnent ces renseignements sur le témoignage de Nicandre.
[12] Fabric., *B. Gr.*, III, c. 18, n. 19.
[13] XIV, 2, 15, p. 656.
[14] *Hist. Gr.*, III, 167.
[15] D. L., V, 73.

13. Agathoclès, mentionné par Lucien [1].

14. Aimnestus, témoin au testament de Théophraste [2].

15. Albert le Grand, né en 1193, mort à Cologne en 1280. Il est le premier des scolastiques qui ait reproduit l'ensemble de la philosophie d'Aristote dans un ordre systématique et l'ait interprétée et transformée dans le sens de l'Église, tout en s'aidant des commentateurs arabes et en s'appuyant surtout sur Avicenne. Sa méthode d'interprétation est plus libre et se réserve une originalité et une personnalité plus grandes que celle qu'à suivie son disciple saint Thomas. Il l'expose en ces termes: « Erit autem modus noster in hoc opere, Aristotelis ordinem et sententiam sequi, et dicere ad explanationem ejus et ad probationem ejus quæcumque necessaria esse videbuntur : ita tamen quod *textus ejus nulla fiat mentio*... Distinguemus autem totum hoc opus per titulos capitulorum, et ubi titulus ostendit simpliciter materiam capituli, signatur hoc capitulum esse de serie librorum Aristoteles ; ubicumque in titulo præsignatur quod digressio fit, *ibi additum est ex nobis*, ad suppletionem vel probationem inductum Taliter autem procedendo libros perficiemus eodem numero et nominibus quibus fecit libros suos Aristoteles *Et addemus etiam alicubi partes librorum imperfectorum, et alicubi libros intermissos vel omissos* quos vel Aristoteles non fecit, et forte si fecit, ad nos non pervenerunt [3] ».

C'est dans Albert que nous trouvons distinguée, avec une précision philosophique, dans l'âme, outre la conscience, une faculté qu'il appelle comme Alexandre de Hales *synteresis* ou *synderesis*. Elle est définie dans la *Somme* 1. qu. 105 : « habitus quidam naturalis principiorum operabilium, sicut intellectus habitus est principiorum speculabilium, et non potentia aliqua, » tandis que la conscience est « actus qua scientiam nostram ad ea quæ agimus, applicamus ». On a cru en retrouver la première

---

[1] Demonax, 29, 51.
[2] D. L., V, 57.
[3] *Phys.*, l. 1; *Tract.*, I, c. 1; *Opp.*, t. II, p. 1.

idée dans Aristote, *de Anim.*, III, 5, 23. L'origine du mot reste encore incertaine [1].

16. Albinus, écrivain latin du IVe au Ve siècle après J.-Ch. [2], dont Boëce mentionne un commentaire dialectique sur Aristote en déclarant qu'il n'a pas pu le trouver. Galien avait, à Smyrne (151 après J.-Ch.) écouté et suivi ses leçons [3].

17. Alcinoüs, contemporain d'Apulée, qui, dans son *Introduction à la philosophie de Platon*, confond sans critique, avec les doctrines de Platon, celles des stoïciens et d'Aristote.

18. Alexandre, qu'entendit Crassus, au rapport de Plutarque [4], et qui devint son ami.

19. Alexandre d'Égée, précepteur de Néron [5], dont Simplicius [6] cite des extraits d'un commentaire sur les *Catégories*, et Alexandre d'Aphrodisée [7] des extraits d'un autre commentaire sur les livres *du Ciel*. Ideler le croit également l'auteur d'un commentaire sur la *Météorologie* attribué par d'autres à Alexandre d'Aphrodisée.

20. Alexandre d'Aphrodisée, chargé de la chaire de philosophie péripatéticienne, à Athènes, sous Septime Sévère, entre 198 et 211 après J.-Ch., disciple de Aristoclès de Messénie, et de Sosigènes [8], auteur de commentaires nombreux, savants et profonds sur Aristote, qui lui ont fait donner les titres de ὁ Ἐξηγητής, ou même de νεώτερος ou δεύτερος Ἀριστοτέλης [9].

21. Alexandre de Damas, contemporain de Marc-Aurèle (161-180), maître du consulaire Flavius Boëthus, et professeur officiel de philosophie péripatéticienne à Athènes [10]. Galien dit

---

[1] Cf. *Theolog. Quartelschrift*, 52, cahier 2. Tübing., 1870, p. 241. Un mémoire de Jahnel intitulé : « Woher stammt der Ausdrück Synderesis bei den Scholastiken », et un autre de Nitzsch dans *Jahrb. f. Protest. Theologie*, vol. V, 1879, p. 492.
[2] *De Interpr.*, 1.
[3] Galen., *de Libr. propr.*, 2.
[4] *Vit. Crass.*, 3.
[5] Suid., v. Ἀλ.
[6] *Scholl. Ar.*, 29, a. 40.
[7] *Id.*, 491, b. 28.
[8] Philopon, *Scholl. Ar.*, 158, b. 28; 711, b. 48.
[9] David, *Scholl. Ar.*, 28, a. 21.
[10] Galen., *de Prænot.*, c. 5; *de Anatom.*, I, 1.

de lui : ὁ νῦν Ἀθήνησιν ἀξιούμενος τοὺς περιπατητικοὺς λόγους διδάσκειν δημοσίᾳ... ὁ γινώσκων μὲν τὰ Πλάτωνος, ἀλλὰ τοῖς Ἀριστοτέλους προσκείμενος μᾶλλον.

22. Alexandre, le roi de Macédoine.

23. Alexandre de Hales, mort en 1245, le premier des scolastiques qui ait connu toute la philosophie d'Aristote et l'ait mise au service de la théologie chrétienne. S'il ne l'expose pas, comme Albert le Grand, en tant que doctrine philosophique, il s'appuie sur elle dans sa *Somme de Théologie*, ouvrage très orthodoxe et recommandé par le Pape [1].

24. Alfred l'anglais, du XII° siècle, auteur de commentaires sur les *Methcora Aristotelis et in eumdem de Vegetabilibus*. Les fonctions vitales ne sont pas des fonctions de l'âme, mais de l'être qui résulte de l'union de l'âme et du corps, de l'être vivant. L'âme n'est âme que par le corps, comme le corps n'est corps que par l'âme [2]. L'homme est une unité organique et l'âme n'est qu'une partie constitutive de cet être complexe.

25. Al Farabi (Abu Nasr Mohammed, ben Mohammed, ben Taskan de Farab), né vers la fin du XI° siècle, professeur à Bagdad où il avait fait ses études, puis à Alep, et enfin à Damas, où il mourut en 950 après J.-Ch. Il suit dans sa logique, avec une fidélité absolue, la doctrine d'Aristote, mais dans sa métaphysique il admet des propositions platoniciennes et surtout néoplatoniciennes.

26. Al Kendi (Abn Jusuf Jacub, Ibn Eshak, Al Kendi, c'est-à-dire le père de Joseph, Jacob, fils d'Isaak, du pays de Kendah), né à Barsa sur le golfe Persique, vivait vers le milieu du IX° siècle, jusqu'à peu près 870 après J.-Ch., mathématicien, astrologue, médecin, il est aussi célèbre comme philosophe et a composé des commentaires sur les écrits logiques d'Aristote.

---

[1] L'âme est la forme du corps, suivant lui, mais non pas en tant que le corps ne devient corps que par elle. Le corps a déjà comme tel sa forme naturelle, à laquelle l'âme s'ajoute, comme une seconde forme supérieure. Siebeck, t. II, p. 429. *Gesch. d. Psych.*

[2] Sieb., id., p. 127. *Biblioth. philos. med. æt.*, ed. Barach, II, 34.

27. Amaury de Chartres, mort en 1206, à Paris, où il professait la théologie, et condamné par le synode de 1209, trois ans après sa mort, pour avoir expliqué en chaire, outre les livres de logique, la *Physique* et la *Métaphysique* d'Aristote.

28. Ameinias, qui figure au testament de Straton [1].

29. Ammonius d'Alexandrie, maître de Plutarque, mais qui est un véritable académicien, confondu par Fabricius avec le suivant.

30. Ammonius, cité par Longin [2] comme péripatéticien fort savant, mais qui n'a laissé d'autres écrits que des poésies et des discours d'apparat.

31. Ammonius Sakkas, d'Alexandrie, contemporain d'Origène, le fondateur du néoplatonisme et le maître de Plotin. Hiéroclès prétend que ce philosophe « éclairé par Dieu même a le premier compris et exposé dans leur sens vrai et fidèle les doctrines de Platon et d'Aristote, a mis fin au dissentiment qui depuis tant de siècles divisait les deux écoles, et prouvé qu'ils s'accordent dans tous les points essentiels » [3].

32. Ammonius, fils d'Herméias, maître de Philopon, d'Asclépius de Tralles et de Simplicius, disciple de Proclus, et chef de l'école d'Alexandrie : l'un des plus féconds et des plus autorisés des commentateurs de Platon et surtout d'Aristote : πλείστους ὠφέλησε τῶν πώποτε γεγενημένων ἐξηγητῶν, μᾶλλον δὲ τὰ Ἀριστοτέλους ἐξήσκητο [4]. On a conservé de lui des commentaires sur l'*Introduction* de Porphyre ; sur les *Catégories* [5] ; sur le *De Interpretatione* : on cite des extraits d'un commentaire sur les *Premiers analytiques*, et on est autorisé à lui attribuer un ouvrage sur les livres *du Ciel*, sur la *Météorologie*, sur la *Métaphysique* [6]. Il n'est pas certainement l'auteur de la vie d'Aristote qui nous est parvenue sous son nom.

[1] D. L., V, 61.
[2] Porphyr., *Vit. Plotin.*, 20.
[3] Phot. Bib., Cod., 251, p. 461, a. 24.
[4] Damasc., *ibid.*, 79.
[5] Brandis et Prantl en contestent l'authenticité.
[6] Zeller, t. V, p. 750.

33. Amphion, disciple de Lycon [1].

34. Anatolius d'Alexandrie, évêque de Laodicée, vers 270 ap. J.-Ch., tellement versé dans la philosophie péripatéticienne que, d'après Eusèbe [2], on voulait le faire le chef de cette école à Alexandrie. Zeller estime qu'on pourrait lui attribuer le fragment cité par Fabricius [3], tandis que les fragments reproduits par Iamblique [4] doivent être attribués au néoplatonicien Anatolius, son maître.

35. Andrantus ou Adrantus, qu'Athénée signale comme auteur de cinq livres sur les *Éthiques* de Théophraste et d'un sixième sur les *Éthiques à Nicomaque* d'Aristote, que s'était approprié un certain Héphæstion [5].

36. Andronicus de Rhodes, le onzième chef de l'école péripatéticienne, à Athènes, d'après David [6] et Ammonius [7], le dixième seulement d'après une autre scholie [8], différence qui provient de ce que les uns comptent, les autres ne comptent pas Aristote dans le nombre. Strabon [9] le cite avec Panétius, Stratoclès et Léonidès comme un des savants et des philosophes, τῶν περὶ λόγους καὶ φιλοσοφίας, qui sont originaires de Rhodes. C'est lui qui grâce à Tyrannion [10] pût donner la première édition des écrits d'Aristote disposés par ordre de matière [11],

---

[1] D. L., V, 70.
[2] *Hist. Eccl*, VII, 32.
[3] *Bib Gr*, III, 462.
[4] *Theol. Arithm.*
[5] Athen , XV, 673. Casaubon dit sur ce passage : « Quis autem iste *Adrantus* ? Græcis quod equidem sciam, usitatum id nomen viri non fuit : neque inter Aristotelis interpretes (talem hunc facit Athenæus) Andrantum usquam nominatum reperies. Adrastum peripateticum, interpretem librorum Aristotelis, multi nominant. Atque hic, Athenæo amicus, vel etiam fortasse præceptor esse potuit : vixit enim sub Antoninis, juvene adhuc Athenæo, ut non sine causa ejus viri nomen hoc loco restituendum esse videatur : quod tamen non ponimus nos, sed tantum proponimus.
[6] *Scholl. Ar.*, 24, a. 20; 25, b. 42.
[7] *Scholl Ar*, 94, a. 21; 97, a. 19.
[8] Waiz., *Org.*, I, 45.
[9] XIV, 2, 159 Tauchn.
[10] Ce savant avait pu mettre à profit la bibliothèque d'Apellicon, que Sylla, après la prise d'Athènes, avait fait transporter à Rome. V. mon *Essai s. la Psych. d'Ar.*, p. 60 sqq.
[11] Porphyr., *Plot.*, 24; Plut., *Syll.*, 26.

pourvue d'un catalogue qui renfermait sans doute, outre la nomenclature des ouvrages, des renseignements critiques sur leur authenticité [1], leur contenu, et l'ordre dans lequel ils avaient été composés, ou plus probablement dans lequel ils devaient être lus et étudiés [2].

Les extraits que nous en font connaître les scholies nous autorisent à lui attribuer des commentaires sur les *Catégories*[3], que Simplicius qualifie de paraphrase [4], peut être également des commentaires sur la *Physique*, sur le *de Anima*, sur l'*Éthique*. Des deux ouvrages qui nous sont restés sous le nom d'Andronicus, l'un intitulé : *de Animi affectionibus*, appartient à un écrivain du XVe siècle, Andronicus Callistus, l'autre qui est un commentaire sur l'*Éthique à Nicomaque*, n'est certainement pas celui qu'on pourrait attribuer à Andronicus de Rhodes[5]. Il semble avoir montré dans son exposition et son exégèse des ouvrages du maître, quelqu'indépendance d'esprit et une certaine originalité de pensée.

37. Andronicus Callistus, de Constantinople, venu en Italie après la prise de sa patrie, vécut le plus souvent à Rome chez Bessarion, s'en alla à Florence et meurt à Paris. Il est célèbre par ses études sur Aristote, la plupart inédites. Boerner, p. 169.

38. Androsthènes, fils d'Adimante, disciple de Théophraste [6].

39. Antipater, roi de Macédoine, disciple ou plutôt ami d'Aristote, et curateur de son testament [7].

---

[1] *Scholl Ar.*, 81, a. 27. Simplicius rapporte, en la blâmant, l'opinion d'Andronicus qui attribuait à un autre auteur qu'Aristote les derniers paragraphes des *Catégories*.

[2] *Id.*, 25, b. 41, David : « Nous ne connaissons les ouvrages d'Aristote que dans leur état isolé, διὰ τῆς διαιρέσεως. C'est pourquoi nous ne savons pas par lequel il faut commencer à le pratiquer, τί μὲν πρῶτον... μεταχειρισόμεθα. »

[3] *Scholl Ar*, 42, a. 30; 40, b 23; 61, a 25.

[4] *Id.*, id., 41, b 25. Ἀνδρονικὸς παραφράζων τὸ τῶν Κατηγοριῶν βιβλίον.

[5] Voir Brandis : *Über die griech. Ausleger d. Organons*, Mém. de l'Acad de Berlin, 1833, p. 273 Zeller, *Die Phil. d Griech.*, t. IV, p. 550, sqq. Prantl. *Gesch. d. Logik*, I, 537.

[6] D. L., V, 57. Qu'il faut distinguer d'Androsthènes, fils du compagnon d'Alexandre, Onésicrite, disciple de Diogène le Cynique. D. L., VI, 75, 73, 80, 84.

[7] Aristocl. dans Euseb., *Præp. Ev.*, XV, 2, 9. Diog. L., V, 27. Demetr., *de Elocut.*, 225. Æl., *H. Var.*, XIV, 1.

40. Antisthènes, le péripatéticien, du commencement du second siècle avant J.-Ch., né à Rho les. Suidas lui attribue l'écrit ὁ Μαγικός;[1] que Diogène[2] cite comme un ouvrage d'Aristote, mais que l'anonyme met au nombre des pseudépigraphes.

41. Apellicon de Téos, qui, au commencement du 1ᵉʳ siècle avant l'ère chrétienne, découvrit à Skepsis les livres d'Aristote et de Théophraste, fort endommagés pour avoir séjourné pendant deux cents ans, dit-on, dans un caveau, où les avaient cachés, on ne devine pas dans quelle intention, les héritiers de Nélée, disciple d'Aristote et de Théophraste. Il les leur acheta à grand prix ; mais comme il était plutôt un amateur de livres qu'un philosophe [3], les copies qu'il fit faire de ces textes précieux, furent altérées par de nombreuses additions destinées à en remplir les lacunes [4]. Athénée [5] prétend qu'il s'était adonné à la philosophie péripatéticienne, et Aristoclès [6] qu'il avait composé un ouvrage sur Hermias et Aristote, d'un contenu sans doute biographique.

42 Apollonius, péripatéticien, dont Plutarque célèbre le dévouement et l'amour fraternels [7]. Ce jeune philosophe, comme il le désigne, avec un rare désintéressement, s'était efforcé de procurer à son frère, Sotion, une réputation supérieure à la sienne propre. Zeller [8] conjecture que ce pourrait être le même dont Simplicius cite un écrit sur les *Catégories* et qui était d'Alexandrie [9].

43. Apollonius de Soles, maître de Démétrius d'Aspendos [10].

44. Apulée de Madaure (vraisemblablement né entre 126 et 132 ap. J.-Ch.), dans le 3ᵉ livre de son ouvrage : *De Dogmate*

---

[1] Suid., V. Ἀντισθ.
[2] D. L., I, 1, 8. Conf. Menag.
[3] Strab., XIII, 2, 54.
[4] V mon *Essai s. la Psych. d'Ar*, p. 66.
[5] V, 214
[6] Euseb., *Præp. Ev.*, XV, 2, 9.
[7] *De Am Frat*, 16.
[8] T. IV, p 691.
[9] *Scholl. Ar.*, 63, b, 3.
[10] D. L., V, 83.

Platonis, qui traite *de philosophia rationali sive* περὶ ἑρμηνείας, expose plus ou moins fidèlement la logique d'Aristote. Outre l'*Apologie*, les *Florida*, les *Métamorphoses* et le dialogue intitulé *Asclépius*, on a de lui une traduction latine du *de Mundo* attribué à Aristote, dans la préface de laquelle on lit : « *Quare nos Aristotelem prudentissimum et doctissimum philosophorum et Theophrastum auctorem secuti, quantum possumus cogitatione contingere, dicemus* ». Il est vrai que la partie de cette phrase relative à Aristote manque dans les meilleurs manuscrits : ce qui fournit à Teuffel l'occasion de supposer que ces mots ont été ajoutés par un grammairien, et d'affirmer que le *de Mundo* est un ouvrage de Théophraste. Je ne vois pas de raison pour accepter l'hypothèse de Teuffel, et l'interprétation de Zeller, qui, dans ces mêmes mots, veut voir exprimer par Apulée l'opinion qu'il est l'auteur du traité et non pas seulement le traducteur et le commentateur.

45. Antoine (Marc) qui, dans le dialogue *de Orat.*, II, 36, parle comme un homme versé dans la philosophie péripatéticienne et qui en accepte les doctrines. Mais quel fondement historique a cette exposition ?

46. Arcésilas ou Arcésilaüs de Pitane, en Éolie, vers 315 avant J.-Ch. Avant de devenir le disciple de Crantor, de Polémon et de Cratès, il avait appartenu au Lycée et avait suivi les cours de Théophraste [1].

47. Arimnestus qui n'est autre que Aimnestus cité plus haut.

48. Aristide, curateur au testament de Straton.

49. Aristion [2].

50. Ariston d'Alexandrie, péripatéticien d'après Strabon [3], nommé par Simplicius, avec Boëthus, Eudore, Andronicus et Athénodore, parmi les anciens commentateurs des *Catégories* [4]. C'est sans doute lui qui, d'après Apulée [5], ajouta aux formes

[1] D. L, IV, 29. Numen., Euseb., *Pr. Ev.*, XIV, 6, 2.
[2] Voir, plus loin, Athénion, n° 67.
[3] XVII, 1, 5.
[4] *Scholl. Ar.*, 61, a. 25.
[5] *De Dogm. Plat.*, III.

des syllogismes qu'avaient établies Aristote, trois modes de la première figure et deux de la seconde [1].

51. Ariston de Céos ou plutôt de Julis, successeur et disciple de Lycon [2], dans la direction de l'école. Nous ne connaissons que les titres de ses ouvrages et quelques fragments, d'un contenu historique, entr'autres une histoire du Lycée. On le confond souvent avec Ariston de Chio, stoïcien [3], auquel appartiennent les fragments cités par Stobée.

52. Ariston de Cos, disciple et héritier du précédent [4]. Simplicius en fait un successeur d'Andronicus [5].

53. Aristobule, Ἰουδαῖος περιπατητικὸς φιλόσοφος [6], sous Ptolémée Philométor, vers 160 avant J.-Ch. Eusèbe et Clément nous ont conservé des fragments de ses ouvrages, qui paraissent authentiques, car il semble certain que Clément les a eus entre les mains. Son but était de montrer que « la philosophie péripatéticienne est suspendue à la loi de Moïse, et aux autres prophètes » [7]. On ne voit, dans les fragments, rien qui appartienne plus particulièrement à la philosophie d'Aristote qu'à celle de Platon.

54. Aristoclès de Messine, en Sicile, maître d'Alexandre

---

[1] Zeller conjecture avec beaucoup de vraisemblance que cela suppose un commentaire sur les *Premiers analytiques*. Il y a lieu de croire que c'est le même personnage dont parle D. L., VII, 16, 4.

[2] Sextus Empiricus, *adv. Math.*, II, 61, et Quintilien, *Instit. Or.*, II, 15, le nomment, l'un le γνώριμος, l'autre le *discipulus* de Critolaüs ; Strabon, XIV, 2, 19, prétend qu'il a été le ζηλωτής de Bion du Borysthène. D'un passage de Sextus, *Pyrrh.*, I, 234, et de D. L., IV, 33, s'ils s'appliquent à lui et non au stoïcien du même nom, il résulterait qu'il était contemporain d'Arcésilas, qui mourut en 241 av. J.-Ch. Cicéron lui accorde des qualités littéraires, mais lui refuse l'autorité en matière philosophique, *de Fin.*, V, 5. « Concinnus deinde et elegans hujus discipulus Aristo ; sed ea quæ desideratur a magno philosopho, gravitas, in eo non fuit. Scripta sane et multa et polita ; sed nescio quo pacto auctoritatem oratio non habet. »

[3] D. L., V, 70, 74 et VII, 164. Zeller, t. III, p. 751. V. plus haut le testament de Lycon.

[4] Strab., XIV, 2, 19. Ἀρ... ὁ ἀκροασάμενος τοῦ περιπατητικοῦ καὶ κληρονομήσας ἐκεῖνον.

[5] Scholl. *Ar.*, 63, b. 10 et 66, a. 38.

[6] *Chronic. Pasch. ad Ol.*, 149, 178. Euseb., *Chron.*, Ol. 151. Clem., *Strom.*, I, 342. Il se désigne lui-même comme tel : Euseb., *Pr. Ev.*, VII, 14, 1. διὸ καὶ τινὲς εἰρήκασι τῶν ἐκ τῆς αἱρέσεως ὄντες ἐκ τοῦ Περιπάτου.

[7] Clem., *Strom.*, V, 595. τὴν περιπατητικὴν φιλοσοφίαν ἔκ τε τοῦ κατὰ Μωυσῆ νόμου καὶ τῶν ἄλλων ἠρτῆσθαι προφητῶν.

d'Aphrodisée [1], auteur d'une histoire critique de la philosophie grecque, dont le titre est περὶ φυσιολογίας dans Eusèbe et περὶ φιλοσοφίας dans Suidas. Malgré son adhésion à la doctrine péripatéticienne, qu'il défend contre les objections de ses adversaires, son esprit penchant à l'éclectisme est remarquablement bienveillant envers Platon, et sa théorie du Νοῦς contient déjà, comme l'observe Alexandre, son disciple, manifestement des idées stoïciennes [2].

55. Aristoclès de Pergame, sous Trajan et Adrien, d'après Suidas, contemporain d'Hérodes Atticus d'après Philostrate [3], c'est-à-dire un peu plus jeune. Ce rhéteur s'était adonné dans sa jeunesse à la philosophie péripatéticienne, que Synésius [4] l'accuse d'avoir abandonnée pour la rhétorique.

56. Aristomachus, disciple de Lycon [5].

57. Aristote, fils de Midias et de Pythiade, petit-fils d'Aristote, et disciple de Théophraste [6].

58. Les scholies d'Aristote [7], et Cyrille [8], donnent pour maître à Alexandre d'Aphrodisée un Aristote, nom au lieu duquel on lit, il semble avec raison, dans l'ancien texte de Simplicius [9], Aristoclès. Comme on ne connaît pas de péripatéticien du nom d'Aristote qui ait pu être le maître d'Alexandre, nous supprimons ce personnage, qui ne doit son existence qu'à une erreur de copiste, du nombre des péripatéticiens, et du nombre des êtres réels, comme l'ont fait Zeller [10], Müller [11], et Val. Rose [12]. Quant au philosophe à qui Syrien [13] et David [14] don-

---

[1] Simplic., *de Cœl.*, p. 31. Au lieu d'Aristoclès, les scholl. d'Aristote, 477, a. 30, donnent le nom d'Aristote.
[2] Alex., *de Anim.*, 145. ἀντιπίπτει, ἐδόκει μοι τότε τούτοις... ὡς τοῖς ἀπὸ τῆς Στοᾶς ἔδοξεν.
[3] *Vit. Soph.*, II, 3.
[4] Dio., p. 12.
[5] D. L., V, 70.
[6] D. L., V, 53.
[7] *Scholl. Ar.*, 477, a. 30.
[8] C. Julian., II, 61.
[9] *De Cœl.*, p. 31, b.
[10] T. IV, p. 702.
[11] *Fragm., Hist.*, II, 179 et IV, 330.
[12] *Aristotel., Pseudepigr.* 615.
[13] *Scholl. in Met.*, XIII, 3.
[14] *Scholl. Ar.*, p. 28, a. 21.

nent le nom de second Aristote, on sait qu'il s'agit d'Alexandre lui-même.

59. Aristoxène de Tarente, voir plus haut, p. 322.

60. Artémon, qui avait réuni en un recueil de 8 livres les lettres d'Aristote [1], antérieurement à Andronicus, qui en compta 20 livres [2].

61. Asclépius de Tralles, disciple d'Ammonius [3], auteur de commentaires sur les premiers livres de la *Métaphysique* d'Aristote et de scholies sur l'*Arithmétique* de Nicomaque de Gérase, encore en manuscrit [4]. Il ne faut pas le confondre avec un médecin du même nom, comme lui et en même temps que lui disciple d'Ammonius [5].

62. Aspasius, qui a enseigné dans les 25 premières années du II⁰ siècle [6], auteur de commentaires sur les *Catégories*, le *de Interpretatione* [7], la *Physique*, la *Métaphysique*, les livres du *Ciel* [8]. Ses ouvrages étaient lus dans l'école de Plotin [9].

63. Astyanax, frère de Lycon [10].

64. Astycréon, correspondant de Théophraste [11].

65. Athanès, curateur au testament de Straton [12].

66. Athénée de Séleucie, contemporain de César et de Strabon [13].

67. Athénion ou Aristion, dont le père avait été disciple d'Érymnœus sous Mithridate [14], philosophe péripatéticien, qui

---

[1] Demetr., *de Eloc.*, 223; David, *Scholl. Ar.*, p. 24, a. 26.
[2] V. *Esss. s. la Psych. d'Ar.*, p. 91.
[3] *Scholl. Ar.*, 577, b. 26; 606, a. 29.
[4] Bouillaud, *Theo Symrn.*, p. 212.
[5] *Scholl. Ar.*, 606, b. 17.
[6] Galen., *de Cogn. An. Morb.*, 8.
[7] Boet., *de Interpr.*, T. Aspasius et Alexander sicut in aliis Aristotelis libris, ita in hoc quoque commentarios ediderunt.
[8] Galen., *de libr. propr.*, c. II; Boet., *de Int.*, II, 294; Simpl., *Phys.*, 28, b. o; id., *de Cæl.* Scholl. Ar., 491, b. 31; 513, b. 10; Alex. Aphr., *Scholl. Ar.*, 704, b. 11.
[9] Porphyr., *Vit. Plot.*
[10] D. L., V, 69.
[11] D. L., V, 50.
[12] D. L., V, 62.
[13] Strab., XIV, 5, 4. 670.
[14] Athen., V, 211. D'après un fragment de Posidonius : « Dans l'école du péripatéticien Erymnée se trouvait un certain Athénion, fort appliqué à la science. Celui-ci

fut à la tête de l'école à Athènes, à Messène et à Larisse de Thessalie, et enfin devint le tyran d'Athènes. On le nomme parfois philosophe épicurien [1].

68. Athénodore, dont Diogène [2] cite un ouvrage en huit livres intitulé Περίπατος, mais que Ménage attribue à un autre Athénodore de Tarse, fils de Sandon, maître d'Auguste et de Tibère.

69. S. Augustin ne semble pas avoir été touché directement par les doctrines péripatéticiennes : mais il n'a pas échappé à leur influence. Il compte Aristote comme un platonicien qui a fondé une secte séparée, *secta, hæresis;* mais il reconnaît en lui un « *vir excellentis ingenii et eloquio Platoni quidem impar, sed multos facile superans* [3] ». C'est probablement par les néoplatoniciens qu'il a connu l'aristotélisme.

70. Avempace (Abu Behr Mohammed ben Jahja Ibn Badja),

---

ayant acheté une esclave égyptienne, en fit sa maîtresse. Soit de lui, soit d'un autre, cette femme mit au monde un enfant auquel elle donna le nom de son maître, Athénion. Ce jeune homme, qui s'adonna à l'étude, s'empara, à l'aide de sa mère, de l'esprit de son maître devenu vieux, hérita de lui après sa mort, et devint frauduleusement citoyen athénien. Il épousa une belle fille, après cela se livra à l'enseignement, attira dans son école beaucoup de jeunes gens. Après avoir enseigné à Messène et à Larisse de Thessalie, et avoir beaucoup gagné d'argent, il revint à Athènes. Là, élu ambassadeur d'Athènes auprès de Mithridate, dont la puissance s'étendait et se fortifiait, il s'insinua dans les bonnes grâces de ce roi, qui lui accorda sa faveur et beaucoup d'honneurs. Il profita de cette situation pour faire espérer aux Athéniens d'être délivrés du joug des Romains et de recouvrer leur gouvernement libre et démocratique. A son retour à Athènes, il y fut acclamé et placé à la tête du gouvernement. Son règne ne fut pas de longue durée; il se montra cruel, imprudent et rapace. Il voulut s'emparer du trésor de Délos. A cet effet, il envoya dans l'île Apellicon de Téos, devenu citoyen d'Athènes, et qui menait une vie fort agitée et d'un riche dégoûté, ἀψίκορος. Il lui arrivait même de philosopher et de se vouer à la philosophie péripatéticienne. Il avait acheté la bibliothèque d'Aristote et beaucoup d'autres encore, car il était fort riche. Il déroba du Métroüm en sa possession les décrets autographes des anciens, et acquit dans d'autres villes toutes les pièces anciennes et rares. Il était recherché pour ces actes à Athènes, et courait des dangers s'il n'avait pris la fuite. Il revint plus tard, et sut gagner le peuple. Il se fit inscrire, avec Athénion, sur la liste des philosophes de la même secte. Apellicon partit donc pour Délos avec une force armée, qu'il sut mal répartir pour la défense. Orobius, général des Romains, surprit la garnison et la massacra. Apellicon put se sauver de Délos. »

[1] Plut., *Syll*, 12, 11, 23.
[2] III, 3, et V, 36.
[3] *De Civ. D.*, VIII, 17.

né vers la fin du xi° siècle à Saragosse, mort en Afrique en 1138. Auteur de mémoires de peu d'étendue, en partie perdus, dont M. Munk [1] a donné les titres : entr'autres des traités *de l'Ame,* sur *l'Union de l'intellect avec l'homme,* des commentaires sur la *Physique,* la *Météorologie,* et les autres écrits de physiologie psychologique d'Aristote, et enfin un ouvrage original intitulé : le *Guide du Solitaire.*

71. Averroës (Abul Walid Mohammed Ibn Ahmed, Ibn Mohammed, Ibn Rosch), né en 1126 à Cordoue, mort en 1198. Peu de temps après sa mort était détruite la domination des Maures en Espagne, et s'éteignait la philosophie arabe, pour livrer tout le monde oriental à l'oppression absolue et mortelle pour l'intelligence des doctrines du Koran. Plus encore qu'Avicenne, et pour ainsi dire sans aucune réserve, il est un disciple d'Aristote, qu'il considère comme le fondateur de la connaissance scientifique qu'il a poussée à sa dernière perfection. L'interprétation donnée par Averroës de la théorie du Νοῦς, combattue par saint Thomas, s'accorde, au moins pour le fond, avec celle d'Alexandre d'Aphrodisée, mais ce n'est peut être pas à tort néanmoins que Marsile Ficin [2] estime que plus d'une fois tous les deux « *videntur a suo etiam Aristotele defecisse* ».

72. Avicebron ou Avencebrol, nom sous lequel les scolastiques désignent le juif espagnol Salomon ben Jehuda ben Gebirol, né à Malaga vers 1020, cultiva à Saragosse, de l'an 1035 à 1069, la poésie et la philosophie. Il est l'auteur d'un livre intitulé *Fons vitæ,* cité par Albert le Grand [3] et S. Thomas [4], dont le contenu est un produit des dogmes juifs avec des idées philosophiques empruntées à Aristote et encore plus aux néoplatoniciens [5].

72. Avicenne (Abu Ali Al Hosain, Ibn Abdallah, Ibn Sina), né à Afsenna, en Boukharie, vers 980 ap. J.-Ch., enseigna la

---

[1] *Mélang.*, p. 386.
[2] *Præf., ad Plot.*
[3] *Sunim.*, I, 4, 23.
[4] *De Anim.*, art. VI.
[5] Munk., *Mélang. de phil.*, 1857.

médecine et la philosophie à Ispahan, et mourut à Hamadan en 1038. Sa logique et sa métaphysique sont toutes péripatéticiennes, et Albert le Grand, qui emprunte à Al Farabi une preuve de l'existence de Dieu, cite très souvent en l'adoptant le principe psychologique d'Aristote formulé comme il suit par Avicenne : « *Intellectus in formis agit universitatem* ».

73. Bessarion, né à Trébizonde en 1389, archevêque de Nicée en 1436, plus tard patriarche de Constantinople, promu cardinal par le pape Eugène IV, mort en 1472, élève de Gémistus Pléthon : il a traduit dans un latin souvent incorrect et par suite obscur la *Métaphysique* d'Aristote et celle de Théophraste.

74. Bion du Borysthène, disciple de Théophraste [1]. Après avoir fréquenté l'Académie d'abord, et ensuite l'école de Cratès, il enseigna la philosophie à Athènes et ailleurs, vers la fin du IVe et les premières années du IIIe siècle avant J.-Ch.

75. Boethius, Anicius Manlius Torquatus Severinus, de 470 à 525 ap. J.-Ch , traducteur et commentateur d'Aristote. Néanmoins la tendance propre de son esprit serait plutôt platonicienne, comme le remarque Laurent Valla [2] : « *Magis mihi Platonicus videtur Boethius quam Aristotelicus* ». On a de lui, outre son célèbre ouvrage : *de Consolatione philosophiæ*, les traductions des *Analytiques premiers et seconds*, des *Topiques*, des *Réfutations des sophismes*, du *de Interpretatione* avec un commentaire, des *Catégories* également accompagnées d'un commentaire ; de plus un commentaire sur la traduction latine de l'*Introduction* de Porphyre, faite par Victorinus, sa propre traduction de ce même ouvrage avec un commentaire ; en outre les traités suivants : *Introductio ad categoricos syllogismos, de syllogismo categorico, de syllogismo hypothetico, de divisione, de definitione, de differentiis topicis.* Son commentaire sur la *Topique* de Cicéron ne nous est pas parvenu.

76. Boëthus, contemporain et condisciple de Chrysippe, dé-

[1] D. L., IV, 46, 57.
[2] *Præf., in Dial. libr.*

signé comme stoïcien, mais qui paraît s'être, sur beaucoup de points, rapproché des doctrines péripatéticiennes, surtout en ce qui concerne la psychologie de l'intelligence : il admettait en effet plusieurs procédés d'arriver à la connaissance certaine, κριτήρια : c'étaient la raison, la sensation, le désir et la science [1].

77. Boëthus de Sidon, le XIe chef de l'école péripatéticienne, d'après une scholie d'Aristote [2]. Ce disciple d'Andronicus étudia avec Strabon la philosophie d'Aristote [3]. Porphyre écrivit contre lui son ouvrage en cinq livres intitulé : *De Anima*. Simplicius, qui l'appelle θαυμάσιος et ἐλλόγιμος, fait l'éloge de sa finesse et de sa perspicacité [4]. Les scholies citent de lui des extraits de commentaires sur les *Catégories*, la *Physique* et les *Analytiques premiers*. On peut croire, dit Zeller [5], d'après Simplicius [6], qu'il avait également interprété et expliqué les livres *de l'Ame* et les *Éthiques*. Ces fragments attestent une certaine originalité d'esprit, et surtout quelqu'indépendance de pensée. Ses opinions s'écartent assez souvent de celles du maître. On ne sait rien de sa phsychologie, si ce n'est qu'il rejetait l'immortalité de l'âme.

78. S. Bonaventure, Jean Fidanza, contemporain de S. Thomas, quoiqu'obéissant à une tendance mysticoplatonicienne, introduit dans sa théorie de l'âme la distinction tout aristotélique de l'entendement actif et de l'entendement passif. Ces deux formes ou espèces de la raison se comportent, suivant lui, comme l'activité et la réceptivité, comme la lumière et la possibilité de devenir visible.

79. Bulon, disciple de Lycon [7].

80. Callinus, disciple de Théophraste [8].

---

[1] D. L., V, 51. Chrysippe le lui reprochait.
[2] Ammon., *Schol. in. Anal. Pr.*, 21, b. 19. ὁ δὲ Βοηθὸς ἐνεδέξατο; ἀπὸ Ἀριστοτέλους γενόμενος. Conf., n. 36. Andronicus et n° 96, Critolaüs.
[3] Strab., XIV, 757. ᾧ συνεφιλοσοφήσαμεν ἡμεῖς τὰ Ἀριστοτέλεια.
[4] *Schol. Ar.*, 10, a. 21; 61, a. 11; 29, a. 47. πολλῆς ἀγχινοίας γέμοντα.
[5] T. IV, 552.
[6] *De An.*, 69, b. o.
[7] D. L., V, 70, 71.
[8] D. L., V, 52, 55, 56.

81. Calliphon, plus âgé que Diodore de Tyr[1]. On ne sait à quelle école il appartenait expressément. Sa doctrine morale flotte entre celle d'Épicure et celle d'Aristote[2].

82. Callippus de Cyzique, mathématicien et astronome, qui, d'après Simplicius, corrigea et compléta les découvertes d'Eudoxe de Cnide, son maître, de concert avec Aristote, avec lequel il s'était lié à Athènes[3]. On ne cite de lui aucun écrit, mais seulement, d'après l'*Histoire de l'Astronomie* d'Eudème, les raisons qui l'avaient poussé à rejeter la théorie d'Eudoxe.

83. Callippus de Pitane, témoin au testament de Théophraste[4].

84. Callisthène d'Olynthe, neveu d'Aristote, intime ami de Théophraste qui déplora sa mort dans un mémoire dont son nom forme le titre. Justin le qualifie de condisciple d'Alexandre, ce qui signifie sans doute qu'il avait été élevé par Aristote avec le jeune prince[5]. Il n'est connu que comme un historien ; cependant Simplicius nous apprend, d'après Porphyre sans doute, que sur les recommandations pressantes d'Aristote, il lui avait adressé de Babylone des observations astronomiques (τηρήσεις) qui remontaient à 31000 ans avant Alexandre[6].

85. Callisthènes, disciple de Théophraste et mentionné dans son testament[7].

86. Calvisius Taurus de Béryte, qui enseignait à Athènes vers le milieu du IIe siècle après J.-Ch., a écrit sur la différence des doctrines platoniciennes et péripatéticiennes[8].

87. Cassandre, fils d'Antipater, roi de Macédoine, protecteur

---

[1] Cic., *de Fin.*, V, 25.
[2] Cic., *de Fin.*, II, 11. Callipho ad virtutem nihil adjunxit, nisi voluptatem ; *Tuscul.*, V, 30. Indolentiam autem honestatis Peripateticus Diodorus adjunxit... eadem Calliphontis erat Diodorique sententia. Conf. Clem Al., *Strom*, II, 415.
[3] Simplic., *de Cœl.*, II, 46 ; Scholl. Ar., 498, b. 28 ; 500, a. 23 ; Arist., *Met.*, XII, 8, 1073, b. 32, et les *Comment. de Bonitz*.
[4] D. L., V, 57.
[5] Justin., XII, 6 ; D. L., V, 4 ; Arrien., IV, 10 ; Val. Max., VII, 2 ; Suid., V.
[6] Simpl., *Scholl. Ar.*, 503, a. 26.
[7] D. L., V, 53, 56.
[8] A.-Gell., *N. Att.*, XII, 5 ; Suid., V. Ταῦρος.

et ami de Théophraste et de Démétrius de Phalère et que Plutarque qualifie de disciple d'Aristote [1], soit qu'il ait été élevé avec Alexandre, soit qu'il ait suivi plus tard ses leçons.

88. Catulus (Q. Lutatius) que Cicéron dans son dialogue *de Oratore* [2], fait parler comme un péripatéticien, sans qu'on sache s'il appartenait réellement à cette école [3].

89. Chamæléon d'Héraclée du Pont, désigné comme péripatéticien par Tatien [4]. On lui attribuait le traité de Théophraste : περὶ ἡδονῆς [5], ce qui permet de conjecturer avec une forte probabilité qu'il était son disciple ou son condisciple. Il semble s'être occupé surtout de l'histoire littéraire.

90. Charès, esclave affranchi de Lycon qui lui légua ses livres publiés [6].

91. Claudius Severus, maître de M.-Aurèle vers 140-150 [7].

92. Cléarque de Soles, disciple d'Aristote [8]; nous n'avons conservé de lui que des fragments historiques qui nous donnent une assez pauvre idée de son talent, quoique Plutarque, Josèphe et Athénée, en termes presqu'identiques, proclament qu'il n'est inférieur à aucun des péripatéticiens [9].

93. Clitomaque de Carthage, dont le nom national était Hasdrubal, élève de Carnéade l'académicien, philosophe estimable et très fécond écrivain [10]. Diogène nous le présente comme également versé dans les doctrines des trois grandes écoles : ἐν ταῖς τρισὶν αἱρέσεσι διατρέψας, ἔν τε τῇ Ἀκαδημαϊκῇ καὶ Περιπατητικῇ καὶ Στωϊκῇ [11]. On cite de lui quelques ouvrages [12].

---

[1] D. L., V, 37. Plut. Alex., 71. Aristote lui avait écrit neuf lettres et le fit son exécuteur testamentaire (D. L., V, 11). Lui-même avait laissé des lettres dont une sur la mort d'Aristote. Plut., *Coriol.* et *Cat. maj.* Conf. Ravaiss., t. II, p 95, n. 3. C'est au nom de Cassandre que Démétrius commandait à Athènes.
[2] II, 26.
[3] V. plus haut, n. 15, M.-Antoine.
[4] *C. Græc.*, 31
[5] Athen., VI, 273, et VIII, 347 ; IV, 184 ; VIII, 338 ; IX, 374.
[6] D. L., V, 73.
[7] Capitol., *Ant. Phil.*, 3 ; Galen., *de Prænot.*, c. 2.
[8] Jons., I. 1, c 18, p. 98. *Menag. ad. Diog. L.*, Præf., 9.
[9] Jos., c. *Ap.*, 1, 22 ; Athen., XV, 701 ; Plut. *de Fac. Lun.*, 2, 5.
[10] Step. Byz., Χαρχηδών ; Cic., *Acad.*, II, 6, 17 ; 31, 98 ; Athen., IX, 402.
[11] D. L., IV, 64.
[12] Cic., *Acad.*, II, 31, 98 ; 32, 102 ; D. L., II, 92.

L. Crassus le vit encore vivant à Athènes, pendant sa questure, c'est-à-dire dans l'année 110 av. J.-Ch[1] : Il devait être fort vieux. D'après Stobée, il se suicida[2].

94. Clytus de Milet, disciple d'Aristote et compagnon d'Alexandre[3] ; il n'est connu que comme historien[4].

95. Cratippe de Mitylène, « *familiaris noster*, dit Cicéron, *quem ego parem summis peripateticis judico* »... Sa physiologie est toute péripatéticienne, il pense : « *Animos hominum quadam ex parte extrinsecus esse tractos et haustos... cam partem, quæ sensum, quæ motum, quæ appetitum habeat, non esse ab actione corporis sejugatam*[5]. »

96. Critolaüs de Phaselis en Lycie, dont la Vie anonyme[6] fait le XIe successeur d'Aristote tandis que ce rang est attribué par Ammonius et David, tantôt à Andronicus, tantôt à Boëthus[7]. Il ne peut pas être le successeur immédiat de Lycon, comme on pourrait le conclure d'un passage de saint Clément[8], puisque Lycon est mort entre les années 226-224, et que Critolaüs était à Rome en 156-155. Zumpt accepte le renseignement de la Vie anonyme qui met entre Ariston et Critolaüs cinq directeurs de l'école, et fait de celui-ci le successeur de Phormion, tandis que M. Zeller, refusant toute valeur à ce document, croit que Critolaüs a succédé immédiatement à Ariston[9], et s'efforce de montrer que la chronologie n'interdit pas cette conjecture[10]. Il fit,

---

[1] Cic., *de Orat.*, I, 11.
[2] *Floril.*, VII, 55.
[3] D. L., I, 25, et *Menag.*, Athen., XII, 540 ; XIV, 655.
[4] K. Müller, *Fr., Hist. Gr.*, II, 333.
[5] *De Div.*, I, 3
[6] διάδοχοι δ'αὐτοῦ τῆς σχολῆς κατὰ τάξιν ἐγένοντο οἵδε. Théophraste, Straton, Praxitélès, Lycon, Ariston, Lyciscus, Praxiphanes, Hiéronymus, Prytanis, Phormion, Critolaüs
[7] V. plus haut n°° 36 et 76.
[8] *Strom.*, I, 301, b. Ἀριστοτέλη δέχεται Θεόφραστος· ὃν Στράτων· ὃν Λύκων· εἶτα Κριτόλαος· εἶτα Διόδωρος. Il n'est pas fait ici mention d'Aristote.
[9] C'est l'ordre dans lequel Plutarque, *de Exil.*, 14, cite les philosophes péripatéticiens venus de l'étranger : Aristote de Stagire, Glycon de Troade, Ariston de Céos, Critolaüs de Phasélis. Cicéron (*de Fin.*, V, 5), après avoir nommé Straton, Lycon et Ariston, ajoute : Præterea multos ; in his Hieronymum... Critolaüs imitari antiquos voluit, et quidem est gravitate proximus, et redundat oratio.
[10] Mais alors on ne retrouve plus les 10 scolarques qui ont dû le précéder, puisqu'il fait le XI°, et il faut considérer ce renseignement comme sans valeur.

avec Carnéades et Diogène, partie de la célèbre ambassade envoyée à Rome par les Athéniens en 156-155 avant J.-Ch. Stobée lui attribue d'être l'auteur d'une nouvelle école péripatéticienne : τῶν νεωτέρων Περιπατητικῶν, τῶν ἀπὸ Κριτολάου [1]. On ne voit pas en quoi il a pu mériter cet honneur : malgré quelques divergences inévitables [2], c'est un vrai et fidèle péripatéticien : *in patriis institutis manet*, dit Cicéron. Il définit, ainsi que toute son école, le souverain bien comme la perfection d'une vie conforme à la nature, τελειότητα... κατὰ φύσιν εὐροοῦντος βίου [3], et soutient l'éternité du monde et l'immuabilité de ses lois.

97. Critolaüs, disciple d'Aristote.

98. Criton, esclave de Lycon [4].

99. Ctésarchus, disciple de Théophraste, et curateur à son testament [5].

100. Daïppos, mentionné dans le testament de Straton.

101. Damascène (Jean), le moine, vers 700 après J.-Ch. Il réunit dans sa Πηγή γνώσεως, en s'appuyant sur les principes de la logique et de la métaphysique d'Aristote, les doctrines chrétiennes exposées dans un ordre systématique.

102. Damascius de Syrie, disciple d'Ammonius et de son frère Héliodore et maître de Simplicius, auteur de commentaires et de paraphrases sur plusieurs livres d'Aristote [6] et de plusieurs autres ouvrages d'un contenu platonicien, par exemple, d'une Histoire de la philosophie, φιλόσοφος Ἱστορία, que mentionnent seuls Suidas et Eudocia [7]. Il est probable que ce philosophe, qui accompagna dans leur émigration en Perse les platoniciens d'Athènes, a professé la philosophie dans cette ville.

---

[1] *Eclog.*, II, 58.
[2] Il concède aux stoïciens que le plaisir est un mal, A.-Gell., IX, 5.
[3] Clem., Al, II, 316.
[4] D. L., V, 72, 74.
[5] D. L., V, 53.
[6] *Schol. Ar.*, 454, citent des extraits d'un commentaire sur le *De Cælo*: Fabricius (*B. Gr.*, III, 230) rapporte qu'un tableau résumé de quelques livres de la *Physique* se trouve en manuscrit à Madrid.
[7] Zeller croit que c'est l'ouvrage cité par Phot., 181, 242, sous le titre : *Vie d'Isidore le philosophe*.

C'est un néo-platonicien comme ses maîtres et comme son élève, mais versé comme eux dans la philosophie d'Aristote.

103. David l'Arménien, vers 500 après J.-Ch., auteur de commentaires sur les *Catégories* d'Aristote et de prolégomènes à l'*Introduction* de Porphyre et à la philosophie.

104. David de Dinan, disciple d'Amaury de Chartres, qui enseignait et expliquait les livres d'Aristote que Rigord appelle *de Philosophia naturali* [1], et qui, suivant Albert le Grand, a connu quelque chose des commentaires d'Alexandre d'Aphrodisée sur le *De Anima*.

105. Démarate, petit-fils d'Aristote, disciple de Théophraste [2].

106. Démétrius, l'ami de Caton le jeune, qui fut présent à ses derniers instants et que Plutarque appelle à deux reprises un péripatéticien [3].

107. Démétrius d'Alexandrie, élève de Favorinus. Rien ne prouve que cet écrivain, auteur d'une rhétorique [4], ait été un philosophe et un philosophe péripatéticien. On le conjecture avec assez de vraisemblance de ce que son maître était un sectateur passionné d'Aristote, Ἀριστοτέλους ἐραστής [5], et en outre de ce que Galien nous rapporte qu'à Alexandrie il faisait chaque jour une leçon publique sur un sujet qui lui était proposé, mais en se conformant, pour les idées, aux paroles de son maître [6].

108. Démétrius d'Aspendos, disciple d'Apollonius de Soles [7].

109. Démétrius de Byzance, que Zeller serait tenté d'identifier avec l'ami de Caton. Il y a eu deux Démétrius de Byzance, l'un philosophe péripatéticien, dont parle Diogène, en l'appelant de ce nom, l'autre, un historien qu'il mentionne quelques

[1] V. *Essai s. la Psychol. d'Ar.*, p. 86.
[2] D. L., V, 53.
[3] Plut., *Cat. Min.*, 65 et 67.
[4] D. L., V, 84.
[5] Plut., *Symp.*, VIII, 10.
[6] C'est du moins ce que j'entends sous le texte assez obscur de Galien (*de Præcognit.*, c. 5) : δημοσίᾳ λέγων ἑκάστης ἡμέρας εἰς τὰ προβαλλόμενα κατὰ τὴν ἰδέαν τῆς Φαβωρίνου λέξεως.
[7] D. L., V, 83.

lignes plus loin [1]. Athénée cite un extrait du 4° livre d'un ouvrage περὶ Ποιημάτων d'un Démétrius de Byzance [2]. On ne sait duquel il a voulu parler.

110. Démétrius de Phalère, disciple, ami et protecteur de Théophraste; nommé par Cassandre gouverneur d'Athènes en 317, il y rétablit le gouvernement démocratique. C'est un écrivain des plus féconds: mais ses œuvres ont un caractère historique, littéraire, grammatical, politique, moral plutôt que vraiment philosophique [3]. Cependant Diogène le place sans hésitation parmi les péripatéticiens, dont il a surpassé, dit-il, la fécondité [4], et Suidas lui attribue expressément des ouvrages philosophiques : γέγραφε φιλόσοφά τε καὶ ἱστορικά. Il a pu connaître Aristote, car il était déjà célèbre comme orateur populaire lors de l'affaire d'Harpale, c'est-à-dire vers 324. Après la prise d'Athènes par Démétrius Poliorcète, il trouva un asile en Égypte et à la cour de Ptolémée, fils de Lagus, qui lui procura une fonction honorable et influente dans la bibliothèque d'Alexandrie qu'il fondait. Après la mort de son protecteur, il fut exilé par Ptolémée Philadelphe, on ne sait où, et mourut de la morsure d'un aspic.

111. Démotime, disciple de Théophraste [5].

112. Dexippus, disciple d'Iamblique, auteur d'un commentaire sur les *Catégories* d'Aristote, mais appartenant à l'école néo-platonicienne, comme le prouve déjà le titre de son ouvrage : Δεξίππου Πλατωνικοῦ φιλοσόφου εἰς τὰς Ἀριστοτέλους κατηγορίας ἀπορίαι καὶ λύσεις [6].

113. Dicéarque de Messenie, disciple d'Aristote [7].

114. Didyme Arius d'Alexandrie, disciple d'Antiochus d'As-

---

[1] D. L., V, 83.
[2] Athen., X, 452, d. 377; 548, e. 371; XIV, 613, b. 332.
[3] K. Müller, t. II, p. 362, en donne le catalogue et les fragments.
[4] D. L., V, 75.
[5] D. L., V, 53, 55, 56.
[6] Édité par Spengel, en 1859, dans les *Monumenta Sæcularia* de l'Académie de Bavière.
[7] V. plus haut, p. 326.

calon, au temps d'Auguste; il est l'auteur d'un ouvrage intitulé: περὶ τῶν ἀρεσκόντων Πλάτωνι. Stobée [1] cite ἐκ τῆς Διδύμου ἐπιτομῆς un passage sur la théorie péripatéticienne du Bonheur, et il est vraisemblable que c'est à cet abrégé que Stobée a emprunté l'exposition de l'éthique d'Aristote qu'il nous donne dans ses Ἐκλογαί [2]. Il est, par la tendance de son esprit, aussi platonicien et pythagorisant que péripatéticien.

115. Dinomaque, qui, comme Calliphon, prend, dans la morale, une position intermédiaire entre l'école d'Épicure et la doctrine péripatéticienne. On ignore à laquelle des deux il appartenait réellement [3].

116. Dioclès, médecin, disciple de Straton et curateur à son testament [4].

117. Diodore de Tyr, successeur de Critolaüs dans la direction de l'école du Lycée, et son disciple [5]. Comme son maître, il considère l'âme comme formée ἀπ' αἰθέρος ἀπαθοῦς. Cependant il aurait attribué à la partie raisonnable de l'âme, au λογικόν, d'une part des πάθη, des passions et au συμφυές, c'est-à-dire à l'élément corporel soudé par la nature à la raison, des affections propres [6]. Ce qui veut peut-être simplement dire, comme le suppose Zeller, qu'on peut appliquer dans un sens tout spécial et tout particulier la notion de πάθος aux opérations de l'âme intelligente, et qu'on doit la nier d'elles, dans le sens général et passif qu'elle emporte habituellement. Comme Hiéronyme, il place le bonheur, c'est-à-dire le souverain bien, dans la vertu et l'absence de douleur [7]. C'est pour cette raison que

---

[1] *Floril.*, 103, 28.
[2] Stob., *Eclog.*, II, 202-231. C'est de cet abrégé et de l'ouvrage d'Eudore cité plus loin, que paraissent extraits les *Placita philosophorum* attribués à Plutarque.
[3] Cic., *de Fin.*, II, 6; V, 8; *Acad.*, IV, 42; *Tuscul.*, V, 30; *de Offic.*, III, 31; Clem. Al., *Strom.*, II, 105.
[4] D. L., V, 62.
[5] Stob., *Eclog.*, I, 59; Cic., *de Orat.*, I, 11; *de Fin.*, V, 5; Clem. Al., *Strom.*, I, 301.
[6] Plut., *Utr. An. an Corp.*, c. 6.
[7] Cic., *de Fin.*, V, 5. Diodorus... adjungit ad honestatem vacuitatem doloris; *id.*, II, 11; *Acad.*, IV, 42; *Tuscul.*, V, 30; Clem. Al., *Strom.*, II, 415. Καὶ Διόδωρος ὁμοίως ἀπὸ τῆς αὐτῆς αἱρέσεως γενόμενος τέλος ἀποφαίνεται τὸ ἀοχλήτως καὶ καλῶς ζῆν.

Cicéron lui refuse le titre de vrai péripatéticien : « *Suus est; de summoque bono dissentiens dici vere peripateticus non potest* ».

118. Diodote, frère de Boëtnus de Sidon, partageait ses opinions philosophiques [1].

119. Diogenianus, péripatéticien, mentionné par Eusèbe, qui cite un de ses arguments contre Chrysippe le stoïcien [2].

120. Diophante, esclave de Straton, affranchi par son testament [3].

121. Dioscoride, témoin au testament de Théophraste [4].

122. Dioclès, disciple d'Aristote qui le nomme dans son testament [5].

123. Dorus, l'Arabe, vers la fin du v° siècle, qu'Isidore attira de l'école péripatéticienne à laquelle il avait jusque-là appartenu aux doctrines du néo-platonisme [6].

124. Dominique Gondisalvi, du xii° siècle, archidiacre de l'église de Ségovie, sur l'ordre de l'archevêque Raimond de Tolède, et avec la collaboration du juif converti Jean Hispalensis (Johannes Avendeath), traduisit de 1130 à 1150 d'arabe en latin les principaux ouvrages d'Aristote et ceux d'Avicenne qu'on considérait comme l'abréviateur du philosophe grec [7].

125. Dromon, esclave affranchi de Straton [8].

126. Duris de Samos, disciple de Théophraste [9] : historien peu sûr, au dire de Plutarque [10]. K. Müller donne le catalogue de ses ouvrages et les fragments conservés [11]. L'ouvrage περὶ νόμων pourrait seul avoir eu un contenu philosophique.

127. Échécratidès de Méthymne, disciple d'Aristote [12].

---

[1] Strab., XVI, 2.
[2] *Præp. Ev.*, VI, 8.
[3] D. L., V, 63.
[4] D. L., V, 57.
[5] D. L., V, 12.
[6] *Damasc.*, dans Suid., V, et *Vit. Isid.*, 131.
[7] V. plus loin Johannes Avendeath, n. 175.
[8] D. L., V, 63.
[9] Athen., IV, 128.
[10] *Pericl.*, 28.
[11] *Frag., Hist. Gr.*, t. II, p. 466.
[12] Steph. Byz., V, Μήθυμνα.

128. Épicratès, curateur au testament de Straton [1].

129. Épiphranor, esclave affranchi de Lycon [2].

130. Érasistrate de Julis, le célèbre médecin du roi Séleucus, disciple de Théophraste et maître d'Érymneus [3]. Il semble s'être peu occupé de travaux spéciaux de philosophie, et n'avoir eu qu'une médiocre estime pour la physique péripatéticienne, puisqu'il prétendait, au dire de Galien, οὐδὲν ὀρθῶς ἐγνωκέναι περὶ φύσεως τοὺς περιπατητικούς [4].

130. Érymneus, successeur de Diodore dans la direction de l'école péripatéticienne, et qui a dû exercer cette charge vers 110-120 avant J.-Ch. Il a été le maître du péripatéticien Athénion, dont le fils, nommé comme son père, Athénion, devint le tyran d'Athènes [5].

131. Euarmostus, commentateur d'Aristote [6].

132. Eucærus, signalé dans la Vie anonyme d'Aristote comme ἀκουστὴς αὐτοῦ.

133. Eudème de Chypre, à l'occasion de la mort duquel Aristote, qui l'aimait tendrement, écrivit un dialogue sur l'âme, qui porte son nom [7] et une élégie dont nous avons conservé quelques vers [8].

134. Eudème de Rhodes, disciple d'Aristote [9].

135. Eudème, médecin péripatéticien, ami de Galien, qu'il traita dans une maladie à Rome vers 165 après J.-Ch., contemporain de Claudius Severus (vers 140-150).

136. Eudore d'Alexandrie, vers 25 avant J.-Ch., commentateur du *Timée* et désigné par Stobée [10] et Simplicius [11] comme

---

[1] D. L., V, 62, 63.
[2] D. L., V, 73.
[3] D. L., V, 57, 61. Galen., *Nat. facult.*, II, 4; *de Sang. in arter.*, c. 7.
[4] Gal., l. l., *de Alim.*, III, 14; *de Trem.*, c. 6.
[5] V. plus haut, n. 67. Athen., V, 211.
[6] V. plus loin n° 152, *Harmostus*.
[7] Plut., *Dion.*, 22; *Consol. ad Apoll.*, c. 27; Cic., *de Divin.*, I, 25.
[8] Bergck., *Lyr. Gr.*, 504.
[9] V. plus haut, p. 316.
[10] *Eclog.*, II, 46.
[11] *Scholl. Ar.*, 63, a. 43.

académicien, a cependant également commenté les *Catégories* d'Aristote, et son travail est fréquemment cité par ce même Simplicius [1]. D'un passage d'Alexandre d'Aphrodisée [2], où il rapporte, d'après Aspasius, qu'une leçon très ancienne de la *Métaphysique* [3] avait été modifiée par Eudore et Euarmostus, on peut conclure qu'il avait aussi commenté et édité le grand ouvrage d'Aristote. Il avait encore écrit sur la philosophie pythagoricienne [4]. C'est de son ouvrage intitulé : Διαίρεσις τοῦ κατὰ φιλοσοφίαν λόγου, et de l'abrégé d'Arius Didyme que semblent extraits en grande partie les *Placita philosophorum* attribués à Plutarque. Arius Didyme qui cite avec éloge son ouvrage et en a fait des extraits [5], l'a certainement connu, et Strabon le désigne avec Ariston le péripatéticien comme un des auteurs du livre περὶ τοῦ Νείλου qui parut de son temps [6].

137. Euphronius, témoin au testament de Lycon [7].

138. Eustratius, métropolitain de Nicée, sous Alexis Comnène, en 117, commentateur du 2ᵉ livre des *Analytiques seconds*, et des 3° et 4ᵉ livres des *Éthiques*.

139. Favorinus d'Arles, que Plutarque, son contemporain et son ami, appelle un amant d'Aristote, δαιμονιώτατος Ἀριστοτέλους ἐραστής [8]. Il vivait sous Trajan et Adrien ; ce dernier lui témoigna une grande amitié [9] ; il était en grand honneur parmi tous ses contemporains [10] et avait eu pour maître Dion Chrysostome [11]. Suidas

---

[1] *Id.*, 61, a. 25.
[2] *Id.*, 552, b. 29.
[3] *Met.*, 988, a. 17.
[4] Simplic., *in Phys.*, 39, a. m.
[5] Diels, p. 79 : « βιβλίον ἀξιόκτητον, dans lequel il a exposé sous forme de questions toute la science. ᾗ ἐγώ, continue Arrien, διαιρέσεως ἐκθήσομαι τὸ τῆς ἠθικῆς οἰκεῖον. » Les trois parties étaient : θεωρητικόν, ὁρμητικόν, πρακτικόν, division que suit Sénèque, *Ep.*, 89, 14.
[6] Diels., *Doxogr.*, Gr. *Proleg.*, 81.
[7] D. L., V, 74.
[8] *Symp.*, VIII, 10. Il lui a dédié son mémoire de *Primo frigido*.
[9] Fabric., *Bib. Gr.*, III, 173. Pauly's R., *Encyc.*, III, 410. Müller, *Fragm.*, *Hist. Gr.*, III, 577.
[10] Particulièrement Aulu-Gelle, qui a pour lui une véritable admiration (*N. Att.*, II 26; III, 19; IV. 1; XIII, 25).
[11] Philostr., I, 8, 3.

nous le représente comme ἀνὴρ πολυμαθής κατὰ πᾶσαν παιδείαν, φιλοσοφίας μεστὸς, ῥητορικῇ δὲ μᾶλλον ἐπιθέμενος. On ne sait pas si ces deux grands ouvrages intitulés Παντοδαπὴ ἱστορία et Ἀπομνημονεύματα que cite si fréquemment Diogène ne se rapportaient qu'à l'histoire de la philosophie. Suidas lui attribue un traité περὶ τῆς Ὁμήρου φιλοσοφίας, et Plutarque des opinions nettement péripatéticiennes, τῷ Περιπάτῳ νέμει μερίδα τοῦ πιθανοῦ πλείστην [1]; Aulu-Gelle, son élève [2], nous le représente comme un académicien, et Galien comme un sceptique [3].

140. Galien Claude, le célèbre professeur de médecine, vivait dans la seconde moitié du IIe siècle. Il nous fait connaître lui-même la liste de ses ouvrages, dont plusieurs concernent la philosophie d'Aristote [4]. Il partage absolument sa doctrine logique qu'il a voulu compléter, en établissant d'après les cinq modes déjà distingués par Théophraste et Eudème dans la première figure d'Aristote, une quatrième figure, comme il a ajouté une cinquième cause [5] aux quatre causes de la philosophie péripatéticienne. Né à Pergame en 131, il continua ses études philosophiques et médicales à Smyrne et à Alexandrie; de retour dans sa patrie, où il pratiqua son art avec de brillants succès, il fut appelé à Rome par Marc-Aurèle et mourut vers 200. Sa doctrine est un éclectisme qui a pour fondement les principes d'Aristote; car il attaque avec une égale vivacité la morale d'Épicure et le probabilisme sceptique de la nouvelle académie. Son traité *de Alimentis* a été traduit en latin en 1277 par Guillaume de Moerbek; un plus grand nombre, relatifs à la médecine, par le moine africain Constantin [Pierre Diacre] (*de Ver. illust. Casin. Murator Rer. Ital. Script.*, t. VI, c. 40) et d'autres par Gérard de Crémone sous le titre : *Ars Parva Galeni*.

141. George de Trébizonde, 1396 + 1456, professeur de philosophie et de rhétorique à Venise et à Rome, a traduit et

---

[1] *Symp.*, VIII, 10.
[2] *N. Attic.*, XI, 5, 8.
[3] *De Opt. doctr.*, c. 5.
[4] *Opp.*, t. IV, 363.
[5] Le moyen, l'instrument, δι᾽ οὗ — *de Usu part. corp. hum.*, VI, 13.

commenté plusieurs écrits d'Aristote, et écrit une comparaison toute en faveur de ce dernier entre lui et Platon [1]. Ses traductions sont peu fidèles, et d'une langue rude [2].

142. Georgius Scholarius, surnommé Gennadius, mort vers 1464, défendit les doctrines d'Aristote contre les attaques de Gémistus Pléthon. Son ouvrage intitulé κατὰ τῶν Πλήθωνος ἀποριῶν ἐπ' Ἀριστοτέλει, a été édité à Paris, en 1858, par M. Myn. Mynas.

143. Georgius Éponymus, du XIIIᵉ siècle, a écrit un compendium de la logique d'Aristote imprimé à Augsbourg en 1600.

144. George Pachymère, du XIVᵉ siècle, auteur d'une ἐπιτομὴ τῆς Ἀριστοτέλους λογικῆς, imprimée à Paris en 1548, qui se tient étroitement attachée aux doctrines du maître.

145. Gilbert de la Porée, mort en 1154, cite l'*Analytique* comme un ouvrage déjà répandu : il fut enveloppé par Gautier de Saint-Victor, avec Pierre Lombard et Pierre de Poitiers dans l'accusation d'être des philosophes péripatéticiens : *Uno spiritu Aristotelico afflati*. Il considère le corps et l'âme, avant leur union, comme des substances séparées qui n'ont ni naissance ni fin, ne sont liées l'une à l'autre que par la volonté de Dieu, et n'ont d'actions communes que tant qu'elles demeurent unies.

146. Gorgylus, curateur au testament de Straton [3].

147. Grégoire de Naziance, 328 + 389, a écrit un extrait de l'Organon d'Aristote [4].

148. Grégoire de Nysse, frère de saint Basile, né en 331, dans son livre : *de la Création de l'homme*, combine les traditions bibliques avec des idées aristotéliciennes et platoniciennes.

149. Gregorius Barhebræus, ou Abulfarage, dont l'abrégé de philosophie péripatéticienne (*Butyrum sapientiæ*) est encore aujourd'hui en honneur chez les Syriens [5].

150. Guillaume d'Auvergne, né à Aurillac, professeur de

---

[1] *Comparatio inter Aristotelem et Platonem*, Venise, 1153.
[2] Le catalogue de ses ouvrages se trouve dans *Dissert. Voss.*, t. II, p. 6-27, et dans Fabricius, *Bib. Gr.*, t. X, p. 730.
[3] D. L., V, 62.
[4] *Prantl, Gesch. d. Log.*, I, p. 657.
[5] Ueberweg, t. II, p. 164.

théologie à Paris, où il fut évêque en 1228, mort en 1249, suit dans ses ouvrages : *De Universo* et *de Anima*, les traces d'Aristote; mais pour se soumettre au décret du concile qui les avait condamnés en 1209, il ignore la *Physique* et la *Métaphysique*, et ne cite jamais que les livres de logique et l'*Éthique*. Pour lui la définition de l'homme comme être doué de raison n'est pas complète : le corps est un élément intégrant essentiel de sa nature, et l'âme ne constitue pas à elle seule l'homme vrai, ni tout l'homme. Malgré cette doctrine, il n'en considère pas moins l'âme comme une substance simple, une, dont les facultés ou formes supérieures, intellectuelles et morales, peuvent subsister sans substrat matériel.

151. Guillaume d'Occam, né en 1337, le célèbre nominaliste, est l'auteur d'une *Expositio aurea... in Porphyrii prædicabilia et Aristotelis prædicamenta*. Il ne voit dans la table des catégories d'Aristote qu'une division des mots du discours et non des choses; mais en psychologie il admet avec Aristote un Νοῦς substantiellement séparé de l'âme sensitive.

152. Harmostus, commentateur de la *Métaphysique* d'Aristote, antérieur à Aspasius d'après Alexandre d'Aphrodisée [1]. La leçon Ἀρμόστου d'un manuscrit [2] reproduite dans sa traduction par Sepulveda (Harmosto), mais contredite par tous les autres manuscrits qui donnent Εὐαρμόστου, n'autorise pas à faire de ce commentateur d'Aristote un personnage différent d'Euarmostus, comme l'a fait Fabricius. Aspasius lui reproche ainsi qu'à Eudore d'avoir modifié une leçon plus ancienne et meilleure de la *Métaphysique* concernant les idées de Platon.

153. Hégésias, disciple de Théophraste [3].

154. Héliodore d'Alexandrie, péripatéticien cité par Longin [4], et qui avait laissé des écrits philosophiques.

155. Héraclide, fils de Démétrius, disciple de Lycon [5].

[1] *Scholl. Ar.*, 552, b. 2, 31.
[2] *Codex Urbinas*, 35.
[3] D. L., V, 57.
[4] Porphyr., *Vit. Plot.*, 20.
[5] D. L., V, 71.

156. Héraclide du Pont, que Diogène place tour à tour parmi les platoniciens [1] et les péripatéticiens [2]. Cicéron [3], comme Strabon [4] et Suidas [5], affirme qu'il a appartenu à l'école de Platon, ce que semblent prouver le fait qu'il a publié les leçons de Platon sur le Bien [6], et l'invitation que lui a adressé Platon de recueillir à Colophon les poésies d'Antimachus [7]. Il est peu probable, d'après ce que nous savons de ses idées philosophiques, qu'il se soit rallié plus tard aux doctrines péripatéticiennes. C'est d'ailleurs plutôt un savant qu'un philosophe.

157. Héraclide Lembus, fils de Sérapion, de Calatis dans le Pont ou d'Alexandrie [8], vivait sous Ptolémée Philopator (181-147 avant J.-Ch.). Comme Agatharchides, son secrétaire, il a dû appartenir à l'école péripatéticienne. Suidas [9], qui le qualifie de philosophe, lui attribue des ouvrages philosophiques, parmi lesquels il faut peut être compter le Λεμβευτικός λόγος, un résumé des *Vies* de Satyrus et une διαδοχή en 6 livres, qui n'était qu'un extrait de l'ouvrage de Sotion [10]. Ses autres écrits sont historiques. On ignore si c'est lui ou Héraclide du Pont qui écrivit περὶ φιλοσόφων αἱρέσεων et qui est qualifié de pythagoricien.

158. Héraclius, disciple de Lycon [11].

159. Herméias d'Alexandrie, père d'Ammonius, élève de Syrianus et condisciple de Proclus. Il est l'auteur d'un commentaire sur le *Phèdre*, et d'une Προθεωρία sur l'*Introduction* de Porphyre, dont les scholies d'Aristote de Berlin nous donnent des extraits [12]. On pourrait même, d'après une remarque d'Ammonius, le croire l'auteur d'un commentaire sur les *Analytiques* [13].

---

[1] D. L., III, 45.
[2] D. L., V, 86 ; Stobée, *Ecl.*, I, 580, le considère comme un péripatéticien.
[3] *De Nat. D.*, I, 12. Ex eadem Platonis schola Ponticus Heraclides.
[4] XII, 3.
[5] Suid., V.
[6] Simplic., *in Phys.*, 104, b. Comme Aristote lui-même, *Scholl. Ar.*, 55, b. 20.
[7] Procl., *in Tim.*, 28, c.
[8] D. L., V, 94.
[9] Suid., V.
[10] D. L., V, 91, 79; VIII, 7; X, 1.
[11] D. L., V, 70.
[12] P. 9 et suiv.
[13] Arist., *Organ. Waits*, I, p. 46.

Damascius, tout en faisant un grand éloge de son caractère et de son ardeur pour l'étude, ne lui reconnaît pas une grande intelligence ni une grande capacité logique [1].

160. Herméias, le tyran d'Atarné, l'ami de Platon et d'Aristote, et dont ce dernier épousa la sœur ou la nièce. Il était, d'après Suidas et Eudocia, l'auteur d'un traité sur l'Immortalité de l'âme.

161. Herminus, qui vivait vers 140-160, qu'Alexandre d'Aphrodisée appelle son maître [2], et qui fut probablement l'élève d'Aspasius. Il est l'auteur de commentaires sur les *Catégories* souvent cités, sur l'*Herméneia*, sur les *Analytiques* et les *Topiques*.

162. Hermippe, auteur d'une Vie d'Aristote [3], nommé par S. Jérome un péripatéticien [4], et par Athénée un disciple de Callimaque [5]. Son principal ouvrage était un recueil de biographies intitulé Βίοι, et un autre du même caractère portait le titre περὶ τῶν ἐν Παιδείᾳ διαλαμψάντων [6]. Il a écrit vers l'an 200 avant J.-Ch.

163. Hermogène, à la fois aristotélicien et platonicien, contre lequel Théophile d'Antioche écrivit des ouvrages de polémique, aujourd'hui perdus, et Tertullien, un ouvrage conservé : *adversus Hermogenem*.

164 Hermolaüs Barbarus, mort en 1493, traducteur d'ouvrages d'Aristote et des commentaires de Thémiste.

165. Hiéronyme de Rhodes, disciple d'Aristote, suivant Athénée [7], et qualifié par Cicéron de *Peripateticus imprimis nobilis* [8] et ailleurs de *doctus homo et suavis* [9]. Il était auteur de travaux historiques [10]. Cicéron nous fait connaître sa définition du souverain bien : *Finem illi videri nihil dolere... vacuitatem dolo-*

---

[1] Damasc., *Vit. Isid.*, 74.
[2] *Scholl. Ar.*, 494, b. 31.
[3] *Menag. ad. D. L.*, II, 65.
[4] *De Script. Eccl.*, c. 1.
[5] II, 58; V, 213; XV, 696.
[6] K. Müller. *Fragm.*, t. III, p. 35
[7] X, 424.
[8] *Orat.*, 57.
[9] *De Fin.*, V, 5.
[10] Athen., II, 48; V, 247; XIII, 556.

ris[1]. C'était un contemporain de Lycon, mais qui s'écarta sensiblement des doctrines de l'école.

166. Hipparque, disciple et banquier de Théophraste, qui le mentionne dans son testament [2].

167. Iroeus, mentionné au testament de Straton [3].

168. Jacob d'Édesse, réfugié à Kinnesrin, après la dispersion de l'école d'Édesse par l'empereur Zénon en 489, a traduit en syriaque les ouvrages philosophiques des Grecs, et entr'autres les *Catégories* d'Aristote.

169. Jacobus Clericus de Venetia, qui, d'après une note marginale du XIIe siècle, ajoutée à un passage de la chronique de Robert de Monte [4] à l'année 1128 : « *transtulit de Græco in latinum quosdam libros Aristotelis et commentatus est, scilicet Topica, Analytica Priora et Posteriora, et Elenchos, quamvis antiquior translatio haberetur.* C'est le premier traducteur certain d'Aristote, et l'on voit cependant qu'il y avait avant lui une traduction plus ancienne.

170. Iamblique, néo-platonicien, de l'école de Syrie, élève d'Anatolius et de Porphyre. Il a vécu sous Constantin et n'a pas dû lui survivre. Parmi ses nombreux ouvrages, se trouvaient des commentaires sur les *Catégories*, très souvent cités par Simplicius, sur le *De Interpretatione*, les *premiers Analytiques*, peut-être aussi sur les livres *du Ciel*. D'après David, il prétendait que même sur la question des idées Aristote n'est pas d'un avis contraire à Platon.

171. Jean de la Rochelle, élève d'Alexandre de Hales, et son successeur à la chaire de l'école des Franciscains : il est l'auteur d'un traité de l'âme qui suit pas à pas les traces d'Aristote, et qui, suivant M. B[r] Hauréau, contient la matière de tous les écrits donnés plus tard sur ce sujet à l'école par Albert le Grand

---

[1] *De Fin.*, II, 3; V, 5.
[2] D. L., V, 53.
[3] D. L., V, 63.
[4] Abbé de St-Michel. *Opp. Guiberti de Novigente*, Paris, 1651, p. 753. Conf., *Hist. litt. de France*, t. XIV, p. 369.

et S. Thomas « *In philosophia Aristotelica magnifice doctus* », dit Trithéinius [1].

172. Johannes Argyropoulo de Constantinople, réfugié auprès de Cosme de Médicis et mort en 1486. Il a traduit et commenté plusieurs des ouvrages d'Aristote, l'Organon, la *Physique*, les livres *du Ciel*, le *De Anima* et l'*Éthique à Nicomaque*.

173. Johannes Damascenus, théologien chrétien du milieu du viiie siècle, auteur d'écrits philosophiques dans lesquels il se place lui-même dans l'école péripatéticienne.

174. Johannes Italus, un barbare, ou du moins d'une culture générale très médiocre, mais doué d'un sens critique très pénétrant : auteur de commentaires sur le *De Interpretatione*, les quatre premiers livres des *Topiques* et peut être les *Analytiques premiers* [2]. Il était contemporain de Michel Psellus.

175. Johannes Avendeath (Johannes ben David), ou Johannes Hispanus, israélite et philosophe, comme il se qualifie lui-même dans son prologue de la version latine du *De Anima* par Avicenne [3]. Il a pris part à la traduction d'arabe en latin des principaux ouvrages d'Aristote, de ceux d'Avicenne, d'Alcazel et d'Alfarabi, et de la *Source de la vie* d'Avicebron. Voici comment il expose lui-même le procédé de sa collaboration : « *Hunc igitur librum, vobis* [4] *præcipientibus, et me singula verba vulgariter* (en castillan) *proferente, et Dominico archidiacono* (c'est-à-dire Dominique Gondisalvi) *singula in latinum convertente, ex Arabico translatum, quo quidquid Aristoteles dixit libro suo de Anima, et de sensu et Sensato, et de Intellectu et intellecto, ab auctore hujus libri* (Avicenne) *scias esse collectum.* Ainsi Avendeath qui savait l'arabe et l'espagnol dictait la traduction en langue vulgaire, qui était mise en latin par l'archidiacre Gondisalvi [5].

---

[1] *De Script. Eccl.*, ann. 1238.
[2] Hase, *Notic. et Extr. des Mss. de la Bib.*, t. IX, p. 149; Conf., *Ann. Comnen.*, p 115.
[3] Am. Jourd., *Trad. lat. d'Ar.*, p, 194.
[4] Il s'agit de l'archevêque Raimond de Tolède sur l'ordre duquel cette version était entreprise et à qui elle était dédiée.
[5] V. n. 124 Dominique Gondisalvi.

176. Julianus de Tralles, dont Alexandre d'Aphrodisée cite une opinion sur le mouvement du ciel [1]. On ne sait s'il était platonicien ou péripatéticien, et si cette opinion est extraite d'un commentaire sur les livres *du Ciel* ou d'un commentaire sur le *Timée*.

177. Lamprias, que Plutarque [2], son frère, désigne comme un péripatéticien.

178. Lampyrion, disciple de Straton [3].

179. Lefèvre d'Étaples, en Picardie, mort en 1527, a éclairci par des paraphrases latines les écrits d'Aristote. Reuchlin dit de lui « *Gallis Aristotelem Faber Stapulensis restauravit* ».

180. Leibniz. Personne ne contestera l'influence qu'a exercée sur ce grand et original esprit la philosophie de celui qu'il appelle : *Profundissimus Aristoteles*.

181. Léon de Byzance, disciple d'Aristote, et dont Théophraste institue les fils, Mélantès et Pancréon, ses héritiers [4]. Suidas dit de lui φιλόσοφος περιπατητικὸς καὶ σοφιστής, μαθητὴς Πλάτωνος, ἤ ὥς τινες Ἀριστοτέλους. On ne cite néanmoins de lui que des ouvrages d'un contenu historique.

182. Lycon de Troade, successeur de Straton dans la direction de l'école de 270 à 268 : auteur de *Caractères* dans le genre de ceux de Théophraste ; il mourut à 74 ans, de 226 à 224, de la goutte, après avoir été pendant 44 ans à la tête de l'école [5]. C'était un orateur abondant et harmonieux, mais pauvre en idées, et médiocre dans la composition et le style [6] ; Diogène vante la grâce et le parfum, ἐνωδίαν, de sa parole ; mais toutes ces qualités [7] s'évaporaient pour ainsi dire quand il écrivait [8]. On n'a de lui

---

[1] *Scholl. Ar.*, 491, b. 13.
[2] *Symp.*, II, 2.
[3] D. L., V, 61, 63.
[4] D. L., V, 51, 53, 54, 55.
[5] D. L., V, 65.
[6] Id., τὸ δ'ἐκφραστικὸν αὐτοῦ καὶ περιγεγονὸς ἐν τῇ ἑρμηνείᾳ φαίνεται. Cic., *de Fin.*, V, 5. Oratione locuples, rebus ipsis jejunior.
[7] Qui lui avaient fait donner le surnom de Glycon sous lequel Plutarque (*de Exil.*, 14), le cite.
[8] D. L., l. l. ἐν τῷ γράφειν ἀνόμοιος αὐτῷ.

qu'une définition obscure du souverain bien [1], et une pensée détachée de peu de valeur sur les biens extérieurs [2]. Il paraît s'être occupé tout spécialement de l'art de l'éducation [3].

183. Lyncée de Samos, disciple de Théophraste, frère de Duris [4], poète comique [5]; K. Müller donne le catalogue de ses ouvrages.

184. Lysandre, témoin au testament de Théophraste [6].

185. Lysimaque, qu'Hermippe compte parmi les disciples de Théophraste [7].

186. Marsyas, auteur d'une histoire de l'Éducation d'Alexandre [8] avec qui il avait reçu les leçons d'Aristote. Suidas l'appelle pour cette raison le σύντροφος du roi de Macédoine.

187. Mégaclides, qu'Hésychius [9], Suidas [10], Eustathe [11], Athénée [12], Tatien [13], nomment un péripatéticien et dont ils citent un ouvrage sur Homère.

188. Mélanchton [14].

189. Ménandre, le poète comique, disciple de Théophraste, ami de Démétrius de Phalère et d'Épicure [15].

190. Ménéphyle, péripatéticien, peut-être scolarque de l'école d'Athènes [16].

191. Métroclès que sa sœur Hipparchie, femme de Cratès, amena à l'école cynique, mais qui avait antérieurement appartenu à l'école péripatéticienne sous Théophraste [17].

---

[1] Clem., *Strom.*, I, 416, où il faut lire Λυκῶν au lieu de Λύκος.
[2] Cic., *Tuscul.*, III, 32.
[3] D. L., V. 65. περὶ παίδων ἀγωγῆς ἄκρως συντεταγμένος. Conf. Themist., XXI, 255.
[4] V. n° 126.
[5] Athen., IV, 128 et 131; VI, 202; VIII, 337. Conf. Suid., V; Steph. Byz., V. Ἔρεσος.
[6] D. L., V, 57.
[7] Athen., VI, 252.
[8] Suid., V.
[9] V. Ἀθηνᾶ.
[10] V. Ἀθηναίης.
[11] *In Il.*, α΄, p. 84.
[12] XII, 513.
[13] *C. Gentil.*, 31.
[14] V. n° 1.
[15] D. L., V, 36, 79.
[16] Plut., *Sympos.*, IX, 6, 14.
[17] D. L., VI, 94.

192. Métrodore, élève de Théophraste, puis ensuite de Stilpon [1].

193. Michel Psellus, né en 1020, auteur de commentaires sur les *V Voces* de Porphyre, les *Catégories* et le *de Interpretatione* d'Aristote. On lui attribue encore, mais sans beaucoup de vraisemblance [2], une Σύνοψις εἰς τὴν Ἀριστοτέλους λογικὴν ἐπιστήμην, qui n'est qu'une reproduction des principaux ouvrages de logique d'Aristote.

194. Michel d'Ephèse, contemporain de Michel Psellus et de Johannes Italus, commentateur de l'Organon d'Aristote.

195. Michel Scott, né en 1190, traducteur des livres *du Ciel* et du *de Anima*, et des commentaires d'Averroës.

196. Midias, médecin de Lycon [3].

197. Mnason de Phocée, disciple d'Aristote [4].

198. Mnésigène, curateur au testament de Straton.

199. Moyse Maimonide (ben Maimoun), né en 1135, mort en 1204, le plus célèbre des philosophes juifs au moyen âge. Le plus considérable de ses ouvrages « le Guide des égarés », a contribué à pousser de plus en plus les savants juifs à l'étude de la philosophie péripatéticienne que Maimonide a connue directement et par les commentateurs arabes [5].

200. Nélée, fils de Coriscus de Skepsis, disciple d'Aristote, puis de Théophraste qui lui légua tous ses livres [6].

201. Némésius d'Alexandrie, évêque d'Émèse en Phénicie (vers 400 ou 450), appartient au néo-platonisme. L'élément péripatéticien est chez lui d'une importance subordonnée et détermine plutôt la forme que le fond de sa philosophie, qui est surtout une psychologie. Dans sa théorie des facultés de l'âme, il se rattache de plus près à Aristote.

---

[1] D. L., II, 113.
[2] *Revue Archéolog*, Ch. Thurot, 1864, p. 267
[3] D. L., V, 72.
[4] Athen., VI, 264; Æl., *H. Var.*, III, 19.
[5] Munck., *Mél.*, p. 486.
[6] D. L., V, 52.

202. Nicandre, qui, d'après Suidas [1], fit un ouvrage sur les disciples d'Aristote. On ignore s'il a vécu avant ou après l'ère chrétienne.

203. Nicanor, fils de Proxène, choisi pour gendre par Aristote, dans son testament.

204. Nicippe, disciple de Théophraste [2].

205. Nicolas de Damas, né vers 64 avant J.-Ch., après avoir vécu plusieurs années à la cour du roi juif Hérode, vint vers l'an 8 avant J.-Ch. à Rome, où il s'attira les bonnes grâces d'Auguste, et où, après un second voyage, il passa les dernières années de sa vie. Athénée le nomme un péripatéticien [3], et Suidas un péripatéticien ou un platonicien. C'était plutôt un érudit qu'un philosophe. Parmi ses ouvrages, on cite un écrit : περὶ Ἀριστοτέλους φιλοσοφίας [4], que le scholiaste de Théophraste intitule Θεωρία τῶν Ἀριστοτέλους, lequel doit avoir contenu un catalogue des ouvrages d'Aristote.

206. Nicolas d'Oresme, mort en 1382, qui a traduit en français la plupart des ouvrages d'Aristote.

207. Nicomaque, fils d'Aristote, disciple de Théophraste [5].

208. Nonius Marcellus, le célèbre grammairien, qui dans le titre de son ouvrage : *de Compendiosa doctrina*, se donne lui-même le nom de *peripateticus* que personne ne lui a contesté. Bien des grammairiens sont en effet sortis de cette école

209. Olympiodore, disciple de Théophraste [6].

210 Olympiodore d'Alexandrie, le péripatéticien, maître de Proclus [7].

211. Olympiodore le jeune, disciple d'Ammonius, auteur de nombreux commentaires sur les dialogues, et probablement

---

[1] V. Αἰσχρίων.
[2] D. L., V, 73.
[3] VI, 252.
[4] *Scholl. Ar.*, 493, a. 2.
[5] D. L., V, 39.
[6] Id., D. L., V, 57.
[7] Mar. *Vit. Procl.*, 9 : φοιτᾷ (Proclus) ἐπὶ μὲν Ἀριστοτελικοῖς παρ' Ὀλυμπιόδωρον, τὸν φιλόσοφον.

aussi d'un commentaire sur la météorologie d'Aristote que plusieurs critiques attribuent cependant à un autre Olympiodore [1].

212. Olympius, esclave d'Aristote [2].

213. Ophélion, esclave de Lycon [3].

214. Otto de Freising, disciple et partisan de Gilbert de la Porée, apporte le premier en Allemagne les *Topiques*, les *Analytiques*, la *Réfutation des sophismes*.

215. Palæphatus d'Abydos, disciple d'Aristote [4].

216. Pasiclès de Rhodes, fils de Boëthus, le frère d'Eudème, disciple d'Aristote, auquel quelques-uns attribuaient le livre Ἀ ἔλαττον de la *Métaphysique* [5].

217. Pasychrémis, médecin de Lycon [6].

218. Phanias d'Érèse, dans l'île de Lesbos, disciple d'Aristote [7]. Le scholiaste d'Apollonius [8] et Diogène citent une lettre que Théophraste lui adressa ; il est souvent nommé par Athénée. A l'exemple d'Eudème, il a écrit des livres sur l'*Interprétation*, les *Analytiques* [9], et des ouvrages d'un caractère probablement historique [10].

219. Paulus, gouverneur d'Athènes, que Galien [11] désigne comme professeur de philosophie péripatéticienne.

220. Phasélitès, probablement Théodecte de Phaselis, disciple d'Aristote [12].

---

[1] Ideler, *Arist., Meteor.*, I, XVIII ; Creuzer., *Init. Phil.*; *Plat.*, II, XI ; Cousin, *Fragm.*, I, 329.
[2] D. L., V, 15.
[3] D. L., V, 73.
[4] Suid., V.
[5] *Scholl. Ar.*, 589, a. 41, et *Met.*, I, 993, a. 29 dans les leçons : τοῦτο τὸ βιβλίον οἱ πλείους φασὶν εἶναι Πασικλέους τοῦ Ῥοδίου ὃς ἦν ἀκροατὴς Ἀριστοτέλους, υἱὸς δὲ Βοηθοῦ τοῦ Εὐδήμου ἀδελφοῦ. Au lieu de Pasiclès Philopon (*in Met*, II, § 7), donne pour l'auteur de ce livre Pasicratès. Asclépius (*Scholl. Ar.*, 520, a. 6), lui attribue, par erreur, non le petit A, mais le grand A. Conf. Krische, *Ar. Forsch.*, p. 268.
[6] D. L., V, 72.
[7] D. L., V, 37 et 50. *Scholl. Ar.*, 28, a. 10; Strab., XIII, 618 : « D'Érèse étaient Théophraste et Phanias, οἱ ἐκ τῶν περιπάτων φιλόσοφοι Ἀριστοτέλους γνώριμοι. Suid., Φανίας .. φιλόσοφος περιπατητικὸς, Ἀριστοτέλους μαθητής
[8] I, 972.
[9] Amm., *in Categ.*, p. 5.
[10] K. Müller, *Fragm. Hist. Gr.*, II, 293. Conf. Jonsius, I, 15, 4.
[11] *De Præn.*, c. 5 ; *de Anat. admin.*, I, 1, vol. XIV, 612, 627.
[12] Athen., XIII, 566.

221. Philion d'Athènes, témoin au testament de Théophraste[1].
222. Philocratès, mentionné dans le testament de Straton[2].
223. Philomélus, témoin au testament de Théophraste[3].
224. Philon, esclave d'Aristote[4].
225. Philopon Johannes, ou Johannes Grammaticus d'Alexandrie, disciple d'Ammonius, fils d'Herméias, commentateur chrétien d'Aristote, dont les écrits tombent entre 500 et 570 après J.-Ch.[5]. Il veut appliquer au dogme de la Trinité le principe aristotélicien que l'existence substantielle, dans la plénitude du sens de ce mot, n'appartient qu'aux individus : ce qui le fait tomber dans l'hérésie. Commentateur d'Aristote, il fait effort pour rester fidèle aux principes du maître, mais cédant involontairement aux influences de son milieu et de son temps, il rentre à chaque instant dans le cercle des idées néo-platoniciennes. Néanmoins c'est par lui, et aussi par David l'Arménien, que l'aristotélisme exerce une influence croissante sur les formes d'exposition et même en partie du moins sur le contenu de la théologie chrétienne.
226. Phormion d'Éphèse, qu'Annibal entendit en 194-195[6] à la cour d'Antiochus, mais qui était à ce moment déjà vieux, puisque le général carthaginois le traite de *delirus senex*. Dans la liste de Διάδοχοι de l'Anonyme de Ménage, il est le dixième et précède immédiatement Critolaüs.
227. Phrasidémus, savant naturaliste, qui abandonna l'école d'Aristote pour suivre les leçons de Stilpon de Mégare[7].
228. Pierre Lombard, le *magister sententiarum*, né vers 1100, mort en 1164, enveloppé par Gautier de Saint-Victor comme

---

[1] D. L., V, 57.
[2] D. L., V, 64.
[3] D. L., V, 57.
[4] D. L., V, 15.
[5] Am. *Jourdain*, p. 171 : « Le catalogue inédit des Mss. du fonds de Sorbonne indique une version des *Commentaires* de Thémistius et de Jean le grammairien sur le *De Anima;* » *id.*, p. 398 : « S. Thomas cite souvent Simplicius et Jean le grammairien, le même, dit-il, que Philopon. »
[6] Cic., *de Or.*, II, 18.
[7] D. L., II, 14.

Pierre de Poitiers, avec Abailard, dans l'accusation d'être *uno spiritu Aristotelico afflati* [1], et cependant le nom même d'Aristote ne se trouve dans aucun de ses livres, au dire de Danée, son commentateur: « *In P. Lombardo ne nomen quidam Aristotelis legitur* »[2].

229. Pierre de Poitiers, au sujet duquel nous n'avons qu'à répéter la mention précédente.

230. Pierre Hispanus, né à Durham, mort chancelier à Lincoln en 1249, auteur d'un manuel de logique fort répandu, intitulé : *Formulæ logicales*, en 7 parties, dont les 6 premières reproduisent l'essentiel de la logique d'Aristote.

231. Pison, l'unique péripatéticien romain connu appartenant au Ier siècle, qui entendit avec Cicéron, Antiochus, l'académicien, mais avait été converti à la philosophie péripatéticienne par Staséas, son hôte [3].

232. Platon le jeune, disciple d'Aristote [4].

233. Platon, disciple de Praxiphanès [5].

234. Plotin de Lycopolis, né vers 204 ou 205, mort en 269 ou 270, faisait lire dans les conférences, Συνουσίαι, de son école, en même temps que les livres des platoniciens, les écrits des péripatéticiens, Aspasius, Alexandre d'Aphrodisée, et d'Adraste. Malgré l'originalité et la personnalité de sa doctrine, il est facile d'y retrouver l'influence des idées péripatéticiennes aussi bien que des idées stoïciennes, comme le remarque déjà Porphyre [6].

235. Polyzélus, péripatéticien mentionné par Alexandre d'Aphrodisée [7].

236. Porphyre de Batanée en Syrie, ou peut être de Tyr, né en 232 ou 233, mort en 304 après J.-Ch., écrivit 7 livres pour

---

[1] V. n. 1. Abailard
[2] *Proleg. in P. Lomb. Sent.*, l. 1. Genève, 1580.
[3] Cic., *de Fin.*, V, 1, sqq.; *de Orat.*, I, 22.
[4] D. L., III, 109.
[5] Id., l. l.
[6] Porphyr., *Vit. Plot.*, 14. ἐμμέμικται δ'ἐν τοῖς συγγράμμασι καὶ τὰ Στωϊκὰ λανθάνοντα δόγματα καὶ τὰ Περιπατητικά·καταπεπύκνωται δὲ καὶ ἡ μετὰ τὰ Φυσικὰ τοῦ Ἀριστοτέλους πραγματεία.
[7] *De Anim.*, 154, b. o.

prouver l'identité des doctrines de Platon et d'Aristote, περὶ τοῦ μίαν εἶναι τὴν Πλάτωνος καὶ Ἀριστοτέλους αἵρεσιν [1], et de plus des commentaires sur le *De Interpretatione* et sur les *Catégories*; ce dernier est précédé d'une Introduction, Εἰσαγωγή, fameuse dans l'histoire de la scolastique.

237. Praxiphanès, placé par l'Anonyme de Ménage comme le septième successeur d'Aristote, désigné par Proclus comme un ἑταῖρος de Théophraste [2]. Proclus nous dit qu'il blâmait l'introduction du *Timée*, Tzetzès qu'il la considérait comme non authentique. Épiphanius, qui en fait un Rhodien, constate l'accord de ses opinions avec celles de Théophraste. Dans un fragment reproduit par Bekker [3], on le donne comme un péripatéticien et un grammairien, et il n'y a pas lieu de douter que ce ne soit le même écrivain, quoique Clément dise que le Praxiphanès de Mitylène ait le premier porté la qualité de γραμματικός [4].

238. Praxitélès, placé par l'Anonyme de Ménage comme le quatrième successeur d'Aristote, entre Straton et Lycon, personnage absolument inconnu qui ne figure même pas dans le testament de Straton. Ce fait est une des raisons qui portent Zeller à refuser toute autorité au document de Ménage.

239. Prémigénès de Mitylène, que Galien désigne avec Paulus comme un professeur de philosophie péripatéticienne à Athènes, et qu'il loue en ces termes : κατὰ θεωρίαν περιπατητικὴν οὐδενὸς δεύτερος [5].

240. Priscianus de Lydie, disciple de Damascius avec lequel il émigra en Perse, après la fermeture de l'école d'Athènes, en 429. Il est l'auteur d'une μετάφρασις de l'ouvrage de Théophraste sur la sensation [6], et de *Solutiones eorum de quibus dubitavit Chosroës*, conservés dans une traduction latine du IXe siècle publiée dans l'édition de Plotin de Didot.

[1] Suid., V.
[2] *In Tim.*, 5, c.
[3] *Anecdot.*, II, 729, où le passage est altéré.
[4] Zeller, t. III, p. 727.
[5] *De Sanit. tuend.*, V, 11, vol. VI, 365, 367.
[6] Publiée par Wimmer, *Theophr., Opp.*, t III, 232.

241. Probus, contemporain de l'évêque d'Édesse, Ibas; il est l'auteur de commentaires sur le *De Interpretatione*, les *Analytiques premiers* et la *Réfutation des sophismes*. C'est lui qui a fondé l'école péripatéticienne d'Édesse.

242. Proclès, petit-fils d'Aristote, disciple de Théophraste [1].

243. Proclus, d'origine lycienne, né à Constantinople en 411, professeur à Athènes en 485, disciple d'Olympiodore, le péripatéticien [2], de Plutarque, et de Syrianus auquel il succéda. Il écrivit un résumé de la doctrine d'Aristote sur le mouvement [3] et peut-être des commentaires sur le *De Interpretatione* [4] et sur les livres *du Ciel* [5]. On l'appelle le scolastique des philosophes grecs parce qu'il s'est proposé de faire rentrer dans une espèce de système et sous une forme sévèrement scientifique et démonstrative les résultats des philosophies antérieures. Sa position vis-à-vis d'Aristote est certainement et manifestement hostile, et il a consacré un écrit spécial à la critique de la théorie de l'entendement ou du Νοῦς [6].

245. Prosénès, cité par Porphyre comme un péripatéticien de son temps [7], et qui a peut être été à la tête de l'école d'Athènes.

246. Prytanis, un des διάδοχοι, placé par l'Anonyme de Ménage entre Hiéronymus et Phormion, c'est-à-dire le neuvième successeur d'Aristote [8].

247. Ptolémée, fils de Lagus, qui eut des relations familières avec Théophraste [9].

---

[1] Sext. Emp., *adv. Math.*, p. 53.
[2] Marin., *Vit. Procl.*, 8.
[3] Στοιχείωσις φυσική. Paris, 1512.
[4] *Scholl. Ar.*, 157, a. 18, 221, a. 30; 606, a. 28, Waitz., I, 42. Zeller, t. V, p. 704, ne croit pas que ces indications visent des écrits de Proclus, mais seulement ses opinions exposées dans ses leçons orales
[5] *Scholl. Ar.*, 515, a. 4. Il est cependant certain que c'est bien un écrit que Simplicius désigne ici : Πρόκλος... βιβλίον ἔγραψε τὰς ἐνταῦθα τοῦ Ἀριστοτέλους ἐνστάσεις διαλύων, que Zeller ne considère pas comme un commentaire spécial sur l'ouvrage d'Aristote, mais comme se rapportant au *Timée*, qu'il avait défendu contre les critiques d'Aristote.
[6] Procl., *in Tim.*, 123, c.
[7] Euseb., *Præp. Ev.*, X, 3, 1.
[8] Plutarque le cite (*Symp. Præm.*), comme un des philosophes qui ont écrit des *Propos de Table*.
[9] D. L., V, 37.

248. Ptolémée Philadelphe, élève de Straton, auquel il donna 70 talents [1]. David [2] lui attribue un recueil des ouvrages d'Aristote et une biographie qui en contenait le catalogue se montant à 1000 ouvrages. Comme la vie d'Ammonius en latin donne le nom de Ptolémée, sans y ajouter la qualité de roi, Zeller croit plutôt qu'il s'agit d'un autre Ptolémée, qui vivait après Andronicus, et que citent Sextus Empiricus et le scholiaste de Bekker [3].

249. Ptolémée, péripatéticien fort savant, cité par Longin [4], mais qui n'a laissé que des poésies et des discours d'apparat.

250. Python, mentionné dans le testament de Lycon [5].

251. Robert Grosse-Tête (Capito), né à Stradbrook (Suffolk), mort en 1253, évêque de Lincoln, a commenté les ouvrages d'Aristote, et particulièrement les 8 livres de la *Physique* et les *Analytiques seconds*.

252. Roscelin, le célèbre fondateur du nominalisme, *novi Lycei conditor*, et qui institua, dit J. Aventinus, *novum genus Aristotelicorum aut peripateticorum* [6].

253. Rufin, cité par Lucien [7].

254. Salomon ben Jehuda ben Gebirol, le premier représentant de la philosophie juive que les scolastiques prennent pour un philosophe arabe et désignent sous le nom d'Avicebron [8].

255. Satyrus, désigné comme péripatéticien par Athénée [9] : il vivait du temps d'Hermippe et de Sotion, c'est-à-dire entre 200 et 150 av. J.-C.; il est l'auteur d'un ouvrage biographique intitulé Βίοι souvent cité par Diogène [10], et d'un écrit περὶ χαρακτήρων dont Athénée nous a conservé un extrait [11].

---

[1] D. L., V, 58.
[2] *Scholl. Ar.*, 27, a. 13; id., 22, a. 11.
[3] Sext. Emp., adv. Math., I, 60; *Bekker Anecd.*, II, 730.
[4] Longin. Porphyr., *Vit. Plot.*, 20.
[5] D. L., V, 70.
[6] *Annal. Boiorum.*, l. VI.
[7] *Demonax.*, 29, 54.
[8] V. plus haut n° 70. Avicebron.
[9] VI, 248, 250; XII, 534, 541; XIII, 556, 557 et 584.
[10] D. L., II, 12; VIII, 49 et 53. Conf. Hieron., *de Script. Eccl.*
[11] Athen., IV, 168.

256. Scott Érigène, dont la doctrine, au fond platonicienne et surtout néo-platonicienne, contient cependant la trace d'influences aristotéliciennes. Sa division des êtres ou natures en quatre classes, dont les trois premières sont 1° celle qui crée et n'est pas créée ; 2° celle qui est créée et crée ; 3° celle qui est créée et ne crée point, n'est qu'une modification des trois catégories d'êtres admises par Aristote : 1° le moteur immobile ; 2° le moteur mû ; 3° la chose mue et qui ne meut point. S'il est douteux qu'il ait connu directement *la Métaphysique*, il n'ignore pas le nom de l'auteur : il le cite comme l'inventeur de la dialectique et du système des catégories [1] : « *Aristoteles acutissimus apud Græcos, ut aiunt, naturalium rerum discretionis repertor, omnium rerum quæ post Deum et ab eo creatæ, innumerabiles varietates in decem universalibus generibus conclusit.* »

257. Sergius de Résaïna, en Syrie, où florissaient comme à Kinnesrin, au VIe siècle, des écoles de philosophie dans lesquelles dominait l'esprit de la doctrine péripatéticienne. Il a traduit Aristote en syriaque [2]. Il existe au British Museum, en manuscrit, deux ouvrages de cet écrivain : *Logicus tractatus* et *Liber de causis universi juxta mentem Aristotelis*.

258. Siger de Brabant, professeur en Sorbonne, mentionné par le Dante [3], auteur d'un commentaire sur les *Analytiques premiers* d'Aristote.

259. Simplicius de Cilicie, disciple d'Ammonius et de Damascius, auteur de commentaires exacts et profonds sur divers ouvrages d'Aristote : Les *Catégories*, les livres *du Ciel*, le *Traité de l'Ame*, la *Physique*, la *Métaphysique* [4]. A la suite de l'édit de Justinien, en 529, il s'exila avec Damascius, Diogène, Herméias de Phénicie, Isidore de Gaza, Eulamius ou Eulalius de Phrygie et Priscianus, en Perse, où ils trouvèrent un accueil

---

[1] *De Divis. Nat.*, I, 16.
[2] Renan, *de Philos peripat. apud Syros.*, p. 25.
[3] *Parad.*, X, 136.
[4] Fabric., IX, 530. Simplicius, *de An.*, 38, a., a indiqué lui-même comme un de ses ouvrages un résumé de la *Physique* de Théophraste. Conf. Fabric., V, 770.

hospitalier à la cour du roi Chosroës, ami de la philosophie. Mais ils ne tardèrent pas à être désillusionnés de leurs rêves et abattus par les tristesses de l'exil : à la paix conclue entre la Perse et l'Empire, en 533, ils revinrent à Athènes où le gouvernement consentit à les laisser vivre, mais leur refusa le droit d'enseigner. L'esprit qui inspire tous ces commentaires, c'est que malgré les apparences il y a entre Aristote et Platon un accord réel et intime, et le but que non seulement l'auteur se propose, mais qu'il propose à tous les commentateurs comme le plus beau à atteindre c'est de : τὴν ἐν τῇ δοκούσῃ διαφωνίᾳ συμφωνίαν ἐπιδεικνύναι [1].

260. Socrate de Bithynie, désigné comme péripatéticien par Diogène [2].

261. Sosigènes, fut, avec Aristoclès de Messène, le maître d'Alexandre d'Aphrodisée, qui nous l'apprend lui-même [3].

262. Sotion, qui écrivait vers 200 à 150 av. J.-Ch., contemporain d'Ariston, de Critolaüs, de Phormion, d'Hermippe et de Satyrus. Il n'est pas expressément dit, mais d'après le caractère de ses écrits, il est très probable qu'il appartenait à l'école péripatéticienne. Son grand ouvrage intitulé Διαδοχή τῶν φιλοσόφων est souvent cité par Diogène, et a même été utilisé par Héraclide Lembus, qui en a fait un extrait [4]. C'est le frère de cet Apollonius qui lui sacrifia sa propre gloire.

263. Sotion d'Alexandrie, de l'école de Sextius, maître de Sénèque, vivait vers l'an 18-20 après J.-Ch. Ce devait être plutôt un stoïcien.

264. Sotion, désigné comme péripatéticien par Aulu-Gelle, et comme auteur de plusieurs écrits, entr'autres Κέρας Ἀμαλθείας [5],

---

[1] *In Phys.*, 91, a. o. et *in Categ.*, 2. δ'...δεῖ δὲ... μὴ πρὸς τὴν λέξιν ἀποβλέποντα μόνον διαφωνίαν τῶν φιλοσόφων καταψηφίζεσθαι, ἀλλ' εἰς τὸν νοῦν ἀφορῶντα τὴν ἐν τοῖς πλείστοις συμφωνίαν αὐτῶν ἰχνεύειν.
[2] II, 47 et par Alex. Aphrod., *de Anim.*, 151, b. o.
[3] Alex., *in Meteor.*, 116, a. o; *Scholl. Ar.*, 158, b. 23, et 741, b. 48; Themist., *de An.*, 79, a. u. C'est donc par erreur que le scholiaste de la *Métaphysique* (:97, b. 6, dit : ὕστερος γὰρ Σωσιγένης Ἀλεξάνδρου τῷ χρόνῳ.
[4] Westermann, Παραδοξόγραφοι, p. 49. Zeller, t. III, p. 756.
[5] *N. Att.*, l. 8; Stob., *Floril.*, 14, 10.

pourrait être le même que le précédent, et être l'auteur d'un commentaire sur la *Topique* d'Aristote, cité par Alexandre d'Aphrodisée [1].

265. Staséas, péripatéticien du Ier siècle, de Naples, le maître et l'hôte de Pison, que Cicéron appelle un *nobilis peripateticus* [2].

266. Strabon, le grand géographe, né à Amase, dans le Pont, vers 60-54 avant J.-Ch. Il se compte lui-même parmi les stoïciens [3]; mais il avait suivi les leçons du péripatéticien Xénarque [4], et avec Boëthus de Sidon celles d'Andronicus : συνεφιλοσοφήσαμεν τὰ Ἀριστοτέλεια [5].

267. Straton de Lampsaque, successeur de Théophraste dans le scolarchat [6].

268. Straton, péripatéticien d'Alexandrie [7], dont nous ignorons l'époque.

269. Syrianus d'Alexandrie, disciple de Plutarque, fils de Nestorius, trouve dans la philosophie d'Aristote une préparation à l'intelligence de la philosophie de Platon. C'est à ce titre qu'il écrivit les commentaires sur la *Métaphysique*, les *Catégories*, l'*Herménéia*, peut-être sur les *Analytiques premiers*, la *Physique*, les livres *du Ciel* et les livres *de l'Ame*. Marinus dit de lui [8] : πάσας αὐτῷ τὰς Ἀριστοτελικὰς συνενέγνω πραγματείας. Dans l'introduction à son commentaire de la *Métaphysique*, il s'exprime en ces termes sur Aristote : « *Hominum quos scimus, doctissimus et fecundissimus, admirandus, Aristoteles* [9]. »

270. Tachon, esclave d'Aristote [10].

271. Thémiste, ὁ Εὐφραδής, né vers 317 et mort au commen-

---

[1] *In Top.*, 213, o. V Zeller, t. III. p. 756.
[2] Cic., *de Orat.*, I, 22; *de Fin*, V. 3.
[3] Il appelle Zénon ὁ ἡμέτερος, l. I, 2, 31 et XVI, 4, 27, et les Stoïciens οἱ ἡμέτεροι, II, 3, 8.
[4] Strab., XIV, 4. 4.
[5] Strab., XVI, 2, 21
[6] V. *Hist. de la Psychol.*, p. 332.
[7] D. L., V, 65.
[8] *Vit. Procl.*, c. 13.
[9] Traduct. de Bagolin.
[10] D. L., V, 15.

cement du vᵉ siècle ap. J. Ch., péripatéticien et à la fois platonicien éclectique, a écrit des commentaires et des paraphrases sur les *Analytiques seconds*, la *Physique*, les livres *de l'Ame* et quelques parties des *Parva naturalia*.

272. Théodecte, l'orateur et le poète souvent cité par Aristote, qui l'avait probablement connu en Macédoine.

273. Théodore de Gaza, mort en 1478, était arrivé en Italie vers 1430. Il a traduit les ouvrages d'histoire naturelle d'Aristote et de Théophraste, et les *Problèmes*. Cette traduction est peu goûtée de J.-César Scaliger qui dit : « *Theodorus, additis calamistris, fusam, laxam atque etiam turgidam interdum trahit orationem.*

274. Théodore Métochita, mort à Constantinople en 1332, auteur de paraphrases sur les écrits physiologiques et psychologiques d'Aristote.

275. Théodore Prodrome, du commencement du xiiᵉ siècle, auteur d'un commentaire sur les *Analytiques seconds*.

276. Théogiton, disciple d'Aristote [1].

277. Théon, esclave de Lycon, affranchi par son testament [2].

278. Théophraste [3].

279. Thésippe, témoin au testament de Théophraste [4].

280. Threpta, esclave de Théophraste [5].

281. Thomas d'Aquin, né en 1225 ou 1227, mort en 1274, accommode, aussi parfaitement qu'il était possible, la philosophie péripatéticienne à l'orthodoxie catholique : il a commenté et exposé avec un sens philosophique vraiment admirable les ouvrages suivants d'Aristote : *L'Herménéia*, les *Analytiques seconds*, la *Métaphysique*, la *Physique*, les *Parva naturalia*, le *de Anima*, les *Éthiques à Nicomaque*, la *Politique*, les *Livres des Météores*, du *Ciel*, de la *Génération* et de la *Corruption*.

---

[1] Steph. Byz., V. Τραγαλα.
[2] D. L., V, 37.
[3] V. *Hist. de la Psychol.*, p. 267.
[4] D. L., V, 51.
[5] D. L., V, 54.

282. Timarque, disciple d'Aristote, mentionné dans son testament [1].

283. Timagoras, disciple de Théophraste [2].

284. Tyrannion, le grammairien, né à Amise dans le Pont, devenu esclave de Muréna lors de la prise de cette ville par Lucullus (72 av. J.-Ch.), affranchi par son maître, professeur à Rome où il devint riche et possesseur d'une belle bibliothèque [3]. Strabon a suivi ses leçons [4]. Ses travaux sur Aristote furent des plus importants. Il eut entre les mains, διεχείριστο, la bibliothèque d'Apellicon qui contenait τάτε Ἀριστοτέλους καὶ τὰ τοῦ Θεοφράστου βιβλία [5], ce qui lui fit donner par Strabon le nom φιλαριστοτέλης: car en tirant des copies du riche dépôt de livres que mettait à sa disposition Apellicon, il ne négligea pas ceux d'Aristote pour lequel son élève constate sa prédilection.

285. Virginius Rufus, désigné comme péripatéticien par Alexandre d'Aphrodisée [6].

286. Xénarque de Séleucie, le péripatéticien, qu'entendit Strabon [7], professa à Alexandrie, à Athènes et enfin à Rome. Il était lié avec Arius Didyme, et était contemporain de Boëthus dont il partageait les opinions sur le πρῶτον οἰκεῖον [8]. Il s'était acquis les bonnes grâces d'Auguste [9].

---

[1] D. L., V, 12 ; Zeller, IV, 316, en fait un épicurien, parce que Métrodore lui a adressé une lettre. Plut., adv. Col., 17.
[2] Patrizzi, Discuss. Peripat., p. 132. Cicéron (Acad., II, 25), en fait un Épicurien.
[3] Suid., V ; Plut., Lucull., 19.
[4] Strab., XII, 3, 16.
[5] Strab., XIII, 1, 609.
[6] De Anim., 151, b. o.
[7] Strab., XIV, 5, 4, 670; Stob., Ecl., I, 49 : « Xénarque le péripatéticien et quelques autres de la même école, sont d'avis que cette forme parfaite, cette entéléchie (l'âme) existe en soi et cependant est coordonnée avec le corps, μετὰ τοῦ σώματος συντεταγμένην. »
[8] Alex. Aphrod., de An., 151, a. 47.
[9] Strab., l. l.

TABLE DES MATIÈRES

Préface. . . . . ı

PREMIÈRE PARTIE

LA PSYCHOLOGIE AVANT ARISTOTE

Chap. Ier.	— La psychologie des poètes.	1
Chap. II.	— La psychologie dans l'école d'Ionie — Thalès. . . .	15
Chap. III.	— Anaximandre.	22
Chap. IV.	— Anaximène.	26
Chap. V.	— Hippon.	28
Chap. VI.	— Héraclite.	31
Chap. VII.	— Xénophane.	45
Chap. VIII.	— Pythagore.	50
Chap. IX.	— Alcméon.	59
Chap. X.	— Parménide.	61
Chap. XI.	— Anaxagore.	69
Chap. XII.	— Empédocle.	83
Chap. XIII.	— Diogène d'Apollonie.	97
Chap. XIV.	— Archélaüs.	103
Chap XV.	— Leucippe et Démocrite.	104
Chap. XVI.	— Les sophistes : Protagoras.	123
Chap. XVII.	— — Gorgias.	130
Chap. XVIII.	— Socrate.	134
Chap. XIX.	— Aristippe.	168
Chap. XX.	— Antisthène.	180
Chap. XXI.	— Euclide et l'école de Mégare.	193
Chap. XXII.	— Platon.	203
Chap XXIII.	— L'ancienne Académie : Speusippe.	246
Chap. XXIV.	— — Xénocrate.	256

DEUXIÈME PARTIE

LA PSYCHOLOGIE DANS L'ÉCOLE D'ARISTOTE

Chap. Iᵉʳ.	— Théophraste.	267
Chap. II.	— Le Pneuma.	303
Chap. III.	— Eudème.	316
Chap. IV.	— Aristoxène.	322
Chap. V.	— Dicéarque.	326
Chap. VI.	— Straton.	332

APPENDICE

§ Iᵉʳ.	— Histoire externe de l'école d'Aristote ou péripatéticienne.	353
§ 2.	— Tableau des scolarques péripatéticiens.	371
§ 3.	— Liste alphabétique raisonnée des péripatéticiens. . . .	374

CORRECTIONS ET ADDITIONS

P. 33, n. 1, l. 2. Au lieu de : περιέχον ημᾶς, lire ἡμᾶς. L'idée de la nécessité, du fatum se transforme déjà dans l'idée d'un but, d'un ordre, comme le prouve le fragment d'Héraclite (Plut., de Isid., c. 48) : Le soleil ne dépassera pas les bornes qui lui sont assignées : s'il les franchissait, les satellites de la Justice et de l'Ordre sauraient bien le retrouver et l'y ramener. » La nécessité est ici la volonté de Jupiter, un jeu de sa volonté, et ce jeu, dans le sens d'Héraclite, est l'expression de la facilité avec laquelle cette volonté se réalise, et du plaisir de l'acte qui la réalise. Cf. Trendelenb., *Hist. Beitr.*, t. II, p. 136.

P. 104, l. 14. Au lieu de : Ol. LXXXIII, lire : Ol. LXXVII, 3.
P. 128, l. 28. Au lieu de : Le mythe de *Proclus*, lire : le mythe de *Prodicus*.
P. 174, l. dernière. Au lieu de : Denys d'Halicarnasse, lire : Diogène de Laërte.
P. 193, l. 3. Au lieu de : dont les sectateurs *qui prirent*, lire : dont les sectateurs *prirent*.
P. 251, l. 21. Au lieu de : *cet* assertion, lire *cette* assertion.
P. 310, l. 5. Au lieu de : *sensibles*, lire : *sensible*; au lieu de *participent*, lire : *participe*.

Poitiers. — Imp. Millet, Descoust & Pain

www.ingramcontent.com/pod-product-compliance
Lightning Source LLC
Chambersburg PA
CBHW071057230426
43666CB00009B/1741